长春统计年鉴

2002

长 春 市 统 计 局　　编

中国统计出版社

(京)新登字041号

图书在版编目(CIP)数据

长春统计年鉴·2002/长春市统计局编—北京:中国统计出版社,2002.8

ISBN 7-5037-3788-3

Ⅰ.长…

Ⅱ.长…

Ⅲ.社会经济统计—统计资料—长春市—2002—年鉴

Ⅳ.C832.341-54

中国版本图书馆CIP数据核字(2002)第034193号

长春统计年鉴——2002

作者/长春市统计局

责任编辑/蔡启新

E-mail/yearbook@stats.gov.cn

责任校对/高岩

封面设计/鄢萍　高岩

出版发行/中国统计出版社

通信地址/北京市西城区三里河月坛南街75号　中国统计出版社

电话/(010)63262295

印刷/吉林华源国际实业有限公司印业商社

经销/新华书店

开本/890×1240毫米 1/16

字数/68万字

印张/24

印数/1-1500

版别/2002年8月第1版

版次/2002年8月第1次印刷

书号/ISBN 7-5037-3788-3/F·1381

定价/198.00元

《长春统计年鉴——2002》编委会

《长春统计年鉴——2002》编辑人员

总　编　辑：　鄢　萍

责任编辑：　蔡启新　高　岩　石岱峰

参加编写人员：　王　坚　史玉珊　冯丽婷

刘　力　刘　刚　李永新

宋福来　张　幕　郑丽莉

秦桂芳　曹　资　戴　群

鄢　萍

英文翻译：　杨会晏　王　巍

总　　校：　高　岩

承　　印：　吉林华源国际实业有限公司印业商社

编 者 说 明

一、《长春统计年鉴——2002》是一部全面反映长春市 2001 年经济和社会发展情况的资料性刊物。本书收录了 2001 年长春市经济和社会各方面大量的统计数据。

二、全书共包括四部分。（一）特载，（二）专论，（三）县（市）区经济，（四）统计资料。统计资料按其内容分为 18 个篇目，即（1）综合；（2）人口；（3）单位从业人员及劳动报酬；（4）固定资产投资；（5）能源消费与库存；（6）财政；（7）物价；（8）人民生活；（9）城市建设；（10）农业；（11）工业；（12）交通运输邮电通信业；（13）建筑业；（14）批发零售贸易和餐饮业；（15）对外经济贸易和旅游业；（16）金融保险业；（17）教育、科技及文化事业；（18）体育、卫生及其他事业。

三、本书资料大部分来自于各专业年报资料，部分资料取自抽样调查。

四、本书中文字资料主要是统计部门人员撰写。

五、本书中所使用的价值量指标及构成，除已注明外，均按当年价计算，发展速度按可比价格计算。

六、本书采用国际统一标准计量单位。

七、书中符号使用说明："#"表示其中的主要项，"空格"表示该项指标数据不详或无该数据。

PREFACE

Ⅰ、*Changchun Statistical yearbook*—2002 *is an annual statistics publication, which covers very comprehensive data, reflects various aspects of changchun′s social and economic development.*

Ⅱ、*The book contains the following four parts, 1. special reports; 2. special topic; 3. Economy of counties (cities) and districts; 4. Statisticals data: (1) General survey, (2) population, (3) Employment and wages, (4) Investment in fixed assets, (5) Consumption and storage of energy, (6) Government finance, (7) Price, (8) people′s livelihood, (9) General survey of city, (10) Agriculture, (11) Industry, (12) Transportation, post and telecommunications services, (13) construction, (14) Wholesale, retail trade and food services, (15) Foreign trade and tourism, (16) Banking and insurance, (17) Education, science and social welfare, (18) sports, public health and Others.*

Ⅲ、*The major data sources of this publication are obtained from annual statistical reports, and some from sample surveys.*

Ⅳ、*Special reports and special topic are obtained from statistical departments and relionship departments.*

Ⅴ、*The value indicators and composition used in this book are at current price except notes have made, growth rate is calclaled by constant price.*

Ⅵ、*The units of measurement used in this book are internationally standard measurement units.*

Ⅶ、*Explantory notes for notations used in this book:* "#" *indicates the major items of the total,* "(*blank space*)" *indicates that the data not available.*

目　录

特　载

SPECIAL REPORT

专　论

SPECIAL TOPIC

县（市）区经济

ECONOMY OF COUNTY（CITY）AND DISTRICT

统 计 资 料

STATISTICS

第一篇　综合

1. GENERAL SURVEY

第二篇　人口

2. POPULATION

第三篇　单位从业人员与劳动报酬

3. EMPLOYMENT AND WAGE

第四篇　固定资产投资

4. INVESTMENT IN FIXED ASSETS

第五篇　能源消费与库存
5. CONSUMPTION AND STORAGE OF ENERGY

第六篇　财政
6. GOVERNMENT FINANCE

第七篇　物价
7. PRICE

第八篇　人民生活
8. PEOPLES LIVELIHOOD

第九篇　城市建设

GENERAL SURVEY OF CITY

第十篇　农业

10．AGRICULTURE

第十一篇　工业
11．INDUSTRY

第十二篇　交通运输、邮电通信业

12．TRANSPORTATION，POST AND TELECOMMUNICATION

第十三篇　建筑业

13．CONSTUCTION

第十四篇　批发零售贸易和餐饮业

14．WHOLESALE RETAIL TRADES AND CATERING

第十五篇 对外经济贸易和旅游业
15. FOREIGN TRADE AND TOURISM

第十六篇 金融保险业
16. BANDING AND INSUPANCE

第十七篇　教育、科技及文化事业
17. EDUCATION, SCIENCE AND CULTURE

第十八篇　体育、卫生及其他事业

18. SPORTS, PUBLIC HEALTH AND OTHERS

特载

SPECIAL REPORT

政府工作报告

2002年1月14日在长春市第十一届
人民代表大会第五次会议上
市　长　　李　述

各位代表：

我代表市人民政府向大会作工作报告，请予审议；并请列席会议的同志提出意见。

一、2001年工作简要回顾和2002年工作总体思路

2001年是实施"十五"计划的起始年，也是我市推进跨越式发展的关键一年。一年来，我们认真贯彻党的十五大和十五届五中、六中全会精神，在省委、省政府和市委的领导下，解放思想、开拓前进，改革开放和现代化建设取得了新发展。

国民经济持续稳定增长。预计全市国内生产总值完成1003亿元，全口径财政收入92.8亿元，分别比上年增长13.4%和22.1%，提前一年实现了本届政府的任期目标。农村经济全面发展，种植业结构不断优化，大灾之年粮食获得较好收成，总产量达到62.5亿公斤，比上年增产18.8%。畜牧业实现产值119.4亿元，比上年增长7%，占农业总产值的比重达到54.3%。农业产业化进程加快，大成二期60万吨玉米、榆树150万头生猪屠宰等项目全面启动，德大1亿只肉鸡和东旭集团120万头生猪屠宰等项目建成投产。工业经济抗波动能力增强，实现了速度与效益同步增长。全市规模以上工业企业完成产值930亿元，实现利润55亿元，分别比上年增长22.1%和20.9%。第三产业整体水平继续提升，信息、咨询等新兴服务机构发展迅速，假日经济和会展经济不断成长壮大，汽博会、农博会、教育展、雕塑展均办成了国内一流展会。旅游总收入48亿元，比上年增长66%。金融运行平稳，金融机构各项存、贷款余额分别比年初增长13.5%和12.9%。全社会固定资产投资完成285亿元，全市社会消费品零售总额实现358亿元，分别比上年增长21.2%和12.5%。

经济体制改革深入推进。国企改革取得新进展，全市97户企业完成改制任务，60%以上大中型企业实现了投资主体多元化。轮胎厂等一批老大难企业逐渐步入良性发展轨道。所有制结构调整成效明显，民营经济实现增加值310亿元，占全市GDP的比重比上年提高3.7个百分点。就业和再就业工作稳步推进，全年开发就业岗位5.3万个，城镇登记失业率控制在3%以内。社会保障体系不断完善，养老、失业保险覆盖面进一步扩大，参保人数分别比上年增加了1.5万人和8000人，保费征缴比上年增长40%。医疗保险体制改革顺利启动，全市参保人员达30.5万人；享受最低生活保障人数达到38080人，比上年增加24821人。市、县、乡政府机构改革任务基本完成，精简了机构和编制，提高了工作效率。

对外开放水平有新提高。全市实现外贸进出口总额22亿美元，比上年增长28.7%；实际利用外资5亿美元、内资100亿元，分别比上年增长37.7%和25%。其中超千万美元项目达到20个。招商引资领域进一步拓宽，目前已有沃尔玛等16家世界500强企业在我市落户。开发区"二次创业"进展良好，五个开发区实现国内生产总值285.4亿元，比上年增长26.5%。外事、侨务、引智等工作取得新成绩，对外友好往来进一步加强。

城乡建设步伐明显加快。石头口门水库兴利增容工程进展顺利，环城绿化带一期工程提前一年竣工，东排洪沟整治工程完成年度任务。重庆路商业街等5条样板街路和亚泰大街二期工程投入使用，轻铁一期实现了试通车；改扩建乡村公路29条，总里程104.3公里。完成人工造林6640公顷，城区新增绿地193.5万平方米，城市绿化覆盖率比上年提高0.4个百分点；我市被评为"全国造林绿化先进集体"，创建"国家园林城市"工作通过国家验收。房地产业呈现投资销售"两旺"局面，有效拉动了经济增长；年内施工面积达612万平方米，竣工350万平方米；特别是151.6万平方米停缓建工程的启动，使多年困扰城市的难题逐步得到解决。城市管理体制改革取得初步成效，管理水平稳步提高。全年拆除"三小"违法建筑50多万平方米。

建立了土地收购储备制度，信息及实物储备土地分别达到476万平方米和54.2万平方米。科技教育等各项社会事业全面发展。"长春·中国光谷"建设全面启动，背光模块等34个项目开工建设，TFT显示器等6个项目建成投产；北药基地初具规模，18户制药企业达到GMP认证标准。长春信息港上网企业达到800户，与市级新闻媒体顺利实现资源共享。教育事业快速发展，我市荣获"全国'两基'工作先进地区"称号；两所希望中学交付使用，长春高级职业技术学校一期工程顺利建成，又有11所高中进入省级重点高中行列。人才工作成效明显，引进高层次和各类短缺人才3021人。医疗卫生体制改革取得突破性进展，机构精简幅度达36.3%，服务质量稳步提高。取缔不合格餐饮单位781家，食品卫生整顿工作取得阶段性成果。社区建设得到加强，各类社区服务网点达到6800多个。新增有线电视网络环线25公里，部分区域实现联网运营；电视剧《谢瑶环》获全国"五个一工程"奖。群众体育蓬勃开展，被评为"全国群众体育先进市"。文化、计划生育、新闻出版等各项社会事业也取得了新成绩。

人民生活得到改善。城市居民人均可支配收入6300元，农民人均纯收入2785元，分别比上年增长13.1%和8.4%。城市人均居住面积达到9.9平方米。在全国大城市率先实现秋白菜无公害化生产和上市。认真接待处理群众来信来访，下力气解决人民群众的困难和疾苦。12345全年受理市民电话12.1万件次，办结率达到95%；认真做好城市扶困、农村扶贫和救灾工作，筹措扶困与救灾款4000多万元；为市民办的12件实事，除西郊污水处理厂由于外方拖延审批需延期完成外，其它各件均圆满完成。

精神文明和民主法制建设不断加强。认真贯彻"三个代表"重要思想，大力开展创文明城市、做文明市民等创建活动，形成了全市上下建设长春的强大合力。积极推进依法治市，自觉接受人大法律监督、工作监督和政协民主监督。全年共办理人大议案、建议、批评、意见128件，政协建议案、提案223件；提请人大审议通过地方性法规3件，制定规章13件。顺利完成第5次村委会换届选举。政府机关廉政建设有所加强，软环境建设、政务公开等工作取得新进展。全年共清理政府审批事项932项，减幅为50.1%；报请人大常委会批准废止的地方性法规5件，废止政府规章和规范性文件371件。深入开展严打整治斗争，打击了犯罪分子的嚣张气焰，社会治安秩序进一步好转。整顿和规范市场经济秩序成效明显。与"法轮功"邪教组织斗争取得决定性胜利。民族宗教工作取得新成绩。双拥共建工作扎实开展，军政、军民关系进一步加强。

过去的一年,我们所以较好地完成了各项任务,主要得益于始终坚持实现跨越式发展目标不动摇,面对经济发展外部环境趋紧的形势,勇于自加压力,积极捕捉机遇,千方百计谋求快速发展;得益于始终坚持一切从长春实际出发,准确把握市情,充分发挥长春的比较优势,较好地解决了经济社会发展的主要矛盾和关键问题;得益于始终坚持实施可持续发展战略,立足当前,着眼长远,谋划并储备了一批后续大项目,为支撑长春的长远发展打下了良好基础;得益于始终坚持全心全意为人民服务的宗旨,认真解决社会生活中的难点、热点问题,努力为群众办实事、办好事,增强了全市人民的凝聚力。

过去的一年是不平凡的一年,是我们在克服重重困难、解决各种棘手问题中奋力前进的一年。农业遭受了历史罕见的春夏连旱,工业经受了"前高后低"走势的严峻考验,城市一度面临严重的"水荒",财政支出承受刚性增长和偿债高峰的双重压力。这些困难和问题所以得到较好克服和解决,是市委正确领导和市人大、政协有效监督的结果,是全市军民和各级干部对政府充分信任、大力支持的结果,是社会各界团结一致、共同奋斗的结果。在此,我代表市人民政府表示衷心的感谢。

在肯定成绩的同时,也要清醒地看到,前进中还存在不少困难和问题。主要是:结构调整步伐缓慢,部分国有企业仍未走出困境;就业和社会保障压力增大,部分群众生活困难;农业比较效益低,县域经济发展滞后;政府职能转变相对滞缓,工作效率有待进一步提高,改善经济发展软环境任务仍然艰巨;安全生产形势严峻,社会稳定、社会治安等方面也存在一些问题。这些都需要在今后的工作中着力加以解决。

2002年是我国入世后的第一年,也是本届政府任期的最后一年。做好今年工作,意义十分重大。入世以后,外部环境发生了很大变化,我们既面临着难得的发展机遇,又面对着十分严峻的考验。经济发展的不确定因素明显增多,汽车、食品等支柱产业面临着国内外市场的激烈竞争,经济总量小、结构不合理的矛盾将更加突出;我市几年来始终保持了经济的快速增长势头,在较高的起点上继续实现快速发展难度很大;而作为一个欠发达城市,没有较快的发展速度,不仅吃饭的问题难以解决,而且与发达城市的差距也会继续拉大。但也应当看到,入世又带来了很多加快发展的有利条件。新一轮的外商投资高潮,可以使我们更好地利用国内外两种资源、两个市场;国家将继续坚持扩大内需的方针,实行积极的财政政策;我市已经形成独具特色的产业基础,企业的活力进一步增强;最为重要的是,经过多年的实践,我们谋求发展的手段越来越成熟,应付各种困难局面的经验也越来越丰富。只要我们准确把握宏观经济走势,抓住一切有利条件,趋利避害,顺势因时,就一定能够把挑战变成加快发展的机遇。因此,我们必须增强紧迫感和责任感,坚定信心,奋发有为,继续坚持实现跨越式发展不动摇,以百倍的努力,创造性地开展工作,确保改革和发展目标的实现。今年政府工作的总体思路是:以邓小平理论和党的十五大精神为指导,进一步贯彻落实江泽民同志"七一"重要讲话和党的十五届五中、六中全会精神,按照"三个代表"的要求,积极应对入世挑战,坚持加快发展不动摇,继续深化改革,扩大开放,加快结构调整,提高经济增长质量和效益。正确处理改革、发展、稳定关系,努力解决就业、社会保障等方面的难点问题,提高人民生活水平。加强精神文明和民主法制建设,实现经济持续快速健康发展和社会全面进步。经济增长预期目标是,全市国内生产总值比上年增长12%左右;全口径财政收入比上年增长11.8%。城市居民人均可支配收入和农民人均纯收入均比上年增长8%左右。

二、加快结构调整步伐,提高经济整体竞争力

结构调整是今年经济工作的重中之重。要坚持在发展中加快结构调整,通过结构调整促进经济快速发展。

农业和农村经济结构调整重点是发展农业产业化大项目,提高农村工业化水平。农安3万吨胡萝卜汁加工等20个项目全面启动;德大100万吨饲料等10个项目建成投产;清真皓月肉牛屠宰加工等18个项目达产达效。继续实施"三五"工程,九台杀虫丹胺等3个项目尽快扩大生产规模,榆树150万头生猪屠宰等4个项目年内发挥效益。种植业要下决心压缩普通玉米,增加专用玉米、优质大豆、特色瓜菜和饲料作物,普通玉米种植面积减少20%。突出抓好绿色农业,开发绿色食品、有机食品和无公害食品,建设水稻、蔬菜等12个绿色食品基地。绿色食品种植面积达到60万亩,增长33%;绿色食品生产企业发展到30户,品种达到60个。实施农业标准化生产,建立和完善农产品质量标准和检验检测体系。畜牧业要以提高效益、加快产业化为中心,扶持重点乡镇和重点养殖户进行规模饲养,规模饲养比例达到50%。以品种改良为重点,大力发展精品畜牧业。三元杂交猪、三元杂交牛的比重分别达到68%与58%。抓好无规定动物疫病区建设,各项指标全部达到国家标准,尽快与国际兽医卫生标准接轨。畜牧业增加值同比增长7%。多渠道增加农民收入是农村经济工作的中心任务。要通过推进农村土地流转,使农村剩余劳动力向养殖业、务工经商方面转移。全市从事养殖业、非农产业劳动力的比例达到60%以上。

工业结构调整要紧紧抓住世界制造业大转移的有利时机,重点培育和发展汽车及零部件、食品、光电子信息、生物与医药四个主导行业。按照与跨国公司合资合作一批、用高新技术和先进适用技术改造提高一批、新建扩建一批的思路,对现有资源进行优化重组,全面提升四个主导行业的产业素质和市场竞争力。汽车及零部件行业,大力支持一汽集团等企业与世界同行业领先企业开展合资合作,抓好中重型车底盘等12个技改和新建项目,完成产值比上年增长11.1%。光电子信息行业,支持华禹光谷、中科院光电产业园加快发展,形成规模生产能力,完成产值比上年增长50%。生物与医药行业,突出扶持一批大企业集团,产值超亿元的企业达到11户以上,完成产值比上年增长53.5%。围绕汽车及零部件等四个主导行业,培育发展拥有自主知识产权、创新能力强的大企业集团,作为应对入世后国际竞争的重要举措。制定扶持中小企业政策,完善服务体系,促进中小企业快速发展。名牌是企业进入市场的"绿色通行证"。继续实施名牌带动战略,年内争创国、省内名牌产品20种,其中10种产品成为国家名牌。抓好产品结构调整,年内开发新产品500种,新产品产值率达到28%。工业是全市经济的主要支撑。着力培育宝来A4轿车、城市轨道车辆等60个新增长点,确保工业增速;抓好大成玉米、一热电厂等40户重点盈亏大户,提高经济效益,从而稳定全市经济大局。全市规模以上工业产值比上年增长13%左右,利润增长10%。

服务业结构调整要在改造提升传统服务业的同时,突出发展现代服务业,由传统型向现代型转变。加快发展证券、保险、咨询、代理等现代服务业,大力培育中介组织,充分发挥行业协会作用。抓好汽车物流园区和钢材、粮食、蔬菜、果品、禽肉等大型专业化物流中心建设,逐步把铁北凯旋路地区建成专业化区域性物流示范区。发展新型批零业态,抓好山姆会员店等9个大型商业项目建设,其中欧亚大卖场续建工程等6个项目年内竣工并投入使用。农村流通业重点是培育市场主体,发展农村经纪人队伍。实施农村“双百”工程,创办100个农业合作社和100个专业协会,帮助农民与加工企业、流通组织搞好产销衔接,种植业订单面积达到农作物面积的60%以上。柴岗“三辣”等10个产地批发市场要进一步扩大交易规模,增强辐射带动功能。加强旅游资源深度开发,年内推出汽车文化游、农业生态观光游等5条精品线路。以净月潭冰雪旅游节等名牌特色产品为载体,全力开拓旅游市场。旅游业实现总收入65亿元,增长35.4%。会展业要突出抓好农博会、电影节等大型活动,提高档次,办成精品;同时承揽一批国际或国内大型展会,不断扩大会展业规模,拉动经济增长。全社会消费品零售总额比上年增长12%。高度重视并认真做好财税金融工作。依法加强税收征管,确保财政收入稳定增长;强化预算约束机制,严控预算外支出。维护信用制度,整顿金融秩序,防范和化解地方金融风险,营造有利于金融业发展的外部环境。

三、继续深化改革,提高经济市场化程度

今年是巩固并扩大国企改革与脱困成果的关键一年。举全市之力,打好国企改革攻坚战,力争年内基本完成国有企业产权制度改革和阶段性脱困任务。53户大中型国有独资企业要以产权多元化为目标,以股份制为主要模式,深入产权制度改革,其中31户优势企业多数实现投资主体多元化;22户困难企业通过兼并、破产等措施,多数实现脱困。103户小型国有独资企业要通过股份制、合资合作、出售等多种形式全面放开搞活,促进国有资本从竞争性领域逐步退出。已经实现投资主体多元化的大中型国有企业要以“责权统一、运转协调、有效制衡”为目标,加快法人治理结构建设,其中80%以上年内建立起较为规范的现代企业制度。国有商业和市政公用企业要全面加快改革步伐,力争行业整体经营状况明显好转。切实加强国企改革攻坚战各项措施的组织和落实,继续采取领导联系指导重点企业、解决难点问题等办法,逐级落实责任;通过国有资产和土地使用权变现等办法,多渠道筹集必要的改革成本。国企改革要坚持依法实施,规范运作,确保国有资产不流失和职工得到妥善安置;加大监督检查力度,对不规范行为及时予以纠正。支持和引导集体企业加快改革步伐。

把解决就业问题摆在更加突出的位置。发展劳动密集型产业,努力扩大就业容量。全年开发就业岗位6万个,安置失业职工2.5万人、城镇失业人员1.5万人,城镇登记失业率控制在4.5%以内。实行职业资格证书制度,加强职业技能培训,提高劳动力就业能力。以完善社会保障制度为重点,加强养老、失业保险基金征缴,养老保险省级统筹社会化发放率稳定在100%。完善城镇职工基本医疗保险体制,参保职工新增5万人,基金征缴率达到100%。扩大社会最低保障覆盖面,努力提高保障金标准。巩固政府机构改革成果,稳步推进事业单位改革。深化粮食流通体制改革,搞活粮食流通业。建立土地经营权流转制度,发展适度规模经营。推进农村税费改革,切实减轻农民负担。

放开行业准入限制、统一政策标准,为各种所有制经济共同发展创造良好外部环境。支持外资、民营企业采取兼并、联合等多种形式参与国企改革,实现多种所有制经济共同发展。引导民营企业向加工型、外向型和科技型发展,着力解决民营经济总量偏小、结构不优的问题,突出抓好一批销售额超亿元的企业和集团。年内销售收入10亿元以上民营企业达到8户,销售收入超亿元的民营企业达到76户。全市民营经济实现增加值365亿元、税收13亿元,分别比上年增长17.7%和24%。

四、全方位对外开放,拓展经济发展空间

全面对外开放、最大限度利用外资是当前经济发展的最紧迫任务。要以入世为契机,坚持内外并举,上下联动,全面推进经济国际化进程。

理清工作思路,创新工作方法,提高利用外资水平。结合长春实际,外资方面,把世界范围内的华人、华侨企业,以及欧、美、日、韩等发达国家和地区的跨国公司作为重点引资对象;内资方面,重点加强与温州、宁波等国内发达城市民营企业的合资合作。抓住国际制造业向中国转移的有利时机,充分利用贸促会、台联、侨联、引资中介机构等各种渠道,全面开展对日、韩、台的专项招商活动,争取更多的制造业企业落户长春。把握国家逐步履行入世承诺的节奏,积极引进商业、保险、旅游、金融等服务领域的外资企业,不断扩大引资领域。探索利用外资的新形式,积极推介企业境外上市,鼓励企业引进风险投资,吸引外资参与金融资产重组。全年实际利用外资6.2亿美元,引进内资120亿元,分别比上年增长24%和20%。坚持引资与引智并举,在引进资金的同时,注意配套引进先进技术、管理方式和成熟的销售网络,全面提高引资质量。

抓住入世后市场“双向”开放的机遇,进一步优化出口产品结构。努力增加肉类、蔬菜、服装等优势产品和高新技术产品出口,缓解玉米出口受阻的压力。全年外贸进出口总额比上年增长8%左右。开拓国际劳务市场,积极参与国际工程招标;全口径外派劳务1.25万人次,增长13%。积极推行国际标准和质量认证制度,指导和帮助企业利用过渡期条款和有关规则规避贸易风险。继续引导企业参加各类大型经贸活动,扩大市场占有份额。在巩固西部市场的同时,逐步向中部拓展;选择上海、武汉等市场辐射力较强的城市,建立长春商品销售基地和绿色食品配售中心。

开发区要继续抓好二次创业,增强对全市经济发展的辐射和带动作用。全面深化体制和机制创新,尽快建立“小政府、大社会”的管理体制和协调、高效的运行机制,全方位打造综合环境优势,使开发区成为全市发展环境最优、吸引力最强的对外开放窗口。提高开发区建设档次和标准,瞄准世界500强和跨国大公司,再引进一批投资额千万美元以上的高质量大项目;并注意加快建设进度,尽快达产达效,不断扩大经济总量。进一步明确功能定位,按照各自的产业规划实施建设,避免产业趋同;在合理分工的基础上建立互助、互补的开发区战略联盟,形成发展合力。五个开发区实现国内生产总值360亿元,比上年增长25%。净月潭旅游经济开发区要把生态环境建设摆在首要位置,力争进入国家级旅游度假区行列。

五、坚持经营城市理念,搞好城乡基础设施建设

推进城市资本运营,使城市设施由行政管理向产业经营转变、从无偿投入向有偿投入转变。鼓励民间资本和外资采取BOT、TOT等方式投资建设经营性的城市基础设施,拍卖部分公交线路及站牌,出让高速公路、桥梁、广场的经营权、冠名权、广告设置权。依法实施土地一级市场和建设用地总量控制,完善土地收购储备制度;改革用地审批制度,推行土地使用权公开拍卖。完成全社会固定资产投资320亿元,比上年增长12.3%。继续推进城乡路网结构优化改造。完善轻铁一期工程,启动轻铁二期工程(卫星广场延至净月滑雪场)。长余高速公路长春段120公里、珲乌线合隆至刘家店段一级公路79.92公里建成投入使用;完成绕城高速公路北段5.34公里及附属工程,年内通车。加快长春新机场建设。推进住宅产业现代化,搞好房地产综合开发。全年综合开发面积500万平方米,竣工320万平方米;改造危倒房20万平方米,实现3年基本解决城区危倒房问题的目标;继续实施市场化运作,全面启动停缓建工程。围绕提高城市综合环境质量,继续抓好东排洪沟综合整治,年内完成2.2公里截流与排水排污工程;翻建倒危坑式厕所100座,解决市民如厕难问题。巩固园林城市创建成果,完善雕塑公园和长春公园;城区新增绿地150公顷,城市绿化覆盖率达到39%。进一步完善"一级规划、二级建设、三级管理"的城市管理体制,提高城市管理水平;巩固取缔马路市场成果,依法拆除违法建筑。实施畅通工程,提高城市运转效率。切实加强节水工作,逐步推行"阶梯式"水价。

加强农业基础设施建设,增强抗灾能力。抓好"三北"防护林四期、大黑山水土保持林等重点工程建设,人工造林6000公顷。搞好农田水利基本建设,发展节水农业,新增、改善节水灌溉面积7000公顷。改善农村出行条件,新修120公里乡村公路。超前搞好村镇建设规划,乡镇规划编制率达到96%。继续抓好五棵树等10个示范镇建设,不断完善中心城镇功能。加快农村住宅砖瓦化进程,逐步消灭农村土坯房,改善农民居住条件。

六、扎实推进"科教兴市"战略,积极开发人才资源

围绕经济结构战略性调整,加快技术创新步伐,发展壮大高新技术产业。继续实施6项科技创新政府引导性计划,坚持引进技术和自主创新相结合,加快高新技术产业大项目的开发、转化和产业化进程。液晶显示器背光源等20个项目全面启动;参一胶囊等17个项目年内达产达效;半导体激光器等28个项目建成投产。全市高新技术产业产值达到400亿元,比上年增长33%。推进经济和社会信息化,完成信息港三期工程建设,扩大企业入网率,充分发挥宣传服务功能;内网与各县(市)区、开发区联网,提高党政机关办公自动化水平。加快制造业的信息化改造,抓好现代门窗等60户企业信息化示范工作,带动全市工业信息化快速发展。大力发展信息、评估、专利等各类科技中介服务组织,营造技术创新的良好环境。继续开展商业计划书大赛、科技项目融资推介等活动,积极争取国家和省科技计划项目,组织好欧盟第六框架计划项目申报,拓宽科技投融资渠道。挖掘大专院校、科研机构科技资源,促进产学研有效结合。搞好"海外学人创业园"等孵化基地建设,支持优秀人才创新创业。推广先进适用的农业科技,抓好良种引进、扩繁、组培等科研攻关项目,建设20个农业科技示范基地。

把教育放在优先发展地位,全面推进素质教育,促进基础教育、职业教育、成人教育和高等教育协调发展。巩固"普九"成果,控制农村中小学生辍学,全面提高教育质量。大力发展高中教育,扩大优质重点高中规模,城区省级重点高中在校生占高中学生总数达到85%。加快教育信息化进程,全市中学、县城以上小学开设信息技术必修课,办好教师继续教育网上学校调整职业教育结构,办好长春高级职业技术学校,培养各类专业技术人才6000人。调整农村中小学布局,深化农村办学模式改革,培养农村适用型人才。鼓励和规范社会力量办学,支持在长高校加快发展。实施"市民外语工程",机关和窗口单位工作人员普遍进行实用外语培训,人才是实现跨越式发展的关键。着力创造良好的育才、用才、引才环境在人才引进上,重点抓好高层次专业技术人才和管理人才的引进工作,年内引进各类人才3500人。在人才培养上,重点开发市内人才资源,抓紧组织公务员、专业技术人员、企事业单位管理人员和律师进行WTO规则和涉外法律知识培训,培养一批能够掌握和运用WTO规则的综合型人才。在人才使用上,一方面坚持"不求所有,但求所用",打破区域界限,采取多种有效形式,使更多国内外人才为我所用;另一方面,支持知识、智力、技术成果作为生产要素参与收益分配,引导企业设立人才奖励基金,兑现人才应享受的各项优惠政策和相关待遇,稳定人才队伍。

七、加强社会主义精神文明和民主法制建设,推进各项社会事业全面发展

认真贯彻《公民道德建设实施纲要》,大力倡导"爱国守法、明礼诚信、团结友善、勤俭自强、敬业奉献"的基本道德规范,引导市民树立建设有中国特色社会主义的共同理想和正确的世界观、人生观、价值观。广泛开展"文明社区、文明村镇、文明行业"等群众性创建活动,巩固全国文明城市创建成果。繁荣文艺创作,发展文化产业,丰富市民文化生活。开展"扫黄打非"斗争,净化出版物市场,保护知识产权。做好广播电视、新闻出版工作,推进有线电视网络光纤和广播电视数字化改造,组建长春广播电视集团;坚持市场化运作,办好2002年长春书市和长春图书订货会;长春图书批发市场年内交付使用。发展体育事业,提高竞技水平;承办好全国短道汽车拉力赛等各项大型体育赛事。扎实开展全民爱国卫生运动,巩固"国家卫生城市"创建成果。抓好医药市场和食品卫生整顿,提高医疗卫生服务质量,控制传染病发病率。加强社区建设,发展社区服务。新建42个社区卫生服务站,提高社区卫生医疗服务覆盖面。以搞好计划生育综合改革为突破口,全面加强人口与计划生育工作,重点抓好农村已婚育龄妇女生殖保健。人口自然增长率控制在7.38‰以内。积极发展老年事业,提高老年福利服务质量。依法安排残疾人就业,改善残疾人的生活条件。

加强民主法制建设,坚持依法治市,全面推进依法行政。各级政府要自觉接受人大及其常委会的法律监督、工作监督和政协的民主监督,认真办理人大议案、建议、意见和政协建议案、提案,使人民的意愿在政府工作中得到充分体现。深入开展法制教育,搞好"四五"普法,提高市民法律素质。加强以科技拥军为载体的军警民共建工作,巩固"双拥模范城"成果。完善行政执法目标责任制,不断提高行政执法水平。整顿和规范市场经济秩序,营造公平竞争的市场环境。继续推进"严打"整治斗争,严厉打击各种刑事和经济犯罪,抓好农村治安,打击村匪屯霸,遏制暴力犯罪,扫除社会丑恶现象。加强安全生产管理,确保人民群众生命财产安全。继续开展与"法轮功"邪教组织的斗争,做好民族宗教和人民群众来信来访工作,确保政治稳定、社会安定。

八、加强政府自身建设,推进政府职能转变

加入WTO给我们带来严峻挑战。能否全面完成今年各项工作任务,政府职能转变的程度至为关键。要坚持有所为、有所不为,使政府从沉冗事务中解脱出来,更多地为社会提供"公共服务",真正朝着"小政府、大社会"的格局和架构转变。

以审批制度改革为突破口，积极推行核准、备案制和集中办公方式，简化审批程序，规范审批行为。实行政务公开、行政听证、责任行政、服务时限等制度，加强社会监督，增强行政透明度；建立适应入世要求的市场准入规则，调整地方政府规章及政策措施，扩大创业自由度。政府公务人员要勤奋学习，更新知识，努力提高依法行政水平和按国际通行规则办事能力。

深入贯彻市委九届六次全会精神，抓好"四政"方针落实，全面加强政府自身建设。努力改进工作作风，减少"文山会海"，提高工作效率；坚持深入基层，了解社情民意，努力把政府的各项决策建立在有利于加快发展和群众需要的基础之上。加强 12345、110、120、148 等服务电话及其网络建设，认真听取群众的意见和呼声，解决群众的困难和疾苦，不断拓宽政府联系群众的渠道。抓好党风廉政建设，塑造廉洁政府。下力气抓好经济发展软环境建设。深入开展学习经济技术开发区海关活动，大力弘扬正气；坚持从严治政，对损害经济发展软环境的，不管涉及到什么人和事，都要从严整肃。

坚持全心全意为人民服务宗旨，继续为群众办好 12 件实事。

1、启动伊通河城区中段环境综合整治工程，与上下段连为一体、交相辉映，形成城市东部一条靓丽的风景线。

2、启动长春铁路客运站北站房及北广场、北人民大街建设工程，改善站前地区交通条件，带动铁北旧城区改造。

3、完成环城绿化带二期（总长 88 公里、面积 440 公顷）建设工程，为城市提供绿色屏障。

4、新建、改建长春大街、河东路、永宁路和永宁桥、东大桥，改善市区道路交通状况。

5、启动城区二次供水设施三年改造工程，年内改造二次供水设施 165 处、自来水管网 15 公里，缓解市民饮水难问题；新建 120 处饮水工程，解决 6 万农村人口饮水困难；石头口门水库增容工程主汛期发挥增容效益。

6、实施伪满皇宫复原改造工程，核心保护区基本恢复原貌，部分景区年内向游人开放。

7、综合改造长江路，建设一条集购物、休闲、娱乐为一体的商业步行街。

8、新增无公害蔬菜种植面积 3000 公顷，搞好上市蔬菜安全检测，让市民吃上"放心菜"。

9、实施北安路、西解放立交桥等"五路一桥"城市亮化工程，建设 5 条样板街路；连片解决黄河路等 34 条小街路照明问题，方便市民出行。

10、改造 10 所农村薄弱学校，达到二级二类标准；改造 6 万平方米农村中小学校舍；建设 20 个农村教育实践基地，培养 10 万名农村实用型人才。

11、建设长春市市民健身中心、两座城区健身公园（广场）和 10 条社区健身路径，为市民提供健身休闲场所和相关设施。

12、启动南郊污水处理工程，城区污水集中处理率达到 70%以上；发展燃气用户 2 万户，增加集中供热面积 150 万平方米，治理不合格锅炉 300 台，使城市大气总悬浮颗粒物年日均值控制在 200 微克/立方米以内。

各位代表！我们已经进入了一个新的历史发展时期，任务光荣而艰巨。让我们紧密地团结在以江泽民同志为核心的党中央周围，在省委、省政府和市委的领导下，团结一心，奋发向前，全面完成今年各项任务，为下届政府的工作打下一个良好基础，谱写长春经济社会跨越式发展的新篇章！

2001年长春市国民经济和社会发展统计公报

长春市统计局

2001年是"十五"计划开局之年,全市人民在市委、市政府的领导下,坚持以发展为主题,以调整为主线,以工业为重点,以改革和技术创新为动力,以提高人民生活水平为根本出发点,继续实施依法治市、科教兴市、县域突破、开放带动和可持续发展战略,推进了全市经济持续快速健康发展和社会事业全面进步,为顺利完成"十五"计划目标奠定了良好的基础。

一、综合

国民经济持续快速增长,经济总量突破1000亿元大关,综合实力明显增强。全年实现国内生产总值1003亿元,按可比价格计算,比上年增长13.4%。其中,第一产业增加值135.9亿元,比上年增长9.7%;第二产业增加值443.6亿元,增长14.1%;第三产业增加值423.5亿元,增长14%。人均国内生产总值达到14300元,比上年增长12.7%。非国有经济快速发展。国有和非国有经济占GDP比重为45:55。个体私营经济完成增加值233.6亿元,比上年增长4.2%。

物价水平小幅上涨。2001年,居民消费价格总指数为102.3%,比上年上涨2.3%,扭转了连续两年负增长的局面。其中,食品类、衣着类、医疗保健和个人用品类分别比上年上涨1.4%、0.6%和0.4%,居住类上涨14.6%,成为拉动消费价格上涨的主要因素。

国企改革取得新进展。2001年,国有企业继续实施战略性改组,较好地巩固了国有企业改革与脱困的成果。全市有71户企业实施了产权制度改革,有18户企业被依法裁定破产。在121户国有控股大中型企业中,累计有97户企业实现了改制,改制率达到80.2%。轮胎厂等一批老大难企业逐渐步入良性发展轨道。

就业和再就业工作稳步推进。2001年,全市建立再就业服务中心(站)203个,共为35353名进站下岗职工及时足额发放了基本生活费。全年开发社会用工岗位6.5万个,安置下岗职工再就业3.5万人,下岗职工出站再就业率和失业职工安置率分别达到30%和60%。城镇登记失业率控制在2.5%以内。

国民经济和社会发展中存在的主要问题是:经济总量不大,综合经济实力不强;结构调整步伐缓慢,部分国有企业仍未走出困境;农业比较效益低,县域经济发展滞后;就业和社会保障压力增大,部分群众生活困难等。

二、农业

农村经济全面发展,结构调整步伐加快。全年实现农业总产值223.9亿元,比上年增长14.3%。

种植业结构不断优化,优质高效作物面积逐年增加。全年粮食作物播种面积93.5万公顷,比上年减少1.7%。普通玉米面积减少5.6%,经济作物面积增长13.2%,专用型玉米、大豆、水稻面积增长64%。订单播种面积达到47.3万公顷,占总播种面积的42%,比上年增长60%。粮食生产在遭受严重干旱的情况下,仍然获得较好收成,粮食总产量达到62.5亿公斤,比上年增加10亿公斤。

畜牧业、渔业生产稳步发展。全年畜牧业产值114.4亿元,比上年增长17.1%,占农业总产值的比重达到51.1%。肉类总产量达到120.3万吨,比上年增长5.6%。禽蛋产量31.3万吨,比上年增长11.6%。猪、牛、鸡良种覆盖率分别达到98%、90%和100%,分别比上年提高2个、2个和10个百分点。全年水产品产量15280吨,比上年增长7.1%。

全市完成造林面积6785公顷,比上年减少10.5%。当年完成新育苗面积461公顷,比上年增长35.6%。

农业产业化龙头项目建设进展顺利。全市新建续建农业产业化骨干项目33个,完成投资16亿元。大成二期60万吨玉米、榆树150万头生猪屠宰等项目全面启动,德大1亿只肉鸡和东旭集团120万头生猪屠宰等项目建成投产。

三、工业和建筑业

2001年,工业经济以壮大汽车及零部件、食品、光电子信息、生物与医药四大主导行业为重点,大力开拓市场,加快结构调整步伐,工业经济运行质量和效益明显提高。

工业生产快速增长,经济效益大幅度提高。全年完成全口径工业增加值381亿元,比上年增长14.2%。其中,国有及年产品销售收入500万元以上的非国有工业企业(以下简称规模以上工业企业)完成增加值282亿元,增长16.4%。经济运行质量进一步提高。工业经济效益综合指数达到164.5%,比上年提高了17.1个百分点。规模以上工业企业盈亏相抵后实现利润58.6亿元,比上年增长29%,其中,国有及国有控股工业企业实现利润48.4亿元,占全市的82.6%,比上年增长22.3%。大中型工业企业实现利润53.8亿元,比上年增长23%。

工业经济结构进一步优化,重点行业和重点企业的支撑作用不断增强。汽车及零部件、食品、光电子信息、生物与医药四大主导行业完成工业总产值805.3亿元,占工业总产值的比重达到84.4%,比上年提高3个百分点。30户重点企业完成工业总产值778.7亿元,比上年增长28%,占工业总产值的比重达到的81.6%。新产品开发能力不断增强。全年完成新产品产值254.5亿元,比上年增长52.8%,新产品产值率达到26.7%。

重点工业产品产量大幅度增长。在全市30种重点工业产品中有17种上升,增幅较大的有:子午线轮胎增长3.2倍,彩色电视机增长1.4倍,液晶显示块增长1.2倍,成品钢材增长37.8%,汽车增长21.2%,其中,轿车增长23.9%。

建筑业快速发展。全年建筑业完成增加值62.6亿元,比上年增长13.5%。四级及以上资质建安企业完成施工产值140.3亿元,比上年增长24%,实现利税6.3亿元,增长40%。全年施工工程7354个,其中投标承包工程6563个,占全部施工工程的89.2%。施工面积990.8万平方米,比上年增长15.8%;竣工面积623.5万平方米,增长17.3%。

四、固定资产投资

2001年,在"九五"大项目基本结束,"十五"大项目刚刚启动的情况下,固定资产投资仍保持了快速增长的好势头。全年完成固定资产投资总额285亿元,比上年增长21.2%。其中,基本建设投资105.4亿元,比上年增长24%;更新改造投资53亿元,增长21.1%;房地产开发投资48.5亿元,增长60.1%。从各产业完成投资情况看,第三产业投资增长最快,比上年增长51%,第一产业投资下降25%,第二产业投资增长3.9%;从投资主体看,国有经济投资101.7亿元,比上年增长16.1%;非国有经济投资183.3亿元,增长24.2%,占全社会固定资产投资的比重由上年的62.8%上升到64.3%。

房地产开发增长较快。全年完成商品房竣工面积294万平方米,比上年增长68.3%。商品房销售异常活跃。商品房销售面积136.9万平方米,比上年增长29.6%;商品房销售额31.5亿元,比上年增长66.7%。居民个人购房比例大幅度提高,在商品房销售中,售给私人用房136.3万平方米,销售额31.3亿元,分别占销售总量的99.6%和99.4%。商品房空置面积144.9万平方米。

五、交通和邮电业

交通运输业发展平稳。全年各种运输方式完成货物周转量347.4亿吨公里,比上年增长2.2%。其中:铁路315.4亿吨公里,比上年增长2.7%;公路31.8亿吨公里,增长2%;民航2056万吨公里,增长11.9%。完成旅客周转量122.7亿人公里,比上年增长3.4%。其中:铁路84.7亿人公里,增长3.2%;公路24.1亿人公里,增长0.1%;民航13.9亿人公里,增长11%。

邮电通信事业持续快速发展,现代化通信能力不断提高。全年完成邮电业务收入31.6亿元,比上年增长15.4%。其中,特快专递83.3万件,增长15.7%;函件、包件共5653万件,增长32.3%。全市电话交换机容量达179.8万门,比上年增长13.4%;市话用户发展到95.2万户,比上年增长9.6%;农话用户发展到20.1万户,增长31.4%。全市个人住宅电话已发展到100万户,比上年增长10.3%,占全市电话总数的86.7%。移动电话持续高速发展,年内新增移动电话用户67万户,到2001年末已达154.9万户,比上年增长76.2%。全市电话普及率由上年的28.7部/百人提高到40.3部/百人(含移动电话)。互联网注册用户发展到53159户,比上年增长56.9%。

六、城建、公用事业

城市建设步伐明显加快,承载能力进一步增强。实施了亚泰大街二期、轻铁环线一期、陕西路改造等工程建设,有效地缓解了市区交通紧张状况。人民大街、重庆路、同志街、新民大街、东西民主大街5条样板街路投入使用。到2001年末,全市铺装道路总面积达1595.6万平方米,铺装道路长度达1085公里。

公用事业全面发展,综合服务功能明显增强。2001年,全市水厂日综合生产能力达107.6万立方米,规划区使用自来水人数达202.6万人。全市煤气日供气总量72万立方米,市区使用煤气、天然气、石油液化气户数达68.6万户。城区集中供热面积达到4000.3万平方米,新增集中供热面积492.3万平方米。全市拥有营运公共电、汽车3059辆。

城市绿化水平不断提高。到2001年末,全市园林绿地面积达5537公顷,公共绿地面积达1600公顷,建成区绿化覆盖面积达6358公顷,绿化覆盖率达到38.7%。

七、国内贸易

2001年,全市商业企业紧紧抓住扩大内需政策和“假日经济”、“会展经济”的有利时机,积极开拓市场,扩大服务领域,超市、专卖店和物流配送中心等新兴业态发展迅速,促进了商品市场销售繁荣活跃。全年实现社会消费品零售总额358.3亿元,比上年增长12.5%。其中:吃的零售额125.6亿元,比上年下降3%;穿的零售额62.9亿元,增长12.3%;用的零售额169.8亿元,增长27.7%。分行业看,批发零售贸易业零售额308.7亿元,比上年增长11.9%;餐饮业零售额46.6亿元,比上年增长26.7%。

“菜篮子”工程建设持续发展。全市菜田面积发展到6.7万公顷,保护地面积8200公顷,全年实现蔬菜出口1500万公斤。全市种植无公害蔬菜和绿色食品蔬菜5000公顷,比上年增长67%,提供无公害蔬菜和绿色食品蔬菜2亿公斤,进一步提高了市民的生活质量。

市场建设步伐加快。全年新建各类市场76个,各类商品交易市场已发展到438个。其中:消费品市场386个,生产资料市场45个,生产要素市场7个。大型市场的主导地位越来越明显,40个亿元市场全年实现交易额254.5亿元,占批零贸易业商品销售总额的40.4%。

会展经济成为我市新的经济增长点。全年共办会展49个,实现成交额40亿元,取得了良好的经济效益和社会效益。

八、对外经济和旅游业

深入实施大经贸战略,开发多元化市场,发挥出口骨干企业的支撑作用,全市进出口贸易快速增长。据海关统计,全年实现进出口总额23亿美元,比上年增长33.5%。其中,进口13.2亿美元,增长40.6%;出口9.8亿美元,增长25.1%。在出口中,国有企业出口7.6亿美元,比上年增长26%;外商投资企业出口2.1亿美元,增长23%;一般贸易出口8亿美元,增长17.4%。外向依存度达到19%,比上年提高2.5个百分点。

招商引资成效显著,全方位对外开放格局基本形成。全年新批三资项目125个,其中,超千万美元项目20个。招商引资领域进一步拓宽,有16家世界500强企业在我市落户。全年实际利用外资5亿美元,比上年增长37.7%。其中,直接利用外资3.6亿美元,增长26.7%。五个开发区继续发挥龙头带动作用。全年共审批三资企业51个,占全市的40.8%;利用外资3.7亿美元,占全市的73.5%,比上年增长51.8%。坚持优势互补、共同发展的指导思想,加快对内开放步伐。全年利用内资100亿元,比上年增长25%。

对外承包工程与劳务合作继续展开。全年新签对外承包和劳务合作合同金额24222万美元,完成营业额15011万美元,年末在外劳务人员21923人。

旅游业发展势头良好。春节、“五一”和“十一”三个长假期拉动作用突出,全年接待黄金周假日旅游人数达138.4万人次,比上年增长23.5%;收入4.2亿元,比上年增长77%。全年来长旅游人数达到1007万人次,其中,接待入境游客6.6万人次,比上年增长20%;接待国内旅游者1001万人次,增长22%。旅游总收入48亿元,比上年增长66%;旅游外汇收入3072万美元,增长35.8%。全市已有星级饭店34家,旅行社61家,其中国际旅行社13家,旅游定点餐馆、商店34家,接待能力不断增强。

九、财政金融和保险业

财政收入持续快速增长。2001年全市全口径财政收入完成97.4亿元,比上年增长28.1%,其中,上划中央“两税”收入48.2亿元,增长35.3%;上划省级收入12.9亿元,增长28.9%;地方财政收入36.3亿元,增长19.4%。市本级全口径财政收入50.2亿元,比上年增长42%。

财政支出结构进一步改善,有力地支持了各项事业的发展。地方财政支出59亿元,比上年增长15.4%。其中,科技三项费支出增长48.3%,支援农村生产支出增长36.6%,抚恤和社会福利救济支出增长42%,社会保障补助支出增长41.3%,城市维护费支出增长9.3%。市本级财政支出31.3亿元,比上年增长17.6%。

金融运行平稳。年末全市金融机构存款余额1158.4亿元,比年初增长14.6%,其中,企业存款余额376.1亿元,比年初增长12.7%;储蓄存款608.1亿元,比年初增长13.9%。金融机构各项贷款余额1344.8亿元,比年初增长8.5%,其中,短期贷款余额845.2亿元,比年初增长9.2%;中长期贷款余额401.8亿元,比年初增长11.9%。金融机构实现现金收入3051.3亿元,比上年增长14.9%;现金支出3020.4亿元,比上年增长15.2%;货币净回笼30.9亿元。

证券市场进一步规范发展。到2001年末,全市共有股票交易机构6个,股票交易网点36个。上市企业18个。开设股民帐户50万户。全市有价证券成交总额650.1亿元,其中,股票交易成交额606.9亿元,国债25.3亿元,基金17.9亿元。

保险事业进一步发展。全年承保总额1809.8亿元,比上年增长42.8%,其中,财产险保额1700.6亿元,比上年增长48.6%;寿险保额109.2亿元,下降11%。保费收入12亿元,比上年增长21.8%,其中,财产险保费收入4.6亿元,增长4%;人身险保费收入7.4亿元,增长36.2%。全年赔付总金额4亿元,比上年增长17.8%,其中,财产险赔付金额2.6亿元,比上年增长14.6%;人身险赔付金额1.4亿元,比上年增长24.5%。

十、科技、教育

全面实施"科教兴市"战略,深化科技体制改革,技术创新能力进一步增强。2001年,全市实施市级以上科技发展计划498项,其中:国家级项目67项,省级项目346项,市级项目185项。专利申请量由上年的1106件增加到1254件,增长13.4%。全年通过鉴定、验收和认定的科技成果244项,获得市以上科技进步奖励成果80项,其中,获国家级奖励10项,省级奖励70项。

全市独立科学研究与技术开发机构98个。其中,自然科学和技术领域研究与开发机构73个,社会科学与人文领域研究与开发机构19个,科技信息与文献领域机构6个。全市拥有专业技术人员40万人,中科院和工程院院士23人,享受国务院及长春市人民政府特贴人员累计达到388人。

技术成果交易日益活跃,全市技术开发、咨询、转让等服务机构发展到1920户,技术成果交易额6.2亿元。市科技管理部门共投入科技经费2345万元。

高新技术产业快速发展。2001年,全市新认定高新技术企业128户,高新技术产业实现产值300亿元,比上年增长50%。产值超亿元的高新技术企业已发展到52户。

质量技术监督机制日趋完善。全市有产品质量检验机构7个,法定计量技术机构9个。全年共对2400户企业的产品进行了定期监督检验,检验样品6500批次,抽样合格率为85%,比上年提高了1.8个百分点。全年各级质量技术监督部门查处违法案件7344件,查获假冒伪劣和不合格产(商)品标值9000万元。

教育改革不断深入。年末全市普通全日制高等院校25所,共招收本、专科学生5.4万人,年底在校生15.6万人。各类成人高等学校13所,共招收本、专科学生1万人,年底在校生2.4万人。中等学校27所,年底在校生1.8万人。普通中学403所,在校生38.8万人,其中初中331所,在校生30.7万人。小学1848所,在校生60万人,学龄儿童入学率达97%。

全面开展教育信息化工程,农村中心校以上学校和各级教育机构基本上实现与互联网的联通。国际间教育交流与合作不断发展,成功举办了2001年中国长春国际教育展览会,签订中外教育合作与交流项目54项。中小学营养午餐和学生豆奶工作进一步推广。

十一、文化、卫生和体育

文化事业繁荣发展。专业艺术创作精品不断涌现,全年共获省级以上奖励58项。2001年,电影事业机构已发展到220个,其中电影放映点213个。文化事业机构239个,其中艺术表演团体10个,剧场、影剧院9个。公共图书馆10个,总藏量224万册,其中少儿图书馆1个,藏量18万册。群众文化事业机构173个,其中乡镇文化站142个,文化市场管理机构11个,其它文化事业机构19个。文物事业机构7个,其中,博物馆2个。

广播电视覆盖网进一步扩大。2001年,全市有广播电台5座,节目6套,中波发射台和转播台2座,广播人口覆盖率为100%;电视台5座,节目9套,一千瓦以上电视发射台和转播台5座,电视人口覆盖率为100%。全年共出版图书1856种,报纸、杂志、音像制品和电子出版物发展迅速。

卫生事业不断发展,医疗卫生体制改革取得突破性进展。2001年末,全市卫生医疗机构发展到1044个,其中医院、卫生院291所,拥有医疗、疗养床位2.4万张,比上年增长4.8%。卫生技术人员为3.6万人,比上年增长1%。农村村设医疗点1882个,比上年减少10.6%。乡村医生和卫生员6665人,比上年减少6.6%。个体医生开业人员1221人,增长17.5%。每千人拥有医生2.2人。

社区卫生服务不断深入,已建立社区卫生服务站98个,社区卫生服务覆盖人口达到90%以上,建立家庭病床5692张,签定健康服务合同10万份。

竞技体育再创佳绩。我市运动员共参加国际、国家、省级以上赛事99项次。在国际比赛中,获得金牌9枚、银牌11枚、铜牌10枚;在全国比赛中,获得金牌105枚、银牌67枚、铜牌76枚。在全省比赛中,共获金牌272枚。群众体育蓬勃开展,连续三年被评为"全国群众体育先进市"称号。各级中小学校继续实施《国家体育锻炼标准》,中学生达标率94.2%,小学生达标率为97.9%。

体育市场化、产业化步伐加快。成功地承办了世界杯短道速滑赛、亚洲汽车拉力锦标赛等高水平的国际赛事3项次,全国比赛14项次,省级比赛5项次,市级比赛23项次。

十二、环境保护

坚持可持续发展战略,继续实施"蓝天·碧水·绿色"工程,环境保护事业发展较快。到2001年末,全市建成烟尘控制区面积149.2平方公里,环境噪声达标区面积92.6平方公里。德惠、双阳、净月3个县(市)、区被批准为国家级生态示范区建设试点单位,榆树被批准为省级生态示范区建设试点单位。全市工业废水排放达标率、工业固体废物综合治理率、危险废物处置率分别达到93%、95%和100%。

城市环境进一步改善。空气首要污染物总悬浮颗粒年日均值每立方米183微克,比上年降低82微克;氮氧化物年均值每立方米21微克,比上年降低7微克;饮用水源水质达标率100%;城市地面水质达标率100%。

十三、人口与人民生活

2001年末,全市总人口达到705.7万人。其中,市区人口298万人,四县(市)人口407.7万人。农业人口412.1万人,非农业人口293.6万人。全市人口出生率为7.3‰,死亡率为4.68‰,自然增长率为2.61‰。

全市从业人员327.4万人。其中,第一产业从业人员142.4万人,占全市的43.5%;第二产业从业人员65.6万人,占全市的20%;第三产业从业人员119.4万人,占全市的36.5%。在岗职工平均货币工资11090元,比上年增长13.7%。

人民生活继续改善。城市居民人均可支配收入达到6339元,比上年增长13.8%。人均消费性支出5595元,比上年增长9.4%。农民人均纯收入2785元,比上年增长8.4%。城乡居民消费结构发生较大变化,生活质量不断提高。城市恩格尔系数为39.8%,农村恩格尔系数为45.4%。城市居民每百户拥有彩电111.7台,电冰箱及冰柜90.3台,洗衣机97.3台。农村居民每百户拥有彩电56台,电冰箱9台,洗衣机63台,摩托车25台。城市人均住房建筑面积由上年的19.06平方米增加到19.72平方米,农村人均住房面积由上年的18.15平方米增加到18.29平方米。

社会保障事业扎实推进。2001年,全市共有67.2万名在职职工、23万名离退休人员参加了基本养老保险,征缴各项社会保险基金15.4亿元,拨付养老金15.5亿元。年末参加失业保险职工74.2万人,为1.4万人次失业职工发放失业保险金2668万元。基本医疗保险制度改革正式启动,有30.5万名职工和退休人员参加了基本医疗保险。2001年,城市共有15591户、38130人得到最低生活保障,共发放保障金1925万元。

社会福利事业继续发展。全市各类养老设施共81所,总床位4612张。其中国家办社会福利院6所,农村敬老院139所,企事业单位、集体、个人办养老机构75所。城镇社区服务网络持续快速发展,全市有各种社区服务设施网点6800个,其中社区服务中心(站)195个。全年销售社会福利彩票14500万元,筹集社会福利资金4350万元,接收社会捐赠453万元。

注:1、国内生产总值、各产业增加值绝对数按现价计算,增长速度按可比价格计算。

2、人口数据来源于公安局统计年报。

专论

SPECIAL TOPIC

2001年工业经济运行情况分析及2002年展望

2001年是新世纪的第一年，是实施"十五"计划的第一年，也是基本实现国有企业三年改革与脱困目标后的第一年。年初以来，在国家扩大内需、增加投入等一系列积极财政政策的持续作用下，在市委、市政府的正确领导下，我市工业战线以提高企业经济效益和运行质量为中心，以市场为导向，以调整企业结构和产品结构为手段，以科技进步为动力，不断深化企业改革，克服资金短缺等不利因素，积极开拓新的市场，更全市工业生产保持了快速增长、经济效益大幅度提高，实现了"十五"良好开局。

一、工业经济运行情况及成果

2001年，全市工业经济运行的基本特点是：工业生产快速增长，经济效益大幅度提高。全年完成全口径工业总产值1284.5亿元，比去年同期增长20.2%；完成全口径工业增加值381亿元，比去年同期增长14.2%。其中：规模以上工业完成总产值954.5亿元，比去年同期增长24.2%，增幅在全国副省级城市中居第一位；完成工业增加值282亿元，比去年同期增长16.4%；实现利税124.9亿元，比去年同期增长21.9%，其中利润58.6亿元，比去年同期增长17.1%。实现了产值、效益同步增长。

主要产品产量完成情况：汽车39.1万辆，增长21.2%，其中轿车15.5万辆，增长23.9%；铁路客车1555辆，下降2%；摩托车5.2万辆，下降14.1%；彩色电视机44.4万部，增长139.2%；卷烟18.6万箱，增长0.3%；淀粉37.9万吨，增长11.6%；配混合饲料72.9万吨，增长3.7%；液晶显示块19.9万块，增长116.3%。

一年来，工业经济运行主要取得了如下成绩：

(一)强化措施，国有企业改革进一步深化

一是产权结构得到进一步优化。按照"两个退出，一个转移"的思路，加大了国有中小型企业产权制度改革的力度，进一步明晰了产权制度，实现了产权人格化，成为独立的竞争主体。全年列入全市实施国有资本退出计划的71户企业，已全部进行了产权制度改革。到2001年末，全市工业非国有经济占全市的比重已达40.1%。

二是规范推进兼并破产，劣势企业退市步伐加快。依据国家标准，对资不抵债扭亏无望的企业实施了政策性破产和依法破产。全年，进入破产转产的18户企业正按法定程序进行清算，终结后，可盘活存量资产8.1亿元，减轻企业债务负担17.6亿元。

三是着力培育大公司和企业集团，企业组织结构得到进一步调整。围绕四个支柱产业，坚持围绕调整存量与吸引增量相结合，加快资产重组步伐，使优良资产和有效资产向支柱产业和优势企业集聚，新组建了华禹光谷、北方通信、双阳鹿业、公交、煤炭等企业集团。同时，通过整体出让、收购兼并、破产收购、售股变现、土地置换等多种形式，加强了存量调整，推动了国有资产和社会资源从落后的产业向支柱产业聚集，发展壮大了原有的企业集团。到目前为止，全市已建成销售收入超亿元的企业集团35户。

(二)企业技术改造力度加大，技术创新能力进一步提高

一是重点行业、重点企业技术改造成效显著。"十五"技术改造规划"348"重点工程全面展开。30个重大技改标志性项目中，一汽大众10万辆宝来A4轿车新车去年8月份下线，今年正式投产；灯泡电线厂轿车电线束、公交客车厂公交客车改造、鸿达公司指纹识别系统改造、长春东光电子电容器等项目建成或部份建成投产；大成集团120吨玉米淀粉改造、德大1亿只肉鸡生产项目均进展良好；生物制品所甲肝活性疫苗项目、亚泰生物人参皂甙改造项目正按计划实施。同时，国债项目进展顺利。前四批21个项目，已有11个项目开工建设。其中：亚泰双阳日产2000吨水泥熟料生产线，大成集团赖氨酸一期工程等5个项目建成投产，并取得了较好的效益。我市又有5个项目列入第六批国债项目计划。2001年，全市累计完成技术改造投资52.98亿元，同比增长21.1%，超出年计划目标1.1个百分点。

二是新产品开发取得较好成果。组织实施了企业技术创新"十五"计划，列入重点考核的新产品试生产已完成469项，重点抓了一汽红旗中高级轿车、宝来A4轿车，新型电动铁路客车等155项试产、试制项目的开发、投产达效工作。到2001年底，全市实现新产品产值254.5亿元，比去年同期增长52.8%；新产品产值率达到26.9%，比去年同期提高了5个百分点。一汽和一汽大众通过引进和联合开发，换型改造获得成功，奥迪A6系列轿车、宝来A4轿车，市场占有率逐步扩大。水泥、客车、汽车零部件等行业也加大了技术改造力度，产量增加，市场适应性提高。

三是以企业为主体的技术创新体系建设取得新的进展。到2001年末，全市已组建企业技术中心58户。其中：国家级4户、省级27户，市级27户。组织开发了跨座式单轨车、小型发动机、分泌型基因重组人生长素等新产品，增强了企业技术创新能力。

二、工业经济运行存在的主要问题

虽然我市工业经济保持了快速增长、经济效益大幅度提高，但是，还存在一些不容忽视的问题，主要表现为：

1、工业经济整体发展不均衡。全市工业生产快速增长、效益大幅度提高，主要是少数骨干企业的带动，形成了高度集中。在全市35个行业大类中，微利和亏损企业占70%左右，多数企业的生产和效益没有明显改善。汽车工业一枝独秀，如果汽车工业受到政策和市场影响，我市工业将产生较大波动。

2、结构性矛盾还十分突出。从经济成份看，全年非国有工业完成产值385.3亿元，增长28.6%，增幅较高，但其占全市总产值的比重为40.4%，比重很低。全市仍然保持国有和国有控股为主体的格局。由于体制和机制的原因，适应市场能力较差，国有退出的步伐还有待加快。3、县域经济增长缓慢。全年我市四县(市)完成工业总产值54.4亿元，增长15.7%，低全市平均增速8.6个百分点。占全市总产值比重仅为5.7%。全市30户重点企业中只有吉林德大一户企业。这主要是县域工业基础薄弱，受生产技术、规模、水平、管理等方面的局限，缺少产销对路的产品、市场竞争能力弱。

4、一批亏损大户的亏损仍然没有得到扭转，全年亏损企业亏损额仍达8.4亿元。全市亏损前50户企业亏损7.6亿元，比去年增亏83.7%。其中亏损额超过千万元的有14户。

此外，国有企业改革与发展的任务还十分繁重，国有企业脱困的基础还不牢，一些脱困企业抗波动能力很弱；中小企业

不活的问题还没有解决。这些都成为困扰我市工业发展的因素。

三、2002 年工业发展预测

2002 年全市工业经济发展的指导思想是:以市场为导向,坚持开发区带动,继续壮大汽车、食品、光电子、医药四大主导产业,不断深化企业改革,加速传统产业的改造与升级,优化产品结构,加快重点项目建设,培育新的增长点,扩大经济总量,推进跨跃式发展。2002 年,是我国加入 WTO 的第一年,面临着很多机遇和挑战,在世界经济增长速度放缓的情况下,国际经济环境中不确定因素增多,必将对国内经济形势产生较大影响。但在国家继续实施积极的财政政策、稳健的货币政策和继续推行扩大内需、加快西部大开发和基础设施建设政策推动下,国内的经济形势会保持平稳增长态势。

我市是以汽车、客车等交通运输设备制造业为主导的工业格局,加入世贸组织后受冲击较大。而且受到连续几年高速增长、基数较高的制约,工业经济运行难度加大,但同时我市工业是以投资类产品为主,国家政策有利于我市工业保持平稳的增长。

(一)、有利因素:

1、国家继续实行积极的财政政策和稳健的货币政策,加快西部开发、实施奥运经济都对经济发展起到重要的拉动作用。自 1998 年以来,国家一直采取积极的财政政策,增发国债、加强基础设施建设,拉动内需。2002 年,国家将继续实行这一政策,投资仍成为拉动 2002 年经济增长的重要因素。

2、加入世贸组织后,我市对外开放范围将扩大,有利于对外的经贸合作和利用外资。特别是我市汽车制造业,在国内具有市场占有率、品牌等领先优势,虽然在短期内会受到较大的冲击,但从长远看,汽车是外商进入中国市场最积极的产业,长春也势必成为外商汽车产业的投资热点,对我市的经济发展将起到进一步的刺激作用。

3、国家将进一步制定刺激民间投资消费的政策,扩大国家投资的拉动效应。目前,国家给公务员加薪、增加社会保障支出等鼓励消费政策的实施,有效地刺激了国内消费的增长,房地产、教育、旅游等成为新的消费热点。从总体上看,我国的消费水平偏低,依靠消费的增长拉动内需还有相当大的空间。

4、几年来,我市经济结构的调整已初见成效,为经济增长奠定良好的基础。近几年,我市加大所有制结构调整力度,大力发展混合经济和非公有经济,积极扶持、壮大股份制、民营等多种经济成份,这些企业已经或正在成为经济发展的生力军;积极推进国有企业转换经营机制,加大了企业的破产、重组力度,使一些企业出现了新的生机;围绕四大支柱产业,对重点企业、重点行业、重点产品加大技术改造和投资力度,增强了全市工业发展的后劲。这些都将成为促进我市工业经济持续增长的有利条件。

(二)不利因素:

1、世界经济不景气:世界经济不景气,使世界范围市场需求下降,我国出口将面临更大的压力。2001 年下半年,特别是四季度,我国沿海省份出口大幅度回落,将对国内市场形成压力。从规律性分析,出口下降影响经济的滞后期约半年到一年,因此,世界经济普遍的不景气将对我国 2002 年经济的增长产生较大影响。

2、进口产品对国内市场的冲击。2002 年,我国加入世贸组织,进口关税全面降低,特别是进口的关税在 2002 年大幅度减让,进口汽车产品配额增加到 80 亿美元,其中 60 亿美元零部件。汽车是我市的主导产业,因此,对我市工业经济基础影响更为突出。在进口产品的冲击下,汽车产品价格,尤其是轿车价格将呈现下降趋势,将对我市工业效益产生一定影响。

3、固定资产投资拉动力有所减弱。农民收入缓慢,农村市场启动乏力,资金供需矛盾仍然突出。这些也将对全市工业经济基础增长产生不利影响。

4、连续多年快速增长的压力。长春工业经济从 98 年以来连续四年呈现稳定、高速增长,每年的增幅都在 20% 以上。我市几大主要工业产品的变化趋势表明,2002 年我市将步入新一轮的调整期,特别是加入世贸组织,我市工业经济面临较大的调整压力,在基数较高,压力较大的情况下,给我市工业生产组织带来一定的困难。

综上所述,2002 年我市工业发展的环境并不宽松,深层次的矛盾将逐步显现,不确定因素明显增加,必须要做好充分的思想准备,加强对全市工业经济运行的组织、协调、,确保 2002 年工业经济目标的实现。2002 年,规模以上主要工业经济统计指标预计完成情况如下:

工业增加值 329 亿元,增长 11%;工业总产值 1069 亿元,增长 13%;工业企业实现利润 64 亿元,同比增长 10%;亏损额、亏损面下降 5%;工业产品销售率实现 97%;全市技术改造投资计划安排 60.5 亿元;新产品产值率达到 25%。

长春市统计局工业处　宋福来

2001 年长春市社会固定资产投资完成情况统计报告

2001 年是“十五“计划的第一年。在国家积极的财政政策和扩大内需政策的宏观调控作用下,我市从重点建设项目入手,进一步加大投资力度,改善投资结构,使全社会固定资产投资保持了快速增长的好势头。

一、全年投资走势特点

2001 年我市全社会固定资产投资完成 285.0 亿元,比去年增长 21.2%,增幅在全国 15 个副省级城市中位居第六。其中,基本建设投资完成 105.4 亿元,增长 24.0%;更新改造投资完成 53.0 亿元,增长 21.1%;其他投资完成 6.9 亿元,增长 23.3%;房地产开发投资完成 48.5 亿元,增长 60.1%;农村固定资产投资完成 57.3 亿元,下降 2.0%;城乡私人建房投资完成 13.9 亿元,增长 15.8%。全社会房屋施工面积 1281.6 万平方米,增长 1.6%,其中,住宅施工面积 697.6 万平方米,增长 14.2%。其特点如下:

1、国有投资比重下降,非国有投资比重上升。2001 年我市四大投资中(基本建设、更新改造、其他投资、房地产开发投资)国有经济投资为 108.8 亿元,比去年增长 26.6%,所占比重由去年的 52.2% 下降到 50.9%,下降了 1.3 个百分点,非国有经济投资为 105.1 亿元,比去年增长 33.4%,增速比国有高出 3.6 个百分点,所占比重由去年的 47.8% 上升到 49.1%,上升了 1.3 个百分点。

2、第三产业投资占主导地位。2001 年在我市四大种类固定资产投资中,用于第一产业的投资仅为0.3亿元,比去年下降了89.7%,占全部投资(可比口径)的比重为0.2%,用于第二产业的投资为76.4亿元,比去年提高了29.3%,所占比重为35.7%,比去年下降了0.2个百分点,用于第三产业的投资为137.1亿元,增长33.5%,所占比重为64.1%,比去年上升了1.8个百分点,比第二产业高28.4个百分点。

3、基础产业和基础设施建设在投资中仍唱重头戏。今年我市固定资产投资仍以基础产业和基础设施为重点,具体表现在:(1)机械工业仍占主要比例。全市三大种类投资中用于机械工业投资37.5亿元,比去年同期增长41.5%,占完成投资的比重为22.7%,上升了3.0个百分点。(2)城市建设蒸蒸日上。今年我市继续加强城市建设投资,全年用于城市建设的社会服务业投资24.2亿元,比去年增长5.3%,占完成投资的11.3%;交通运输邮电业投资为18.1亿元,比去年增长7.7%,占完成投资的11.0%。已竣工的五条"标准化"道路工程、亚泰大街一期工程,绕城高速公路南段,南湖大路中段建造,正在建设中的轻轨工程等已成为我市城市建设中又一道亮丽的风景线。这些基础设施的建设,进一步推动了我市城市建设发展步伐。(3)教育投资大幅度增长,教育事业向国际化迈进。全年用于教育文化艺术广播电影电视业的投资为23.2亿元;比去年同期增长80.9%。吉林大学新校区、东北师大二校区、长春市职业教育学校等几所极具规模的大中专院校已基本落成。

4、开发区投资仍起龙头骨干的作用。2001年我市4个开发区(不含电脑城开发区)共完成固定资产投资72.8亿元,比去年增长16.3%,占全市投资总量的25.5%,其中:经济技术开发区完成投资33.4亿元,比去年下降0.9%,占全市总投资的11.7%,高新技术产业开发区完成投资17.7亿元,比去年增长27.3%,净月潭旅游开发区完成投资18.8亿元,比去年增长36.2%,汽车贸易开发区完成投资2.9亿元,比去年增长1.4倍,开发区的大量投入,有效的拉动了我市投资的快速增长。

5、房地产开发投资、销售两旺。随着"房改"政策的进一步完善和住房按揭贷款、二手房上市等措施的实施及春秋两季"房交会"的召开,极大地触动了开发商和购房者的积极性,从而使房地产开发投资大幅度增长。2001年我市房地产开发完成投资48.5亿元,比去年增长60.1%,增幅分别比基本建设、更新改造高36.1个和39个百分点。其中,住宅投资40.8亿元,比去年增长95.5%,商品房施工面积666.8万平方米,比去年增长99.3%,其中:住宅施工面积564.8万平方米,比去年增长1倍。实际销售商品房136.9万平方米,比去年增长29.6%,商品房销售额达31.5亿元,比去年增长66.5%。

二、存在的问题及措施

纵观我市投资和施工形势,虽然投资力度加大,有利因素很多,但也存在一些不容忽视的问题。

1、投资总体规模较小,水平还不高。2001年我市全社会固定资产投资增幅为21.2%,在全国十五个副省级城市中位居第六,而投资总量则位居其后,仅高于厦门和西安;2001年我市固定资产投资率为28.4%,比全国平均水平低10.1个百分点,在十五个副省级城市中位居第12。

2、拖欠工程款和资金到位不及时等问题仍然突出。2001年我市三大种类计划投资215.7亿元,实际到位资金169.8亿元,资金到位率为78.7%,比去年同期下降41.7个百分点。由于资金到位不足,使拖欠工程款现象日益严重,截止本年低全市各项应付款达26.8亿元,比去年同期增长58.6%。

3、民间投资还受某些方面的限制,投资空间小,融资信贷困难。国有企业与私营企业在投资待遇和机会平等方面还存在差别,民间投资主要在批零贸易餐饮企业、农、林、牧、渔业和房地产开发业介入程度较多,其相当部分行业的投资仍由国有经济垄断。由于民间企业大都规模较小,信誉程度不高,贷款风险大,使银行对民间企业贷款极为谨慎,从而使其融资渠道偏窄。

为实现长春市的跨越式发展,保持国民经济持续快速健康发展,建议采取以下对策:

1、营造民间投资的宽松环境,增强其投资信心。中国经济在加入WTO后面临激烈的国际竞争,要保持经济的快速增长,就要充分发挥民间投资的作用。启动民间投资即可减轻中央、地方财政的压力,有利于经济结构调整,又可以缓解就业压力,促进社会稳定。所以我们要努力为民间投资提供发展空间和上规模、上档次的机会,并运用经济杠杆对民间投资进行宏观调控。同时各有关部门要制定相应政策,改进管理方法,放宽投资领域,拓宽投资渠道,公平税费政策,保障民间投资者的利益,以调动民间投资者的积极性,提高其投资信心,促进非国有经济的发展。

2、加快新项目的前期准备,做好后续项目的储备工作。2001年是"十五"计划的第一年,由于"九五"一些大项目陆续竣工,所以要抓紧启动"十五"期间重点项目,如国际机场、石头门水库扩容,50万吨不锈钢等一批有较强支撑作用的大项目,并做好后续项目的储备工作,坚持大规模、高起点、开发设计一批市场前景广阔,科技含量高的大项目,促进全市经济的发展。

3、积极筹措资金,保证项目的顺利进行。影响我市投资规模和项目进展的原因之一是资金来源渠道窄,投资资金短缺。我们要探索新的投资方式,增加利用外资途径,扩大投资领域,聚揽社会各方面资金,为"十五"计划的顺利完成做出贡献。

长春市统计局固定资产投资处　曹资　于丽

县(市)区经济

ECONOMY OF COUNTY(CITY) AND DISTRICT

【农安县】农安县地处松辽平原腹地，吉林省中部，属长春经济区，是二十一世纪长春市重点开发建设的长春卫生城和后花园，也是长春市农副产品的主要供应和加工基地。农安县属于温带大陆性气候，年平均日照1372小时，年平均气温4.6℃，有效积温2895℃，平均降水507mm，无霜期145天。农安县幅员面积5400平方公里。耕地435万亩，水域面积32万亩，可养殖面积20万亩，林地97.4万亩，森林覆盖率13.5%，是一个宜农宜牧的好地方。农业生产以粮食为主，主产玉米，是全国重点商品粮生产基地县。

农安县历史悠久，风光瑰丽，资源丰富，投资政策优惠宽松，是一个投资办厂，观光旅游、休闲度假的好地方。农安县文化历史悠久，有较多的文物古迹。农安辽塔被更为全省重点文物保护单位，靠山镇境内的古宾州和小城子境内的益州遗址，均为长春市重点文物保护单位，县城农安镇史称黄龙府，是我国古代北方政治、军事重镇。农安县交通便利，长白铁路，图乌汽车专用线、长白公路穿境而过，全县26个乡镇全部通柏油路，部分村晴雨通车，形成了四通八达的公路图。农安县自然资源丰富，具有广阔的开发利用前景，境内油母岩分布面积达400平方公里，工业储量168亿吨，占全国储量的一半，天然气工业储量50亿立方米；工业储量1000万吨；二氧化碳气(含二氧化碳达98%以上)，工业储量90亿立方米；宝泉天然矿泉水，日通水量2000吨。

2001年，全县实现国内生产总值807033万元，比上年增长6.1%。其中，第一产业增加值356938万元，同比增长6.4%；第二产业增加值205086万元，同比增长1.5%。第三产业增加值245009万元，同比增长9.9%。三次产业结构由上年的43.3:27.0:29.7调整为44.2:25.4:30.4。

积极调整农村产业结构。农业和农村经济全面发展。农业在遭遇旱灾的情况下，经过抗灾自救实现了丰收，全县农业总产值593736万元，同比增长12.0%，农业增加值356938万元，同比增长6.4%，种植结构调整步伐加快。

普通玉米与其它作物比例达到6.4:3.6；订单农业发展到6万公顷，是我县订单面积最多的一年，特用玉米、优质大豆、杂粮等经济作物明显增加；依托上海高榕公司等龙头企业，出口菜、“三辣”等产业迅速壮大，开发试验了生姜、牛蒡、甘草、苜蓿草等一批作物。全力抗御旱灾、蝗灾等自然灾害，种植业总产值达到28.0亿元，同比增长13.7%。畜牧业有较大发展，主要畜禽品种饲养量、出栏量大幅度增加，总产值达到31.0亿元，同比增长14.6%。农业生产条件进一步改善，新打各类抗旱井2万眼，完成农田水利基本建设土方工程1170万立方米，植树造林1390公顷。

工业经济继续发展。全口径工业总产值实现376287万元、规模以上工业总产值实现99287万元，同比增长24.6%。

工业经济格局明显变化，重点骨干企业生产形势稳定。炼油厂克服了原油涨价，成品油降价等不利因素，内抓管理，外抓协调，生产形势明显好于上年，啤酒厂与华润集团成功联营，企业发展后劲进一步增强，两户支柱企业实现产值53775万元，占全县规模以上工业总产值的54.2%，支撑了工业全局。改制企业迅速恢复生机。合成材料厂、华龙饲料厂等一批企业改制后，生产经营形势明显好转，工业经济整体运行质量得到提高。工业园区成果显著。合隆、华家两个园区新建企业12户，实现产值2.16亿元，税金2600万元。民营工业发展迅速。荣发集团、宴丰集团、电联水泥厂等13户较大规模的民营工业企业产值超过2亿元。全县规模以上工业企业实现利税7800万元。全县私营企业和个体业户发展到3.05万户，从业人员达到14.6万人。

市场体系日趋完善。县城在完善煤炭，钢材、建材、工业品、农副产品等9个专业市场的基础上，开发建设了长春北大市场、商业步行街、农安商场超市等三个大型市场。农村市场进一步发育和完善，为农业、农民服务作用得到较好发挥。在国内一些大中城市设立经贸窗口，与南方一些大企业建立了经贸协作关系。粮食、生猪、大鹅等大宗农畜产品流通，带动相关产业发展起到了重要作用。全县社会消费品零销售总额达到14.5亿元，集市贸易成交额达到9.04亿元，同比分别增长23.9%和14.4%。

招商引资实现较大突破。组织参加了“西洽会”、“天交会”、“农博会”等十余个会展和招商活动；与省内知名企业联络，积极寻求合作组建农安信息港网站，广泛搜集和发布项目信息，有20多个项目进行了网上洽谈；强化“一站式”办公服务，集中为一批较大项目集中办理了审批手续。资源型项目建设取得突破。上海高熔公司二期建设工程，新建百栋育苗温室大棚，扩建了蔬菜加工中心和冷藏库，年产3万吨浓缩胡萝卜汁项目已完成前期准备工作；引进加格达奇丽雪精淀粉公司，盘活了停产多年的县粉丝厂，全年新上项目243个，完成招商引资8.9亿元，其中内资7.8亿元、外资1400万美元。

城乡建设步伐加快。全县拆迁总面积24万平方米，开发建设楼房75万平方米，其中县城42万平方米，乡镇33万平方米；新修和改造街路51公里；新铺和改造给水管线22.5公里；铺设排水管线8.5公里；新建和改造农村油路72公里；新建粮食仓储设施14处，增加库容17万吨。在城市设施建设上，完成了黄龙府广场除绿化外的所有建设工程；完成了辽塔游园拆迁和设计任务，部分仿古建筑已经开工建设；启动了集中供热一期工程，供热面积10万平方米；铺装彩色人行步道6万平方米；装修粉刷临街旧楼立面58栋；安装改造路灯238套；主要街路实现了垃圾袋装化。 (林子昌)

【九台市】九台市地处吉林省中部，即北纬43°51′—44°22′、东经125°24′—26°30′，西距省会长春市47公里，东离吉林市76公里。地形以平原山地为主，平原占44%、山地占34%、丘陵占22%。市境南北宽75公里，东西延长87.15公里，周长351.5公里。幅员面积3100平方公里，耕地面积16万公顷，占幅员面积51.6%。2001年全年降雨量404.3毫米。年平均气温5.6℃，最高37.8℃，最低-37.9℃，正常无霜期147天。全市共辖建制镇13个，民族乡2个，办事处3个，总户数为242434户，总人口829925人，其中：农业人口627051人，占总人口的75.5%。

2001年全市全年国内总产出1078286万元，实现国内生产总值419627万元，按可比口径增长8.46%。其中第一产业增加值145466万元，按可比口径增长13.7%；第二产业增加值100181万元，按可比口径减少0.14%；第三产业增加值173989万元，按可比口径增长9.67%。

2001年九台市遭受到百年不遇的特大旱灾，但粮食总产量仍达到899931吨。完成植树造林1100公顷，森林覆盖率达到20.2%。农林牧渔业现价总产值完成23.8亿元，同比增长13.1%，其中：种植业131709万元；林业863万元；牧业93384万元；渔业2259万元。各业占总产值比重分别为：种植业59.2%、林业0.6%、牧业39.2%、渔业1%。在种植业结构调整上，全市共落实“订单”5万公顷，占总播种面积的

31.3%。在农业内结构调整上,积极发展生猪、肉牛、大鹅等畜牧业和苗木、花卉、果树、中药材等特产业,不断扩大生产基地建设规模。在产业结构调整上,进一步扩大开发了名优新特蔬菜、胡萝卜、苗木、芸豆、晒烟等一批绿色农产品。天景系列山野菜风味产品,绿宝酱菜已申报国家名牌产品,还正在申报中国北方芸豆之乡。在2001年中国长春国际农业食品博览会上,九台市有400多个品种参展,共获神农杯金奖35个,在长春地区名列第一。围绕农业结构调整,以科技为先导,狠抓了各类技术示范区建设,规划和落实了以上河湾为主产区的芸豆之乡,以波泥河为主产区的苗木花卉之乡,以土们岭为主产区的中草药材之乡,以及龙家堡设施农业示范区,沐石河三元种植结构示范区,饮马河生态农业示范区等一批示范典型。工业方面:围绕调整产业结构,培育主导产业,把招商引资放在全市经济工作的首位,进一步拉动了工业产值的增长。全市全口径工业总产值17.2亿元,实现利税3847万元,同比增长110.1%。

在医药产业上:亚泰药业进一步扩大生产规模,实现产值3860万元,上缴税金372万元;跨海制药项目进一步扩大投资,新建了2000平方米符合GMP认证标准的大输液车间;新引进的天王药业项目完成了厂区建设的所有规划设计以及各项基础工程。在食品产业上:金锣肉猪日产200吨火腿肠,实现产值1.5亿元。新引进投资1000万元盛大酒业项目,完成了全部厂区建设和设备安装,并正式投人生产;绿宝酱菜项目和大豆分离蛋白项目也都进一步扩大了投资。在改造提升传统产业上,主要是把企业改制与改造结合起来,对水泥、沸石、铸造、弹簧、白酒、锻压机床等10户工业企业进行了先改制后改造,目前多数已恢复生产。通过企业改制,共引进资金23802万元,盘活存量资产1.2亿元,卸掉银行债务1.23亿元。另外,新引进投资1800万元的传动轴项目已经正式投产,胜通汽车零部件项目也新增投资300万元,扩大了生产规模。

固定资产投资业:全市全口径固定资产投资完成6.5亿元,同比增长30.1%。采取了改造与开发结合,自建与引资建设相结合的办法,开发建设了设计标准高、功能齐全的平安小区、阳光苑、怡景花园等住宅小区。全市城区房地产开发共利用域外资金1.8亿元、域内资金1.4亿元,建设楼房30万平方米。小城镇建设又有新进展,投人资金1944万元,建设楼房4万平方米。在城市开发中,共解决弹性就业1.1万人,同时拉动了建材业、运输业、装饰装簧业等相关产业的发展。

贸易业:全市实现社会消费品零售额11.7亿元,同比增长16.8%。个体业户发展到11662户,私营企业发展到548家,注册资金达12460万元,均较上年有较大幅度的增长。

交通邮电业及服务业:到2001年末,全市通车公路里程816.9公里。全年客运里350万人,同比下降42.1%,客运周转量13500万人公里,同比下降27.8%;货运量660万吨,同比增长37.5%,货运周转量26075万吨公里,同比增长34%。全市电话用户68400户,占全市总户数28.2%,同比增长3.1个百分点。移动通讯网覆盖城乡,全市邮政业务收入达1073万元。加强了城区设施建设,完成了曙光大街东段345延长米的拓宽改造任务;维修柏油路面5万平方米;改造疏通上水管道3000延长米,下水管道延长611延长米;投资1100万元的东道口立交桥主体工程已经完工。新建燃气站一座,铺设燃气管线2000延长米,增加供气3000户;加大了供水设施建设投人,日增加供水量400多吨。

文教卫生广电业:2001年我市合理调整教育布局,大力推进素质教育,深化了以"四定四制"为主要内容的学校内部管理体市改革,广大教师教书育人的积极性空前高涨。多渠道融资2544.5万元,共改造危房1.3万平方米,维修校舍7500平方米,新建校舍2万平方米,改善了办学条件。现有卫生机构、医院门诊部(所)34个,医院病床397张。卫生技术人员2100人,其中:医生811人。广播电视事业又有新发展,新发展有线电视用户2157户,新上了两部米波发射机和采编设备,节目编播质量显著提高,有线电视通乡镇,广播电视覆盖率百分之百。

人民生活水平:2001年全市全口径财政收入实现14708万元,同比增长21.5%;农村人均纯收入2415元,同比增长2.2%;在岗职工年平均工资6600元,同比增长6.5%;年末银行储蓄存款余额255761万元,同比增长29.7%;年末银行各项货款余额388442万元,同比增长6.7%。2001年全市人口出生率8.9‰。,死亡率4.1‰,人口自然增长率为4.8‰。

2001年,我市国民经济和社会发展取得很大成绩,特别是为实施"十五"计划,实现我市经济跨越式发展奠定了坚实的基础。 **(庞维彬)**

【榆树市】榆树市位于吉林省中北部,地处长春、吉林、哈尔滨三市构成的三角区中心。根据1999年土地变更结果,全市幅员面积4723.77平方公里,其中耕地面积33.55万公顷,占71%;林地面积4.03万公顷,占8.5%;水面面积4.27万公顷,占9%;其他用地面积5.38万公顷,占11.5%.全市下辖16个镇、14个乡、4个街道办事处、388个行政村。现有总人口1223957人。计划生育率为96%,人口自然增长率为2.3‰。

2001年,榆树市实现国内生产总值78.6亿元,比上年增长9.4%,其中,第一产业实现增加值36.9亿元,比上年增长9.6%,第二产业实现增加值16.6亿元,比上年增长6.3%,第三产业实现增加值25.1亿元,比上年增长11.3%,全市全口径财政收入3.6亿元,比上年增长33.8%。

一、结构调整见成效

农作物总播种面积291132公顷,比上年减少176公顷。玉米种植面积148248公顷,比上年增长11.4%,大豆种植面积49721公顷,比上年减少18.1%,水稻种植面积36111公顷,比上年增长8.9%,油料作物种植面积3547公顷,比上年增长17.1%。订单作物多达13个品种,订单面积21.6万公顷比上年增长170%。粮食总产量达到40亿斤,比上年增长23.5%。农业总产值56.7亿元,比上年增长19.6%。农民人均纯收入2705元,比上年增长10.3%。

二、工业发展现生机

2001年全市全口径工业总产值实现33.5亿元,销售收入29.8亿元,实现利税3.5亿元,分别比上年增长1.5%、0.7%、2.9%。国有和年产品销售收入在500万元以上的非国有工业企业(按当年价格计算)实现总产值5.5亿元,销售收入5.5亿元,分别比上年增长8.2%和10.9%,实现利润192万元,当年减亏1142万元,扭亏幅度达到120.2%,实现税金5833万元,同比增长60%(实际入库2120万元,同比增长24%),实现工业增加值2亿元,同比增长8.2%。市属30户工业企业(按当年价格计算)实现工业总产值4.4亿元,销售收入4.3亿元、税金4000万元,分别比上年增长19%、20%、25%,较上年减亏600万元。通过改制,盘活企业存量资产近6亿元,为企业吸纳资本金2.41亿元,优化了资产结构,增强了企业活力。

三、商贸流通稳运作

2001年,全市社会消费品零售额实现102325万元,同比增长2.7%,集市贸易成交额8.4亿元,同比增长3.8%;金融机构各项存款余额292273万元,同比增长7.9%,贷款余额700258万元,同比增长5%;邮电业务总量11870万元,同比增长16.9%。

四、民营经济快发展

2001年,全市个体工商业业户发展到13220户,从业人员38494人,分别比上年增长1.3%和1.7%;私营企业发展到195户,从业人员3203人,分别比上年增长18.2%和38.3%。

民营经济增加值实现141717万元,实现税金5213万元,分别比上年增长13.6%和15.8%。

五、招商引资结硕果

2001年,榆树市招商引资项目共340项,吸纳内资6.6亿元人民币,吸纳外资1836万美元。经过市委、市政府5年多的努力工作,5大龙头项目正式签约,分别是:榆树长春吉港集团年养殖、屠宰、加工150万头生猪一体化项目,预计总投资1.9亿元,达产后年可实现销售收入16亿元,利税1亿元;榆树长春大城集团年处理60万吨玉米深加工项目,预计总投资1.9亿元,达产后年可实现销售收入4.3亿元,利税7200万元;榆树吉林白酒集团年产5万吨中、高档白酒项目,预计总投资3.6亿元,达产后年可实现销售收入9亿元,利税4.5亿元;哈尔滨市宏达公司买断后新建的榆树华威制药厂项目,预计投资5000万元,达产后年可实现销售收入5000万元,利税1200万元;榆树市五棵树经济开发区与大连市保税区慧能公司合建的年产800万吨麦绿素项目,预计总投资1.4亿元,达产后年可实现销售收入263亿元,利税8700亿元。

六、各项改革出成果

2001年,榆树市委、市政府本着精简高效的原则,对党政机关进行改革,市直党政机关由原来的35个撤并为31个,分流人员198人;把原来的37个乡(镇)人民政府撤并为30个,分流人员377人。企业改革以"三个有利于"为标准,以企业发展脱贫为目标。市属30户工业企业有29户完成第一轮改制任务,占总数的97%,其中,产权出售的3户,实行股份制的2户,实行股份合作制的14户,租赁经营的4户,联合破产等其它形式的6户。对市属18户"双停"企业,采取联合、租赁、承包经营等形式,又启动了市变性淀粉厂、市淀粉厂、市雪源纸业有限公司、市制药厂等4户企业,使"双停"企业激活总数达到16户。

七、基础设施更完善

2001年,在城市基础设施建设上,拓宽了工农大街,并完成了路灯安装工程;电信局新建路边磁卡电话亭160座,水利基础设施建设主要有国家投资1200多万元的第二松花江防洪工程,现已接近尾声,国家投人农业综合开发资金300万元,对松前灌区进行改造配套项目现已完工;城乡新建楼房61栋16.8万平方米。

八、人民生活大改观

2001年,全市所有单位从业人员年平均工资6709元,同比增长16.7%,其中,国有单位从业人员年平均工资7006元,同比增长20%。城镇居民人均可支配收入3950元,同比增长5.6%。农民家庭人均收3936元,同比增长17.8%,人均消费支出3525元,同比增长31.3%,其中,生活消费支出1612元,同比增长25.4%。城乡居民住房条件明显改善,到2001年末,城镇人均住房面积14平方米,同比增长7.7%,农民人均住房面积23.7平方米,同比增长4.5%。随着市场经济的快速发展和人民收入的持续增长,部分城镇居民已拥有家庭轿车,计算机也正在逐步走进千家万户。

(王树国　刘晏波)

【德惠市】德惠市地处松辽平原腹地,吉林省中北部,即东经125°14′-126°28′,北纬44°33′—44°51′,位于长春、吉林、哈尔滨三市构成的三角区中心。全市辖14个镇、5个乡、4个街道办事处、308个行政村。全市总户数为24.1万户,其中农业户数有17.5万户,占总户数的72.6%;总人口为91万人,其中农业人口为75.2万人,占总人口的82.6%。全市幅员面积3435平方公里,其中耕地面积21.1万公顷。

德惠属中温半湿润大陆性季风气候,春季干燥多风,夏季温热多雨,秋季艳阳高照,冬季漫长寒冷。年平均气温4.4℃度有效积温约2800℃、无霜期135至140天、降雨量550至600毫米,适宜农作物生产。境内盛产玉米、水稻、大豆、高粱,是全国商品粮生产基地县(市)之一。

2001年,全市实现国内生产总值70.6亿元,同比增长13.5%,其中:第一产业增加值29.2亿元,同比增长15.1%;第二产业增加值22.5亿元,同比增长15.4;第三产业增加值18.9亿元,同比增长8.7%。财政收入实现2亿元,按可比口径比上年增长8.7;农民人均收入实现2685元,增长9.6%;出口创汇实现8400万美元,增长20%。

农业产业化进程加快,效益农业成效显著。龙头企业实力增强,辐射带动功能进一步提高。德大公司三期翻番改造工程稳步推进,年屠宰肉鸡能力达到7500万只。种植业结构进一步优化,农业市场化程度明显提高。瓜菜面积增加到55万亩,大豆增加到50万亩,经济作物面积增加到10万亩。全市各类订单面积达到120万亩,占旱田面积的50%。效益农业全面发展,主推了龙头企业带动、主导产业带动、绿色食品带动、中介组织带动、种养复合带动、庭院经济带动等六种效益农业模式。畜牧业发展迅速。重点推广了基地化、小群体大规模、专业化饲养、生态养殖四种模式,大力发展肉鸡、肉牛、生猪、肉鹅生产.全市生猪发展到180万头,出栏130万头,分别增长12.5%和12.1%;肉牛发展到65万头,出栏20万头,分别增长19.1%和17.6%;肉鸡出栏4500万只,增长21.6%;畜牧业总产值达到18.3亿元,增长14.3%,占农业总产值的60%。农产品流通体系进一步健全,全市新建改建各类农产品市场14个。农田水利基础设施建设得到全面加强,高标准地完成了二松堤防整修力口固工程,动用人工15万人次,全市完成土方606万立方米。畜禽防疫进一步加强,工程造林业绩突出,农牧业保障体系进一步完善。

工业经济运行良好,效益逐步提高。企业改革深入推进。惠川有限责任公司、长惠供热站依法实施破产,有565名职工与原企业解除了劳动关系,165名退休职工移交社会保险公司管理。市种子公司、惠民小区供热站实行了整体出售,既积极地解决了历史遗留问题,妥善地安置了职工,又为新的企业注人了生机和活力,企业按市场机制运作,摆脱了政府的无限责任。技术改造取得较好效果。完成技改投资2.2亿元,新产品试产项目8项。项目开发成效明显。惠顺服装有限公司百万件出口服装项目已正式投人运营,生产能力扩大到100

万件;彩印厂凹版印刷生产项目正式投产;银河制药厂大输液车间CMP认证的技改项目全面完成,生产能力提高到2100万瓶;50万立方米陶粒页岩项目已进入建设阶段;玉米秸杆饲料项目进行试生产阶段。全市的食品工业方兴未艾,被中国食品工业协会评为食品工业强县。2001年,全市规模以上工业企业实现工业总产值34.2亿元,产品产销率达98.5%;实现利润总额4000万元,增长46.4%。控亏额和控亏面均有大幅下降。

民营经济健康发展,主体地位日趋增强。到2001年,全市民营企业固定资产投资100万元以上的达49户,其中500万元以上的11户,1000万元以上的6户。产品市场竞争能力明显增强。吉林省嘉宏食品有限公司生产的"谷娃"牌玉米系列食品、德惠市绿野食品有限公司生产的"鑫野"牌粗杂粮系列免煮面等产品,远销到广州、深圳、上海、北京、黑龙江、辽宁等省市,深受消费者青睐。2001年,全市个体工商户达到45659户,增长11.3%;私营企业达到573户,增长10.2%;安排就业人员11.5万人,增长10%;实现增加值27亿元,增长19.5%。

商贸经济健康运行,第三产业不断壮大。城乡市场建设迈出新步伐。高标准完成了昌盛步行街、富贵大市场和陶瓷市场建设,全市城乡新建各类市场47处。各种连锁店、商贸小区、小城镇商业网和社区服务业蓬勃兴起,市场繁荣,流通顺畅,物价稳定,货源充足;强化了市场秩序的整顿,流通秩序进一步好转。2001年,全市社会消费品零售额完成11.5亿元,增长15%;城乡集市成交额达到7.5亿元,增长10.3%。对外开放水平明显提高,招商引资成果丰硕。2001年,全市共引进合同项目98个,合同引资8.9亿元人民币,实际到位外资1455万美元,内资4.9亿元人民币。

城乡建设实现新突破,文明卫生城创建水平明显提高。高标准完成了年初确定的德大路与长余高速公路连线工程、2万平方米人行步道和居民巷路铺装工程等"十件实事"的建设任务。明珠广场、电业大厦、移动通信支公司生产楼等一批较高标准建设项目完成,这些建筑已成为德惠新的亮丽的景点。全年城乡共拆迁1926户,开发建设面积达45万平方米。

财政收入稳定增长,金融工作健康运行。2001年末,全市城乡居民储蓄存款余额达29.6亿元,比年初增加1.2亿元。金融部门全年共投放贷款资金1.6亿元,为全市经济发展做出了积极贡献。

精神文明建设取得新成果,各项社会事业协调发展。认真贯彻"三个代表"重要思想,培养和塑造"团结、务实、创新、图强"的德惠精神,形成了全市上下政通人和和跨越发展的良好局面。2001年,全市人口出生率为7.51‰,计划生育率为92.4%,人口自然增长率为3.58‰。文体工作继续加强,文体市场整治和开展健康向上的文体活动等工作都取得了新成绩,丰富了城乡广大居民的精神生活。

【南关区】南关区位于长春市东南部,总面积253.93平方公里(城区面积28.15平方公里),辖九个街道办事处和两镇一乡,总人口为50.5万人,非农业人口41.97万人,是长春市的百年商业重地,其地理位置优越,科教实力雄厚,旅游资源丰富,经济基础良好,各项事业健康发展。

为加速南关区经济发展,区委、区政府制定了把南关区建成现代化国际性城市的商贸新城区的目标和"南工北商"、"两区一带"的战略布局,一、二、三产业发展迅速。目前,花卉、绿色食品、蛋鸡、黄牛、小尾寒羊等生产基地已初具规模,以改装车及为行走机械配套加工业、农副产品加工业,轻工塑料、电子等高技术产业为主的支柱产业正向集团化、规模化经营方向发展,以亚泰大街等街路为重点的第三产业发展格局基本形成。

2001年全区共完成国内生产总值257486万元,比上年增长10.3%,其中第一产业增加值完成16150万元,第二产业增加值完成112506万元,第三产业增加值完成128830万元,三次产业的比重为6:44:50。全区财政收入完成42702万元,农民人均收入3149元。

一、国民经济持续健康发展

农村经济保持了良好的发展势头。农业总收入33151万元,其中:菜粮收入为7735万元,多种经营收入25416万元。畜牧业收入占农业总收入的60%以上,农村城市化和小城镇建设迈出坚实步伐。新立城镇的镇域,镇区规划已获通过,基础设施建设顺利推进。种养业结构进一步优化,绿色蔬菜、花卉、药材等高效经济作物种植面积不断扩大,全区普通玉米种植面积压缩到4052公顷,比上年减少19.7%。黄牛、梅花鹿、蛋鸡存栏量分别达到6500头、6000头、150万只。充分发挥农村经纪人作用,组织引导农民与加工企业、流通组织搞好产销衔接,促进农村经济走向市场化。

工业经济运行良好。全区全口径工业总产值完成344636万元,比上年增长16.4%,工业利润全区实现14817万元,比上年增长9.5%,销售收入达到500万元以上规模的企业完成工业总产值94966万元,比上年增长53.8%,占全口径产值比重的28%。

第三产业整体水平逐步提升。2001年,我区第三产业发展继续保持较高的发展势头,一批规模较大的商业网点相继建成营业,并引进了以北京华联超市、华普超市、青怡坊市场等一大批规模大,业态新、效益好的三产项目,并新建市场17处,总投资19500万元,建筑面积达8.9万平方米,吸纳从业人员3000余人,市场建设从过去的以露天大棚市场为主向室内楼厅市场发展,净化和规范市场秩序,全区第三产业增加值已占全区国内生产总值的50%。财政实力不断增强。进一步理顺财政体制,加大财政征收力度,坚持开源节流,强化审计监督,严格控制预算外支出,加强收支两条线的管理,全面实行政府采购制度,实现了收支平衡。全区全口径财政人42702万元,完成年计划的127.9%,区本级财政收入实现10024万元,完成年计划的109%。

个体经营经济又有新的发展。我们继续把大力发展个体私营经济作为经济发展的新的增长点来抓,健全机构,搞好规划,强化指导,使民营经济逐步走了规范化的道路上来。全区实现民营经济增加值234289万元,比上年增长6%,民营个体业户数已达到29398户。

招商引资工作成效显著。全区共引进经市政府认定的内资4.8亿元,外资1432万美元。引资额超过1000万元项目23个。年产1000吨鹅肥肝项目,已列入国家"十五"科技星火燎原行动计划和省星火计划,到位资金3000万元,新湖生态风景园区项目也已经过论证。正如期地进行前期准备。高新卫星合作区开发建设项目已获市政府批准,完成了起步区的规划编制工作。

二、城市建设与管理实现历史性突破

按照市委、市政府的有关精神,我区重新界定了区街管理职能和权限,理顺了城建工作管理体制,对全区的城市环境进行了综合治理,实现了市容环境的阶段性目标,共拆除违章建筑8350多处,面积达到18.5万平方米,马路市场的取缔得到了进一步的巩固,圆满完成了市下达的创建国家级园林城市的工作任务,完成绿化面积9.6万平方米。使全区上下对城市的管理观念有了质的转变,为我们今后建好城市,管好城市,经营城市奠定了基础。

三、社会各项事业协调发展

教育事业蓬勃发展。深化教育教学体制,加强教师队伍建设,打造"名校工程",提高了教学质量和办学效益,调整了学校布局,撤并学校15所,新建扩建6所,改善了办学条件,并有多处学校受到各种荣誉称号。科教兴区步伐加快,全年实施技术进步项目50项,并有5个科技项目受到嘉奖。社区建设逐步推进。对全区179个居委会进行调整合并,新建了80个社区居委会。并推荐申报国家级文明社区一个,计划生育工作顺利通过各项考核。人口出生率为6.06‰,自然增长率为1.48‰,深入开展"双拥"活动,巩固"双拥模范区"成果,并受到国家等有关部门的好评。残疾人工作及下岗职工的就业问题得到进一步解决。全市城镇医疗保险工作已全面展开,其他各项事业也都围绕中心工作充分发挥职能作用取得了新的成绩。 **(任长春)**

【宽城区】2001年是新世纪的起始年,也是"十五"计划的开局之年。一年来,全区紧紧围绕"建设全省经济强区和城市管理先进区"的发展目标,团结拼搏,开拓创新,勤政务实,较好地完成了各项工作任务。全区国内生产总值预计实现32.9亿元,比上年增长17.4%。

一、结构调整取得阶段性成果

全区农业总产值实现3.8亿元,比上年增长6.3%。全区农民人均收入达到3100元,比上年增加80元。积极调整种植业结构,减少普通玉米种植面积244公顷,增加蔬菜、水稻、经济作物种植面积279公顷,扩大水浇地、保护地面积260公顷。依托龙头企业扩大订单农业,鼓励和引导农民进行多种经营项目开发。加强高效牧业园区建设,培育了4个牧业精品小区。农田水利基本建设完成综合土方量35万立方米,改造中低产田30公顷,治涝面积140公顷。我区被评为全市蔬菜生产、肉品管理、公路建设、畜禽防疫先进单位。

工业经济继续保持快速增长势头。全区工业总产值实现70亿元、工业利润实现4.4亿元,分别比上年增长15.2%和24.2%。区规模企业的支撑作用进一步增强。全区年销售500万元以上的23户工业企业实现产值81657万元、实现利润6690万元,分别比上年增长1%和6.7%。乡镇企业的龙头拉动作用得到有效发挥。全区乡镇工业实现产值65.1亿元、实现利润3.9亿元,分别比上年增长16.1%和20%,分别占全区总量的93%和87.3%。

第三产业不断发展壮大。第三产业增加值实现11.5亿元,比上年增长17.1%,占国内生产总值的35.0%。大力推进三产项目开发,新上三产项目34个,总投资额3.3亿元。加快市场建设步伐,新办鑫旺综合市场等大型室内市场6个。重点发展房地产开发、社区服务等新兴行业。区域内现有房地产开发企业22户,全年开发住房面积70万平方米;社区新办养老、托幼、助残等服务项目55个。

二、区域经济呈现较快发展态势

区域经济以招商引资为突破口,以民营经济为主线,全方位运作,多元化发展,初步构筑起具有宽城特色的区域经济新格局。

招商引资质量有所提高。全年引进国内资本总额10亿元,其中引进市外资金7.5亿元;引进利用外资1409万美元。引进各类项目103个,其中引进1000万元以上的大项目24个;引进外资项目4个。深入开展"双千百"活动,招进客商100余户。广辟新的招商渠道,省恒泰防火索道公司等企业在会展招商中签订项目12个,合作资金4.6亿元。同时,制定下发了《宽城区加快区域经济发展的奖励办法》等政策性文件,加大对中介人和大项目的奖励力度,调动了方方面面招商引资的积极性。

民营经济实现超常规发展。全区民营经济增加值实现21.2亿元,比上年增长26.9%。加大对民营企业的奖励力度,命名表彰了一批先进民营企业和有突出贡献的民营企业家。对野力集团等19个民营企业实行挂牌支持,定期现场办公,解决实际困难。民营经济总量不断扩大,全年新引进民营企业49户。加强对民营企业家的培训,全年举办加入WTO等专题讲座4期,培训民营企业家100人次。

企业改革向深层次推进。以深化产权制度改革为核心,抓住重点,突破难点,完成了对稀土合金厂等12户企业的产权出售,实现出售资金2108万元;对团山建材石棉厂实施了企业破产;对鑫祥公司等2户国有企业实行了股份制改造,为国有资产退出,实现投资主体多元化探索了一条新路。制定出台了《宽城区关于加快产权制度改革的工作意见》等文件,推动了企业改制工作的规范运作。

长江路开发区建设进入相对快速发展阶段。制定出台了促进开发区建设的6个配套政策,全面启动长春银座等3个待建工程,大力引进名企、名店、名牌产品和大企业,提升了开发区建设的规模和层次。开发区现有各类科技企业1043户,从业人员近4000人。全年商品销售额实现20亿元;税收实现3500万元。

三、科技的先导作用得到有效发挥

认真贯彻全区科技大会精神,全面实施科技创新五项工程,顺利通过"全国科技进步先进区"验收。加快企业技术创新步伐,申报市级以上科技发展引导性计划11项;有6户企业分别通过国家GMP和ISO9000质量认证;被新认定高新技术企业2户,使全区高新技术企业达到14户,高新技术产值占工业总产值的比重达到22%。加强科技兴农工作,引进和推广"保护地高效栽培"等农业实用技术25个;举办农业科普培训班92期,培训农民1.1万人次。

四、财政收入继续稳步增长

全区全口径财政收入实现44069万元,比上年增长14.5%。深化财政体制改革,制定并实施了关于完善街道乡镇分税制财政管理体制的决定,调动了方方面面组织收入的积极性。强化对财政分成等非税收入的征管,全区财政非税收入预计实现510万元。

五、城乡面貌得到显著改善

城建工作按照"一级规划、二级建设、三级管理"的方针,改革、建设、管理三条线齐头并进,使城市面貌发生了新的变化。

城市管理体制主要进行了四项改革:一是改革城市管理机构,组建了区城乡建设委员会,并制定实施了"三定"方案。二是改革行政执法体制,组建了城管监察宽城大队和站前大队。三是改革城市管理内部运行机制,对市政维护处等三支专业队伍实行了企业化管理。四是重新界定区、街城市管理权限,将企业化单位原有的行政管理职能收回;制定了强化街道城市管理职能的规定，实现了街道办事处在城市管理中责权利的统一。

城市建设工作从完善城市功能出发，重点抓了市政设施、环卫设施和绿化彩化建设。按期完成市重点工程建设任务；中修、维护 10 条道路 9.88 万平方米；铺设、清淘排水管线 3.12 万延长米。新建公厕 21 座，维修公厕 35 座。投入资金 1910 万元，植树 54.3 万株，城区新增绿地面积 17.6 公顷，农村造林面积 200 公顷。全区绿化覆盖率 22.81%，被评为全市公共绿地养护管理和农村造林绿化城区第一名。

城市管理工作以治理主要街路、关键地段和群众关心的热点问题为重点，全力开展市容、市貌综合整治工作。全区拆除违章建筑还原面积 10 万平方米，清理违章占道 2088 人次，整顿违章牌匾 1076 块。加强环境综合整治和监督管理，全区限期治理达标率 100%，环境噪声达标区覆盖率 84.7%，使城市综合管理水平明显提高。

六、各项社会事业协调健康发展

坚持"两手抓、两手都要硬"的方针，深入开展形式多样的创建活动，全区被评为省级精神文明先进单位 10 个、市级精神文明先进单位 33 个、省市精神文明先进个人 12 人；市级文明"窗口"68 个、文明社区 14 个。教育工作成功地承办省、市信息技术教育工作现场会，被确定为"十五"期间中国教育改革实验区。卫生工作重新组建了宽城区卫生监督所和宽城区疾病控制中心。取缔无证行医 33 家(次)，销毁过期药品 280 个品种价值 13.75 万元；全区传染病总发病率比上年下降 3.37%；小型餐饮单位卫生合格率达到 95%。职工基本医疗保险工作全面铺开。我区被评为全市"白求恩"杯竞赛优胜单位和食品卫生工作先进单位。城乡社会保障体系建设有新发展，新增低保对象 609 户 1728 人，累计发放最低生活保障金 300 万元。"双拥"工作被评为全市"科技拥军"先进单位。积极开展救灾、救济和救助工作，全区下拨救灾款 30 万元，救济灾民 2220 户，6198 人次；新建老年公寓 5 个，救助特困老人 44 人；免费为 210 名白内障患者进行了复明手术；安置残疾人就业 49 人。广辟就业渠道，开发用工岗位 3537 个，安置下岗职工和城镇失业人员 1630 人。 **(曹　富)**

【朝阳区】位于长春市的西南部，辖 8 个街道办事处、3 个镇，人口 66.5 万。

2001 年全区国民生产总值完成 152,900 万元，为年计划的 102%，比 2000 年增长 20.4%；全口径工业总产值完成 154510 万元，比 2000 年增长 22.1%；实现利润 9030 万元，比 2000 年增长 12.1%；其中规模以上工业完成产值 33087 万元，实现销售收入 31605 万元，利润 2814 万元，均超额完成了年度计划。全区全口径财政收入完成 74773 万元，为年度预算的 124%，其中本级财政预算收入完成 15764 万元，为年度预算的 140%，按可比口径比 2000 年增长 58%。

一、拓宽引资渠道，增加经济总量

2001 年，全区共引进内资 45000 万元，引进外资 1400 万美元，较好地完成市政府下达的招商引资任务。在引资工作中，采取走出去，请进来的办法，注重在会展经济上做文章，积极组织参加"西洽会"、"天交会"、"农博会"、"汽博会"以及"两市一省"经贸交流活动，并取得了较好的招商效果。通过参加这些活动，既增加了经济总量，拓宽了引资渠道，也扩大了新产品宣传，树立了朝阳区的形象。

二、强化民营经济主体地位，加大扶持发展力度

坚持以民营经济为主体是全区经济发展的总体框架，区委、区政府着重从强化服务和改善环境上加大了扶持和发展民营经济的工作力度。2001 年新组建了朝阳区餐饮同业公会，为民营企业之间的联系，以及与政府的沟通提供了方便。区政府从工商、税务、卫生、建委等部门抽调人员，成立了全区民营企业咨询服务中心，并为新宇集团、安华通信科技发展公司等企业解决了一些实际问题。建立了 50 家有一定规模的民营企业档案，有序地开展了"四个十"竞赛评比活动。全区资产在 5000 万元以上民营企业有 32 户，民营经济固定资产投入达到 6.2 亿元，新上 14 个投资千万元以上的项目。吉港、新宇、铭泰、神鹿等民营企业在农产品深加工、制药、计算机软件等行业上又有了较快的发展。全区民营经济增加值达 128800 万元，为年计划的 103.1%，增长 21.7%。

三、注重市场建设，拓展社区经济发展新途径

朝阳区高度重视市场规划建设工作，2001 年通过精心组织，积极动作，在室内市场开发和建设工作方面取得了显著效果。计划开发的 29 处室内市场，其中已批准 28 个，开业 21 个，占地面积 50325 平方米，建筑面积 61845 平方米，投资总额达 13874 万元，共设立 6630 个摊位，安置就业人员 8290 人。这不仅满足了居民消费需求，扩大了就业，也增加了财政收入。在社区经济发展方面，按照新体制的要求，坚持市场化动作原则，走合作开发、资源共享之路，有效配置全区土地、人力、房产等资源，增强了吸引多种经济成份合作开发社区项目，发展社区经济的共识，使社区教育、社区就业、社区医疗、社区中介服务得到有效整合，为构建服务经济框架开辟了新路。

四、调整农业结构，全面发展农村经济

全区压缩普通玉米种植面积 1216 公顷，增加特种玉米面积 456 公顷、大豆面积 360 公顷、经济作物面积 400 公顷，增加订单农业面积 20 公顷。在遭受多年来罕见的旱灾面前，区领导及各单位、各部门积极投身于抗旱保苗战役，筹集抗旱资金 400 多万元，用于抗旱救灾。在调剂品种毁苗补种的同时，广大农民积极发展畜牧业，从事流通业、运输业和外出打工等非农产业，使农民收入有了较快的增长。全区畜牧业生产进一步发展，产业化经营规模进一步扩大。乡镇企业稳步发展，乡镇小区投入增加，富锋工业小区被国家农业部评为东西合作示范小区。全区水利工程建设、环城绿化和农防林改造工作也取得新成绩。到 2001 年末，全区农业总收入完成 106539 万元，为年计划的 108.5%，增长 21.5%。

五、积极调整工业结构，培育"小型巨人"企业

按照"兴工强区"的"十五"计划目标要求，把调整工业结构，发展汽车配套、电子、医药等支柱产业作为今年工业经济的重点来抓。吉港集团的制药、数码港、军用测高雷达，新宇集团的大豆深加工、生物制药计算机软件等项目分别被列为省、市重点建设项目规模以上企业全区工业发展的拉动作用明显，车身一分厂和玻璃钢厂被省政府命名为"小型巨人"企业，长瑞冲压件公司、阜丰机械厂、文教锅炉厂等企业的新产品开发、技术改造项目也取得了较好效果，全区新产品开发创总产值 1765 万元，技术改造投资达到 10308 万元。扣除个体工业，2001 年全区工业总产值达到 88947 万元，为年计划的 105%，增长 20%。 **(陈黎明)**

【二道区】二道区地处长春市区东部，东与九台市、永吉县毗邻、南与双阳区接壤、西靠伊通河与南关区、宽城区隔河相望、北与宽城区及九台市衔接。辖 6 街 3 镇 2 乡，有 96 个社区，40 个村，总人口为 371953 人，幅员面积 465.11 平方公里。

自然资源丰富,年末耕地面积14799公顷,有得天独厚的发展种植业的自然优势,有丰富的金、铁、煤、稀土、石材、矿泉水等矿产。城区环境优美,基础设施完备,水、电、气供应充足,邮政、通讯便利。公路、铁路交通发达,长营、长吉、京哈高速公路在本区均有出入口。全省唯一内陆港座落在本区。铁路运输十分便捷,区内有48条专用线和数十座仓储库。

一、经济持续发展,综合实力进一步增强

2001年,国内生产总值完成229600万元,为年计划的101.59%,同比增长14.51%。其中,一、二、三产业增加值分别完成16600万元、107000万元和106000万元。分别比上年同期增长3.8%、13.8%和17.2%。非公有制经济占全区经济总量的70%以上。全口径财政收入完成32142万元,为年计划的109.70%,同比增长18.32%;本级财政收入完成7038万元,为年计划的121.89%,同比增长33.75%。

农业生产稳步发展。以发展城郊型农业为重点,积极推进农业结构调整。在种植业上,减少普通玉米种植面积1018公顷,新开发蔬菜保护地103.7公顷,开发了脱毒马铃薯、无公害水稻和食用菌等一批种植项目。在养殖业上,稳定发展生猪、黄牛、家鸡,大力发展特色养殖项目。其中,鸵鸟、肉鸽、绿壳蛋鸡、鹧鸪等项目在农博会"神农杯"大赛上分别获得金奖。为拓宽农民增收渠道,积极组织受灾农民采取粮改菜、外出打工和个体运输等措施进行自救,使农民人均收入在大灾之年达到3056元,为上年的95.20%。

工业经济呈现良好发展势头。积极引导企业调整产品结构,依靠科技进步求发展。全年实施技术改造16项、新产品开发15项,投入资金9516万元。长青冷弯、宏光实业、环保设备、宏达锻造和第十一印刷厂等企业通过加大科技投入,产品质量明显提高。全区规模以上工业企业总产值完成35260万元,为年计划的113.13%,同比增长27.00%;销售收入完成32682万元,利润完成1993万元,分别为年计划的114.67%和100.16%,同比增长分别为32.81%和14.28%。

商贸服务业发展取得新成果。继续把市场建设做为全区经济的重点,全年新建、续建各类市场15处,预计投资11.8亿元,当年完成投资3亿元。其中,汽车配件、酒类仓储和亚泰菜市等5处专业批发和综合农贸市场已经开业,安排从业人员3200人。宏盛综合农贸市场、东站十委社区服务市场、亚泰综合农贸市场被市里评为"二星级"市场。引资兴建的国贸商都和亚泰会馆也已投入运营。目前,全区已建成较大型专业批发市场8处、综合农贸市场7处,较大型商场1处、超市2处。

招商引资完成计划任务。进一步完善了招商引资的优惠政策,全年引进内资47240万元、外资1427.1万美元,分别为年计划的104.98%和101.94%。在引进的项目中,投资超千万元以上的有14个。深圳万科、中东天宝、上海新荣等企业相继来区内投资兴业。旅游业起步良好。依托资源优势,加大了旅游业开发建设力度。莲花山滑雪厂被市政府确立为重点冰雪旅游建设项目之一,龙湾山庄、吉业鸵鸟园、莲花山度假村续建工程进展顺利,年初筹建的新光朝鲜族民俗村已接待游客5000余人次。

二、精神文明与民主法制建设得到加强,各项事业全面发展

城市建设和管理进一步加强,城乡面貌明显改观。城市改造开发步伐加快,城乡建设有新进展。今年,二道区地产开发明显趋热,亚泰、万科、万通等13家房地产开发公司先后在区内进行开发建设,开工面积达109万平方米,已竣工56万平方米。加大了基础设施建设的投入,新建道路面积67600平方米、排水管线5740延长米,新建、翻建公厕64座。狠抓长效管理和专项整治,城乡环境有新变化。全年植树30.3万株,绿化覆盖率提高0.24个百分点,有7个绿化、彩化景点被市里评为绿化精品工程。

以创建文明城区为目标,深入开展创建文明社区、文明乡镇、文明行业和军警民共建活动,广泛开展广场文化、社区文化活动,丰富了群众业余文化生活,今年,我区被评为省级精神文明建设先进区。

教育事业成果显著。108中、52中等名牌校的办学规模和影响继续扩大,通过广泛吸纳社会办学资金,使教育自身投入能力明显增强。实施了名学校、名校长、名教师工程,促进了师资队伍素质和教学质量的提高。中考成绩在全市继续名列前茅。

文化体育等各项事业协调发展。加大"扫黄打非"力度,净化了文化市场。积极发展竞技体育,我区的举重、速滑等传统项目在省、市举办的比赛中取得好成绩,东站十委社区被国家体育总局评为先进体育社区。

深化了卫生体制改革,积极开展城乡社区卫生服务,从严整治医疗卫生市场,查处无证行医26家。集中开展了食品卫生整顿,取缔无证经营的小型餐饮171户。加强流动人口管理和农村早婚早育控制,全区人口出生率为7.01‰,人口自然增长率为3.12‰。 (刘春艳 李明伟)

【绿园区】绿园区位于长春市西部,地处北纬48°46′30″-44°00′18″东经125°42′30″—125°18′44″全区辖2镇1乡,6个街道办事处,29个行政村,52个社区居委会。全区幅员公里,耕地面积12372公顷。总人口56.8万人,其中农业人口8.6万人。

2001年全区国内生产总值334990万元,比上年增长16.7%,其中:第一产业增加值31947万元,同比增长7.9%;第二产业增加值179045万元,增长14.6%,第三产业增加值123998万元,增长22.7%(以上均按可比价格计算)。三次产业增加值的比重分别为:9.54%、53.45%、37.01%。

一、农业

农村经济全面发展,产业结构调整取得较大进展,2001年遭到严重的干旱,但农业生产取了较好收成,粮食产量和蔬菜都比上年有所增加。全年实现农业总产值57049万元,比上年增长4.8%,农业增加值31947万元,比上年增长7.9%。农业基础设施建设得到加强,新凯河涝区一期工程被评为国家优质工程。皓月、富绅等七大龙头企业建设全面推进、带动作用进一步增强,皓月集团进入国家级百强龙头企业行列四大基地建设进展顺利,肉牛发展到2.7万头,同比增长12.4%,无公害蔬菜发展到1170公顷,苗木花卉发展到152公顷,增长52.0%;葡萄发展到60万株,增长72.0%。普通玉米面积比上年降低31.5%,进一步改善了种植业结构。

林业生产稳步发展。全区完成造林面积88公顷,完成林业总产值23万元。

畜牧业保持良好的发展势头。2001年畜牧业总产值达33189万元,年末大牧畜达24161头,其中奶牛2989头,生猪年末存栏66939头,比上年增长4.2%;家禽年末存栏1798千只,比上年增长5.0%。

二、工业

工业经济稳步增长,2001年,全区工业生产以提高经济效益为中心,调整和优化产品结构、保持了较快的增长速度。全区完成工业总产值705348万元,比上年增长19.64%;工业增加值14545万元,同比增长15.2%。其中销售收入500万元以上的工业企业完成总产值82948万元,比上年增长26.6%,工业增加值34453万元,同比增长67.5%。以工业园区开发为主体的重点工程建设取得了实质性进展,汽贸分区已经确定了45平方公里规划区域,25个项目已经签定征地协议;合心高科技园区进驻企业11户,计划高科技园区进驻企业11户,计划投资2亿元的合资项目已签订合作协议。

乡镇企业发展迅速。2001年乡镇企业总产值达1312800万元,属各县(市)区之首。

招商引资成效显著。在宏观经济增长乏力的背景下,积极有效地开展"招商引资年"活动。通过举办"域外知名企业家恳谈会",组团赴外地招商等活动,扩大了我区在国内外的影响,使招商引资取得明显成效。全年共引进内资16.8亿元,为年计划的112.0%。引进规模项目154项,其中超千万元的95项,一汽四环总公司部分企业落位我区。

三、固定资产投资和建筑业

2001年全区共完成固定资产投资172787万元,比上年增长25.0%,其中,农村集体投资143033万元,农村私人投资2634万元。

四、城乡建设和环境保护

城乡建设明显加强。开展了三年绿化大会战第一战役、投资2140万元绿化街路、背街小巷和居民小区,共植树70万株,植绿篱2.5万延长米,新增绿地87.45公顷,完成三年总任务量的50.0%,使全区绿化覆盖率达到32.0%,比2000年提高了4个百分点。农村造林120公顷,居全市城区之首。加大了市容环境综合整治力度,拆除"三小"和违章建筑15万平方米,还原绿地16.7公顷,清理规范了11条主要街路的广告牌匾,在二环路以内实行了垃圾袋装化,城市管理水平进一步提高。城区基础设施建设筹资180万元,修造了春晖路,打通了泰来街。村屯建设投资4730万元,新建改建乡村道路97.5公里,城乡承载能力和环境质量又有新的提高。

五、国内商业、外贸

2001年,我区继续实行宏观调控政策,第三产业发展加快,三产增加值完成123998万元,比上年增长22.7%。消费品市场不断扩大,社会消费品零售总额增幅较大,当年完成168678万元。新增商业网点39处,其中各类市场11个,商业中心区整体规划正在制定,娜奇美市场正开业,兽药市场规划已经完成;绿新大市场完成了股份制改,实现了部分开业。四季青综合批发市场钢材和蔬菜两个功能区投入运营;房地产开发启动项目57个,开发面积达100多万平方米;以"四湖一带"为主的旅游开发项目进展顺利,其中雁鸣湖一期工程已启动,完成了上下水、道路等基础设施和部分商住小区建设。同心湖完成了湖底清淤。民营经济对全区经济发展贡献明显增强。实现增加值22.5亿元,同比增长34.5%,占全区国内生产总值的68.2%。

六、财政、金融、保险业

财政收支基本平稳。2001的全区全口径财政收入364.48万元,比上年增长104.4%,留用收入达7273万元,同比下降13.7%。全年累计财政支出14822万元,比上年增长4.5%。

社会保险事业发展较快。开展了各项保险业务,有37383人参加了养老保险,10万人参加了失业保险,2001年保险公司收缴保险金11575万元,全年保险费支出12288万元。

七、科技、教育、文体、卫生

各项事业协调发展。认真贯彻"三个代表"重要思想,大力开展文明社区、文明村镇和文明行业等创建活动,提高了广大市民的思想道德水平。顺利完成了第五次村委会换届选举和城市社区划分及社区居委会组建工作,春城街道社区建设工作受到省、市表扬。积极推进科技进步,大力实施科技攻关、科技推广和科技示范计划,共完成科技立项12项,其中国家级和省级各1项,市级5项,顺利通过国家科技先进区复查验收。教育现代化工程全面启动,信息化建设进展顺利,民主、凯旋、绿园三所小学教学楼主体完工。积极发挥人才作用,为26户大型企业提供了人事代理服务。扎实开展了群众性文体活动,圆满完成了上级交办的汽博会、农博会等大型文艺表演任务,我区成为全省唯一的全民健身体育样板工程区。深入开展爱国卫生运动,顺利通过省市检查验收。在机关和事业单位中推行了城镇职工基本医疗保险,对医疗机构实行了分类管理,开展食品卫生整顿,保障了人民群众的身心健康。

八、人口与人民生活

2001年全区总人口567768人,其中:农业人口86262人,当年全区出生人口3965人,人口出生率6.08‰,人口自然增长率3.41‰,计划生育率为99.72%。计划生育工作得到加强,人口出生率控制在6.9‰以下,较好地完成了人口计划,在城区率先建立了"三优"服务中心和生殖保健医院,"婚育新风进万家"活动被评为国家先进区。

人民生活水平进一步提高,全区年末平均职工11370人,工资总额9751万元,职工年平均工资为8576元。农村农民人均纯收入达3082.17元,比上年增长7.9%。**(李文发)**

【双阳区】双阳区位于吉林省中部、长春市区东南部,东经125°26′-126°00′、北纬43°16′-43°56′。东濒饮马河与永吉县隔河相望,南与磐石市毗邻,西与伊通县接壤,北与南关区、二道区相连。幅员面积1677.4平方公里,占长春市区总面积的46.5%。全区辖4个乡、5个镇、4个街道办事处,21个居民委,136个行政村,1277个村民小组。全区总户数113282户,总人口374162人,其中农业人口282190人,占全区总人口的75.4%。有朝鲜、回、满、蒙古等少数民族,人口占市区人口的13%,是长春市区幅员面积最大,人口密度最小,最具发展潜力的新城区。

双阳区地处吉林省东部山地到中部平原的过渡地带,北部多花岗岩断残丘,山势低缓,海拔在300—400米之间;南部以石灰石侵蚀低山为主,山高坡陡,海拔在300-700米;中部盆谷地由低山、丘陵波状谷地、河谷平原三大地貌类型组成。境内多为东西走向山脉,最高峰老道洞山海拔711米,是长春市第一高峰。境内有大小河流14条,其中较长的两条——双阳河和饮马河,饮马河流经双阳长度为85公里,双阳河斜穿境内,全长95公里,两河下游是全区主要产粮区。全区有中小型水库45座,其中中型水库2座,小Ⅰ型水库13座,小Ⅱ型水库30座,总有效灌溉面积4581公顷。

双阳区属中温带半湿润大陆性气候,春季干燥多风,夏季温热多雨,秋季凉爽降温快,冬季寒冷而漫长,年平均气温7.4℃,年降水量704.1毫米,年平均日照2287.9小时,无霜期136-157天。

全区耕地面积70161公顷,其中水田面积10580公顷,旱田面积59581公顷;林地面积7900公顷,森林覆盖率22.4%。土壤主要是石质土、灰棕壤、黑土、草甸土、冲积土、沼泽土、泥炭土、水稻土、白浆土等9种类型。

双阳区矿产资源丰富,基本特点是种类多、储量大、品位高,利用前景广阔。目前已发现各类矿藏34种,矿床、矿点143处,现有矿区21处,金属矿藏有金、银、锑、铁等,非金属矿藏有煤、石灰石、堋润土、硅灰石、石英石、石油、天燃气等,已探明矿藏储量有17种,其中煤炭的储量6000万吨,石灰石储量100亿吨,矿泉水10亿吨以上。双阳区山青水秀,自然景色优美,具有得天独厚的旅游资源,双阳湖、吊水壶、北山公园三处旅游风景区现已全面向游人开放。

2001年,全区国内生产总值达到326608万元,比上年增长1.6%,其中,第一产业增加值71031万元,第二产业增加值107900万元,第三产业增加值147677万元,社会商品零售总额实现74800万元,人均国内生产总值达到8742元,比上年增长1.1%。全口径财政收入实现12673万元,比上年增长3%,其中本级财政收入实现3547万元,比上年增长6%。农民人均收入1650元。

双阳区委、区政府充分利用现有资源,大力发展以石灰石为主要原料的建材工业。重点抓了重钙粉、轻钙、白灰、水泥制品以及热吸声玻璃,硅酸钙装饰板等项目的开发与建设。形成了全区年产水泥达到100万吨,白灰30万吨,重钙6万吨,轻钙1万吨等系列产品。把双阳建成全长春市最大的建材工业基地。双阳区委、区政府紧紧围绕区域的优越条件,积极发展高新技术。利用比较好的生态环境,积极发展生物工程。双阳是全国的梅花鹿之乡,充分利用鹿产品系列开发新兴工业,开发了一批具有国际先进水平和竞争实力强的高科技产品。以双阳制药厂为依托研制开发梅花鹿系列高级滋补品及鹿副产品多功能特效系列新药。生产出了抗癌生化药系列产品。农副产品向深加工、精加工、高附加值方向发展。粮食转化系列开发,重点以年产20万吨吉林粤海银瀑啤酒集团为依托,建起了年产2万吨麦芽厂,年产万吨玉米胡精厂,年产3万吨鹿饲料厂等项目的开发与建设。形成12万吨粮食转化能力。

2001年,全区梅花鹿发展到80238只,鹿茸产量32654公斤。鹿存栏占全国的18.4%,全省的35.4%,全区有8家国营鹿场,35家集体鹿场,360户养鹿专业户。双阳区的鹿存栏、鹿茸总产、单产,优质品率和出口创汇等五项指标居全国各县市区之首。鹿产品远销东南亚等多个国家和地区,已经初步形成产、加、销一体的产业化格局。另外黄牛基地建设,禽业基地建设,果品基地建设,蔬菜基地建设等都有全面的发展。双阳区是半山区,有发展黄牛、禽业、果品等得天独厚的自然优势。2001年全区黄牛发展22万头,家禽发展到1103万只,果树达到7000公顷,蔬菜保护地面积达到500公顷。全面实现各基地建设产业化、一体化。

双阳区委、区政府在发展第三产业工作中,加大发展旅游业。按照"发挥优势,整体开发,坚持标准,配套建设,突出重点,体现特色"的原则。利用双阳区得天独厚的自然优势,全面发展旅游业。近年来,旅游业发展比较快,到目前为止,双阳湖、北山公园、鹿鸣山庄,吊水壶风景区等全面向游人开放。旅游业的发展带动了全区的交通业,餐饮业的全面发展。在继续完善五大风景区的同时,开发新景区,建设大娱乐城,跨湖大桥,开辟长春第一峰至金马溶洞的空中旅游航线,开辟狩猎场,观赏园,展览馆等,形成具有东北特色,四季开放的旅游胜地。

基础设施建设力度加大,城市化建设步伐加快。双阳区基础设施建设在项目数量,投入资金总额都创下了历史最高。全区列入规划,着手组织实施的项目,在城市建设方面,有9个重点工程,拟投资2484万元。公路建设有六项工程(奢岭新安三级油路,双阳伊通二级油路,长清公路双阳过境段中修,双阳二级公路客运中心站,双阳物流中心,双阳龙家堡二级公路)。水利设施方面工程四项:城区防洪,总投资9600万元,国家资金已到位950万元;城区供水源,省计委已批准立项;黑顶水库病险库加固,投资2132万元,国家计委已列入投资计划;投资2700万元的双阳水库,2002年可完成全部投资。其他基础设施建设还有三项,共投资1.1亿。这些项目建成后,将大大改善双阳的城市形象,进一步提高城市功能和品位,促进新区的快速发展。城区人均拥有绿地10.8平方米,城区绿化覆盖率达到40%,特别是由于天然气的开发利用,城区大气质量达到国家一级标准。城区街路面积达到58万平方米,排水管道达到19.5公里,污水处理厂日处理污水能力达到2.5万吨,城区的硬件建设达到了一定的标准。投资2.3亿元建成的长双城市一级路和长清公路双阳境内南段的改造,不但大大缩短了双阳区与中心城区的空间距离,而且使双阳的交通更加便利和通畅。全区供电能力达到12万千伏安,电话装机容量达到10万门,移动电话实现了全区无缝覆盖,能源和通讯完全可以满足未来十年双阳经济和社会发展的需要。

统计资料

STATISTICS

综合

GENERAL SURVEY

第一篇　综　　合

长春位于北半球中纬地带，欧亚大陆东岸的中国东北平原腹地，地处东经 124°18′－127°02′，北纬43°05′—45°15′，市中心座落在东经 125°19′，北纬 43°43′。气候为中温带大陆性季风气候，素有“塞北春城”的美誉。

长春市地域辽阔，土地资源丰富，全境面积 20571 平方公里，其中市区面积 3583 平方公里。下辖南关、宽城、二道、朝阳、绿园、双阳六个城区及农安、德惠、九台、榆树四个县(市)。2001 年末，全市总人口 705.7 万人，其中，市区人口 298.0 万人，四县(市)人口 407.7 万人。

2001 年是实施“十五”计划的起始年，也是我市推进跨越式发展的关键一年。2001 年，全市完成国内生产总值 1003 亿元，比上年增长 13.4%。其中，第一产业完成增加值 135.9 亿元，比上年增长 9.7%；第二产业完成增加值 443.6 亿元，比上年增长 14.1%；第三产业完成增加值 423.5 亿元，比上年增长 14.0%。人均国内生产总值达到 14274 元，比上年增长 12.3%。结构调整取得阶段性成果，国有和非国有经济占 GDP 比重由上年的 50:50 调整到 45:55。

国民经济主要指标快速增长，各项社会事业健康发展。2001 年，规模以上工业企业完成产值 954.7 亿元，比上年增长 24.3%，全市完成固定资产投资总额 285 亿元，比上年增长21.2%，全年实现社会消费品零售总额 358.3 亿元，比上年增长12.5%，实现进出口总额 23 亿美元，比上年增长 33.5%。人民生活水平逐步提高，城市居民人均可支配收入和农民人均纯收入分别达到 6339 元和 2785 元。

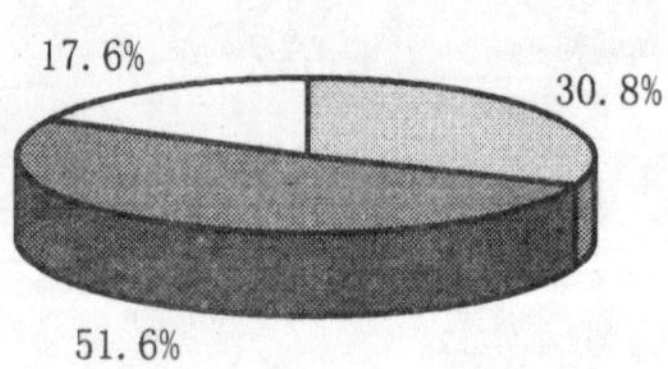

1978年

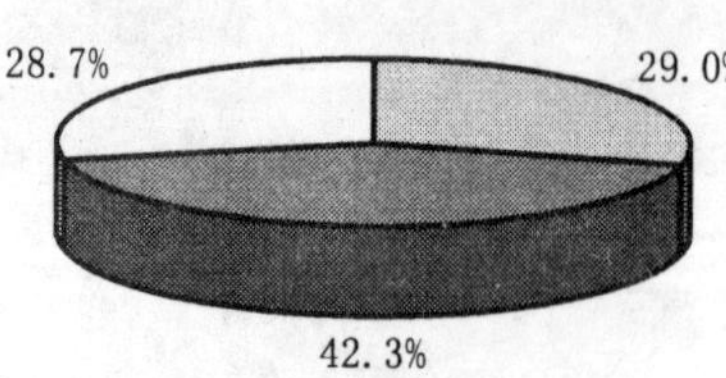

1990年

第一产业
第二产业
第三产业

1995年

2001年

1-1 行　政　区　划
DIVISIONS OF ADMINISTRATIVE

单位:个

		城　市 Urban area		农　村 Rural area			
		街道办事处 Street agency	社区居民委员会 Residents committees	乡政府 Township government	镇政府 Town government	村民委员会 Village committees	村民小组 Village groups
总　计	**Total**	**55**	**448**	**44**	**74**	**1704**	**15993**
市　区	District	44	325	10	18	320	3057
南关区	Nanguan	9	80	1	2	23	199
宽城区	Kuancheng	9	58	1	2	31	328
朝阳区	Chanyang	8	68	0	3	28	240
二道区	Erdao	6	55	2	3	41	359
绿园区	Luyuan	6	52	1	2	28	232
双阳区	Shuangyang	4	12	4	5	136	1280
县(市)	County	11	92	34	56	1384	12936
九台市	Jiutai	3	30	2	13	310	2772
榆树市	Yushu	4	41	14	16	388	3483
农安县	Nongan		4	13	13	378	3796
德惠市	Dehui	4	17	5	14	308	2885

①城市:市区中街道办事处包括净月开发区 2 个,总计中社区居民委员会包括经济技术开发区 16 个,净月潭旅游开发区 15 个。
②农村:市区中乡政府包括高新开发区 1 个,镇政府包括旅游开发区 1 个,村民委员会和村民小组,包括旅游开发区 18 个和 120 个,经济开发区 11 和 307 个,高新开发区 4 和 29 个。

1-2 自　然　概　况
NATURAL CONDITIONS

		单位 Unit	长春市 Changchun	榆树市 Yushu	九台市 Jiutai	农安县 Nongan	德惠市 Dehui
一、土地资源	Land resources						
1. 国土面积	Area of territory	平方公里 sq. km	20571	4724	3375	5430	3459
2. 耕地面积	Area of cultivated land	公顷 ha	1093116	290682	159500	290081	21167
二、水利资源	Water resources						
1. 地表水资源年径流总量	Surface water volume	亿立方米 100million cu·m	12.9	3.1	2.9	1.3	1.7
2. 地下水资源量	Shallow ground water volume	亿立方米 100million cu·m	12.4	2.4	2.2	3.7	2.4
三、林木资源	Forest resources						
1. 有林地面积	Forest area	万公顷 10000ha	23.2	3.9	6.6	5.0	2.5
2. 森林覆盖率	Forest coverage rate	%	14.28	12.50	21.53	11.83	11.48

1-3 1990-2001年社会经济主要指标
MAIN INDICATORS OF SOCIETY AND ECONOMIC

年份 Year	年末总人口(万人) Population (10000person)	#市区 District	从业人员(万人) Employment (10000person)	#职工 Staff and workers	国内生产总值(亿元) Gross domestic products (100million yuan)	#第一产业 Primary industry	#第二产业 Secondary industry	#第三产业 Tertiary industry
1990	637.8	211.0	301.8	129.9	105.4	32.8	47.8	24.8
1991	642.6	213.2	313.4	134.2	112.4	31.5	50.3	30.6
1992	645.7	215.6	323.3	138.9	155.2	34.3	82	38.9
1993	651	218.8	317.5	134.8	220.9	43.8	124.1	53
1994	657.5	223.7	336.4	136.7	326.2	71.6	163	91.6
1995	667.3	270	345	133.9	363	89.2	14.9	124.7
1996	676.8	274.2	346.2	131.9	488.2	108.3	203.2	176.7
1997	683.8	278.8	351.2	128.7	541.2	114.2	224.6	202.4
1998	686.9	282.7	334.6	105.1	609	123.5	255.8	220
1999	691.2	286.6	350.3	102.8	707	126.4	291.6	289.0
2000	699.6	292.8	311.4	96.9	824	120.9	365.0	338.1
2001	705.1	298	327.4	92.7	1003.0	135.9	443.6	423.5

1-3续表1 continued1

单位:亿元 unit:100million yuan

年份 Year	工业总产值 Gross industrial output value	农业总产值 Gross apricultural output value	固定资产投资总额 Investment in fixed assets	#基本建设 Capital construction	#更新改造 Innovation	建筑业总产值 Gross output value of construction
1990	156.7	47.2	20.8	9.8	6.0	11.2
1991	177.7	46.5	25.7	13.6	7	13.4
1992	270.2	52.2	45.1	21.8	9.3	18.2
1993	381.4	60.9	68.9	32.2	13.2	34.2
1994	486.5	68.0	96.1	43.1	15.4	42.7
1995	487.3	144.5	108.7	47.5	21.5	51.4
1996	475.8	172.9	120.6	57.4	23.6	57.8
1997	496.4	176.8	106.0	45.5	20.1	64.1
1998	502.4	198.9	141.7	37.8	17.1	66.6
1999	596.6	200.9	194.4	70.1	35.5	78.1
2000	749.7	106.8	235.2	85	43.8	113.1
2001	954.7	223.9	285.0	105.4	53.0	140.3

1－3续表2　continued2　　单位:亿元　100million yuan

年　份 Year	全市财政收入 Government revenue	#地方财政收入 Local government revenue	地方财政支出 Local government expenditures	银行存款余额 Balance of deposits	银行贷款余额 Balance of loans
1990	13.1	13.1	10.4	76.2	136.5
1991	15.1	15.1	10.9	98.6	177.8
1992	17.2	17.2	12.6	122.2	209.9
1993	24.9	24.9	18.7	147.4	262.9
1994	30.2	10.2	15.3	199.6	310
1995	36.5	12.1	25.7	290.8	385.0
1996	45.0	17.0	29.9	378.9	473.1
1997	49.8	18.5	35.1	542.4	631.8
1998	56.5	21.9	37.7	581.2	744.9
1999	67.4	27.1	48.1	765.7	1034.3
2000	76.0	30.4	51.1	1013.2	1243.8
2001	97.4	36.3	59.0	1158.4	1344.8

1－3续表3　continued3

年　份 Year	职工工资总额(亿元) Wages	在岗职工年平均工资(元) Average wage	年末储蓄存款余额(亿元) Balance of deposits at year end	#城镇储蓄 Urban	#农村储蓄 Rural	社会消费品零售总额(亿元) Total value of retail sale	商品零售价格指数(%) Overall retail price index	居民消费品价格总指数(%) Overall consumer price index
1990	23.7	1907	53.5	48.6	4.9	50.4	103.0	103.0
1991	27.7	2107	73.7	67.0	6.7	55.7	109.1	106.2
1992	33.3	2441	91.8	83.8	8.0	64.8	109.2	109.1
1993	40.4	3006	113	102.6	10.4	83.1	117.9	114.7
1994	57.6	4271	165.3	151.7	13.5	101.8	120.5	122.9
1995	66.3	5013	243.2	2253.1	178.0	131.8	114.4	115.9
1996	83.3	6370	331.9	308.0	238.4	171.4	106.1	110.9
1997	90.76	7052	388.6	357.0	31.3	204.5	101.5	104.2
1998	84.57	7869	411.7			237.9	98.3	100.6
1999	90	8618	480.4			268.3	96.4	98.6
2000	95.5	9752	533.7			311.2	97.5	98.8
2001	104.6	11090	608.1	－	－	358.3	100.7	102.3

1-3续表4 continued4

年 份 Year	货物运输量 (万吨) Fright traffic (10000ton)	旅客发送量 (万人次) Passenger traffic (10000 person-time)	邮电业务总量 (1990年不变价格)(万元) Post and telecommunication services(10000 yuan)	函件 (亿件) Letters delivered (100 million)
1990	5019	3741	7400.3	0.7
1991	6118	4016	18567	0.7
1992	5141	4441	26036	0.6
1993	5671	4323	37946	0.6
1994	6450	4657	51561	0.7
1995	7232	4848	53056	0.8
1996	9363	4794	107927	0.7
1997	9397	4023	139600	0.6
1998	9326	4799	200000	0.5
1999	9533	4848.4	284000	0.4
2000	8334	1937	433564.4	0.4
2001	8693	2743	316487.5	0.55

注:从2001年开始,将邮电业务总量改为邮电业务收入。

1-3续表5 continued 5

年 份 Year	外贸出口商品总额 (亿美元) Exports (100 million)	吸收外资 Funded from foreigh			来长旅游人数 (万人次)Tourists (10000 person-time)
		签订合同项目(个) Contracts (unit)	签订合同金额 (亿美元) Amount sotcontroact ($100 million)	实际吸收外资金额(亿美元) Real amount ($100 million)	
1990	0.29	18	0.07	0.006	2.5
1991	0.53	44	0.16	0.04	3
1992	1.60	202	1.80	0.30	3.9
1993	1.70	295	2.30	0.70	3.4
1994	9.70	215	5.90	0.80	3.1
1995	1.40	323	5.90	1.80	3
1996	1.50	127	3.10	0.70	3.3
1997	5.00	130	2.20	0.70	3.5
1998	3.20	146	2.10	2.90	3.4
1999	6	150	5.1	3.3	4.5
2000	7.6	161	5.1	3.6	5.5
2001	9.8	125	4.6	5.1	6.6

1－3续表6 continued 6

年 份 Year	全市科技成果(项) Major achievements in science and technology	高等学校在校学生数(万人) Students in high education(10000person)	小学在校学生数 Students inprimary Schools(100000person)	学龄儿童入学率(%) Enrollment rate
1990	249	5.1	68.0	98.65
1991	311	5.1	66.5	98.70
1992	116	5.3	65.2	98.80
1993	74	6.1	65.0	99.60
1994	464	6.7	67.3	100
1995	231	7.1	69.0	99.8
1996	427	7.4	72.0	99.89
1997	245	7.7	73.8	99.85
1998	561	8.2	72.8	99.95
1999	522	9.9	69.6	99.86
2000	468	12.9	65.2	99.7
2001	498	15.6	60	97

1－3续表7 continued 7

年 份 Year	卫生机构数(个) Hospitals	#医院 Hospitals	医院病床(万张) Beds in hospitals	卫生技术人员(万人) Medical technical personel(10000person)	#医生 Doctors
1990	889	275	2.1	3.4	1.4
1991	893	274	2.2	3.5	1.4
1992	833	256	2.4	3.6	1.5
1993	827	248	2.4	3.6	1.5
1994	802	274	2.2	3.7	1.5
1995	830	303	2.4	3.8	1.6
1996	399	303	2.3	3.6	1.6
1997	642	304	2.3	3.8	1.6
1998	608	298	2.2	3.7	1.6
1999	672	294	2.4	3.7	1.6
2000	648	285	2.3	3.5	1.6
2001	660	291	2.4	3.6	1.6

1-4 1990-2001年平均水平主要指标
PER CAPITA MAIN INDICATORS(1990～2001)

年 份 Year	人均国内生产总值 Per capita Gross domestic product (yuan)	人均消费水平 Per capita Consumer level (yuan)	职工人均工资 Per capita wages (yuan)	城市居民人均生活费收入(元) Per capita Urban resident income (yuan)	农村居民人均纯收入(元) Per capita rural resident (yuan)	每一农业人口占有耕地面积(亩) Per capita Cultivated land (ha)
1990	1652	882	1907	1268.3	759	4.3
1991	1745	901	2107	1415	663.2	4.2
1992	2404	1087	2441	1613	750	4.3
1993	3388	1357	3006	2029	929	4.2
1994	4925	1747	4271	2580	1416	4.3
1995	5415	2085	5013	3305	1841	4.3
1996	7265	2407	6370	3939	2245	4.2
1997	7959	2748	7052	4550	2280	4.2
1998	9062	2946	6722	4750	2520	4.5
1999	10722	3265	7406	5110	2560	4.1
2000	11760	3583	8138	5550	2420	4.0
2001	14274	3962	11090	6339	2785	4.1

1-4续表1 continued 1

年 份 Year	每一农业人口生产粮食(公斤) Per capita grain of rural population (kg)	每一工业职工创造产值(万元) Per capita output value (10000yuan)	每一工业职工实现利税(元) Per capita profits before tax (yuan)	每万人口拥有医疗床位数(张) Bed in hospital Per 10000 population (beds)	城市居民人均居住面积(平方米) Per capita floor space of urban resident (sq. m)	农村居民人均居住面积(平方米) Per capita floor space of rural resident (sq. m)
1990	1600	2.3	2160	35	5.9	14.8
1991	1500	2.4	2160.7	35	6.0	15.1
1992	1500	3.0	3542.4	37	6.3	15.1
1993	1600	5.0	4000.8	38	6.55	15.3
1994	1700	6.6	5302.4	36	6.78	15.1
1995	1800	5.3	5459.2	38	7.23	17.2
1996	1900	7.8	4886.9	36	7.45	20.55
1997	1600	7.6	5283.5	35.2	7.7	18.2
1998	2070	11.7	9809	35	8.24	10.65
1999	1895	18.1	1835.9	34.7	9.1	19.1
2000	1277	21.5	29350	32.8	9.53	18.15
2001	1561.8	27.2	35584	34.0	9.9	18.29

1－5　1990－2001 年每天社会经济活动概况
AGGREGATE INDICATORS ON NATIONAL ECONOMIC AND SOCIAL DEVELOPMENT

单位:万元　　unit: 10000yuan

年份 Year	每天主要经济活动 Aggregate indicators for every day						
	国内生产总值 Gross domestic product	工业总产值 Gross industrial output value	农业总产值 Gross agriculturial output value	社会消费品零售总额 Total retail sales of goods consumer	金融机构现金收入 Cash income of bank	城镇居民储蓄 Urban deposits	乡村储蓄 Rural deposits
1990		42840	1293.0	1589.0	5520.9	1330.6	135.5
1991	3078.2	4871.1	1275.3	1792.6	6877.7	1706.3	185.3
1992	4254.1	7402.1	1413	2090.5	9573.8	2294.8	219.2
1993	6052.2	10438.6	1767.1	2276.1	15989.7	2810.2	284.5
1994	8936.6	13328.7	2964.9	2790.2	22308.5	4156.9	370.6
1995	9945.4	53018.1	3959.1	3610.9	29275.7	6172.9	488.8
1996	13375.9	16621.4	4737.6	4694.6	36359.3	8439.4	653.1
1997	14827.4	19098.6	4844.3	5602.4	44053.0	9789.5	857.4
1998	16684.9	19931.4	5448.8	6517.8	55002.7	—	—
1999	19369.9	23561.6	5504.1	7350.7	62871.2	—	—
2000	22575.3	28759.2	2926.8	8526	72767.1	—	—
2001	27479.5	34375.3	6134.2	10547.9	83597.9	-	-

1－5　续表 1　　continued1

年份 Year	每天主要经济活动 Aggregate indicators for every day						
	地方财政收入（万元） Local government revenue (10000yuan)	旅游外汇收入（万美元） Foreign exchange earning from tourism ($ 10000)	施工住宅面积（平方米） Floor space of building under construction (sq·m)	竣工住宅面积（平方米） Floor space of building completed (sq·m)	公路货运量（万吨） Freight traffic highway of (10000 ton)	铁路货运量（万吨） Freight traffic of railways (10000 ton)	民航货邮发送量（吨） Freight traffic of civil aviation (ton)
1990	360.0	0.4	4998.6	1463.6	11.0	1.6	6.6
1991	415.0	0.7	4646.3	2558.3	15.0	1.8	5.9
1992	471.4	1.1	13746.8	3684.5	12.3	1.7	5.5
1993	681.0	1.4	8194.2	4355.1	15.6	2.7	7.5
1994	827.4	21.5	10085.5	4829.9	14.8	2.9	8.2
1995	332.3	3.9	10794.5	6411	17.9	2.4	8.0
1996	465.1	4.1	9095.9	4849.3	23.3	2.3	8.5
1997	1363.1	4.2	7062.7	4789.8	23.1	2.5	8.5
1998	1547.9	4.1	8497.3	4302.2	23.3	2.2	10.3
1999	1846.6	5.5	10944.2	5977.9	23.5	2.7	11.7
2000	2082.2	6.2	10544.4	6527.9	24.4	2.5	15.7
2001	2668.9	8.4	19112.3	9389.0	23.8	4.5	18.3

1-5 续表 2 continued2

年 份 Year	主要产品产量 Output of major products								
	钢(吨) Steel (ton)	钢材(吨) Steel products (ton)	发电量(万千瓦小时) Electricity (kwh)	原煤(吨) Coal(ton)	汽车(辆) Vehicles (coach)	铁路客车(辆) Railway passenger coaches (coach)	拖拉机(台) Tractors (coach)	化肥(吨) Chemical fertilizers (ton)	水泥(吨) Cement (ton)
1990	202.1	262.2	148.2	2413.7	191.9	2.6	97.0	36.5	1262.0
1991	239.5	263.8	420.7	2531.7	228.7	2.2	171.6	48.4	1545.7
1992	320.0	270.5	764.8	2480.5	396.7	2.3	148.1	71.0	1757.4
1993	399.6	224.5	989.5	3215.9	481.5	2.4	68.6	45.7	2544.9
1994	287.0	245.3	866.8	3168.2	511	2.8	117.2	38.4	3259.2
1995	346.6	206.8	1677.7	3386.2	557.7	3.0	117.4	42.7	4377.5
1996	161.8	184.7	1730.0	3671.0	634.5	3.2	169.1	46.2	4152.4
1997	228.7	61.1	1649.5	3411.9	604.6	2.9	73.2	55.0	4589.9
1998	55.3	40.7	1498.6	2736.9	641.1	2.0	25.1	13.2	4635.6
1999	76.7	35.8	1542.5	2386.3	753.4	2.1	45.8	3.5	4950.7
2000	127.1	50.1	1859.0	2467.9	883.9	4.3	27.0	20.2	7345.2
2001	115.4	74.5	1912.3	3076.7	1071.2	4.3	36.9	–	8178.1

1-5 续表 3 continued3

年 份 Year	主要产品产量 Output of major products								
	电视机(部) TV set (set)	摩托车(辆) Motorcycles (coach)	洗衣机(台) Washing machines (unit)	布(万米) Cloth (10000m)	卷烟(箱) Cigaretees (cases)	酒(吨) Wine (ton)	粮食(吨) Grain (ton)	猪、牛、羊肉(吨) Meat (ton)
1990	475.6	49.6	689.0	14.1	551.5	338.6	17114.7	318.3
1991	282.2	83.6	689.9	12.7	605.6	328.9	15910.9	346.5
1992	160.8	148.0	693.2	9.7	675.3	342.1	16433.7	353.6
1993	110.4	234.1	685.2	7.4	708.6	364.9	17627.2	382.6
1994	107.7	325.1	519.2	10.3	615.6	436.7	18561.0	517
1995	21.2	385.2	49.9	8.3	589.0	467.5	18937.5	741.4
1996	10.3	368.3	54.2	8.1	597.3	586.3	20554.8	1018.7
1997	1078.5	444.5		8.7	616.5	601.7	17787.3	1203.3
1998	4128.2	309.6		5.6	506.8	558.2	22645.9	1415.5
1999	3953.4	287.8		6.8	506.9	615.7	20620.1	1820.5
2000	2392.1	166.5	–	6.8	506.8	1363.1	14407.8	2023.0
2001	1217.1	142.5	123.9	5.7	509.6	651.3	17123.3	2150.3

1-5 续表4 continued4

年份 Year	每天主要服务性活动 Major services 生活煤气使用量(万立方米) Gas for living (10000 cu·m)	家庭煤气使用量(吨) Gas for households (ton)	生活用电量(万千瓦小时) Electricity (10000kwh)	生活用水量(万吨) Water (10000ton)	铁路客运人数(万人) Passenger traffic for railway (10000persons)	公路客运人数(万人) Passenger traffic for highway (10000persons)
1990	20.7	29.3	120.1	27.1	5.6	5.7
1991	21.1	29.8	129.8	27.8	5.2	6.40
1992	25.6	27.4	151.5	17.0	5.1	7.0
1993	20.2	51.5	177.9	32.6	6.3	5.5
1994	20.3	19.5	262.3	34.6	6.9	5.8
1995	21.3	19.7	300.7	36.1	6.8	4.3
1996	28.3	27.4	328.8	42.4	5.7	5.2
1997	44.6	44.6	462.8	47.1	5.3	11.5
1998	33.9	30.4	580.1	45.6	5.1	7.9
1999	58.1	29.9	413.8	46.8	5.1	7.9
2000	61.1	28.2	355.1	46.4	5.3	12.6
2001	72.0	27.1	435.6	28.6	7.5	12.8

1-5 续表5 continued5

年份 Year	每天主要服务性活动 Major services 民航旅客人数(人次) Passenger traffic for civil aviation (person time)	公共电汽车客运量(万人次) Pass enger traffic for public buses (10000persons times)	长途电话(万次) Long distance telephone calls (10000times)	报刊杂志(万份) Newspapers and magazines (10000pcs)	接待旅游人数(人) Tourists (person)	外国人(人) Foreigners (person)
1990	328.5	41.1	3.6	18.9	68	44
1991	435.7	87.6	4.9	20.6	82	48
1992	515	85.7	6.9	23.6	106	66
1993	616	84.9	10.6	16.5	93.3	60.3
1994	750.7	83.2	13.9	10.2	86.1	67.2
1995	942.5	92.2	3.8	25.1	81.5	67.1
1996	1054.8	102.2	25.6	31	90.9	74.2
1997	1021.6	93.3	26.2	34.3	96.8	72.8
1998	1052.1	105.1	31.9	48.9	94	77.2
1999	1147.9	109.3	31.1	42.9	123.3	101.0
2000	2539.7	118.2	24.4	46.9	132.0	104.9
2001	1495.9	122.3	32.8	19.8	180.8	164.3

1-5续表6 continued6

年份 Year	每天发生的其他活动和事件 Population						
	出生人数（人） Birth (person)	死亡人数（人） Death (person)	迁入人口（人） Emigration (person)	迁出人口（人） Migration (person)	结婚人数（对） Marriod (pair)	离婚人数（对） Divorced (pair)	城镇失业人员就业人数（人） Reemploymont (person)
1990	264.3	94.2	458.5	392.6	170.2	17.6	17.6
1991	180.0	85.0	290.0	252.0	152.9	9.0	68.5
1992	166.0	87.0	248.0	242.0	149.6	8.6	72.9
1993	217.0	92.0	327.0	291.0	148.4	9.1	56.0
1994	219.0	97.0	361.0	293.0	155.2	10.6	49.8
1995	228.1	89.9	325.9	240.6	159.5	11.4	42.4
1996	246.6	94.2	489.6	9398.4	160.5	13.3	47.5
1997	192.0	92.4	303.9	225.0	151.2	14.6	46.9
1998	141.4	93.4	303.9	225.0	147.6	15.4	22.2
1999	140.5	102.1	337.2	287.5	133.0	14.4	31.8
2000	197.7	105.8	324.7	238.6	151.4	14.5	31.2
2001	140.4	90.2	326.6	233.9	124.3	14.4	

注：城镇失业人员就业人员在1990-1997年为城市安置待业人数。

Note: Reemployees during 1990～1997 are urban personsreemployed

1-5续表7 continued 7

年份 Year	每天发生的其他活动和事件 Accident						
	各种交通事故(起) Traffic accidenf(case)	交通事故死亡人数(人) Deaths (person)	交通事故伤人数(人) Injuries (person)	交通事故造成经济损失(元) Losses(yuan)	职工伤亡事故件数(件) Industrial accident(acse)	死亡事故(起) Death accident(case)	重伤事故(起) Sverdly injured(case)
1990	2.4	1.0	1.5	5759	0.4	0.1	0.3
1991	2.3	1.0	1.2	5649.8	1.7	0.1	0.2
1992	2.2	1.2	1.1	8304.0	1.8	0.1	0.2
1993	2.7	1.3	1.2	9132.0	0.8	0.1	0.2
1994	2.0	1.4	0.8	7990.3	0.2	0.1	0.1
1995	3.7	1.6	1.4	18075.9	0.2	0.1	0.1
1996	7.8	2.2	2.5	36508.6	0.2	0.1	0.1
1997	6.9	2.0	2.3	30428.4	0.2	0.1	0.1
1998	7.2	2.0	2.4	34784.8	0.1	0.1	0.1
1999	6.3	1.9	2.0	32472.4	0.17	0.1	0.1
2000	4.9	2.0	2.1	42321.0	0.1	0.1	0.1
2001	3.9	1.9	1.7	59520	0.15	0.1	0.1

1－5续表8 continued8

年份 Year	每天发生的其他活动和事件 Accident and environment						
	职工工伤死亡人数(人) Peath for industrial accident(person)	职工伤亡财务损失(元) Losses(yuan)	工业废水排放量(万吨) Waste water (10000ton)	工业废气排放量(万标立方米) Waste gas (10000cu·m)	火灾起数(起) Fires(case)	火灾损失(元) Losses(yuan)	火化尸体数(具) Cremation death(derson)
1990	0.1	2553.4	14.7	10288	3.5	8215.2	86.8
1991	0.1	1821.9	43.4	16423.9	2.9	14295.6	93.5
1992	0.1	2493.2	41.1	16229.5	2.5	7402.4	92
1993	0.1	3843.8	43.8	11102.4	3.2	25680	94.5
1994	0.1	2794.5	43.8	13520.4	3.1	16660.5	94.1
1995	0.1	3095.9	52.6	17236.2	2.7	10702.6	968
1996	0.1	3017.8	11.3	12666.4	3.7	9813.3	103.4
1997	0.1	2586.3	12.7	16133.2	10.2	36775	101.4
1998	0.1	1479.5	10.9	14287.9	10.3	18485.1	103.5
1999	0.1	2909.6	7.9	12216.8	13.5	74470.0	102.2
2000	0.1	3018.1	8.3	11473.5	13.3	16569	103.0
2001	0.18	5326.0	7.6		16.5	49619.4	102

1－6 长春市国民经济主要指标占全省比重

PROPORTION OF CHANGCHUN′ECONOMIC INDICATORS TO JILIN PROVINCE

		全省 Total	长春 Changchun	长春占全省比重(%) Changchun to Jilin province
土地面积(万平方公里)	Land area(10000sq·km)	18.74	2.06	11.0
职工人数(万人)	Staff and worker(10000persons)		118.4	
年末总人口(万人)	Population(10000 persons)	2690.8	705.7	26.2
国内生产总值(亿元)	Gross domestic products(100millon yuan)	2032.5	1003.0	49.3
#第三产业(亿元)	Tertiary industry(100millon yuan)	742.0	423.5	57.1
全市财政收入(亿元)	Government revenue(100millon yuan)	218.3	97.4	44.6
货物周转量(亿吨·公里)	Fright Traffic(100millon ton·km)	594.9	31.5	5.2
全社会固定资产投资总额(亿元)	Total investment in fixed assets(100millon yuan)	679.5	285	41.9
社会消费品零售总额(亿元)	Total retail sales of consumer goods(100millon yuan)	906.8	358.3	39.5
进出口商品总额(亿美元)	Total export and import($100millon)	31.3	23.0	73.4
#出口商品总额(亿美元)	Export($100millon)	14.6	9.8	67.1
接待外国旅游人数(万人次)	Tourists(10000person－time)	27.2	6.0	22.1

1-7 市区社会经济主要指标
MAIN INDICATOR OF SOCIAL AND ECONOMIC IN DISTRICT

		市 区 District	市区占全省比重(%) District to Jilin province
年末总人口(万人)	Population(10000persons)	298.02	11.1
年末总户数(万户)	Households(10000)	88.78	11.2
年末全部从业人员数(万人)	Employment(10000persons)	73.9	6.3
年末城镇失业人员数(万人)	Unemployment(10000persons)	1.8	8.9
工业总产值(亿元)	Gross industrial output value(100millon yuan)	900.3	59.1
固定资产投资额(亿元)	Total investment in fixed assets(100millon yuan)	154.1	22.7
批发零售贸易业商品销售总额(亿元)	Total wholesale and retail sales of consumer goods(100millon yuan)	541.3	71.5
医院(个)	Hospitals(unit)	163	11.6
医院床位数(万张)	Beds in hospitals(10000beds)	0.1	1.2
医生(万人)	Doctors(10000persons)	1.1	8.3
职工平均人数(万人)	Staff and workers(10000persons)	74.56	
职工工资总额(亿元)	wages (100millon yuan)	91.9	34.1
城乡居民储蓄存款年末余额(亿元)	Balances of deposits(100millon yuan)	506.4	31.0

1-8 按当年价格计算的国内生产总值
GROSS DOMESTIC PRODUCT(AT CURRENT PRICE)

单位:万元 unit:10000yuan

		绝对值 NUMBER		构成 PROPERATION	
		2001年	2000年	2001年	2000年
国内生产总值	Gross domestic product	10030125	8609987	100.0	100.0
第一产业	Primary industry	1358902	1230002	13.6	14.3
第二产业	Secondary industry	4436126	3722972	44.2	43.2
第三产业	Terinaryindustry	4235097	3657013	42.2	42.5
国(地区)外净要素收入	Net factor income from abroad	134622	65833		
国民生产总值	Cross national product	10164747	8675820		

1－9 国内生产总值构成项目
COMPOSITION OF GROSSDOMESTIC PRODUCT

单位:万元 unit:10000yuan

	增加值 Added value	劳动者报酬 Wages	生产税净额 Net faxes on production	补贴 Swbsidg	固定资产折旧 Depreciation	营业盈余 Operation swrplus
国内生产总值 Gross domestic product	10030125	4825696	1528391	186160	1431907	2244131
第一产业 Primary industry	1358902	1108592	32574		71217	146519
第二产业 Secondary industry	4436126	1269541	1189065	13521	601843	1375677
工业 Industry	3810023	893865	1116657	13521	544857	1254644
建筑业 Construction	626103	375676	72408		56986	121033
第三产业 Terinary industry	4235097	2447563	306752	172639	758847	721935
农林牧渔服务业 Farming forestry animal husbandry and finshery	13261	8509	2221		1038	1493
地质勘查、水利管理业 Geological prospection and water conservancy	30898	15004	6147		1657	8090
交通运输、仓储及邮电通信业 Transportation storage, Post and telecommunication	721793	327177	56835		226511	111270
交通运输和仓储业 Transportation and storage	503059	274611	42348		135354	50746
邮电通信业 Post and telecommunication services	218734	52566	14487		91157	60524
批发和零售贸易、餐饮业 Wholesale, retail trade and catering	1223125	881160	2390	168219	131487	208088
批发和零售贸易业 Wholesale, retail trade and catering	971161	686479	－36718	168219	116755	204645
餐饮业 Food services	251964	194681	39108		14732	3443
金融保险业 Banking and in surance	549879	159569	137470		87431	165409
金融业 Banking	336739	134248	130825		81921	－10255
保险业 Insurance	78600	25321	6645		5510	41124
其他 Others	134540					134540
房地产业 Real estate	307421	39361	35660		161404	70996
房地产管理业 Real estate management	72572	30579	18773		2706	20514
房地产开发与经营业 Real estate agency	77694	8782	16887		1543	50482
城镇居民自有住房 Urban households owned	97819				97819	
农村居民自有住房 Rural households owned	59336				59336	
社会服务业 Social services	458211	255629	48965	4420	32944	120673
卫生、体育和社会福利业 Health care, sports and social welfare	124058	95464	2673		14726	11195
教育、文艺及广播电影电视业 Education, culture, art, film and TV	416311	339374	2753		60982	13202
科学研究和综合技术服务业 Scientific research adn polytechical services	100953	81695	5417		11432	2409
国家机关、政党机关和社会团体 Government, party and social organization	218949	185386	4638		22071	6854
其他行业 Others	70238	59235	1583		7164	2256

1－10 1990－2001年国内生产总值
GROSS DOMESTIC PRODUCT

单位:万元　　　　unit:10000yuan

	1990年		1991年	
	绝对额 Number	比上年增长% Indices (per=100)	绝对额 Number	比上年增长% Indices (per=100)
国内生产总值 Gross domestic product	1129391	7.2	1214215	1.9
第一产业 Primary industry	327529	36.2	314503	-4.6
第二产业 Secondary industry	478173	-3.0	502982	-2.1
工业 Industry	417626	-4.3	435432	-2.9
建筑业 Construction	60547	9.5	67550	4.6
第三产业 Terinary industry	323689	5.8	396730	15.3
农林牧渔服务业 Arming, forestry, animal husbandry and fishery	1244	12.7	3391	157.2
地质勘查、水利管理业 Geological prospection and water conservancy	1849	2.8	5760	192.6
交通运输、仓储及邮电通信业 Transportation storage, post and telecommunication	79137	-2.6	91395	8.9
交通运输和仓储业 Transportation and storage	68914	-4.2	78942	7.9
邮电通信业 Post and telecommunication services	10223	9.4	12453	15.6
批发和零售贸易、餐饮业 Wholesale, retail trade and catering	28979	-5.8	55093	79.0
批发和零售贸易业 Wholesale retail trade	22162		38243	
餐饮业 Food services	6817		16850	
金融保险业 Banking and in surance	90032	4.5	101918	6.6
金融业 Banking	48114		56809	
保险业 Insurace	4086		6014	
其他 Other	37832		39095	
房地产业 Real estate	11915	10.0	13227	2.9
房地产管理业 Real estate management	5550		3118	
房地产开发与经营业 Real estate agency		-	2695	-
城镇居民自有住房 Urban households owned	674	-	943	-
农村居民自有住房 Rural households owned	5691	-	6471	-
社会服务业 Social services	22164	18.2	25118	6.7
卫生、体育及和社会福利业 Health care, sports and social welfare	11588	17.3	12868	4.6
教育、文艺及广播电影电视业 Education, culture, art, film and TV	39909	18.5	44544	5.0
科学研究和综合技术服务业 Scientific research and polytechnical services	8528	24.6	9239	1.7
国家机关、政党机关和社会团体 Government, partyand social organization	26093	14.7	31316	12.7
其他行业 Others	2251	5.9	2861	19.0
人均国内生产总值 Per capita GDP	1776	4.3	1885	0.6

1-10 续表1 continued 1

	1992年		1993年	
	绝对额 Number	比上年增长% Indices (per=100)	绝对额 Number	比上年增长% Indices (per=100)
国内生产总值 Gross domestic product	1648186	21.3	2385055	34.0
第一产业 Primary industry	342899	1.1	438218	14.1
第二产业 Secondary industry	820425	44.8	1240735	45.5
工业 Industry	739497	44.6	1134180	47.5
建筑业 Construction	80928	46.1	106555	29.7
第三产业 Tertiary industry	484862	11.5	706102	32.6
农林牧渔服务业 Arming, forestry, animal husbandry and fishery	3886	-2.8	5242	31.8
地质勘查、水利管理业 Geological prospection and water conservancy	7164	5.9	10056	37.1
交通运输、仓储及邮电通信业 Transportation storage, Post and telecommunication	108336	8.1	146149	22.5
交通运输和仓储业 Transportation and storage	93234	7.9	121279	18.1
邮电通信业 Post and telecommunication services	15102	10.0	24870	49.5
批发和零售贸易、餐饮业 Wholesale, retail trade and catering	70519	20.7	119346	48.9
批发和零售贸易业 Wholesale, retail trade and catering	46647	-	78945	-
餐饮业 Food services	23872	-	40401	-
金融保险业 Banking and in surance	122847	10.3	176859	30.5
金融业 Banking	68708	-	80922	-
保险业 Insurance	7750	-	9402	-
其他 Other	46389	-	86535	-
房地产业 Real estate	18619	34.5	28597	35.5
房地产管理业 Real estate management	4099	-	11503	-
房地产开发与经营业 Real estate agency	5901	-	7379	-
城镇居民自有住房 Urban households owned	1453	-	2176	-
农村居民自有住房 Rural households owned	7166	-	7539	-
社会服务业 Social services	32809	6.7	48399	49.8
卫生、体育和社会福利业 Health care, sports and social welfare	15700	11.8	22258	28.3
教育、文艺及广播电影电视业 Education, culture, art, film and TV	51464	8.4	73272	26.0
科学研究和综合技术服务业 Scientific research adn polytechical services	12396	23.4	17966	31.2
国家机关、政党机关和社会团体 Government, party and social organization	37578	5.6	51017	28.4
其他行业 Others	3544	14.2	6941	77.3
人均国内生产总值 Per capita GDP	2551	21.0	3634	32.0

1-10 续表2 continued 2

	1994年		1995年	
	绝对额 Number	比上年增长% Indices (per=100)	绝对额 Number	比上年增长% Indices (per=100)
国内生产总值 Gross domestic product	3370666	25.7	4129356	19.7
第一产业 Primary industry	716008	7.2	891541	9.2
第二产业 Secondary industry	1629655	28.6	1751080	21.3
工业 Industry	1503000	29.8	1524835	19.9
建筑业 Construction	126655	17.7	226245	34.9
第三产业 Tertiary industry	1025003	34.3	1486735	23.4
农林牧渔服务业 Arming, forestry, animal husbandry and fishery	6916	14.9	9599	16.5
地质勘查、水利管理业 Geological prospection and water conservancy	13174	14.1	18355	20.4
交通运输、仓储及邮电通信业 Transportation storage, Post and telecommunication	189602	35.2	244487	10.5
交通运输和仓储业 Transportation and storage	146030	25.5	185048	9.2
邮电通信业 Post and telecommunication services	43572	82.6	59439	14.5
批发和零售贸易、餐饮业 Wholesale, retail trade and catering	193177	65.5	312139	37.8
批发和零售贸易业 Wholesale, retail trade and catering	152287		247185	
餐饮业 Food services	40899		64954	
金融保险业 Banking and in surance	254107	15.0	355635	20.8
金融业 Banking	131538		166548	
保险业 Insurance	13896		10726	
其他 Other	108673		178361	
房地产业 Real estate	43333	36.6	65693	27.3
房地产管理业 Real estate management	7428		17493	
房地产开发与经营业 Real estate agency	24033		13324	
城镇居民自有住房 Urban households owred	3172		11807	
农村居民自有住房 Rural households owned	8700		23069	
社会服务业 Social services	83066	71.3	136462	34.5
卫生、体育和社会福利业 Health care, sports and social welfare	31110	21.8	44606	20.4
教育、文艺及广播电影电视业 Education, culture, art, film and TV	102586	22.0	144207	18.0
科学研究和综合技术服务业 Scientific research adn polytechical services	26091	26.5	38070	22.5
国家机关、政党机关和社会团体 Government, party and social organization	67417	15.1	90024	12.1
其他行业 Others	14424	81.1	27458	59.8
人均国内生产总值 Per capital GDP	5090	24.5	6163	18.3

1-10 续表3 continued 3

	1996年		1997年	
	绝对额 Number	比上年增长% Indices (per=100)	绝对额 Number	比上年增长% Indices (per=100)
国内生产总值 Gross domestic product	4882217	14.9	5412214	12.2
第一产业 Primary industry	1083265	12.3	1142413	6.4
第二产业 Secondary industry	2031960	18.0	2246035	10.7
工业 Industry	1756610	19.2	1947874	10.6
建筑业 Construction	275350	7.4	298161	11.7
第三产业 Tertiary industry	1766992	11.0	2023766	18.1
农林牧渔服务业 Arming, forestry, animal husbandry and fishery	11718	13.2	12105	5.9
地质勘查、水利管理业 Geological prospection and water conservancy	20718	-18.6	18862	15.5
交通运输、仓储及邮电通信业 Transportation storage, Post and telecommunication	296424	8.7	358991	23.9
交通运输和仓储业 Transportation and storage	229237	10.2	279641	25.9
邮电通信业 Post and telecommunication services	67187	4.2	79350	17.2
批发和零售贸易、餐饮业 Wholesale, retail trade and catering	373948	32.8	438802	19.1
批发和零售贸易业 Wholesale, retail trade and catering	289513		349818	
餐饮业 Food services	84435		88984	
金融保险业 Banking and in surance	419542	7.8	450482	6.1
金融业 Banking	194793		211702	
保险业 Insurance	-840		3871	
其他 Other	225589		234909	
房地产业 Real estate	74725	-8.6	73285	14.8
房地产管理业 Real estate management	19595		20681	
房地产开发与经营业 Real estate agency	15843		11004	
城镇居民自有住房 Urban households owned	13087		14804	
农村居民自有住房 Rural households owned	26200		26796	
社会服务业 Social services	164485	2.6	202244	26.7
卫生、体育和社会福利业 Health care, sports and social welfare	53324	8.4	62604	19.7
教育、文艺及广播电影电视业 Education, culture, art, film and TV	168195	0.0	200677	20.2
科学研究和综合技术服务业 Scientific research adn polytechical services	43720	3.0	49507	12.2
国家机关、政党机关和社会团体 Government, party and social organization	108207	2.0	121128	25.9
其他行业 Others	31986	-0.7	35079	25.4
人均国内生产总值 Per capita GDP	7265	14.5	7959	10.9

1－10 续表 4 continued4

	1998年		1999年	
	绝对额 Number	比上年增长% Indices (per=100)	绝对额 Number	比上年增长% Indices (per=100)
国内生产总值 Gross domestic product	6210527	12.5	7388015	13.0
第一产业 Primary industry	1232207	8.1	1320759	6.9
第二产业 Secondary industry	2558162	11.2	3047136	13.6
工业 Industry	2199992	11.2	2608069	13.2
建筑业 Construction	358170	11.3	439067	17.4
第三产业 Tertiary industry	2420158	16.8	3020120	15.0
农林牧渔服务业 Arming, forestry, animal husbandry and fishery	9736	－20.8	13407	32.7
地质勘查、水利管理业 Geological prospection and water conservancy	21556	15.6	25417	13.6
交通运输、仓储及邮电通信业 Transportation storage, Post and telecommunication	387107	10.9	520365	15.6
交通运输和仓储业 Transportation and storage	299286	9.3	383093	10.1
邮电通信业 Post and telecommunication services	87821	16.5	137272	34.4
批发和零售贸易、餐饮业 Wholesale, retail trade and catering	615809	16.8	829933	20.8
批发和零售贸易业 Wholesale, retail trade and catering	496310	－	688284	－
餐饮业 Food services	119499		141649	
金融保险业 Banking and in surance	460398	2.5	480217	4.4
金融业 Banking	249432		249066	
保险业 Insurance	8704		－5673	
其他 Other	202262		236824	
房地产业 Real estate	110596	55.0	140563	17.0
房地产管理业 Real estate management	29390		36199	
房地产开发与经营业 Real estate agency	35799		43454	
城镇居民自有住房 Urban households owned	17173		20608	
农村居民自有住房 Rural households owned	28234		40302	
社会服务业 Social services	265680	35.6	369000	19.8
卫生、体育和社会福利业 Health care, sports and social welfare	73906	18.9	85879	11.8
教育、文艺及广播电影电视业 Education, culture, art, film and TV	235276	23.5	272817	11.7
科学研究和综合技术服务业 Scientific research adn polytechical services	58901	25.3	69707	10.9
国家机关、政党机关和社会团体 Government, party and social organization	139329	16.4	162845	11.3
其他行业 Others	41864	21.2	49970	10.6
人均国内生产总值 Per capita GDP	9062	11.6	10722	12.4

1-10 续表5 continued5

	2000年		2001年	
	绝对额 Number	比上年增长% Indices (per=100)	绝对额 Number	比上年增长% Indices (per=100)
国内生产总值 Gross domestic product	8609987	13.1	10030125	13.4
第一产业 Primary industry	1230002	-5.1	1358902	9.7
第二产业 Secondary industry	3722972	17.4	4436126	14.1
工业 Industry	3180015	17.5	3810023	14.2
建筑业 Construction	542957	16.5	626103	13.5
第三产业 Tertiary industry	3657013	14.0	4235097	14.0
农林牧渔服务业 Arming, forestry, animal husbandry and fishery	13158	-8.5	13261	-1.5
地质勘查、水利管理业 Geological prospection and water conservancy	29619	6.7	30898	2.0
交通运输、仓储及邮电通信业 Transportation storage, Post and telecommunication	651983	14.8	721793	10.0
交通运输和仓储业 Transportation and storage	457040	9.3	503059	8.5
邮电通信业 Post and telecommunication services	194943	30.1	218734	13.6
批发和零售贸易、餐饮业 Wholesale, retail trade and catering	1091983	17.5	1223125	11.2
批发和零售贸易业 Wholesale, retail trade and catering	853526	-	971161	-
餐饮业 Food services	238457		251964	
金融保险业 Banking and in surance	499967	8.6	549879	7.9
金融业 Banking	320595		336739	
保险业 Insurance	10541		78600	
其他 Other	168831		134540	
房地产业 Real estate	178002	21.0	307421	60.1
房地产管理业 Real estate management	36356		72572	
房地产开发与经营业 Real estate agency	65539		77694	
城镇居民自有住房 Urban housedholds owned	22653		97819	
农村居民自有住房 Rural households owned	53454		59336	
社会服务业 Social services	409573	8.2	458211	9.4
卫生、体育和社会福利业 Health care, sports and social welfare	103805	13.5	124058	19.0
教育、文艺及广播电影电视业 Education, culture, art, film and TV	336494	18.4	416311	23.6
科学研究和综合技术服务业 Scientific research adn polytechical services	86109	12.9	100953	14.6
国家机关、政党机关和社会团体 Government, party and social organization	195226	9.8	218949	9.6
其他行业 Others	61094	12.3	70238	12.4
人均国内生产总值 Per capita GDP	12381	12.1	14274	12.3

统计资料
STATISTICS

人口
POPULATION

第二篇　人　　口

2001年，我市人口继续保持稳定增长，年末户籍人口总数为705.7万人，农业人口为412.1万人，非农业人口为293.6万人，分别比上年增长0.87%、2.0%和0.07%。户籍人口出生率、死亡率和自然增长率分别为7.3‰、4.68‰和2.61‰，比上年下降3.08、0.87和2.22个千分点。

总人口中，男性358.7万人，女性347.1万人，分别占50.8%和49.2%。

年末总人口

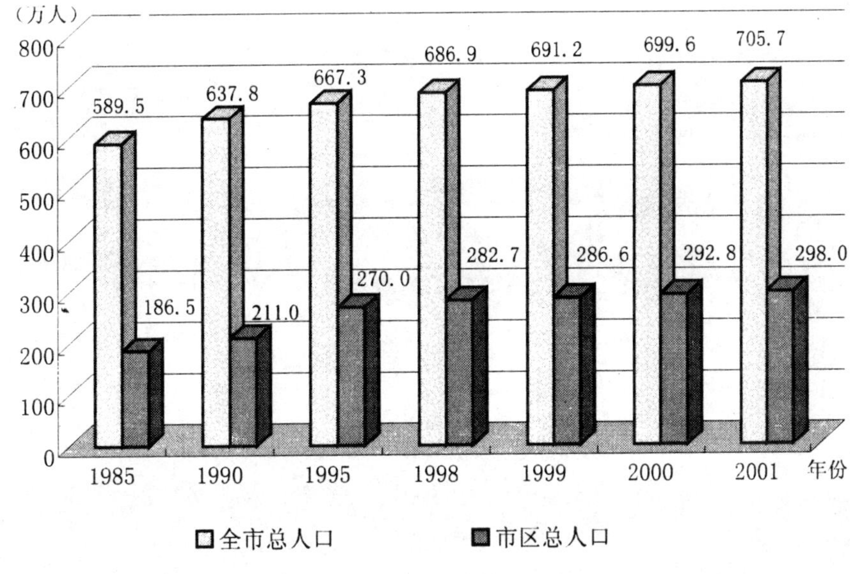

2-1 1990-2001 年全市户数与人口
POPULATION AND HOUSEHOLDS(1990-2001)

年份 Year	总户数(户) Households	总人口(人) Population Person	按地区分 By region		按性别分 By sex		按农业、非农业分 By agriculture	
			市区 City	县(市) County	男 Male	女 Female	农业 Agriculture	非农业 Non-agricultur
1990	1584602	6378237	2109995	4268242	3260516	3117721	4051220	2327017
1991	1614678	6426346	2132172	4294174	3285503	3140843	4063959	2362387
1992	1635082	6457351	2156034	4301317	3301260	3156091	4061351	2396000
1993	1670969	6510368	2187716	4322652	3330453	3179915	4042237	2468131
1994	1700389	6574999	2237074	4337925	3360547	3214452	4027014	2547985
1995	1729366	6672912	2699569	3973343	3405570	3267342	4054554	2618358
1996	1774578	6767781	2741731	4026050	3448350	3319431	4099379	2668402
1997	1797299	6837875	2788071	4049804	3479853	3358022	4115644	2722231
1998	1828540	6868673	2826890	4041783	3494777	3373896	4101391	2767282
1999	1887580	6912278	2866357	4045921	3516229	3396049	4100246	2812032
2000	1955634	6996354	2928250	4068104	3557370	343894	4117996	2878358
2001	2005838	7057321	2980185	4077136	3586780	3470541	4120995	2936326

2-2 县(市)区户数与人口
POPULATION AND HOUSEHOLDS BY REGION

		总户数(户) Households	总人口(人) Population Person	按性别分 By sex		按农业、非农业分 By agriculture	
				男 Male	女 Female	农业 Agriculture	非农业 Non-agriculture
总　计	**Total**	**2005838**	**7057321**	**3586780**	**3470541**	**4120995**	**2936326**
市辖区合计	Total district	887781	2980185	1505887	1474298	757015	2223170
南关区	Nanguan	184054	606452	303258	303194	114369	492083
宽城区	Kuancheng	129392	424499	220035	204464	87586	336913
朝阳区	Chaoyang	186831	681469	344238	337231	72962	608507
二道区	Erdao	116589	371953	186624	185329	98040	273913
绿园区	Luyuan	157633	521650	260358	261292	101868	419782
双阳区	Shuangyang	113282	374162	191374	182788	282190	91972
县(市)合计	Total county	1118057	4077136	2080893	1996243	3363980	713156
九台市	Jiutai	242434	829925	424796	405129	632546	197379
榆树市	Yushu	350224	1223957	626700	597257	1044874	179083
农安县	Nongan	283689	1112834	568633	544201	934022	178812
德惠市	Dehui	241710	910420	460764	449656	752538	157882

2－3 1990－2001年全市人口增减变动
BASIC STATISTICS ON POPULATION CHANGE(1990－2001)

年份 Year	年平均人口 Average population	增加 Increase		减少 Decrease	
		出生 Birth	迁入 Emigration	死亡 Death	迁出 Migration
1990	6322029	96463	167361	34380	142562
1991	6402291	65774	105727	30923	91839
1992	6441848	60690	90698	31935	88285
1993	6483859	78892	119131	33521	106218
1994	6542683	79918	131550	35214	106767
1995	6623955	83252	118949	32824	87836
1996	6720346	89655	178698	34376	145431
1997	6802828	70108	110922	33726	82135
1998	6853272	51611	99196	34105	85125
1999	6890472	51275	123089	37263	104941
2000	6954316	72167	118519	38603	87096
2001	7026837.5	51263	119192	32918	85365

2－4 县(市)区人口增减变动
BASIC STATISTICS ON POPULATION CHANGE BY REGION

		年平均人口 Average population	增加 Increase		减少 Decrease	
			出生 Birth	迁入 Emigration	死亡 Death	迁出 Migration
总计	**Total**	**7026837.5**	**51263**	**119192**	**32918**	**85365**
市辖区合计	Total district	2954217.5	22708	91363	14965	44617
南关区	Nanguan	601257	4258	20821	3346	7539
宽城区	Kuancheng	421527	3232	20754	2419	14118
朝阳区	Chaoyang	673897.5	4334	27178	3009	14635
二道区	Erdao	368558.5	3248	7681	1909	1785
绿园区	Luyuan	515265	4296	13877	2322	5431
双阳区	Shuangyang	373712.5	3340	1052	1960	1109
县(市)合计	Total county	4072620	28555	27829	17953	40748
九台市	Jiutai	830657	6654	7742	4116	11467
榆树市	Yushu	1223819	8549	7316	5631	11375
农安县	Nongan	1109707.5	6812	4563	4473	9049
德惠市	Dehui	908436.5	6540	8208	3733	8857

2－5 主要年份非农业人口增减人数
BASIC STATISTICS ON NON－AGRICULTURAL POPULATION

单位:人　　unit:person

		全市 Total				
		1978	1980	1990	2000	2001
一、年末非农业人口数	**Total**	**1558928**	**1699556**	**2327017**	**2878358**	**2936326**
二、本年增加的非农业人口	**Increase of population**	**168772**	**99518**	**146356**	**341166**	**185865**
1.出生	Birth	24498	20377	28535	31785	22375
2.非农业人口迁入	Emigration	99644	40992	62550	80276	79933
3.农业人口转非农业人口	From agricultural population	40556	32298	22499	25968	23540
①招生	New students	14572	4177	5331	17131	14930
②招工	New workers	14892	15519	404	2064	1207
③征用土地	Requisition land			326	972	2800
④随军家属	Relative with army	982	533	139	130	75
⑤科技干部家属	Relative with scientific cadres			71	47	32
⑥职工居民家属	Relative with staff and workers	5135	5811	1305	4751	3914
⑦落实政策	Implement the policies			4004	9	5
⑧煤矿井下工人家属	Relative with miner			764	10	6
⑨其他	Others	4975	6258	1436	854	571
4.自港、澳、台和国外迁入	From Hongkong, Mocao, Taiwan and foreign			223	53	39
5.复员转业	Demobilized soldier	3607	4862	5019	2758	2162
6.刑满释放	Corporal punishment	467	989	1473	383	370
7.自理口粮常住人口	Temporary population			334		
8.其他	Others			34442	199943	57446
三、本年减少的非农业人口	**Decrease of population**	**103670**	**51013**	**80720**	**274840**	**127897**
1.死亡	Death	7405	7496	11156	14924	13354
2.非农业人口迁出	Migration	89066	34682	46460	61063	61283
3.迁往港、澳、台和国外	To Hongkong, Mocao, Taiwan and foreign			881	449	680
4.服役	Join the army	844	6336	3052	1424	1265
5.逮捕	Arrest	947	635	1691	531	213
6.其他	Others	5408	1864	14780	196449	51102

2-5续表1 contiuned1

单位:人 unit:person

		市区 District				
		1978	1980	1990	2000	2001
一、年末非农业人口数	**Total**	**1159101**	**1263652**	**1679207**	**2170084**	**2223170**
二、本年增加的非农业人口	**Increase of population**	**137133**	**64738**	**83728**	**302607**	**136187**
1.出生	Birth	17893	15792	17912	23695	16067
2.非农业人口迁入	Emigration	81159	21670	37014	52917	60632
3.农业人口转非农业人口	From agricultural population	34815	22848	6582	24938	22824
①招生	New students	13259	3321	4488	17005	14858
②招工	New workers	12692	12045	185	2060	1206
③征用土地	Requisition land			326	972	2800
④随军家属	Relative with army	805	483	118	128	75
⑤科技干部家属	Relative with scientific cadre					
⑥职工居民家属	Relative with staff and workers	4450	4855	493	4457	3694
⑦落实政策	Implement the policies			946	9	5
⑧煤矿井下工人家属	Relative with miner			4	10	6
⑨其他	Others	3609	2144	22	297	180
4.自港、澳、台和国外迁入	From Hongkong, Mocao, Taiwan and foreign			221	52	38
5.复员转业	Demobilized soldier	2838	3511	2968	2256	1712
6.刑满释放	Corporal punishment	428	917	1346	348	309
7.自理口粮常住人口	Temporary population			33		
8.其他	Others			17652	198401	34605
三、本年减少的非农业人口	**Decrease of population**	**83703**	**30211**	**55956**	**245954**	**83101**
1.死亡	Death	5672	5860	8686	12671	11429
2.非农业人口迁出	Migration	72224	17351	26788	37098	41556
3.迁往港、澳、台和国外	To Hongkong, Mocao, Taiwan and foreign			876	440	663
4.服役	Join the army	534	5436	1664	1070	891
5.逮捕	Arrest	857	538	1581	484	164
6.其他	Others	4416	1026	16361	194191	28398

2-5续表2 contiuned2

单位:人 unit:person

		县(市) County(city)				
		1978	1980	1990	2000	2001
一、年末非农业人口数	**Total**	**399827**	**435904**	**647747**	**708274**	**713156**
二、本年增加的非农业人口	**Increase of population**	**31639**	**34780**	**62628**	**38559**	**49678**
1.出生	Birth	6605	4585	10623	8090	6308
2.非农业人口迁入	Emigration	18485	19322	25536	27359	19301
3.农业人口转非农业人口	From agricultural population	5741	9450	7198	1030	716
①招生	New students	1313	856	84	126	72
②招工	New workers	2200	3474	219	4	1
③征用土地	Requisition land				51	
④随军家属	Relative with army	177	80	21		
⑤科技干部家属	Relative with scientific cadres			71	47	32
⑥职工居民家属	Relative with staff and workers	685	956	812	294	220
⑦落实政策	Implement the policies			3058	1	
⑧煤矿井下工人家属	Relative with miner			760		
⑨其他	Others	1366	4114	1414	557	391
4.自港、澳、台和国外迁入	From Hongkong, Mocao, Taiwan and foreign			2	1	1
5.复员转业	Demobilized soldier	769	1351	2051	502	450
6.刑满释放	Corporal punishment	39	72	127	35	61
7.自理口粮常住人口	Temporary population			301		
8.其他	Others			16790	1542	22841
三、本年减少的非农业人口	**Decrease of population**	**19967**	**20802**	**24764**	**28886**	**114543**
1.死亡	Death	1733	1636	2470	2253	1925
2.非农业人口迁出	Migration	16842	17331	19672	23965	19727
3.迁往港、澳、台和国外	To Hongkong, Mocao, Taiwan and foreign			5	9	17
4.服役	Join the army	310	900	1388	354	374
5.逮捕	Arrest	90	97	110	47	49
6.其他	Others	992	838	1119	2258	22704

2－6　1990－2001年全市人口出生率、死亡率、自然增长率
BIRTH RATE, DEATH RATE AND NATURAL GROWTH RATE

年份 Year	出生率(‰) Birth rate	死亡率(‰) Death rate	自然增长率(‰) Natural growth rate
1990	15.25	5.43	9.82
1991	10.27	4.82	5.44
1992	9.42	4.95	4.46
1993	12.16	5.16	6.99
1994	12.21	5.38	6.83
1995	12.56	4.95	7.61
1996	13.34	5.11	8.22
1997	10.30	4.95	5.34
1998	7.53	4.97	2.55
1999	7.44	5.40	2.03
2000	10.38	5.55	4.83
2001	7.3	4.68	2.61

2－7 县(市)区人口出生率、死亡率、自然增长率
BIRTH RATE, DEATH RATE AND NATURAL GROWTH RATE BY REGION

		出生率(‰) Birth rate	死亡率(‰) Death rate	自然增长率(‰) Natural growth rate
总　　计	**Total**	**7.3**	**4.68**	**2.61**
市辖区合计	Total of district	7.69	5.07	2.62
南关区	Nanguan	7.08	5.57	1.52
宽城区	Kuancheng	7.67	5.74	1.93
朝阳区	Chaoyang	6.43	4.47	1.97
二道区	Erdao	8.81	5.18	3.63
绿园区	Luyuan	8.34	4.51	3.83
双阳区	Shuangyang	8.94	5.24	3.69
县(市)合计	Total of county			
九台市	Jiutai	8.01	4.96	3.06
榆树市	Yushu	6.99	4.6	2.38
农安县	Nongan	6.14	4.03	2.11
德惠市	Dehui	7.2	4.11	3.09

2－8 1990－2001 年镇人口
POPULATION IN TOWNS(1990－2001)

年份 Year	镇数 Towns (个)	总户数 Households (户)	总人口 Population 合计 Total	#非农业人口 Non－agriculture
1990	51	478256	1914247	467688
1991	50	451556	1825360	393605
1992	70	586971	2418220	425368
1993	71	606911	2458906	454812
1994	73	625490	2517378	480921
1995	69	557599	2291863	319459
1996	71	589036	2381214	328492
1997	71	599342	2412099	334127
1998	71	609599	2407593	332771
1999	74	645686	2462254	337720
2000	74	676750	2498310	345006
2001		133996	530735	31860

2－9 县(市)区镇人口
POPULATION IN COUNTY

		镇数 Towns (个)	总户数 Households (户)	总人口 Population 合计 Total	#非农业人口 Non－agriculture
总计	**Total**		**524304**	**1909872**	**187501**
市辖区合计	Total of district		145556	483223	88056
九台市	Jiutai		97888	357513	30596
榆树市	Yushu		146864	538401	36989
农安县	Nongan		152446	588438	157505
德惠市	Dehui		133996	530735	31860

统计资料

STATISTICS

单位从业人员与劳动报酬

EMPLOYMENT AND WAGE

第三篇　单位从业人员与劳动报酬

2001年是实施"十五"计划的开局第一年，也是我市推进跨越式发展的关键一年。我市职工工资水平持续增长，从业人员的素质普遍提高。

2001年末，全市城镇单位从业人员93.6万人，同比下降4.7%。离岗职工人数为25.7万人。从登记注册类型分组来看，国有单位从业人员64.4万人，集体单位从业人员12.1万人，同比分别下降8.5%和13.8%，而其他经济类型单位从业人员17.0万人，同比增长24.0%。

2001年我市在岗职工平均工资为11090元，同比增长13.7%。首次突破一万元。在十六大行业中，已经有半数以上行业的在岗职工平均工资超过了一万元，分布在第三产业的各行业普遍增幅较大。

职工工资总额

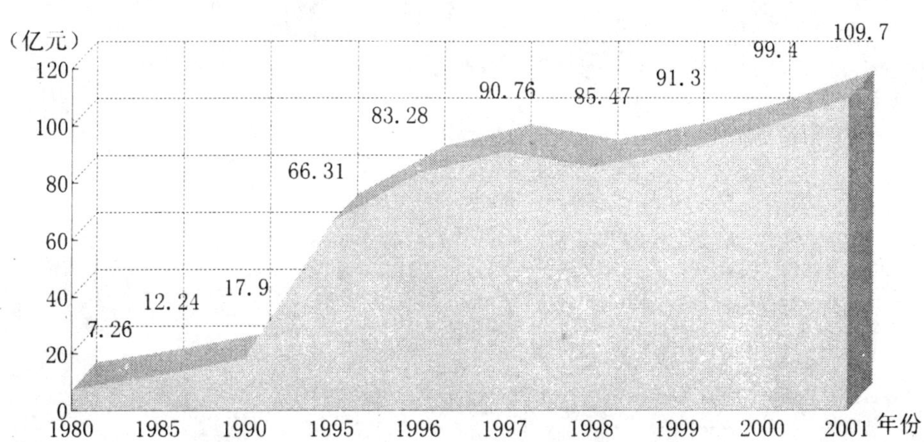

3-1 1990-2001年全市职工工资总额
TOTAL WAGE OF STAFF AND WORKERS(1990-2001)

单位:人 unit:person

年 份 Year	国 有 State owned		集 体 Collective owned		其 他 Others	
	全市 Total	#市区 District	全市 Total	#市区 District	全市 Total	#市区 District
1990	1730307	1390762	633030	523662	8030	7096
1991	1989308	1592623	763988	635517	17341	14335
1992	2435835	1978476	839918	698978	54721	47729
1993	3008869	2472131	860001	735876	167421	165027
1994	4472521	3742455	1011722	860025	276867	249663
1995	5220027	4423964	1045689	910067	364802	323990
1996	6569798	5592362	1251084	1086908	507483	451905
1997	7123101	6032678	1294877	1121163	658380	572053
1998	6574523	5616192	1040812	929690	932068	838951
1999	6871783	5828124	912084	824582	1348814	1246909
2000	7375814	6281248	960764	883329	1606900	1500715
2001	7529152	6478360	853190	792029	2074950	1920863

3-2 1990-2001全市职工平均工资
AVERGE WAGE OF STAFF AND WORKERS (1990-2001)

单位:人 unit:person

年份 Year	国有 State owned		集体 Collective owned		其他 Others	
	全市 Total	#市区 District	全市 Total	#市区 District	全市 Total	#市区 District
1990	2033	2142	1607	1697	2265	2325
1991	2259	2379	1792	1865	2147	2241
1992	2652	2836	1963	2064	2993	2949
1993	3266	3561	2299	2370	3551	3570
1994	4966	5196	2977	3088	4839	4818
1995	5478	5941	3474	3600	5305	5242
1996	6844	7498	4547	4717	7027	7079
1997	7472	8151	5076	5313	8382	8358
1998	7205	8119	4452	4883	7436	7646
1999	7866	8835	4345	4893	9009	9240
2000	8526	9807	4814	5576	10220	10438
2001	11569	13270	7005	7307	12177	12888

3－3　1990－2001 年全市职工人数
NUMBER OF STAFF AND WORKERS(1990－2001)

单位:人　　　　unit:person

年 份 Year	国 有 State owned		集 体 Collective owned		其 他 Others	
	全市 Total	#市区 District	全市 Total	#市区 District	全市 Total	#市区 District
1990	862174	652143	401241	314617	4405	3798
1991	895105	675007	437087	347024	9353	7656
1992	930376	701544	436387	346452	22011	19593
1993	917552	690799	379703	314004	50863	49939
1994	958917	714394	349364	284027	58723	52466
1995	958517	745656	308646	255899	72238	64645
1996	962465	743764	281711	233661	74548	66011
1997	961009	736223	258096	210327	80160	69112
1998	910218	686610	234146	190138	125229	109538
1999	884816	659924	213597	168667	148712	134277
2000	866880	636210	200355	156562	156691	143264
2001	808387	586552	182329	139287	193220	169853

3-4 全市单位从业人员数

单位:人

		国有
		全市 Total
总　计	**Total**	**644222**
中央单位	Centre unit	188591
省属单位	Provincial unit	114273
市属单位	Unit belong to city	140447
县及县以下单位	Unit below county	200911
(一)农、林、牧、渔服务业	Farming, forestry, animal, husbandry and fishery	19441
1.农业	Farming	2211
2.林业	Forestry	1300
3.畜牧业	Animal husbandry	3295
4.渔业	Fishery	43
5.农、林、牧、渔服务业	Farming, forestry, animal husbandry and fishery services	12592
(二)采掘业	Excavation	5109
(三)制造业	Manufacturing	149080
(四)电力、煤气及水的生产和供应业	Electric power, gas and water production and supply	13453
(五)建筑业	Construction	39452
1.土木工程建筑业	Building construction	32087
2.线路、管道和设备安装业	Pipes, lines and equipment installation	7069
3.装修装饰业	Decoration	296
(六)地质勘查业、水利管理业	Geological prospection and water conservancy	8015
1.地质勘查业	Geological prospection	2527
2.水利管理业	Water conservancy	5488
(七)交通运输、仓储及邮电通信业	Transportation, storage, post and telecommunication	43478
1.铁路运输业	Railway transportation	
2.公路运输业	Highway transportation	6226
3.管道运输业	Pipeline transportation	187
4.航空运输业	Air transportation	2338
5.交通运输辅助业	Transportation subsidiary trades	5619
6.其它交通运输业	Other transportation	72

NUMBER OF STAFF AND WORKERS

unit:person

State owned	集　体 Collective owned		其　他 Others	
#市　区 District	全　市 Total	#市　区 District	全　市 Total	#市　区 District
482493	**121023**	**107847**	**170734**	**149328**
179654				
109099				
137109				
56631				
5826	21	21	176	176
1344				
511				
739			176	176
43				
3189	21	21		
5109	15	15	2784	2784
139397	80610	78230	90897	76344
9719	32	32	6773	6489
36770	8095	7978	12475	12417
29519	6518	6465	10211	10153
6986	1429	1368	1386	1386
265	148	145	878	878
3760	475	20	9	9
1996	126	20		
1764	349		9	9
19889	3645	3636	2498	2498
			80	80
2271	1779	1770	958	958
187	421	421	240	240
2338				
2981	135	135	68	68
72				

3-4续表1　continued1

		国　有 全　市 Total
7.仓储业	Storage	19797
8.邮电通信业	Post and telecommunication services	9239
(八)批发和零售贸易、餐饮业	Wholesale, retail trade and food services	39407
1.食品、饮料、烟草和家庭用品批发业	Wholesale of food, beverage and tobaccos	19157
2.能源、材料和机械电子设备批发业	Wholesale of energy, material and equipment	6597
3.其他批发业	Wholesale of others	1937
4.零售业	Retail trade	9435
5.商业经纪与代理业	Agencies	682
6.餐饮业	Food services	1689
(九)金融、保险业	Banking and insurance	18873
1.金融业	Banking	18102
2.保险业	Insurance	771
(十)房地产业	Real estate	6043
1.房地产开发与经营业	Real estate developing	1868
2.房地产管理业	Real estate management	4144
3.房地产代理与经纪业	Real estate agency	31
(十一)社会服务业	Social services	38801
1.公共服务业	Public services	25740
2.居民服务业	Resident services	1804
3.旅馆业	Hotel	6271
4.租赁服务业	Rent	273
5.旅游业	Tourism	433
6.娱乐服务业	Recreation services	69
7.信息、咨询服务业	Information and consultancy services	1360
8.计算机应用服务业	Computer applied and services	190
9.其他社会服务业	Other social services	2661
(十二)卫生、体育和社会福利业	Health care, sports and social welfare	37698
1.卫生	Health care	34824
2.体育	Sports	1558

单位:人　unit:person

State owned	集　　体 Collective owned		其　　他 Others	
#市　区 District	全　市 Total	#市　区 District	全　市 Total	#市　区 District
5186	63	63	45	45
6854	1247	1247	1107	1107
25523	12552	8176	31555	25044
8566	2223	1383	10882	4387
5079	1278	1115	2492	2476
1605	1163	745	1081	1081
7954	7395	4442	14966	14966
682	66	66	111	111
1637	427	425	2023	2023
15208	3235	223	4144	4144
14688	3235	223	3853	3853
520			291	291
4569	240	230	7350	7350
1497			3337	3337
3041	240	230	3865	3865
31			148	148
35431	7495	6588	9985	9985
23185	3741	2863	2036	2036
1607	928	920	27	27
5757	477	456	3813	3813
273			32	32
433			530	530
69	25	25	714	714
1256	276	276	1080	1080
190	58	58	935	935
2661	1990	1990	818	818
27198	3037	1266	61	61
24558	3037	1266		
1558			61	61

3-4续表2 continued2

		国有
		全 市 Total
3.社会福利保障业	Social welfare	1316
(十三)教育、文化艺术及广播电影电视业	Education, culture, art, radio, film and TV	135934
1.教育	Education	121704
#普通高等学校	Higher education	32239
普通中学	Ordinary middle school	28016
小学校	Primary school	42870
2.文化艺术业	Culture and art	8459
3.广播电影电视业	Radio, film and television	5771
(十四)科学研究和综合技术服务业	Scientific research and polytechnical services	25537
1.科学研究业	Scientific research	11667
(1)自然科学研究	Natural scientific research	10124
(2)社会科学研究	Social scientific research	899
(3)其他科学研究	Other scientific research	644
2.综合技术服务业	Polytechnical services	13870
(1)气象	Meteorology	455
(2)地震	Earthquake	30
(3)测绘	Mapping	782
(4)技术监督	Technical supervise	2396
(5)环境保护	Environment	909
(6)技术推广和科技交流服务业	Technical developing and services	308
(7)工程设计业	Engineering designing	8714
(8)其它综合技术服务业	Other polytechnical services	276
(十五)国家机关、政党机关和社会团体	Government, party and social organizations	58022
#国家机关	Government	53035
政党机关	Party agency	3575
(十六)其他行业	Others	5879
#企业管理机构	Enterprise management	3379

单位:人　unit:person

State owned	集　体 Collective owned		其　他 Others	
#市　区 District	全　市 Total	#市　区 District	全　市 Total	#市　区 District
1082				
85485	344	313	448	448
73771	62	62	377	377
32239				
12313			327	327
14809				
7468	238	207	71	71
4246	44	44		
24111	684	684	768	768
11644	22	22	366	366
10124	22	22	366	366
899				
621				
12467	662	662	402	402
402				
21				
756				
1486	30	30	58	58
563				
308	142	142	65	65
8665	423	423	217	217
276	67	67	62	62
39117	121	67		
34996	121	67		
2939				
5381	422	368	811	811
2911	284	230	637	637

3-5 全市单位从业人员劳动报酬

单位:千元

		国有
		全市 Total
总计	**Total**	**7581254**
中央单位	Centre unit	3383692
省属单位	Provincial unit	1300584
市属单位	Unit belong to city	1450880
县及县以下单位	Unit below county	1446098
(一)农、林、牧、渔业	Farming, forestry, animal, husbandry and fishery	103086
1.农业	Farming	12554
2.林业	Forestry	5626
3.畜牧业	Animal husbandry	11857
4.渔业	Fishery	160
5.农、林、牧、渔服务业	Farming, forestry animal husbandry and fishery services	72849
(二)采掘业	Excavation	40010
(三)制造业	Manufacturing	17731
(四)电力、煤气及水的生产和供应业	Electric power, gas and water production and supply	208563
(五)建筑业	Building construction	367485
1.土木工程建筑业	Construction	261523
2.线路、管道和设备安装业	Pipes, lines and equipment installation	103898
3.装修装饰业	Decoration	2064
(六)地质勘查业、水利管理业	Geological prospection and water conservancy	69703
1.地质勘查业	Geological prospection	26782
2.水利管理业	Water conservancy	42921
(七)交通运输、仓储及邮电通信业	Transportation, storage, post and telecommunication	433492
1.铁路运输业	Railway transportation	
2.公路运输业	Highway transportation	31025
3.管道运输业	Pipeline transportation	2793
4.航空运输业	Air transportation	50826
5.交通运输辅助业	Transportation subsidiary trades	45261
6.其它交通运输业	Other transportation	470

continued1

State owned	集　体 Collective owned		其　他 Others	
#市　区 District	全　市 Total	#市　区 District	全　市 Total	#市　区 District
54799	374	374	764	764
124620	12011	12011	30594	30594
195475	69788	60240	242274	204926
70483	10634	10267	75999	38711
46130	9578	9023	23768	23708
14066	6729	6005	10788	10788
47763	39907	32018	116314	116314
8045	417	417	945	945
8988	2523	2510	14460	14460
208582	26665	2350	56501	56501
199131	26665	2350	52241	52241
9451			4260	4260
50180	1632	1582	90514	90514
18568			42068	42068
31407	1632	1582	47332	47332
205			1114	1114
384080	56033	51685	123597	123597
265412	28963	24648	35560	35560
7386	6182	6163	323	323
58369	3053	3039	38789	38789
2827			360	360
4695			4842	4842
783	150	150	6801	6801
16067	2437	2437	10706	10706
1952	105	105	18466	18466
26589	15143	15143	7750	7750
401967	21454	13876	578	578
371071	21454	13876		

3-5续表2 continued2

		国有 全市 Total
2.体育	Sports	16643
3.社会福利保障业	Social welfare	15814
(十三)教育、文化艺术及广播电影电视业	Education, culture, art, radio, film and TV	1647540
1.教育	Education	1492290
#普通高等学校	Higher education	653695
普通中学	Ordinary middle school	274648
小学校	Primary school	340857
2.文化艺术业	Culture and art	105559
3.广播电影电视业	Radio, film and television	49691
(十四)科学研究和综合技术服务业	Scientific research and polytechnical services	369802
1.科学研究业	Scientific research	186002
(1)自然科学研究	Natural scientific research	165556
(2)社会科学研究	Social scientific research	12558
(3)其他科学研究	Other scientific research	7888
2.综合技术服务业	Polytechnical services	183800
(1)气象	Meteorology	6098
(2)地震	Earthquake	477
(3)测绘	Mapping	12467
(4)技术监督	Technical supervise	27672
(5)环境保护	Environment	9751
(6)技术推广和科技交流服务业	Technical developing and services	2895
(7)工程设计业	Engineering designing	121133
(8)其它综合技术服务业	Other polytechnical services	3307
(十五)国家机关、政党机关和社会团体	Government, party and social organizations	669129
#国家机关	Government	605625
政党机关	Party agency	44484
(十六)其他行业	Others	93730
#企业管理机构	Enterprise management	57110

单位:千元 unit:1000 yuan

State owned	集 体 Collective owned		其 他 Others	
#市 区 District	全 市 Total	#市 区 District	全 市 Total	#市 区 District
16643			578	578
14253				
1319067	3477	3437	4976	4976
1176487	337	337	4500	4500
653695				
162385			4046	4046
167757				
101052	2773	2733	476	476
41528	367	367		
360068	5842	5842	13853	13853
185924	139	139	8848	8848
165556	139	139	8848	8848
12558				
7810				
174144	5703	5703	5005	5505
5621				
357				
12304				
21153	268	268	473	473
7865				
2895	507	507	861	861
120642	4464	4464	2812	2812
3307	464	464	859	859
533912	1207	765		
475913	1207	765		
40481				
90446	4170	3754	18332	18332
54051	2583	2167	16015	16015

3-6 全市在岗职工人数

单位:人

		国有
		全市 Total
总计	**Total**	**926785**
中央单位	Centre unit	184798
省属单位	Provincial unit	113526
市属单位	Unit belong to city	139947
县及县以下单位	Unit below county	200199
(一)农、林、牧、渔业	Farming, forestry, animal, husbandry and fishery	19427
1.农业	Farming	2211
2.林业	Forestry	1298
3.畜牧业	Animal husbandry	3295
4.渔业	Fishery	43
5.农、林、牧、渔服务业	Farming, forestry, animal husbandry and fishery services	12580
(二)采掘业	Excavation	5109
(三)制造业	Manufacturing	148183
(四)电力、煤气及水的生产和供应业	Electric power, gas and water production and supply	13440
(五)建筑业	Construction	39373
1.土木工程建筑业	Building construction	32008
2.线路、管道和设备安装业	Pipes, lines and equipment installation	7069
3.装修装饰业	Decoration	296
(六)地质勘查业、水利管理业	Geological prospection and water conservancy	7989
1.地质勘查业	Geological prospection	2520
2.水利管理业	Water conservancy	5469
(七)交通运输、仓储及邮电通信业	Transportation, storage, post and telecommunication	42225
1.铁路运输业	Railway transportation	
2.公路运输业	Highway transportation	6225
3.管道运输业	Pipeline transportation	187
4.航空运输业	Air transportation	2338
5.交通运输辅助业	Transportation subsidiary trades	5616
6.其他交通运输业	Other transportation	72

STAFF AND WORKERS EMPLOYED

unit: person

State owned	集　体 Collective owned		其　他 Others	
#市　区 District	全　市 Total	#市　区 District	全　市 Total	#市　区 District
731039	**119707**	**106579**	**168608**	**147202**
176069				
108357				
136609				
56223				
5812	21	21	176	176
1344				
509				
739			176	176
43				
3177	21	21		
5109	15	15	2780	2780
138506	79760	77380	89987	75434
5706	32	32	6645	6361
36695	8060	7943	12388	12300
29444	6489	6436	10131	10073
6986	1423	1362	1383	1383
265	148	145	874	874
3734	475	20	9	9
1989	126	20		
1745	349		9	9
18637	3642	3633	2492	2492
2271			76	76
187	1779	1770	958	958
2338	421	421	240	240
2978	135	135	68	68
72				

3-6续表1 continued1

		国 有
		全 市 Total
7.仓储业	Storage	19759
8.邮电通信业	Post and telecommunication services	8028
(八)批发和零售贸易、餐饮业	Wholesale, retail trade and food services	39244
1.食品、饮料、烟草和家庭用品批发业	Wholesale of food, beverage and tobaccos	19085
2.能源、材料和机械电子设备批发业	Wholesale of energy, material and equipment	6559
3.其他批发业	Wholesale of others	1918
4.零售业	Retail trade	9317
5.商业经纪与代理业	Agencies	676
6.餐饮业	Food services	1689
(九)金融、保险业	Banking and insurance	17412
1.金融业	Banking	16716
2.保险业	Insurance	696
(十)房地产业	Real estate	6034
1.房地产开发与经营业	Real estate developing	1865
2.房地产管理业	Real estate management	4138
3.房地产经纪与代理业	Real estate agency	31
(十一)社会服务业	Social services	38274
1.公共服务业	Public services	25384
2.居民服务业	Resident services	1804
3.旅馆业	Hotel	6217
4.租赁服务业	Rent	273
5.旅游业	Tourism	414
6.娱乐服务业	Recreation services	69
7.信息、咨询服务业	Information and consultancy services	1312
8.计算机应用服务业	Computer applied and services	188
9.其他社会服务业	Other social services	2613
(十二)卫生、体育和社会福利业	Health care, sports and social welfare	37378
1.卫生	Health care	34511

单位:人 unit:person

State owned	集 体 Collective owned		其 他 Others	
#市 区 District	全 市 Total	#市 区 District	全 市 Total	#市 区 District
5148	60	60	45	45
5643	1247	1247	1105	1105
25360	12379	8003	31399	24888
8494	2223	1383	10820	4375
5041	1265	1102	2412	2396
1586	1163	745	1081	1081
7926	7239	4286	14904	14904
676	66	66	109	109
1637	423	421	2023	2023
13955	3192	223	4118	4118
13467	3192	223	3851	3851
488			267	267
4560	240	230	7085	7085
1494			3285	3285
3035	240	230	3653	3653
31			147	147
34910	7413	6506	9603	9603
22829	3740	2862	1975	1975
1607	926	918	27	27
5703	475	454	3759	3759
273			32	32
414			524	524
69	25	25	714	714
1214	205	205	861	861
188	58	58	929	929
2613	1984	1984	782	782
26990	2974	1208	52	52
24357	2974	1208		

3-6续表2 continued2

		国 有
		全 市 Total
2.体育	Sports	1557
3.社会福利保障业	Social welfare	1310
(十三)教育、文化艺术及广播电影电视业	Education, culture, art, radio, film and TV	135387
1.教育	Education	121212
#普通高等学校	Higher education	32114
普通中学	Ordinary middle school	27843
小学校	Primary school	42708
2.文化艺术业	Culture and art	8404
3.广播电影电视业	Radio, film and television	5771
(十四)科学研究和综合技术服务业	Scientific research and polytechnical services	25252
1.科学研究业	Scientific research	11627
(1)自然科学研究	Natural scientific research	12093
(2)社会科学研究	Social scientific research	895
(3)其他科学研究	Other scientific research	639
2.综合技术服务业	Polytechnical services	13625
(1)气象	Meteorology	454
(2)地震	Earthquake	30
(3)测绘	Mapping	780
(4)技术监督	Technical supervise	2358
(5)环境保护	Environment	909
(6)技术推广和科技交流服务业	Technical developing and services	300
(7)工程设计业	Engineering designing	8518
(8)其他综合技术服务业	Other polytechnical services	276
(十五)国家机关、政党机关和社会团体	Government, party and social organizations	57903
#国家机关	Government	52925
政党机关	Party agency	3573
(十六)其他行业	Others	5840
#企业管理机构	Enterprise management	3356

单位:人 unit:person

State owned	集体 Collective owned		其他 Others	
#市区 District	全市 Total	#市区 District	全市 Total	#市区 District
1557			52	52
1076				
85116	344	313	349	349
73457	62	62	282	282
32114				
12233			250	250
14728				
7413	238	207	67	67
4246	44	44		
23826	617	617	751	751
11604	22	22	366	366
10093	22	22	366	366
895				
616				
12222	595	595	385	385
401				
21				
754				
1448	30	30	58	58
563				
300	142	142	65	65
8459	357	357	210	210
276	66	66	52	52
39000	121	67		
34887	121	67		
2937				
5342	422	368	774	774
2888	284	230	602	602

3－7 全市在岗职工工资总额

单位:千元

		国 有
		全 市 Total
总 计	**Total**	**10457292**
中央单位	Centre unit	3359073
省属单位	Provincial unit	1283836
市属单位	Unit belong to city	1444978
县及县以下单位	Unit below county	1441265
(一)农、林、牧、渔业	Farming,forestry,animal,husbandry and fishery	103057
1.农业	Farming	12594
2.林业	Forestry	5607
3.畜牧业	Animal husbandry	11857
4.渔业	Fishery	160
5.农、林、牧、渔服务业	Farming,forestry animal husbandry and fishery services	72839
(二)采掘业	Excavation	40010
(三)制造业	Manufacturing	2103724
(四)电力、煤气及水的生产和供应业	Electric power,gas and water production and supply	208377
(五)建筑业	Building construction	366909
1.土木工程建筑业	Construction	260947
2.线路、管道和设备安装业	Pipes,lines and equipment installation	103898
3.装修装饰业	Decoration	2064
(六)地质勘查业、水利管理业	Geological prospection and water conservancy	67250
1.地质勘查业	Geological prospection	24483
2.水利管理业	Water conservancy	42767
(七)交通运输、仓储及邮电通信业	Transportation,storage,post and telecommunication	428237
1.铁路运输业	Railway transportation	
2.公路运输业	Highway transportation	31020
3.管道运输业	Pipeline transportation	2793
4.航空运输业	Air transportation	50826
5.交通运输辅助业	Transportation subsidiary trades	45202
6.其他交通运输业	Other transportation	470

WAGES OF STAFF AND WORKERS EMPLOYED

unit:1000 yuan

State owned	集　体 Collective owned		其　他 Others	
#市　区 District	全　市 Total	#市　区 District	全　市 Total	#市　区 District
9191253	**853190**	**792029**	**2074950**	**1920863**
3257448				
1232036				
1413391				
575485				
45145	242	242	1021	1021
10439				
1686				
3618			1021	1021
160				
29242	242	242		
40010	55	55	28786	28440
2050328	571717	559589	1309470	1152525
174938	222	222	88141	86509
344130	64295	63759	114066	113658
238685	48681	48509	87737	87329
103546	14553	14198	10945	10945
1899	1061	1052	15384	15384
42651	1963	14	72	72
20575	97	14		
22076	1866		72	72
270025	27434	27404	41725	41725
			1000	1000
1352	4438	4408	4154	4154
2793	8363	8363	3400	3400
50826				
28556	2264	2264	1879	1879
470				

3－7续表1

		国　有
		全　市 Total
7. 仓储业	Storage	141252
8. 邮电通信业	Post and telecommunication services	156674
(八)批发和零售贸易、餐饮业	Wholesale, retail trade and food services	280642
1. 食品、饮料、烟草和家庭用品批发业	Wholesale of food, beverage and tobaccos	142061
2. 能源、材料和机械电子设备批发业	Wholesale of energy, material and equipment	51185
3. 其他批发业	Wholesale of others	14835
4. 零售业	Retail trade	56437
5. 商业经纪与代理业	Agencies	8028
6. 餐饮业	Food services	8096
(九)金融、保险业	Banking and insurance	241859
1. 金融业	Banking	229796
2. 保险业	Insurance	12063
(十)房地产业	Real estate	58295
1. 房地产开发与经营业	Real estate developing	20116
2. 房地产管理业	Real estate management	37974
3. 房地产代理与经纪业	Real estate agency	205
(十一)社会服务业	Social services	399149
1. 公共服务业	Public services	277729
2. 居民服务业	Resident services	8463
3. 旅馆业	Hotel	60327
4. 租赁服务业	Rent	2827
5. 旅游业	Tourism	4533
6. 娱乐服务业	Recreation services	783
7. 信息、咨询服务业	Information and consultancy services	16229
8. 计算机应用服务业	Computer applied and services	1912
9. 其他社会服务业	Other social services	26346
(十二)卫生、体育和社会福利业	Health care, sports and social welfare	461390
1. 卫生	Health care	429001

continued1

State owned	集　　体 Collective owned		其　　他 Others	
#市　　区 District	全　　市 Total	#市　　区 District	全　　市 Total	#市　　区 District
54387	358	358	764	764
193361	12011	12011	30528	30528
193361	68910	59362	240004	202656
69939	10634	10267	75853	38565
45948	9476	8921	23119	23059
13965	6729	6005	10788	10788
47565	39159	31270	114884	114884
8028	417	417	900	900
7916	2495	2482	14460	14460
200148	26479	2350	56286	56286
190898	26479	2350	52210	52210
9250			4076	4076
49192	1632	1582	88290	88290
17612			41201	41201
31375	1632	1582	45979	45979
205			1110	1110
379203	55410	51062	115131	115131
262054	28949	24634	34349	34349
7386	6176	6157	323	323
57904	3046	3032	33731	33731
2827			360	360
4533			4796	4796
783	150	150	6801	6801
15458	1864	1864	8784	8784
1912	105	105	18411	18411
26346	15120	15120	7576	7576
395046	20890	13345	396	396
364218	20890	13345		

3-7续表2 continued2

		国　　有
		全　市 Total
2.体育	Sports	16637
3.社会福利保障业	Social welfare	15814
(十三)教育、文化艺术及广播电影电视业	Education, culture, art, radio, film and TV	1647540
1.教育	Education	1492290
#普通高等学校	Higher education	653695
普通中学	Ordinary middle school	274648
小学校	Primary school	340857
2.文化艺术业	Culture and art	105559
3.广播电影电视业	Radio, film and television	49691
(十四)科学研究和综合技术服务业	Scientific research and polytechnical services	369802
1.科学研究业	Scientific research	185659
(1)自然科学研究	Natural scientific research	165316
(2)社会科学研究	Social scientific research	12544
(3)其他科学研究	Other scientific research	7799
2.综合技术服务业	Polytechnical services	182491
(1)气象	Meteorology	6094
(2)地震	Earthquake	477
(3)测绘	Mapping	12455
(4)技术监督	Technical supervise	27438
(5)环境保护	Environment	9751
(6)技术推广和科技交流服务业	Technical developing and services	2850
(7)工程设计业	Engineering designing	120119
(8)其他综合技术服务业	Other polytechnical services	3307
(十五)国家机关、政党机关和社会团体	Government, party and social organizations	667781
#国家机关	Government	604403
政党机关	Party agency	44464
(十六)其他行业	Others	93049
#企业管理机构	Enterprise management	56625

单位:千元　unit:1000 yuan

State owned	集　体 Collective owned		其　他 Others	
#市　区 District	全　市 Total	#市　区 District	全　市 Total	#市　区 District
16637			396	396
14191				
1313416	3477	3437	3738	3738
1171259	337	337	3283	3283
651549				
160298				2985
167031				
100629	2773	2733	455	455
41528	367	367		
358416	5087	5087	13653	13653
185581	139	139	8848	8848
165316	139	139	8848	8848
12544				
7721				
172835	4948	4948	4805	4805
5617				
357				
12292				
20919	268	268	473	473
7865				
2850	507	507	858	858
119628	3714	3714	2764	2764
3307	459	459	710	710
532586	1207	765		
474709	1207	765		
40461				
89765	4170	3754	16763	16763
53566	2583	2167	14877	14877

3－8 全市在岗职工平均工资

单位:元

		国 有
		全 市 Total
总 计	**Total**	**11090**
中央单位	Centre unit	17682
省属单位	Provincial unit	11168
市属单位	Unit belong to city	9979
县及县以下单位	Unit below county	7168
(一)农、林、牧、渔业	Farming, forestry, animal husbandry and fishery	5282
(二)采掘业	Excavation	7864
(三)制造业	Manufacturing	13572
(四)电力、煤气及水的生产和供应业	Electric power, gas and water production and supply	15036
(五)建筑业	Construction	8906
(六)地质勘查业、水利管理业	Geological prospection and water conservancy	8379
(七)交通运输业、仓储及邮电通信业	Transportation, storage, post and telecommunication	10040
(八)批发和零售贸易、餐饮业	Wholesale, retail trade and food services	6934
(九)金融、保险业	Banking and insurance	13752
(十)房地产业	Real estate	9822
(十一)社会服务业	cial services	10098
(十二)卫生、体育和社会福利业	Health care, sports and social welfare	12354
(十三)教育、文化艺术及广播电影电视业	Education, culture, art, radio, film and TV	12207
(十四)科学研究和综合技术服务业	Scientific research and polytechnical services	14256
(十五)国家机关、政党机关和社会团体	Government, party and social organization	11398
(十六)其他行业	Others	16250

AVERAGE WAGE OF STAFF AND WORKERS EMPLOYED

unit:yuan

State owned	集体 Collective owned		其他 Others	
#市区 District	全市 Total	#市区 District	全市 Total	#市区 District
12327	**7005**	**7307**	**12177**	**12888**
18017				
11243				
9992				
10213				
7729	11524	11524	5672	5672
7864	3667	3667	10391	10391
14158	7065	7141	14084	15253
17283	6938	6938	13600	13960
9048	7393	7431	8328	833
11401	4133	700	8000	8000
14397	7210	7219	16610	16610
7323	5580	7502	7400	7845
14311	8241	10538	13602	13602
10922	6350	6450	13080	13080
10467	7410	7785	12090	12090
14621	6933	10702	7615	7615
15529	10108	10981	11059	11059
14690	8408	8408	17504	17504
13504	9430	11418		
17170	9477	9725	21165	21165

统计资料

STATISTICS

固定资产投资

INVESTMENT IN FIXED ASSETS

第四篇 固定资产投资

2001年我市全社会固定资产投资完成285.0亿元，比去年增长21.2%，增幅在全国15个副省级城市中位居第六。其中，基本建设投资完成105.4亿元，增长24.0%；更新改造投资完成53.0亿元，增长21.1%；其他投资完成6.9亿元，增长23.3%；房地产开发投资完成48.5亿元，增长60.1%；农村固定资产投资完成57.3亿元，下降2.0%；城乡私人建房投资完成13.9亿元，增长15.8%。全社会房屋施工面积1281.6万平方米，增长1.6%，其中，住宅施工面积697.6万平方米，增长14.2%。

1、国有投资比重下降，非国有投资比重上升。2001年我市四大投资中(基本建设、更新改造、其他投资、房地产开发投资)国有经济投资为108.8亿元，比去年增长26.6%，所占比重由去年的52.2%下降到50.9%，下降了1.3个百分点，非国有经济投资为105.1亿元，比去年增长33.4%，增速比国有高出3.6个百分点，所占比重由去年的47.8%上升到49.1%，上升了1.3个百分点。

2、第三产业投资占主导地位。2001年在我市四大种类固定资产投资中，用于第一产业的投资仅为0.3亿元，比去年下降了89.7%，占全部投资(可比口径)的比重为0.2%，用于第二产业的投资为76.4亿元，比去年提高了29.3%，所占比重为35.7%，比去年下降了0.2个百分点，用于第三产业的投资为137.1亿元，增长33.5%，所占比重为64.1%，比去年上升了1.8个百分点，比第二产业高28.4个百分点。

3、基础产业和基础设施建设在投资中仍唱重头戏。具体表现在：(1)机械工业仍占主要比例。全市三大种类投资中用于机械工业投资37.5亿元，比去年同期增长41.5%，占完成投资的比重为22.7 %，上升了3.0个百分点。(2)城市建设蒸蒸日上。全年用于城市建设的社会服务业投资24.2亿元，比去年增长5.3%，占完成投资的11.3%；交通运输邮电业投资为18.1亿元，比去年增长7.7%，占完成投资的11.0%。(3)教育投资大幅度增长，教育事业向国际化迈进。全年用于教育文化艺术广播电影电视业的投资为23.2亿元；比去年同期增长80.9%。

4、开发区投资仍起龙头骨干的作用。2001年我市4个开发区(不含电脑城开发区)共完成固定资产投资72.8亿元，比去年增长16.3%，占全市投资总量的25.5%，其中：经济技术开发区完成投资33.4亿元，比去年下降0.9%，占全市总投资的11.7%，高新技术产业开发区完成投资17.7亿元，比去年增长27.3%，净月潭旅游开发区完成投资18.8亿元，比去年增长36.2%，汽车贸易开发区完成投资2.9亿元，比去年增长1.4倍。

5、房地产开发投资、销售两旺。2001年我市房地产开发完成投资48.5亿元，比去年增长60.1%，增幅分别比基本建设、更新改造高36.1个和39个百分点。其中，住宅投资40.8亿元，比去年增长95.5%，商品房施工面积666.8万平方米，比去年增长99.3%，其中，住宅施工面积564.8万平方米，比去年增长1倍。实际销售商品房136.9万平方米，比去年增长29.6%，商品房销售额达31.5亿元，比去年增长66.5%。

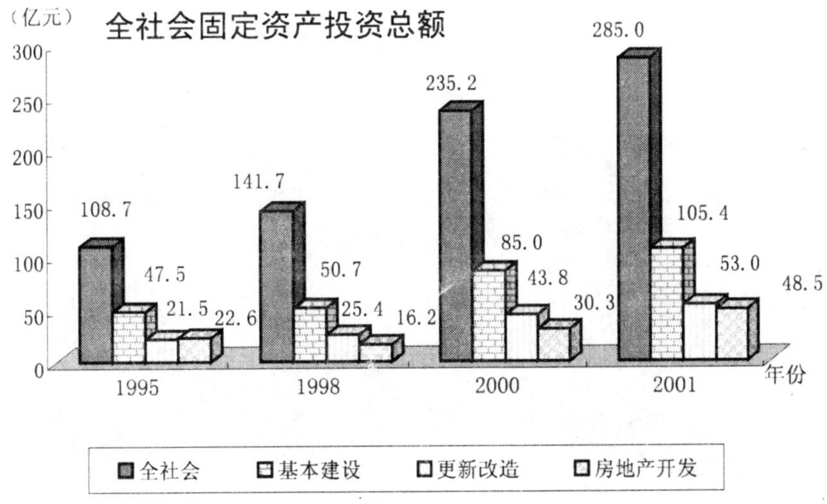

4－1　1990－2001 年全社会固定资产投资总额
TOTAL OF INVESTMENT IN FIXED ASSETS(1990～2001)

单位:万元　　　　unit:10 000 yuan

年 份 Year	固定资产投资总额 Total	基本建设 Captial construction	更新改造 Innovation	其他投资 Others	城镇集体 Urban collective	农村集体 Rural collective	房地产投资 Real estate	城镇私人建房 Urban private	农村私人建房 Rural private
1990	208156	97715	60391	11100	5327		31896	7054	
1991	290749	136076	69898	12890	6970	14352	29299	9271	18963
1992	450808	218042	92600	18756	13013	28345	52877	17016	23172
1993	687673	322454	131894	24978	12725	53052	109568	20680	25047
1994	961008	430701	154463	29646	18908	63305	230840	26215	25838
1995	1086570	474862	215382	38785	19591	76430	226138	26035	28938
1996	1205555	573973	236484	38160	17861	101995	192506	32001	30436
1997	1060320	454696	200814	33009	14249	160878	139689	38482	32752
1998	1416535	507416	254283	61878	18697	336181	161594	59228	35955
1999	1944338	701282	354519	39754	27804	494290	251955	63317	39221
2000	2352422	850330	437508	56032	11850	584810	303296	74460	45986
2001	2850446	1054118	529811	69078	40500	572943	485481	86464	52551

4－2　全社会固定资产投资完成额
TOTAL OF INVESTMENT IN FIXED ASSETS

单位:万元　　　　unit:10 000 yuan

	合计 Total	基本建设 Captial construction	更新改造 Innovation	其他投资 Others	房地产开发 Real estate developing	农村集体 Rural collective	城镇私人建房 Urban private	农村私人建房 Rural private
总　计　Total	**2850446**	**1054118**	**529811**	**69078**	**485481**	**572943**	**86464**	**52551**
一、按隶属关系分 Grouped by administrative relationship								
1.中央　Centre	545632	269246	257634		18752			
2.省　Province	180900	124859	23378		32663			
3.地区　Prefecture	827109	563192	157733	29209	76975			
4.县　County	100204	43779	38634	2559	15232			
5.其他　Others	1196601	53042	52432	37310	341859	572943	86464	52551

4－3 主要年份全社会固定资产投资总额

单位:万元

		1990
总　　计	**Total**	**208156**
一、按隶属关系分	Grouped by administrative relationship	195775
1.中央	Centre	93089
2.省	Province	36465
3.地区	Prefecture	58927
4.县	County	7294
5.其他	Other	
二、三大投资种类合计	Total of three kind of investments	169206
(一)按种类分组	Grouped by type	
1.基本建设	Capital construction	97715
2.更新改造	Innovation	60391
3.其他投资	Others	11100
(二)按行业分组	Grouped sector	
1.农、林、牧、渔服务业	Farming, forestry, animal husbandry and fisbery	10888
2.采掘业	Excavation	1613
3.制造业	Manufacturing	79592
4.电力、煤气及水的生产供应业	Production and supply of electric power, gas and water	25948
5.建筑业	Construction	1028
6.地质勘查业、水利管理业	Geological prospecting and water conservancy	888
7.交通运输、仓储及邮电通信业	Transportation, storage, post and telecommunication	4308
8.批发和零售贸易、餐饮业	Wholesale, retial trade and catering services	11548
9.金融、保险业	Banking and insurance	3075
10.房地产业	Real estate	2281
11.社会服务业	Social services	391
12.卫生、体育和社会福利业	Health care, sports and social welfare	2377
13.教育、文化艺术及广播电影电视业	Edueation, cutare, art, radio, film and TV	15186
14.科学研究和综合技术服务业	Scientific research and polytechnical service	1505
15.国家机关、政党机关和社会团体	Government, party and social organization	8126
16.其他行业	Other	452

注:按隶属关系分组中,不含农村私人建房,农村集体建房,城镇私建房。

TOTAL INVESTMENT IN FIXED ASSETS

unit:10 000 yuan

1999	2000	2001
1944338	**2352422**	**2850446**
1347510	1647166	
276633	386741	545632
192500	168268	180900
711947	789565	827109
75221	70939	100204
91209	231653	484643
1095555	1343870	1653007
701282	850330	1054118
354519	437508	529811
39754	56032	69078
7719	29221	3400
	6741	4737
586769	459955	641649
50491	112728	96441
12237	11971	21029
20102	6271	21011
150609	168371	181020
44302	97440	98134
855	8298	12942
	4899	3700
66000	229869	242025
3941	3669	26886
92676	127994	231533
11391	11494	14410
48463	59184	53443
	5765	647

Note:Total ivestment grouped by administrative relationship excluded raral individual house,collective house and urban individual house

4－4 全市固定资产投资完成额

单位:万元

		本年完成投资 Investment completed	
		全 市 Total	#市 区 District
总　计	**Total**	**1653007**	**1540541**
一、按构成分	Grouped by use of funds		
1.建筑工程	Construction	1057045	981485
2.安装工程	Installation	79045	67040
3.设备工器具购置	Purchase of equipment and instrument	352507	331793
4.其他费用	Others	164410	160223
二、按建设性质分	Grouped by type of construction		
1.新建	New construction	402181	391575
2.扩建	Expansion	934509	876950
3.改建	Reconstruction	182235	150701
4.单纯建造生活设施	Dwelling	78542	65775
5.迁建	Remove construction	51852	51852
6.恢复	Renew construction		
7.单纯购置	Purchase of building	3688	3688
三、按行业分	Grouped by sector		
1.农、林、牧、渔服务业	Farminy, forestry, animal husbandry and fishery	3400	3000
2.采掘业	Excavation	4737	4737
3.制造业	Manufacturing	641649	609364
4.电力、煤气及水的生产和供应业	Production and supply of teletric power, gas and water	96441	81447
5.建筑业	Construction	21029	8312
6.地质勘查业、水利管理业	Geological prospecting and water conservancy	21011	5000
7.交通运输、仓储及邮电通信业	Transportation, storage, post and telecommunication	181020	171405
8.批发和零售贸易、餐饮业	Wholesale, retail trade and cateriny services	98134	97048
9.金融、保险业	Banking and insurance	12942	12080
10.房地产业	Real estate	3700	3000
11.社会服务业	Social services	242025	232520
12.卫生、体育和社会福利业	Health care, sports and social welfare	26886	25856
13.教育、文化艺术及广播电影电视业	Education, culture, art, film and TV	231533	221714
14.科学研究和综合技术服务业	Scientific research and polytechnical services	14410	14410
15.国家机关、政党机关和社会团体	Government, party and social organization	53443	50001
16.其他行业	Others	647	647

TOTAL OF INVESTMENT IN FIXED ASSETS

unit: 10 000 yuan

基本建设 Capital construction		更新改造 Innovation		其他投资 Others	
全 市 Total	#市 区 District	全 市 Total	#市 区 District	全 市 Total	#市 区 District
1054118	**1003660**	**529811**	**470362**	**69078**	**66519**
828477	781546	170420	144350	58148	55589
22466	22387	54429	42503	2150	2150
70316	69485	275011	255128	7180	7180
132859	130242	29951	28381	1600	1600
287905	277299	96416	96416	17860	17860
573015	550300	337235	304950	24259	21700
69443	65073	85833	58669	26959	26959
78542	65775				
45213	45213	6639	6639		
		3688	3688		
3200	3000	200			
2647	2647	2090	2090		
168855	168855	438734	406449	34060	34060
76359	75329	20082	6118		
21029	8312				
8011	5000	13000			
136584	126969	44436	44436		
84862	83776	5472	5472	7800	7800
12942	12942				
700				3000	3000
235888	228942	3178	3178	2959	400
21596	20566	1790	1790	3500	3500
231451	221632	82	82		
13663	13663	747	747		
35834	32392			17609	17609
647	647				

4－5 全社会房屋施工竣工面积及价值
FLOOR SPACE AND VALUE OF BUILDING COMPLETED

		合 计 Total	其中：住宅 In which: building
施工房屋面积（平方米）Floor space of building under construction (sq·m)	合 计 Total	12815183	6976325
	基 建 Capital construction	4840115	1269372
	更 改 Innovation	1086550	6500
	其 他 Others	220960	52600
	房地产开发 Developing	6667558	5647853
竣工房屋面积（平方米）Floor space of building completed (sq·m)	合 计 Total	5569462	3426707
	基 建 Capital construction	1918190	860187
	更 改 Innovation	541716	-
	其 他 Others	169308	52600
	房地产开发 Developing	2940248	2513920
竣工房屋价值（万元）Value of building completed (10000 yuan)	合 计 Total	711971	396525
	基 建 Capital construction	263276	86554
	更 改 Innovation	64860	
	其 他 Others	25980	6200
	房地产开发 Developing	357855	303771

4－6 城镇、工矿区和农村私人建房
BUILDING CONSTRUCTION BY INDIVIDUALS

		本年竣工房屋面积 Floor space of building completed		本年竣工房屋价值 Value of building completed		建房户数 Households with building construction
		合计 Total	#住宅 House	合计 Total	#住宅 House	
一、城镇、工矿区私人建房	Urban area	1256250	1080100	86464	80199	13026
其中:农业户建房	In which: peasant households	251937	198584	11501	9269	2284
1.市	City	572400	572400	52661	52661	7155
2.县城	County	468547	328950	24177	19737	3613
其中:农业户建房	In which: peasant housholds	69124	52324	3211	2804	433
3.镇	Towns	215303	178750	9626	7801	2258
其中:农业户建房	In which: peasant households	182813	146260	8290	6465	1851
二、农村私人建房	Rural area	1141674	1055894	52551	50361	12685

4－7 房地产开发投资完成情况
REAL ESTATE DEVELOPMENT

	本年完成投资(万元) Investment of completed (10000 yuan)		比重(%) Proporation (%)	
	全市 Total	#市区 District	全市 Total	#市区 District
总计 Total	**485481**	**467419**	**100**	**100**
其中:商品房建设投资额 In which: commercial houses	430716	414173	88.7	88.6
土地开发投资额 Land developing	14039	13079	2.9	2.8
一、按构成分 Grouped by use of funds				
建筑工程 Construction	382877	366594	78.8	78.4
安装工程 Installation	18290	18040	3.8	3.9
设备工器具购置 Purchase of equipment and instruments	6635	6635	1.4	1.4
其他费用 Others	77679	76150	16.0	16.3
二、按工程用途分 Grouped by use of construction				
住宅 House	408352	393120	84.1	84.1
其中:别墅、高档公寓 In which: villa	75109	75109	15.5	16.1
经济适用房 Ordinary house	177620	171798	36.6	36.8
办公楼 Office building	14856	14856	3.1	3.2
商业营业用房 Business operating building	44149	41319	9.1	8.8
其他 Other	18124	18124	3.7	3.9
三、本年新增固定资产 Newly fixed assets	409640	407245		

4－8 房地产施工、竣工房屋面积
FLOOR SPACE UNDER CONSTRUCTION AND COMPLETED

单位：平方米 unit: sq·m

	施工面积 Floor space under construction		竣工面积 Floor space of building completed	
	全市 Total	#市区 District	全市 Total	#市区 District
房屋建筑面积合计 Floorspace of building construction	**6667558**	**6461469**	**2940248**	**2905388**
按用途分 Groped by use				
1.住宅 House	5647853	5455335	2513920	2479060
其中：别墅、高档公寓 In which: villa	350866	350866	165605	165605
安居工程 Ordinary house	1658847	1637847	842220	834220
2.办公楼 Office building	152745	152745	26550	26550
3.商业营业用房 Business operating building	658882	645311	323002	323002
4.其他 Others	208078	208078	76776	76776

4－9 商品房屋销售与出租情况
REAL ESTATE DEVELOPMENT AND MANAGEMENT

单位：平方米，万元 unit: sq·m, 10000yuan

	实际销售面积 Floor space of sale	预售面积 Expect sale	空置面积 Empty	出租面积 Rent
合计 Total	**1368599**	**137359**	**1448977**	**51484**
其中：外销 In which: sale				
个人 Individual	1363408	137359		
1.住宅 House	1294858	134141	1206733	
其中：别墅、高档公寓 In which: villa	74241		160551	
经济适用房 Ordinary building	532339	130465	528220	
其中：个人 In which: individual	1294858	20215		
2.办公楼 Office building	1093		20995	5484
3.商业营业楼 Business operating building	66124	3218	174500	
4.其他 Others	6524		46749	46000

统计资料

STATISTICS

能源消费与库存

CONSUMPTION AND STORAGE OF ENERGY

5-1 工业企业能源购进、消费及库存
ENERGY BALANCE SHEET(2001)

项目 Item	计量单位 Unit	年初库存 Stock	购进实物量 Material	购进金额(万元) Amount (10000yuan)	消费合计 Total	工业生产消费 Productive	用于原材料 Raw materials	非工业生产消费 Non productive	年末库存 Stock
原　煤 Coal	吨 ton	94864.5	8206974	678311.7	8405481	8197322	27328	208159	974455
洗精煤 Fine coal washing	吨 ton	15015	540571	20392.2	510662	510662	475400		44924
其他洗煤 Other coal washing	吨 ton	527	16828	455	15330	15330	10616		2025
型　煤 Model coal	吨 ton		708	72.3	708	658		50	
焦　炭 Coke	吨 ton	634	41708	2103.1	41831	41731		100	477
其化焦化产品 Coke product	吨 ton		500	30	500	500			
焦炉煤气 Coal gas	立方米 cu·m		19	33.4	5840	5840			
其他煤气 Other gas	立方米 cu·m		466	631.9	466	443		23	
天然气 Natural gas	立方米 cu·m	15349	16809.8	11132	9914	1939	1218		
原　油 Crude oil	吨 ton	3460	188025	24862.2	190195	190095		100	1290
汽　油 Gasline	吨 ton	814	14170	5533.3	14143	11784		2359	851
煤　油 Kerosene	吨 ton	55	380	121.7	433	433			2
柴　油 Diesel oil	吨 ton	2233	18352	4719	19054	15899		3155	1535
燃料油 Fuel oil	吨 ton	875	1882	1456	1851	1851			906
炼厂干气 Coking gas	吨 ton				4470	4470			
其他石油制品 Other oil products	吨 ton		25	15.1	25	25			
热　力 Heat	万千焦 kilo-joule		1789201	4563.2	13218231	8505233		4712998	
电　力 Electricity	千瓦时 kwh	246952	104127.8	288301	263944	2730	24357	1	
其他燃料 Other fuel	标准煤 SCE		22673	281	22673	22217		456	
能源合计 Tot	标准煤 SCE	684118	767423	864518.7	8405882	7994970	474775	410912	699897

5-2 主要能源按工业行业分组消费量

	原　煤(吨) Coal (ton)	洗精煤(吨) Fine coal washing (ton)	其他洗煤(吨) Other coal washing (ton)
总　计 Total	**8405481**	**510662**	**15330**
煤炭采选业 Coal mining and dressing	2667		
有色金属矿采选业 Mining and dressing of nonferrous matels	200		
食品加工业 Food processing	84633	30000	
食品制造业 Food production	155520		
饮料制造业 Beverage Production	1385660	1329	
烟草加工业 Tobacco Processing			
纺织业 Textile industry	12799		
服装及纤维制品 Garments and other fiber products	8481		
木材及竹藤棕草 Timber, bamboo, cane, palm and straw products	8509		
造纸及纸制品业 Paper making and paper products	6880		
印刷业记录媒介 Printing medium reproduction	8665		
石油加工及炼焦业 Petroleum processing and coking	927		
化学原料及化学制品 Raw chemical materials and products	11608		
医药制造业 Medical and pharmaceutical products	41936		
橡胶制品业 Rubber products	33860		
塑料制品业 Plastic products	180		
非金属矿物制品 Nonmeter mineral products	463339		4717
黑色金属冶炼 Smelting of ferrous metals	7305	870	
有色金属加工业 Smelting and pressing of nonferrous metals	3348		
金属制品业 Metal products	4357		
普通机械制造业 Ordinary machinery	34862		
专用设备制造业 Equipment for special purposes	2837		
交通运输设备制造业 Transportation equipment	1361328		10616
电器机械制造业 Electric equipment	7149	3000	
电子及通信设备业 Electronic and telecommunication equipmant	14210		
仪器仪表制造业 Instruments, meters, cultural	2780		
电力蒸气及热水业 Production and supply of electric power, steam and hot water	5915938		
煤气生产供应业 Production and supply of gas	51296	475400	
自来水生产供应业 Production and supply of tap water	21247		

TOTAL ENERGY CONSUMPTION BY SECTOR

型　煤 (吨) Model (ton)	焦　炭 (吨) Coke (ton)	其它化焦化产品 (吨) Other coke (ton)	焦炉煤气 (万立方米) Coal gas (10000cu·m)	高炉煤气 (万立方米) Coal gas (10000cu·m)	其他煤气 (万立方米) Other gas (10000cu·m)	天然气 (万立方米) Natura gas (10000cu·m)
708	**41831**	**500**	**5840**		**466**	**11132**
	45					
						637
						51
	16					
						107
	5890	500	4			
402	312					56
156	295					23
	35266		15		466	8086
	44					
	7					
				5821		2172

5-2续表1

	原　油(吨) Crude oil (ton)	汽　油(吨) Gasline (ton)	煤　油(吨) Kero sene (ton)
总　计　Total	**190195**	**14143**	**433**
煤炭采选业　Coal mining and dressing		48	
石油天然气开采业　Petroleum and natural gas extraction	140	55	
有色金属矿采选业　Mining and dressing of nonferrous matels		4	
食品加工业　Food processing		963	
食品制造业　Food production		248	
饮料制造业　Beverage Production		409	
烟草加工业　Tobacco Processing		138	
纺织业　Textile industry		73	
服装及纤维制品业　Garments and other fiber products		95	
木材加工及竹藤棕草　Timber, bamboo, cane, palm and straw products		160	
造纸及纸制品业　Paper making and paper products		5	
印刷业记录媒介　Printing medium reproduction		165	
石油加工及炼焦业　Petroleum processing and coking	190044	153	
化学原料及制品　Raw chemical materials and products		211	
医药制造业　Medical and pharmaceutical products	216		
橡胶制品业　Rubber products		262	
塑料制品业　Plastic products		33	
非金属矿物制品业　Nonmeter mineral products		843	
黑色金属冶炼业　Smelting and pressing of ferrous metals		101	
有色金属加工业　Smelting and pressing of nonferrous metals			
金属制品业　Metal products		153	4
普通机械制造业　Ordinary machinery		333	
专用设备制造业　Equipment for special purposes		165	
交通运输设备制造业　Transportation equipment	5	6810	422
电器机械制造业　Electric equipment and machinery	6	163	
电子通信设备业　Electronic and telecommunication equipmant		258	
仪器仪表制造业　Instruments, meters, cultural and office machinery		13	7
其他制造业　Other manufacturing		33	
电力蒸气热水业　Production and supply of electric power, steam and hot water		925	
煤气生产供应业　Production and supply of gas		529	
自来水生产供应　Production and supply of tap water		579	

continued1

柴　油(吨) Diesel oil (ton)	燃料油 (吨) Fuel oil (ton)	液化石油气 (吨) Liquefied oil (ton)	炼厂干气 (吨) Coking gas (ton)	其他油制品 (吨) Other oil (ton)	热力 (百万千焦) Heat (1millon KJ)	电力 (万千瓦时) Electricity (10000 Kwh)	其他燃料 (吨标准煤) Other fuel (SCE)
19054	**1851**		**4470**	**25**	**13218231**	**288301**	**22673**
66						630	
						35	
						185	
430						15220	
79						684	
802					17	7614	
194						987	
20						1792	
73						506	
41						4621	
						215	
22						2846	
4			4470			1658	
138						1117	
320					23983	1461	
4						2617	
12						265	
2465	403					16966	21813
89						1706	
27						6	
298				13	412	1118	
32					110399	3787	
404						978	
6029	105			12	13008923	106160	
1200						5573	10463
20					10725	1535	
40					58199	361	
						40	
5835	1343					75782	
244						3101	
166						23845	860

统计资料

STATISTICS

财政

GOVERNMENT FINANCE

第六篇　财　　政

2001年,全市完成全口径财政收入97.4亿元,比上年同期增长28.1%。其中,市本级收入50.2亿元,增长42.0%;区收入39.9亿元,增长16.8%;县(市)收入7.3亿元,增长12.6%。地方留用收入36.3亿元,比上年同期增长19.4%。其中,工商税收20.3亿元,增长19.6%;企业所得税6.1亿元,下降5.9%。全年支出总计59亿元,比上年同期增长15.4%。其中,基本建设支出和企业挖潜改造资金为6.1亿元和1.5亿元,分别比上年同期下降了15.6%和43.2%;教育事业费9.6亿元,比上年同期增长23.4%。

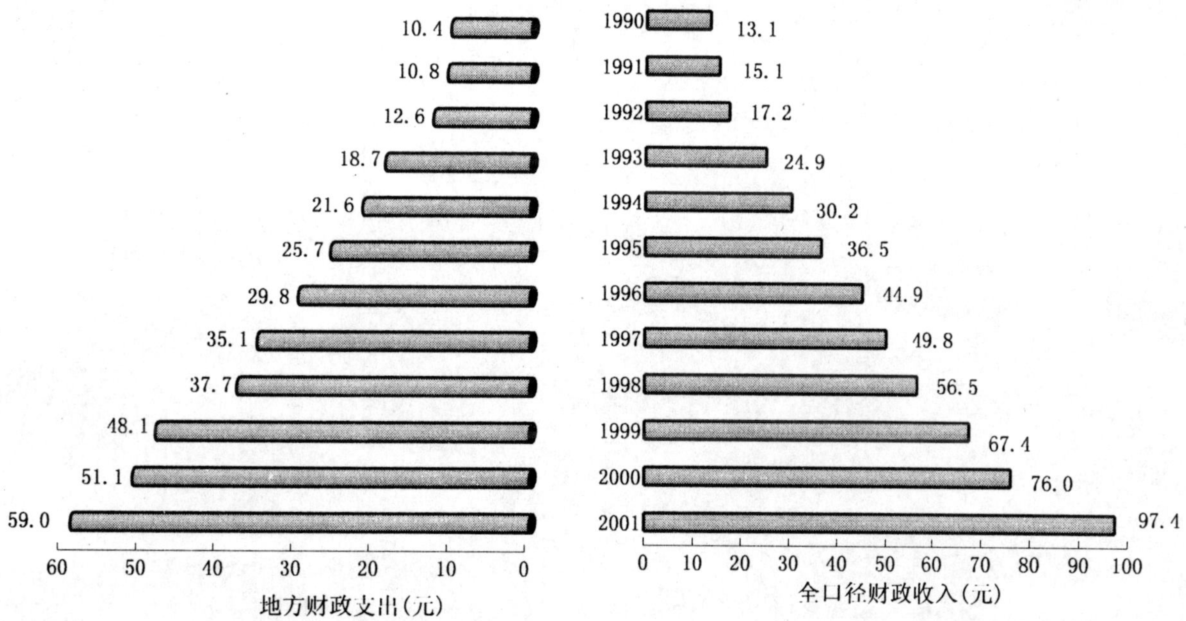

6-1 长春地区2001年财政一般预算收支决算总表

单位:万元

预　算　科　目	Item	决算数 Number
一、增值税	Value added tax	49318
二、营业税	Operation tax	46546
三、企业所得税	Enterprises income tax	68043
四、企业所得税退税	Income tax rebated	-709
五、个人所得税	Individual income tax	39282
六、资源税	Resources tax	1221
七、固定资产投资方向调节税	Adjust tax in fixed assets	862
八、城市维护建设税	Tax on urban construction and maintainance	28744
九、房产税	Tax on real estates	19923
十、印花税	Stamp tax	4357
十一、城镇土地使用税	Tax on use urbar land	1357
十二、土地增值税	Added tax on land value	3165
十三、车船使用和牌照税	Tax on vehicles and ships	1044
十四、屠宰税	Slaughter tax	244
十五、筵席税	Consumption tax	
十六、农业税	Agriclture tax	11932
十七、农业特产税	Tax on special agricultural products	717
十八、牧业税	Tax on animal husbandry	
十九、耕地占用税	Tax on use of land	9487
二十、契税	Contract tax	11980
二十一、国有资产经营收益	Profits on state owned assets	7291
二十二、国有企业计划亏损补贴	Subsidies enterprises	-5614
二十三、行政性收费收入	Administrative fees	17253
二十四、罚没收入	Penalty	22555
二十五、海域场地矿区使用费收入	Use of and land sea	317
二十六、专项收入	Special income	20090
二十七、其他收入	Other income	3243
本年收入合计	**Total**	**362628**

FINAL STATEMENT OF GOVERNMENT REVENUE AND EXPENDITURES IN 2001

unit:10000 yuan

预算科目	Item	决算数 Number
一、基本建设支出	Expenditure for capital construction	60784
二、企业挖潜改造资金	Innovation funds of enterprises	15256
三、地质勘探费	Geological prospecting	
四、科技三项费用	Science and technology promotion funds	7610
五、流动资金	Circulating funds	
六、支援农村生产支出	Supporting agricultural production	7192
七、农业综合开发支出	Agricultural polydeveloping	2769
八、农林水利气象等部门的事业费	Agricultural operation	14381
九、工业交通等部门的事业费	Operating expenses of industrial departments	4848
十、流通部门事业费	Operating expenses of commerce	1052
十一、文体广播事业费	Expenses of culture sports and radio	11681
十二、教育事业费	Expenses of education	96165
十三、科学事业费	Expenses of science	1346
十四、卫生经费	Expenses of health care	25643
十五、税务等部门的事业费	Expenses of tax department	31186
十六、抚恤和社会福利救济费	Pension and relief	14672
十七、行政事业单位离退休经费	Expenses retired	54386
十八、社会保障补助支出	Social welfare	41437
十九、国防支出	National defence	161
二十、行政管理费	Adminstration expenses	64318
二十一、外交外事支出	Diplomatic	599
二十二、武装警察部队支出	Armied police troop	919
二十三、公检法司支出	Scuritey, procuratory and court	49095
二十四、城市维护费	City maintainance	37656
二十五、政策性补贴支出	Price subsidies	2016
二十六、支援不发达地区支出	Supporting undeveloped areas	450
二十七、海域开发建设和场地使用费支出	Land and sea developing	30
二十八、专项支出	Special expenditurse	20658
二十九、其他支出	Others	23407
三十、总预备费	Total reserve funds	
本年支出合计	**Total**	**589717**

统计资料
STATISTICS

物价
PRICE

第七篇 物　　价

长春市消费价格恢复性上升2.3%。长春市场消费价格摆脱连续两年下降的疲软状态，在2001年恢复性上涨2.3%。主要受居住、食品价格上涨拉动影响。

居住价格上涨14.6%，是拉动物价升高的首要因素，影响价格总数上升1.767%。年内，管道煤气价格上调50%；民用电价格上调17.6%，调幅17.6%，全年平均上涨13.2%；民用自来水上调幅度达25%，年平均上调20.9%；市内首次3分钟通话费上涨25%；医疗保健服务价格上涨63.6%；幼儿园收费上调20.2%，全年平均上涨3.4%，全年上涨20.8%。

食品价格上涨1.4%，其中：粮食价格上涨3.4%，肉禽及其制品价格上涨8.5%，鲜蛋价格上涨2%，白条鸡上涨9.3%。食品价格上涨拉动价格总水平上升0.546%。

随着我国"入世"的成功及国家整顿场经济秩序收到成效，市场供求关系在价格上体现得更加突出。我市成品油价格几乎完全受国际市场左右。年内，其价格先后9次调整，其中，汽油价格下降0.7%，柴油价格下降2.7%。同时，药品虚高价格也得到一定程度的抑制，西药价格下降3.4%；

此外，汽车价格下降1.5%，固定电话和移动电话分别下降6.1%和36.3%。

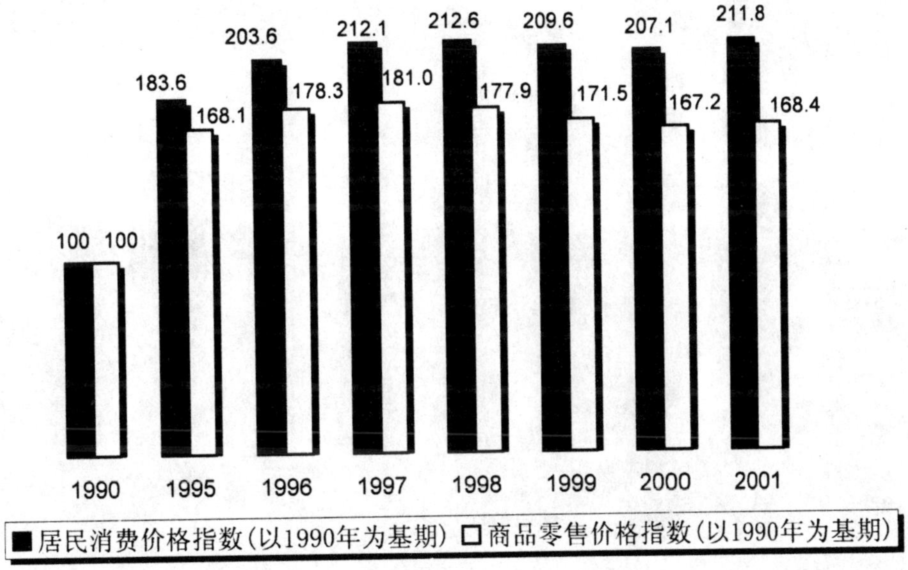

7－1 长春市2001年居民消费价格类指数
CONSUMER PRICE INDICES BY CATEGORY (2001)

名 称	Name	定基比 Index	全年累计比 Index
居民消费价格总指数	General consumer price index	103.5	102.3
一、食品	Food	105.0	101.1
1. 粮食	Grain	104.0	103.9
2. 淀粉及薯类	Tubers	89.1	88.1
3. 干豆类及豆制品	Soybeans and products	98.2	97.6
4. 油脂	Oil and fat	93.6	90.2
5. 肉禽及其制品	Meat and poultry	106.6	110.3
6. 蛋	Eggs	95.3	86.5
7. 水产品	Aquatic products	99.2	100.1
8. 菜类	Vegetables	125.3	99.5
9. 调味品	Flavouring	98.8	99.0
10. 糖	Sugar	103.9	102.5
11. 茶及饮料	tea and beverages	101.4	101.7
12. 干鲜瓜果	Fresh and dried fruits	93.6	91.5
13. 糕点饼干面包	Cake	97.7	97.2
14. 奶及奶制品	Milk and its products	100.7	100.9
15. 在外用膳食品	Catering	105.9	107.9
16. 其他食品及食品加工服务	Other food and proessing	100.2	100.4
二、烟酒及用品	tobacco and liquor	99.3	98.4
1. 烟草	Tobacco	100.3	99.6
2. 酒	Liquor	98.2	97.1
3. 吸烟饮酒用品	Drinking set	97.5	97.5
三、衣着	Garments	100.7	100.5
1. 服装	Clothing	100.2	100.3
2. 衣着材料	Textiles	101.0	101.0
3. 鞋袜帽	Shoes and hats	101.8	100.8
4. 衣着加工服务	Clothing processing fee	100.0	100.0
四、家庭设备用品及维修服务	Household facilites	99.6	99.6
1. 耐用消费品	Durable consumer goods	98.4	98.1
2. 室内装饰品	Interior decorations	99.9	99.9
3. 床上用品	Bed daily articles	104.9	104.9
4. 家庭日用杂品	Daidy articles	100.3	100.7
5. 家庭服务及加工维修服务	Service	100.0	100.0
五、医疗保健和个人用品	Service	99.2	100.9
1. 医疗保健类	Medicine and medical services	98.9	101.0
2. 个人用品及服务	Service	100.3	100.6
六、交通和通讯	Transportation and telecommunication	99.0	99.4
1. 交通	Transportation	100.0	100.2
2. 通信	Telecommunication	98.1	98.6
七、娱乐教育文化用品及服务	Recreation education and culture	99.3	99.7
1. 文娱用耐用消费品及服务	Recreation durable goods	97.4	97.1
2. 教育	Education	100.0	100.0
3. 文化娱乐用品	Cultural goods	98.6	101.1
4. 旅游及外出	Tourism	100.9	100.2
八、居住	Residence	114.6	115.7
1. 建房及装修材料	Bulding material	100.9	101.6
2. 租房	Rent private house	115.8	122.3
3. 自有住房	Housing	100.0	100.0
4. 水、电、燃料	Water electricity and fuel	121.2	121.2

7-2 1998-2001年商品零售价格分类指数
RETAIL PRICE INDICES BY CATEGORY (1998-2001)

(以上年同期为 100)
(preceding year=100)

		1998	1999	2000	2001
商品零售价格指数	Retail price indices	98.3	96.4	97.5	100.7
食品类	Food	97.6	93.4	94.0	102.0
粮食	Grain	100.7	93.3	89.5	111.2
油脂类	Oil and fat	103.1	85.8	89.5	92.3
肉禽蛋	Meat poultry and eggs	95.2	88.2	90.4	106.4
水产品	Aquatic products	94.4	91.4	101.2	98.9
鲜菜	Fresh veget ables	95.8	101.2	100.2	100.0
干菜	Dried vegetables	104.1	96.0	109.4	100.5
鲜果	Fresh fruits	94.8	95.3	86.0	93.4
干果	Dried fruits	97.1	93.2	88.8	93.2
其他食品	Other food	100.0	96.0	97.7	100.3
饮食业	Catering trade	99.8	96.8	100.0	101.1
饮料烟酒类	Beverage, tobacco and liquor	103.8	96.6	97.1	100.2
服装鞋帽类	Clothing, shoes and hats	102.2	100.2	99.9	100.1
纺织品类	Textiles	99.9	99.5	98.7	98.1
中西药品类	Traditional chinese and western medicines	101.0	101.4	100.2	100.5
化妆品类	Cosmetics	102.4	98.7	106.3	98.1
书报杂志类	Newspapers and magazines	106.7	104.0	100.8	100.9
文化体育用品类	Cultural, sports goods	94.6	99.8	99.3	99.8
日用品类	Daily articles	97.1	98.4	97.4	99.7
家用电器类	Household appliances	93.6	93.8	95.9	97.7
首饰类	Jewelry	88.1	94.1	88.8	93.8
燃料类	Fuels	99.7	101.5	115.6	102.9
建筑装潢材料类	Decoration meterials	97.8	106.0	103.8	100.6
机电产品类	Mechanical and electric products	90.8	90.7	92.8	99.0

7－3 长春市零售价格类指数
RETAIL PRICE INDICES BY CATEGORY

类别及名称 Item	指数 Index	类别及名称 Item	指数 Index
商品零售价格总指数 General index	100.7	4.呢绒 Woollen fibric	94.8
一、食品类 Food	102.0	5.绸缎 Silk	101.7
1.粮食 Grain	111.2	6.其他纺织品 Other cloth	99.9
(1)细粮 Fine grain	112.0	五、中、西药品类 Medicine	100.5
(2)粗粮 Coarse grain	98.9	1.中药 Chinese medicine	105.4
2.油脂类 Oil and fats	92.3	2.西药 Wester medicine	96.6
3.肉禽蛋 Meat,poultry and eggs	106.4	3.医疗用品 Medical appliance	102.1
4.水产品 Aqnatic products	98.9	六、化妆品类 Cosmtics	98.1
5.鲜菜 Fresh vegetable	100.0	七、书报、杂志类 Newspaper and magazines	100.9
6.干菜 Dried vegetable	100.5	八、文化体育用品类 Culture sports goods	99.8
7.鲜果 Fresh fruit	93.4	1.文化用品 Culture	99.9
8.干果 Dried fruit	93.2	2.体育用品 Sports	99.8
9.其他食品类 Other food	100.3	九、日用品 Daily articles	99.7
(1)调味品 Favouring	97.3	1.一般日用品 Ordinarg daily articles	99.6
(2)食糖 Sugar	117.2	2.家具类 Funiture	100.0
(3)糖果 Sweet	98.7	3.日用杂品 Daily articles	99.0
(4)糕点 Cake	98.2	十、家用电器类 Household apoliances	97.7
(5)奶及奶制品 Milk and its products	100.9	十一、首饰类 Jewelry	93.8
(6)罐头 Tinned	99.1	十二、燃料类 Fuels	102.9
10.饮食业 Beverage	101.1	十三、建筑装潢材料类 Decoraion meterials	100.6
(1)主食 Staple food	99.5	十四、机电产品类 Mechanical and electric products	99.0
(2)炒菜 Fried dishes	102.0		
(3)地方小吃 Snack	101.3		
二、饮料、烟酒类 Beverage,tobacco and liquor	100.2		
1.饮料 Drink	99.1		
2.烟酒 Tobacco and liquor	100.6		
三、服装、鞋帽类 Garments shoes and hats	100.1		
1.服装 Garments	99.9		
2.鞋 Shoes	100.5		
3.其他衣着 Other clothing	99.7		
四、纺织品类 Textiles	98.1		
1.棉布 Cotton cloth	99.7		
2.棉花化纤混纺布 Blend cloth	102.2		
3.化纤布 Chemical fiber cloth	94.6		

统计资料
STATISTICS

人民生活
PEOPLE'S LIVELIHOOD

第八篇　人民生活

据抽样调查,2001年,长春市城区居民人均可支配收入6339元,比上年同期增长13.8%。居民收入大幅增长的主要原因是国家新增资政策出台,机关事业单位职工和离退休人员得到增、补发工资,效益好的企业还加大增资补贴额度。

随着消费渠道的拓宽和居民收入水平的不断提高,2001年人均消费性支出为5595元,比上年同期增长9.4%。从消费性支出八大类看,呈现出"七升一降"的特点,按增幅大小依次为:杂项支出增长37.8%,家庭设备用品及服务支出增长36.3%,娱乐文教支出增长35.2%,交通和通讯支出增长13.2%,衣着支出增长11.6%,食品支出增长3.4%,居住支出增长2.7%,医疗保健支出下降14.7%。

值得关注的是,2001年恩格尔系数首次跌破40%,由上年的42.1%降至39.8%,比重缩小了2.3个百分点。恩格尔系数的下降,是居民生活水平提高的重要标志,表明居民已由基本的生存消费,开始注重享受和发展消费。

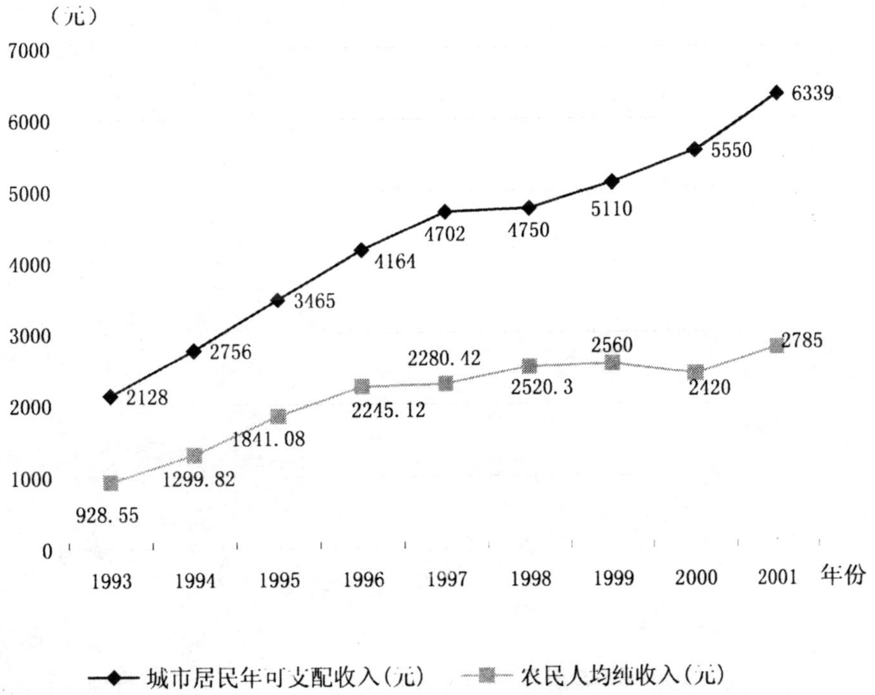

8－1 主要年份城市居民家庭生活基本情况
BASIC CONDITIONS OF URBAN HOUSEHOLDS

	1995	1999	2000	2001
平均每户家庭人口(人) Average household size (person)	3.23	3.16	3.12	3.11
平均每户就业人员(人) Average persons employed per household(person)	1.80	1.78	1.75	1.75
国有经济单位职工人数(人/户) Staff and workers of state owned(person/household)	1.37	1.31	1.25	1.24
城镇集体经济单位职工人数(人/户) Staff and workers of collective owned(p/h)	0.32	0.25	0.23	0.21
其它各种经济类型单位职工人数(人/户) Staff and workers of other woned(p/h)	0.01	0.01	0.01	0.01
平均每人全年全部现金收入(元) Per capita annual income (p/h)	3808	6199	6909	7971
＃人均年可支配收入(元) ＃Disposable income (yuan)	3465	5110	5568	6339
一、平均每人年实际收入(元) Per capita real income (yuan)	3465	5129	5588	6363
1.劳动所得到的收入(元) Income of work (yuan)				
(1)国有经济单位职工收入(元) Wages of staff and workers in state owned (yuan)	2003	2925	3227	3896
(2)城镇集体单位职工收入(元) Wages of staff and workers in collective owned (yuan)	310	378	359	348
(3)其它类型单位职工收入(元) Wages of staff and workers in other owned (yuan)	17	15	21	58
(4)个体经营者净收入(元) Income of individual laborers (yuan)	74	217	237	214
(5)个体被雇者收入(元) Income of individual employed (yuan)	44	206	232	311
(6)离退休再就业者收入(元) Income of reemployed retirees (yuan)	37	44	39	24
(7)其它就业者收入(元) Incom of others employed (yuan)	14	43	45	62
(8)其它劳动收入(元) Part－time income (yuan)	58	117	101	90
2.非劳动所得到的收入(元) Income from non－work (yuan)				
(1)财产收入(元) Property income (yuan)	18	31	29	42
(2)转移收入(元) Transfer income (yuan)	755	1154	1300	1319
＃离退休金(元) Pensions	685	982	1072	1115
二、储蓄借贷收入(元) Loans	343	1070	1321	1608
三、平均每人年实际支出(元) Realistic expenditures per capita (yuan)	3038	5178	6001	6613
1.消费性支出(元) Consumpting expenditures	2842	4571	5113	5595
2.非消费性支出(元) Non－consumpting expenditures	195	607	887	1017
四、储蓄借贷支出(元) Saving	875	999	881	1277

8－2 主要年份城市居民家庭年人均消费性支出
PER CAPITA ANNUAL LIVING EXPENDITURE URBAN HOUSEHOLDS

单位:元　　unit:yuan

	1995	1999	2000	2001
消费性支出合计　Total living expenditures	2842	4571	5113	5595
一、食品　Food	1544	2079	2151	2225
＃粮食　Grain	279	259	224	225
副食　Non－staple food				
烟、酒、茶、饮料　Tobacco, wine, tea and drink	117	230	240	236
在外用餐　Catering	48	103	125	156
二、衣着　Clothing	446	533	559	624
三、家庭设备用品及服务　Household facilities articles and services	120	194	224	305
＃家庭设备耐用品　Durable consumer goods	25	66	73	96
四、医疗保键　Medicine and medical services	113	282	490	418
五、交通和通迅　Transportion and telecommunication	123	310	397	450
＃交通费　Transportion	43	139	161	160
通信费　Telecommunication	31	156	217	263
六、娱乐文教服务　Recreation education and service	179	549	501	677
＃文娱用耐用消费品　Durable consumer goods for receation	39	103	80	108
学杂费　Tuition	66	322	271	267
托幼费　Child care fee	13	21	16	27
文娱用品　Recreational goods	12	22	31	31
书报杂志　Newspaper and magazines	16	26	26	36
文娱费　Recreation	17	47	38	55
七、居住　Residence	212	468	551	566
＃房租　Rent	49	115	107	88
水费　Water	13	31	49	44
电费　Electricity	54	103	108	127
燃料费　Fuels	66	121	126	114
八、杂项商品和服务　Miscellanceous commodities and service	105	156	240	331

8-3 主要年份平均每百户城市居民家庭年末耐用消费品拥有量 NUMBER OF DURABLE CONSUMER GOODS OWNED PER 100 URBAN HOUSEHOLDS AT YEAR END

		1995	1999	2000	2001
自行车(辆)	Bicycle	172	137	132	126
摩托车(辆)	Motorcycle	3	6	7	7
录音机(台)	Tape recorder	79	60	62	60
彩色电视机(台)	Colour TV set	97	107	110	112
录放像机(台)	Video-recorder	21	29	27	27
影碟机(台)	Video disc player		21	24	36
组合音响(台)	Hi-Fi stereo	9	13	12	13
家用空调器(台)	Air conditioner component system	0	1	3	7
淋浴热水器(台)	Shower	32	36	40	43
微波炉(台)	Oven		10	13	22
家用电脑(台)	Computer		7	7	14
电风扇(台)	Electric fan	61	65	71	77
电冰箱(台)	Refrigerator	69	76	77	84
洗衣机(台)	Washing machine	93	76	93	97
照相机(架)	Camera	36	37	38	46
摄像机(架)	Pick up camera		2	3	4
钢琴(架)	Piano	2	1	2	3
移动电话(台)	Mobile telephone		6	9	46

8-4 城市住户基本情况

	单 位 Unit	数 量 Number
调查户数 Households surveyeel	户 Households	300.00
人口情况(按月平均) Average population		
一、家庭人口数 Household size	人 person	934.28
(一)有收入者人数 Number of earning people	人 person	646.62
1.就业人口数 Number of person employed	人 person	524.09
(1)国有经济单位职工人数 Staff and worker in state owned	人 person	371.26
(2)城镇集体经济类型单位职工人数 Staff and worker in collective owned	人 person	62.86
(3)其它各种经济类型单位职工人数 Staff and worker in other owned	人 person	3.66
(4)个体经营者人数 Individual	人 person	13.34
(5)个体被雇者人数 Individual	人 person	48.64
(6)离退休再就业者人数 Reemployed retirees	人 person	5.91
(7)其他就业者人数 Other employees	人 person	18.42
2.离退休者人数 Person retired	人 person	122.53
3.其他有收入者人数 Other earning people	人 person	
(二)无收入者人数 Non-earning people	人 person	287.66
二、期末家庭人口数 Household size at period end	人 person	905.00
附:非家庭人口用饭人数 Including visiter	人 person	3.16
期末主要消费品拥有量 Main consumer goods		
1.毛皮大衣 Fur coat	件 piece	202
2.呢大衣 Woollen coat	件 piece	567
3.毛毯 Woollen blanket	条 piece	302
4.地毯 Carpet	平方米 sq·m	242
5.组合家具 Funiture	套 set	104
6.沙发床 Sofa bed	个 unit	117
7.沙发 Sofa	个 unit	312
8.大衣柜 Cupboard	个 unit	177
9.写字台 Desk	张 unit	174
10.摩托车 Motorcycle	辆 coach	22

BASIC STATISTICS ON URBAN HOUSEHOLDS

		单 位 Unit	数 量 Number
11.自行车	Bicycle	辆 coach	379
12.家用汽车	Car and truck	辆 coach	1
13.缝纫机	Sewing machine	台 unit	109
14.洗衣机	Washing machine	台 unit	292
15.电风扇	Fan	台 unit	230
16.电冰箱	Fridge	台 unit	252
17.冰柜	Freezer	台 unit	19
18.彩色电视机	Colour TV set	台 set	335
19.影碟机	Video disc player	台 set	109
20.录放像机	Video recorder	台 unit	82
21.家用电脑	Computer	台 unit	43
22.组合音响	Hi－Fi stereo component system	套 set	40
23.录音机	Tape recorder	台 set	181
24.摄像机	Pick up camera	台 unit	12
25.照相机	Camera	台 unit	137
26.钢琴	Piano	架 unit	9
27.其它中高档乐器	Musical instrument	件 unit	18
28.微波炉	Oven	台 unit	65
29.空调机	Air－coditioner	台 unit	20
30.电炊具	Electric cooking appliance	台 unit	228
31.淋浴热水器	Shower	台 unit	129
32.抽排油烟机	Smoke absorber	台 unit	216
33.吸尘器	Dust catcher	台 unit	71
34.健身器材	Health equipment	件 unit	12
35.移动电话	Mobile telephone	台 unit	137

8－5 城市住户现金收支情况

	单 位 Unit	金 额 Amount
现金收支情况 Income and expenditure		
一、期初手存现金 Cash in hand	元 yuan	315028.48
二、可支配收入 Disposable income	元 yuan	5922005.03
三、现金收入 Cash income	元 yuan	7447434.46
(一)实际收入 Realistic income	元 yuan	5944770.20
1.国有经济单位职工收入 Income of staff and worker in state owned	元 yuan	3639569.44
(1)工资性收入 Wages	元 yuan	3484221.14
其中:奖金 In which:reward	元 yuan	193189.50
(2)非工资性收入 Other wages	元 yuan	155348.30
2.城镇集体单位职工收入 Income of staff and worker in collective owned	元 yuan	325490.64
(1)工资性收入 Wages	元 yuan	315053.64
其中:奖金 In which:reward	元 yuan	14914.00
(2)非工资性收入 Other wages	元 yuan	10437.00
3.其它类型单位职工收入 Income of staff and workers in other units	元 yuan	54641.00
其中:奖金 In which:reward	元 yuan	6300.00
4.个体经营者的净收益 Net income of individual	元 yuan	199519.00
5.个体被雇者收入 Income of individual employed	元 yuan	290127.00
6.离退休再就业者收入 Reemployed retirees	元 yuan	22339.00
7.其它就业者收入 Other employees	元 yuan	57475.00
8.其它劳动收入 Part－time income	元 yuan	84079.00
9.财产收入 Property income	元 yuan	39430.06
(1)利息 Interesting	元 yuan	21160.06
(2)红利 Dividend	元 yuan	3200.00
(3)其它财产租金收入 Rent	元 yuan	15070.00
10.转移收入 Transfer income	元 yuan	1232100.06
(1)离退休金 Pension	元 yuan	1041335.51
(2)价格补贴 Price subsidy	元 yuan	
(3)赡养收入 Income from son and daughter	元 yuan	38300.00
(4)赠送收入 Gift	元 yuan	125880.00
(5)亲友搭伙费 Income of partner	元 yuan	5750.00
(6)记帐补贴 Subsidy	元 yuan	18000.00
(7)出售财物收入 Sale property income	元 yuan	2599.55
(8)其它 Others	元 yuan	235.00
11.家庭副业生产收入 Sideline income	元 yuan	

INCOME AND EXPENDITURE OF URBAN HOUSEHOLDS

		单　位 Unit	金　额 Amount
(二)借贷收入	Saving	元　yuan	1502664.00
1.提取储蓄存款	Drawing deposits	元　yuan	1246155.00
2.提取储金会款	Drawing saving	元　yuan	
3.借入款	Borrow	元　yuan	46850.00
4.收回借出款	Drawing lend	元　yuan	22700.00
5.收回储蓄性保险本金	Drawing insuranac	元　yuan	11460.00
6.兑售有价证券	Sale equity	元　yuan	47300.00
7.赊购	Credit	元　yuan	
8.购买房屋从银行贷款	Loan	元　yuan	120000.00
9.其它借贷收入	Other borrow	元　yuan	8199.26
四、现金支出	Expenditures	元　yuan	7370912.88
(一)实际支出	Realistic expenditures	元　yuan	6177575.65
1.消费性支出	Living expenditure	元　yuan	5227422.94
2.非消费性支出	Non－living expenditures	元　yuan	950152.71
(1)贷款利息	Interseting	元　yuan	2000.00
(2)个人所得税	Income tax	元　yuan	4765.17
(3)其它各种税金	Other tax	元　yuan	4440.00
(4)非储蓄性保险	Insurance	元　yuan	8123.30
(5)赡养支出	Pay to parents	元　yuan	108568.00
(6)赠送支出	Transfer to other	元　yuan	389462.00
(7)购房与建房支出	Building expenditure	元　yuan	403075.80
(8)其它非消费支出	Other non－living expenditure	元　yuan	29718.44
3.家庭副业生产支出	Sideling expenditures	元　yuan	
(二)借贷支出	Lend	元　yuan	1193337.23
1.存入储蓄款	Saving	元　yuan	898026.00
2.存入储金会款	Saving	元　yuan	
3.归还借款	Payable lend	元　yuan	34200.00
4.借出款	Loan	元　yuan	7400.00
5.储蓄性保险支出	Insurance	元　yuan	77683.64
6.购买有价证券	Purchase quity	元　yuan	66500.00
7.预购	Forward purchase	元　yuan	
8.归还购买住房贷款	Payable lend	元　yuan	13701.76
9.其它借贷支出	Other loan expentures	元　yuan	95825.83
五、期末手存现金	Cash in hand at poriod end	元　yuan	391550.06

8-6 城市住户消费支出情况

项目	Item	数量(公斤) Number(kg)	金额(元) Amount (yuan)
一、食品	Food		2078475.38
(一)粮食	Grain	81838.7	210080.94
1.细粮	Fine grain	77571.8	199255.75
(1)大米	Rice	53214.0	110974.44
(2)糯米	Glutinous rice	866.3	2265.80
(3)普通或标准粉	Flour		
(4)富强粉	Fine flour	13297.0	31938.70
(5)面包	Bread	1927.7	17535.05
(6)馒头、大饼等	Steam bread	4694.6	19816.08
(7)其他细粮及制品	Other food	3572.3	16725.68
2.粗粮	Coarse grain	4266.9	10825.19
(1)粗粮	Coarse grain	3300.8	7966.11
(2)粗粮制品	Coarse grain products	966.1	2859.08
(二)淀粉及薯类	Tubers and amylum	24394.9	36055.26
1.马铃薯	Potato	18371.3	18406.79
2.红薯	Sweet potato	3423.7	4452.65
3.其他薯类	Other potato	18.5	55.50
4.各类淀粉及制品	Amylum	2581.4	13140.32
(三)干豆类及制品	Bean and bean products		33818.04
1.大豆	Bean	378.7	1052.00
2.杂豆	Mixed bean	699.9	2686.05
3.豆腐	Bean curd	2875.7	12240.45
4.其他豆制品	Bean products		17839.54
(四)油脂类	Oil and fat	12248.3	72161.55
1.花生油	Peanut oil		
2.菜籽油	Rapeseed oil		
3.芝麻油	Sesame oil	167.6	3981.55
4.豆油	Beaning oil	10472.5	56724.74
5.卫生油	Corn oil		
6.其它植物油	Other oil	1516.5	11015.76
7.动物油	Fat	91.8	439.50
(五)肉禽及制品	Meat and its products		384489.25
1.猪肉	Pork	16955.0	184731.19
2.牛肉	Beef	3314.3	45127.48
3.羊肉	Mutton	1688.0	25933.68
4.其他肉及制品	Meat product	3075.4	56466.76
5.白条鸡	Chicken	3914.7	39384.32
6.活鸡	Chicken	734.9	8209.40

BASIC STATISTICS ON URBAN HOUSEHOLDS LIVING EXPENDITURES

项　　目	Item	数　量(公斤) Number(kg)	金　额(元) Amount (yuan)
7.活鸭	Duck		
8.其他禽及制品	Poultry products	704.5	11179.27
9.其他	Other		13457.15
(六)蛋类	Eggs	15091.1	78082.99
1.鸡蛋	Chicken eggs	13242.8	62866.75
2.鸭蛋	Duck eggs	1097.1	8109.80
3.其他蛋及制品	Egg product	751.3	7106.44
(七)水产品类	Aquatic product	12897.7	133979.24
1.黄花鱼	Yellow croader	1639.8	12665.77
2.带鱼	Hair tail	3768.2	30625.50
3.草鱼	Grass carp	294.2	2506.00
4.鲤鱼	Carp	2625.7	22463.95
5.鲢鱼	Silver carp	117.1	777.80
6.鲫鱼	Crucian carp	767.8	7283.35
7.其他鱼及制品	Fish products	1822.8	17351.65
8.虾类	Shrimp	934.9	29015.20
9.其他水产品	Other	927.2	11290.20
(八)菜类	Vegetable	162568.8	285687.68
1.鲜菜	Fresh vegetable	161456.5	267214.29
(1)白菜	Chinese cabbage	38969.6	20183.35
(2)洋白菜	Cabbage	4496.4	5602.67
(3)菠菜	Spinach	4421.3	8484.85
(4)油菜	Rape	1479.8	3359.63
(5)芹菜	Celery	4085.7	7375.55
(6)韭菜	Leek	2579.7	7476.64
(7)空心菜	Hollow vegetable		
(8)大葱	Chinese onion	13980.3	8554.55
(9)菜花	Rape flower	1937.8	4566.45
(10)萝卜	Radish	4365.3	3063.13
(11)胡萝卜	Carrot	2906.5	3403.93
(12)葱头	Onion	2258.0	3887.37
(13)生姜	Ginger	1114.8	5082.08
(14)莴笋	Letuce	177.7	438.63
(15)蒜苔	Garlic bolt	2737.8	12115.83
(16)蒜头	Garlic	1774.2	5623.57
(17)黄瓜	Cucumber	16957.5	34550.49
(18)冬瓜	Wax gourd	1525.7	2105.83
(19)丝瓜	Towel gourd		

8-6续表1

项　　目 Item		数　　量(公斤) Number(kg)	金　额(元) Amount (yuan)
(20)西红柿	Tomato	15080.5	35181.99
(21)茄子	Egg plant	11130.2	23162.32
(22)青椒	Green pepper	4760.4	12820.05
(23)豆角	Pod	14639.1	35503.42
(24)莲藕	Lotus root		
(25)豆芽菜	Bean sprouts	1757.2	2637.61
(26)其他鲜菜	Other fresh vegetable	8320.9	22034.35
2.干菜	Dried vegetable	351.3	13302.10
(1)黄花菜	Day lily	35.6	596.10
(2)黑木耳	Fungus	135.3	7934.30
(3)香菇	Dried edible	68.8	3555.34
(4)其他干菜	Other dried vegetable	111.5	1216.36
3.菜制品	Products of vegetable	761.0	5171.29
(九)调味品	Condiments		40478.20
(十)糖类	Sugar		49645.01
1.食糖	Sugar	1829.4	9964.49
2.糖果	Sweets	579.3	11269.75
3.糖类小食品	Sweets		28410.77
(十一)烟草类	Tobacco		87952.50
1.卷烟	Cigarette	33966.0	87321.50
2.烟叶	Tobacco	48.0	631.00
(十二)酒和饮料	Beverage and liquor		132537.32
1.白酒	Liquor	3440.8	24510.08
2.果酒	Wine	587.5	5293.68
3.啤酒	Beer	14212.1	45659.35
4.其他酒	Other liquor	31.5	1745.98
5.汽水、可乐	Drink	4531.4	16363.64
6.茶叶	Tea	98.2	13231.40
7.咖啡、可可粉	Coffee	14.4	1877.70

continued 1

项　　目	Item	数　量(公斤) Number(kg)	金　额(元) Amount (yuan)
8.其他饮料	Other drink		23855.49
(十三)干鲜瓜果类	Dried and fresh fruits	80341.5	200958.12
1.苹果	Apple	11634.2	34933.56
2.桔子	Orange	8676.0	26719.30
3.柑橙	Orange	52.5	302.50
4.桃子	Peach	6151.8	19187.15
5.梨	Pear	7184.6	17998.44
6.香蕉	Banana	6572.6	27251.66
7.葡萄	Grape	3867.1	15502.45
8.西瓜	Water melon	25863.2	23449.24
9.其他瓜果及制品	Fruit' product	10020.2	31603.22
10.各种干果	Dried fruits	319.4	4010.60
(十四)坚果及果仁	Nut	5542.4	37484.90
1.坚果及果仁	Nut	5445.9	35492.75
2.坚果和果仁制品	Products of nut	96.5	1992.15
(十五)糕点类	Cake	2817.2	32433.02
(十六)奶及奶制品	Milk and its product		87306.44
1.鲜乳品	Milk	14738.4	42005.39
2.奶粉	Milk powder	531.6	15361.44
3.酸奶	Sour milk	630.9	6380.18
4.其他奶制品	Other milk products		23559.43
(十七)其他食品	Other food		27429.11
(十八)在外用餐	Catering food		145740.01
1.购自单位食堂主食	Staple from himself unit	1090.0	7580.74
2.购自饮食业主食	Staple from catering	3110.3	24542.33
3.购自单位食堂副食	Non－staple from himself unit		9629.46
4.购自饮食业副食	Non－staple from catering		103987.48
(十九)食品加工费	Processing fee		2155.80

8-6续表2

项目 Item		单位 Unit	数量 Number	金额(元) Amount (yuan)
二、衣着支出	Garment expenditures			582886.61
(一)服装	Garment	件 piece	5678.0	399989.67
1.男士服装	Man clothing	件 piece	2412.0	192382.81
毛皮大衣	Fun coat	件 piece	9.0	8343.00
呢大衣	Woollen coat	件 piece	13.0	4548.00
风雨衣	Coat	件 piece	24.0	4899.20
西服	Suit	件 piece	64.0	12392.00
中山装	Chinese clothing	件 piece	9.0	916.00
茄克衫	Jacket	件 piece	139.0	17392.00
羽绒衣	Down coat	件 piece	131.0	30459.00
毛线衣	Woollen sweater	件 piece	295.0	28718.80
衬衫	Shirt	件 piece	321.0	19905.30
裤子	Trousers	件 piece	522.0	32237.70
其它男士服装	Other man clothing	件 piece	885.0	32571.81
2.女士服装	Woman clothing	件 piece	2771.0	185180.96
毛皮大衣	Fun coat	件 piece	4.0	2109.00
呢大类	Woollen coat	件 piece	21.0	5983.00
风雨衣	Coat	件 piece	18.0	3303.00
西服	Suit	件 piece	43.0	8702.00
茄克衫	Jacket	件 piece	51.0	5244.80
羽绒衣	Down coat	件 piece	102.0	22974.00
毛线衣	Woollen sweater	件 piece	197.0	17983.10
衬衫	Shirt	件 piece	284.0	16758.00
连衣裙	Dress	件 piece	157.0	16232.78
单裙	Skirt	件 piece	146.0	8934.00
裤子	Trousers	件 piece	401.0	22985.90
其它女士服装	Other women clothing	件 piece	1347.0	53971.38
3.各式童装	Children clothing	件 piece	585.0	22425.90
(二)衣着材料	Cloth material			20538.80
1.棉布	Cotton	米 m	189.3	1871.20
2.棉花化纤混纺布	Blend cloth	米 m	289.9	3945.10
3.化纤布	Chemical fibre cloth	米 m	209.1	3634.40
4.呢绒	Woollen fibre	米 m	23.4	1833.60
5.绸缎	Silk	米 m	31.3	575.00
6.毛线	Knitting wool	公斤 kg	126.90	8621.30
7.其它	Other			58.20
(三)鞋袜帽及其它	Shoes and hats			158621.14
1.鞋类	Shoes	双 pair	2794.0	141309.22

continued 2

项　　目	Item	单　位 Unit	数　量 Number	金　额(元) Amount (yuan)
(1)皮鞋	Fur shoes	双　pair	833.0	89938.60
(2)旅游鞋	Tour shoes	双　pair	251.0	20281.40
(3)布鞋	Cotton shoes	双　pair	288.0	3357.10
(4)雨鞋	Rain shoes	双　pair		
(5)凉鞋	Sandals	双　pair	297.0	15538.00
(6)拖鞋	Slippers	双　pair	931.0	5444.62
(7)其它鞋	Others	双　pair	194.0	6749.50
2.袜子	Socks	双　pair	3912.0	12746.60
3.帽子	Hats	顶　pcs	194.0	2801.62
4.其它衣着	Others			1763.70
(四)衣着加工费	Clothing processing fee			3737.00
三、设备用品及服务	Household facilieies and articles			284670.30
(一)耐用消费品	Durable consumer goods			139520.50
1.家具	Furniture			41315.50
(1)组合家具	Furniture	套　set		
(2)沙发床	Sofa bed	个　unit	2.0	4450.00
(3)沙发	Sofa	个　unit	15.0	10242.00
(4)大衣柜	Cup board	个　unit		
(5)写字台	Desk	张　unit		
(6)其它家具	Other Furniture			26623.50
2.住房装饰	Interior decorations			8241.00
(1)地毯	Carpet	平方米 sq·m	2.0	160.00
(2)地板革	Floor leather	平方米 sq·m	64.8	1833.00
(3)其它	Others			6248.00
3.家庭设备	Household facilities			89964.00
(1)缝纫机	Sewing machine	台　unit		
(2)洗衣机	Washing machine	台　unit	11.0	16319.00
(3)电风扇	Fan	台　unit	8.0	2581.00
(4)电冰箱	Fridge	台　unit	9.0	24540.00
(5)冰柜	Freezer	台　unit	1.0	1020.00
(6)微波炉	Oven	台　unit	6.0	4446.00
(7)空调器	Air conditioner	台　unit	3.0	19110.00
(8)电炊具	Electric cooking	台　unit	16.0	2894.00
(9)沐浴热水器	Shower	台　unit	7.0	8245.00
(10)脱排油烟机	Smoke absorber	台　unit	7.0	3763.00
(11)排风扇	Fan	台　unit		
(12)吸尘器	Dust catcher	台　unit		
(13)钟	Colock	个　unit	5.0	395.00

8-6续表3

项目	Item	单位 Unit	数量 Number	金额(元) Amount (yuan)
其它	Others	--		6651.00
(二)室内装饰品	Interior decoration	--		12862.50
1.纺织装饰品	Texticles	--		5835.00
2.装饰灯具	Lamp	--		4427.00
3.其它装饰品	Other	--		2600.00
(三)床上用品	Bed articles	--		19693.70
1.毛毯	Woollen blanket	条 piece	8.0	2450.00
2.床单	Sheet	条 piece	135.0	9620.20
3.其他	Others	--		7623.50
(四)家庭日用杂品	Daily use articles	--		71274.00
1.厨、餐、茶、具	Food tea articles	--		4937.95
2.家用工具	Household articles	--		
3.肥皂	Soap	块 lump	6694.0	11290.34
4.洗衣粉	Washing powder	公斤 kg	1440.2	10599.25
5.其它日用杂品	Others	--		44446.46
(五)家具材料	Furniture materials	--		2700.00
(六)家庭服务	Services	--		38619.60
1.保姆费	Nursing	--		5630.00
2.加工维修服务费	Repair	--		32989.60
四、医疗保键	Health care	--		390453.45
(一)医疗器具	Medical appliance	--		3143.40
(二)保健用品	Health care	--		12586.00
(三)医药费	Medicine expenese	--		344445.55
(四)补药品	Nourishing medicine	--		13618.30
(五)医疗保键服务	Service	--		16455.60
(六)其它	Others	--		204.60
五、交通和通讯	Transportation and telecommunication	--		420463.85
(一)交通	Transportation	--		158301.10
1.家庭交通工具	Household use	--		2192.50
摩托车	Motorcycle	辆 coach		
自行车	Bicycle	辆 coach	10.0	2192.50
家用汽车	Vehicles	辆 coach		
其它	Others	--		
2.燃料充电费	Fuel	--		4078.80
3.交通费	Traffic	--		149459.50
(1)出租汽车费	Texi	--		56830.00
(2)其它交通费	Others	--		92629.50
4.维修服务费	Service	--		2570.30

continued 3

项目	Item	单位 Unit	合计 Total 数量 Number	金额(元) Amount (yuan)
(1)零配件	Spare parts	--		664.80
(2)服务费	Services	--		1905.50
(二)通讯	Telecommunication	--		262162.75
1.通讯工具	Mean of telecommunication	--		16267.00
(1)电话	Telephone	部 unit	12.0	5357.00
(2)BP机	BP	部 unit		
(3)其它	Others	--		10910.00
2.电讯费	Telecommunication services	--		244705.35
3.邮费	Postage	--		970.40
4.其它	Others	--		220.00
六、娱乐文教服务	Recreation, culture, edueation services	--		632201.83
(一)耐用消费品	Durable consumer goods	--		100931.00
1.彩色电视机	Colour TV set	台 unit	6.0	23359.00
2.影碟机	Video disc player	台 unit	7.0	7850.00
3.录放像机	Video recorder	台 unit		
4.家用电脑	Computer	台 unit	4.0	35300.00
5.组合音响	Hi-Fi stereo component system	套 set	1.0	5020.00
6.录音机	Tape recorder	台 unit	3.0	740.00
7.摄像机	Pick up camera	台 unit		
8.收音机	Radio	台 unit		
9.照相机	Camera	架 unit	4.0	6295.00
10.照相器材	Photograph material	--		
11.钢琴	Piano	架 unit		
12.其它中高档乐器	Musical instrument	件 unit	4.0	9620.00
13.其它	Others	--		12490.00
14.修理服务费	Repair services	--		257.00
(二)教育	Education	--		416957.13
1.教材及参考书	Book	--		49316.13
2.学杂费	Tuition	--		249102.70
3.托儿费	Child care	--		25278.50
4.成人教育	Adutc eductions	--		42259.80
5.其它	Others	--		51000.00
(三)文化娱乐	Recreation	--		114313.70
1.文娱用品	Recreational articles	--		29050.08
2.书报杂志	Newspaper and magaizers	--		33892.52
3.文娱费	Services	--		51371.10

8-6续表4 continued 4

项　　目 Item		数量单位 Unit	数　量 Number	金　额(元) Amount (yuan)
七、居住	Residence			528674.05
(一)住房	House			199474.02
1.建筑材料	Building material			91414.66
2.房租	Rent			82214.36
3.维修服务费	Services			25845.00
(二)水电燃料其它	Water, electricity and fuel			329200.03
1.水	Water	吨　ton	19687.0	41323.00
2.电	Electricity	度　kwh	312597.0	119075.70
3.燃料	Fuel	--		106112.50
(1)煤炭	Coal	公斤　kg	23200.0	5212.00
(2)液化石油气	Liqufied gas	公斤　kg	3995.0	11411.50
(3)管道煤气	Pipe gas	立方米 cu·m	59403.0	89489.00
(4)其它	Others			
4.其它	Others			43896.54
5.自有房物业管理费	House owned handing			18792.29
八、杂项商品和服务	Daily consumer good and services			309597.47
(一)个人消费	Individual consumer			294338.85
1.个人用品	Individual articles			63776.73
(1)金银珠宝饰品	Jewlry			5428.20
其中:纯金饰品	Goal jewlry			5309.20
(2)手表	Watch	只　lump	20.0	7117.00
(3)纸张文具	Paper			7043.65
(4)其它日用品	Other			44187.88
2.理发、美容用品	Haircut and improve looks goods			45080.02
(1)理发、美容用品	Haircut and improve looks goods			683.00
(2)美容化妆品	Cosmetics			44252.02
(3)其它	Other			145.00
3.旅游	Tourism			113119.60
(1)火车费	Rail way			24123.00
(2)其它交通费	Other traffic			14496.90
(3)住宿费	Hotal			17715.00
(4)伙食费	Food			27780.80
(5)其它	Other			29003.90
4.服务费	Services			72362.50
(1)理发、洗澡费	Haircut and bathing			65557.00
(2)美容费	Improve looks			5870.00
(3)其它	Other			935.50
(二)其它商品	Other goods			4136.62
(三)其它服务	Other services			11122.00

8－7 城市住户居住情况
BASIC STATISTICS ON URBAN HOUSEHOLDS

		调查户数 Households (户)	家庭常住人口数(人) Population(person)
总计	**Total**	**300**	**905**
一、按居住面积分	Grouped by floor space		
1.无房户	No house		
2.4平方米以下	Below $4m^2$	1	3
3.4－6平方米	$4-6m^2$	36	121
4.6－8平方米	$6-8m^2$	69	226
5.8－10平方米	$8-10m^2$	52	168
6.10－12平方米	$10-12m^2$	33	93
7.12－14平方米	$11-14m^2$	32	87
8.14平方米以上	Above $14m^2$	77	207
二、按房屋产权分	Grouped by equity		
1.公房	Public house	148	449
2.租赁私房	Rent private house1	1	3
3.自有房	House owned	148	444
4.部分产权的自有房	Partly owned	3	9
5.其它	Others		
三、按自来水使用情况分	Grouped by tap water		
1.无自来水	Non tap water		
2.独用自来水	Tap water	291	880
3.公用自来水	Public tap water	9	25
四、按卫生设备拥有情况分	Grouped by sanitary equipment		
1.无卫生设备	Non－sanitary equipment	40	128
2.有浴室厕所	Toilet with showing	38	114
3.有厕所无浴室	Toilet	208	624
4.公用卫生设备	Public health equipment	14	39
五、按取暖设备拥有情况分	Grouped by heating radiator		
1.无取暖设备	Non－heating radiator		

8-7续表1 continued1

		调查户数 Households (户)	家庭常住人口数(人) Population(person)
2.空调设备	Air conditioner	19	52
3.暖气	Heating radiator	251	758
4.其它	Others	30	95
六、按厨房使用情况分	Grouped by use of kitchen		
1.无厨房	No kitchen		
2.独用厨房	Kitchen	291	880
3.公用厨房	Public kitchen	9	25
七、按燃料使用情况分	Grouped by use of fuel		
1.管道煤气	Pipe gas	262	781
2.液化石油气	Liquified gas	38	124
3.煤	Coal		
4.其它	Other		
八、按电话拥有情况分	Grouped by use of telephone		
1.无电话	No telephone	17	48
2.公费电话	Telephone for public expense	7	19
3.自费电话	Telephone for own expense	276	838
4.公用电话	Telephone for public use		
九、按住宅建筑式样分	Grouped by type of building		
1.家庭单栋配套楼房	Building for a household	1	2
2.单元式配套住宅	Building for unit	240	722
(1)一居室	One living room	21	58
(2)二居室	Two living room	142	432
(3)三居室	Three living room	75	226
(4)四居室及以上	Four living room	2	6
3.普通楼房	Commor building	34	102
4.普通平房及其它	Single storey house	25	79

8-8 主要年份农民家庭生活基本情况
BASIC CONDITIONS OF RURAL HOUSEHOLDS

		1998	1999	2000	2001
调查户数(户)	Households surveyed	600	600	600	600
平均每户人口(人)	Residents per household	4.01	3.91	3.92	3.85
平均每户劳动力(人)	Laborers per household	2.67	2.64	2.72	2.68
#务工劳动力	Laborers				
平均每一劳动力赡养人口(人)	Persons supported by a laborer	1.50	1.48	1.44	1.44
平均每人年总收入(元)	Per capita annual income(yuan)	3565.99	3453.64	3432.49	3787.66
平均每人年纯收入(元)	Per capita annual net income(yuan)	2520.30	2560.29	2568.02	2785.01
按年纯收入分组的户数构成(%)	Percentage of households by net income(%)				
平均每一劳动力年纯收入(元)	Net income for a laborer(yuan)	3775.74	3790.33	3704.63	4004.32
平均每人年总支出(元)	Per capita annual expenditure(yuan)	2508.56	2241.49	2424.98	2723.24
人均年生活消费支出(元)	Per capita living expenditures(yuan)	1459.92	1337.25	1342.89	1458.50
1.食品	Food	732.09	649.82	645.13	661.70
#主食	Staple food	302.16	247.28	281.70	262.08
副食	Nonstaple food	290.79	263.38	231.05	267.91
2.衣着	Garments	112.46	102.15	86.85	90.13
3.生活用品及其他	Daily consumer goods	62.85	59.21	48.20	52.36
4.燃料	Fuel	105.08	90.25	85.78	19.14
5.住房	House	105.08	90.25	85.78	144.34
6.文化、生活服务支出	Expenditure for culture living services	136.58	128.71	130.45	159.83
二、人均年家庭经营支出和纳税(元)	Taxes and expenditures (yuan)	779.55	671.21	610.39	763.82
#牧业生产费用	Costs for animal husbandry	278.93	180.76	138.56	201.79
农业生产费用	Costs for farming	536.05	462.98	453.31	536.05
三、人均年购置生产性固定资产(元)	Per capita purchase fixed assets(yuan)	46.38	53.16	89.84	143.79
四、人均年上交集体的承包任务(元)	Per capita payments to collective	64.96	39.11		
五、人均年其他非借贷性支出(元)	Per capita other expenditures	47.94	38.15	175.54	220.37
平均每户年内新建房屋面积(平方米)	Rooms of new buildig per household	0.09	0.07	0.09	2.03
平均每户年末居住房屋面积(平方米)	Rooms of living per household	3.45	3.33	3.55	70.46
平均每人年末居住房屋面积(平方米)	Area of living per household	18.65	18.65	19.03	18.29

注:从2001年"平均每户年内新建(年末居住)房屋间数(间)"改为"平均每户年内新建(年末居住)房屋面积(平方米)"

8－9 农村人口状况

(农村住户抽样调查资料)

		单 位 Unit	合 计 Total
调查户数	Households surveyed	户 household	600
一、常住人口	Permanent residents	人 person	2312
二、整半劳动力	Able bodied and semi able bodied laborers	人 person	1608
1.(6岁及以下)	Children before school age	人 person	100
2.(7－15岁)	7－15 years old	人 person	340
3.(16－60岁)	16－60 years old	人 person	1706
4.(61岁及以上)	61 years old and over	人 person	166
三、劳动在本地企业从业的人数	Laborers work in local enterprises	人 person	9
四、外出从业劳动力人数	Laborers outflow	人 person	56
五、劳动力文化程度	Educational level for laborer	人 person	
1.不识字或识字很少	Illiterate and semi－illiterate	人 person	44
2.小学程度	Primary school	人 person	502
3.初中程度	Junior secondary school	人 person	906
4.高中程度	Senior secondary school	人 person	127
5.中专	Special secondary school	人 person	23
6.大专及以上	College and higher level	人 person	6

BASIC STATISTICS ON RURAL POPULATION

(Data are obtained from the sample survey on rural households)

榆树市 Yu shu	农安县 Nongan	德惠市 Dehui	九台市 Jiutai	双阳区 Shuangyang	城 区 District
100	100	100	100	100	100
426	401	426	358	358	343
321	271	286	241	240	249
26	14	20	9	13	18
54	61	73	47	61	44
308	290	300	285	263	260
38	36	33	17	21	21
		3		3	3
3	7	24		19	3
16	10		3	11	4
146	83	101	47	68	57
140	141	168	175	138	144
13	36	12	16	18	32
5	1	5		2	10
1				3	2

8－10　农村生产性固定资产及土地经营、耕地流转情况

		单位 Unit	合计 Total
一、期末生产性固定资产原值	Productive fixed assets in original	元　yuan	3025960
1.农业	Agriculture	元　yuan	2697840
＃房屋及建筑物	Buildings	元　yuan	526202
役畜及产品畜	Draught animals	元　yuan	1166155
大中型铁木农具	Wood and iron farm tools	元　yuan	24600
农林牧渔机械	Machinery of FFAF	元　yuan	921240
2.工业	Industry	元　yuan	26200
＃房屋及建筑物	Buildings	元　yuan	5000
生产设备	Equipment of production	元　yuan	21200
3.建筑业	Construction	元　yuan	
4.交通运输业	Transportation	元　yuan	273100
5.批发和零售贸易餐饮业	Wholesales, retail trade and catering serices	元　yuan	
6.社会服务业	Social services	元　yuan	1000
7.文教卫生业	Educotion, culture and health care	元　yuan	3750
8.其他	Others	元　yuan	24070
二、期末主要生产性固定资产数量	Number of productive fixed assets		
1.房屋及建筑物	Building	平方米 sq.m	8105
2.汽车	Trucks	辆　unit	5
3.大中型拖拉机	Large and middle tractors	台　unit	12
4.小型和手扶拖拉机	Mini－tractors	台　unit	104
5.机动脱粒机	Motorized threshing machines	台　unit	27
6.收割机	Harvester	台　unit	
7.农用动力机械	Agricultural machinery	台　unit	45
8.胶轮大车	Cart with rubber tires	辆　unit	138
9.水泵	Pump	台　unit	151
10.役畜	Draught	头　head	348
11.产品畜	Commodity animals	头　head	242
三、土地经营情况	Cultivated land		
1.耕地面积	Area of cultivated land	亩　ha	12040.83
＃自留地面积	Family plot	亩　ha	57.42
2.山地面积	Mountains	亩　ha	17.20
3.园地面积	Garden plot	亩　ha	10.70
4.牧草地面积	Grass land	亩　ha	
5.养殖水面面积	Cultivateable water area	亩　ha	
四、耕地流转情况	Change of cultivated land		
1、年初经营耕地面积	Area of cultivated land at beginning of year	亩　ha	7902.29
2、年内转入耕地面积	In creasing of cultivated land	亩　ha	366.13
3.年内转出耕地面积	Decreasing of cultivated land	亩　ha	234.78
4.年末经营耕地面积	Area of cultivated land at end of year	亩　ha	8033.65

PRODUCTIVE FIXED ASSETS, LAND, MOUNTAIN AND WATER AREA

榆树市 Yu shu	农安县 Nongan	德惠市 Dehui	九台市 Jiutai	双阳区 Shuangyang	城 区 District
526500	440650	493290	172500	840800	552220
526500	363350	475590	172500	811600	348300
85900	30100	57500	2	21870	134000
179050	160200	163500	147505	381700	134200
	2500			10700	11400
256150	160950	253140	11000	171300	68700
		13000		1200	12000
		5000			
		8000		1200	12000
	73300			19000	180800
	1000				
	3000	750			
		3950		9000	11120
1034	545	297		3789	2440
	1			1	3
1	2	3		1	5
32	23	21	3	23	2
7	1	12	2	3	2
8	7	11		9	10
28	43	35		18	14
14	33	30		60	14
54	84	55	85	28	42
87	5	5	3	119	23
2538.58	2057.53	1857.42	2723.5	1895.40	968.40
			41	14.42	2
					17.20
					10.70
2335.33	2210.83	1190.70		1849.33	316.10
242.12	51.70			82.31	
24.38	195	13.40			2
2543.08	2067.53	1177.30		1931.64	314.10

8-11 农村住房情况

(农村住户抽样调查资料)

		单 位 Unit	合 计 Total
一、期末住房情况	House		
(一)住房面积	Floor space of house	平方米 sq·m	42277
其中:租用住房面积	Floor space of house rented	平方米 sq·m	20
(二)住房价值	Value of house	元 yuan	11668900
(三)住房类型	Type of building		
1.楼房面积	Floor space of building	平方米 sq·m	214
2.砖瓦平房面积	Floor space of brick and wood structure	平方米 sq·m	30523
3.其它	Others	平方米 sq·m	11945
(四)住房结构	Structure of building		
1.钢筋混凝土结构面积	Reinforced concrete structurs	平方米 sq·m	1240
2.砖木结构面积	Brick and wood structure	平方米 sq·m	30818
3.其它	Others	平方米 sq·m	10462
二、期内新建(购)住房情况	New house		
(一)新建(购)住房面积	Floor space of new house	平方米 sq·m	1217
(二)新建(购)住房价值	Value of new house	元 yuan	505500
(三)新建(购)住房类型	Type of new house		
1.楼房面积	Floor space of building	平方米 sq·m	214
2.砖瓦平房面积	Floor space of brick and wood structure	平方米 sq·m	823
3.其它	Others	平方米 sq·m	180
(四)新建(购)住房结构	Structure of new house		
1.钢筋混凝土结构面积	Reinforced concrete structure	平方米 sq.m	334
2.砖木结构面积	Brick and wood structure	平方米 sq.m	756
3.其它	Others	平方米 sq.m	60

8-12 主要农作物产量

单位:公斤

		合 计 Total
(一)粮食总产量	Grain	4207971
其中:1.小麦	Wheat	3815
2.水稻	Rice	729268
3.玉米	Corn	3225764
4.大豆	Soybeans	130760
5.薯类	Tubers	83625
(二)棉花产量	Cotton	
(三)油料作物产量	Beans	1510
(四)糖料作物产量	Beetroots	15000
(五)蔬菜产量	Vegetable	1269324
(六)水果产量	Frits	1190

BASIC STATISTICS ON RURAL HOUSE

(Data are obtained from the sample surveys on rural households)

榆树市 Yushu	农安县 Nongan	德惠市 Dehui	九台市 Jiutai	双阳区 Shuangyang	城 区 District
6773	7725	7105	7047	5771	7856
				20	
1932000	1681300	2263500	1900000	1602100	2290000
					214
3265	5942	6683	4347	4247	6039
3158	1710	659	2910	1554	1603
	588				652
3325	6022	6819	4339	4257	6056
3158	1042	659	2766	1494	983
393	190	84		144	406
148000	55000	36000		46500	220000
					214
333	70	84		144	192
60	120				
	120				214
333	70	84		77	192
60					

YIELD OF MAJOR AGRICULTURAL PRODUCTS

unit: kg

榆树市 Yushu	农安县 Nongan	德惠市 Dehui	九台市 Jiutai	双阳区 Shuangyang	城 区 District
715393	443317	558987	1290400	745504	454370
1750	2050			15	
208173		254495		261100	5500
387400	374697	258222	1290400	470725	444320
69116	38370	17420		5404	450
22180	27850	28850		1845	2900
	1080	320		110	
	15000				
297480	501285	113451		103752	253356
		940			250

8－13　农村粮食收、支、存情况

BASIC STATISTIC ON RURAL GRAIN

（农村住户抽样调查资料）

单位：公斤　　(Data are obtained from the sample surveys on rural households)　　unit：kg

		合　计 Total	榆树市 Yushu	农安县 Nongan	德惠市 Dehui	九台市 Jiutai	双阳区 Shuangyang	城　区 District
一、年初粮食结存	Grain at year bugining	938680	－	－	－	634904	303776	－
二、年内粮食收入合计	Revenue of grain	4697432	853640	570381	616604	1335528	812390	508889
1.生产	Revenue of individual	4207971	715393	443317	558987	1290400	745504	454370
2.购入	Purchase	789351	138137	127064	57617	45128	66886	54519
3.其他粮食收入	Others	110	110	－	－	－	－	－
三、年内粮食支出合计	Expenditure for grain	2814181	619358	458607	253052	713685	457972	311507
1.主食用粮	Major grain	459973	84038	139519	70871	35046	75977	54522
2.其他生活用粮	Other living grain	－	－	－	－	－	－	－
3.出售	Sale	1948658	388843	218175	145862	668550	293641	233587
4.种籽	Seeds	44015	11279	7628	4993	6999	9197	3919
5.饲料	Forage	361535	135198	93285	31326	3090	79157	19479
6.借出	Lend			－	－	－	－	－
7.归还借粮	Payable grain			－	－	－	－	－
四、年末粮食结存	Grain at year end	3547011	665165	1191360	1014763	286000	160413	229310
#口粮	Food grain	525220	78040	32100	34930	286000	83050	11100
饲料	Forage	498524	79011	314300	17080	－	77363	10770
种籽	Seeds	8110	5500	2610	－	－	－	－

8－14　农村出售产品情况
BASIC STATISTICS ON RURAL PRODUCTS

（农村住户抽样调查资料）　Data are obtained from the sample surveyed households

	单　位 Unit	合　计 Total	榆树市 Yushu	农安县 Nongan	德惠市 Dehui	九台市 Jiutai	双阳区 Shuangyang	城　区 District
1.粮食　Grain	公斤　kg	1948658	388843	218175	145862	668550	293641	233587
金额　Amount	元　yuan	1749144	383156	179590	170031	547844	269690	198833
＃稻谷　Rice	公斤　kg	304937	101586		104466		98285	600
金额　Amount	元　yuan	365571	117211		133768		113392	1200
玉　米　Corn	公斤　kg	1575235	228210	215225	40383	668550	189880	232987
金额　Amount	元　yuan	1283624	178929	174540	34920	547844	149758	197633
2.油料　Beans	公斤　kg	540		430			110	
金额　Amount	元　yuan	1040		710			330	
3.糖料　Beetroots	公斤　kg							
金额　Amount	元　yuan							
4.烟叶　Tobacco	公斤　kg							
金额　Amount	元　yuan							
5.蔬菜　Vegetable	公斤　kg	356946	40838	141745	20455		3005	150903
金额　Amount	元　yuan	194496	11662	53313	10394		1665	117462
6.果用瓜	公斤　kg							
金额　Amount	元　yuan							
7.水果　Fruits	公斤　kg	707			687			20
金额　Amount	元　yuan	715			683			32
8.木材　Timber	立方米 m^3	13		13				
金额　Amount	元　yuan	3260		3260				
9.出售牧业产品　Sale meat	－							
金额　Amount								
肉猪　Hogs	头　head	2743	362	437	33		442	1469
金额　Amount	元　yuan	413572	125669	233108	27493		11839	15463
肉牛　Cattle	头　head	274	110		36		6	122
金额　Amount	元　yuan	272280	201670		56140		11400	3070
菜羊　Goats	只　head	54	50	4				
金额　Amount	元　yuan	16200	15300	900				
家禽　Poultry	只　head	803	132	490	128		44	9
金额　Amount	元　yuan	13989	2161	9168	1867		700	93
10.猪肉　Pork	公斤　kg	753	382	64			272	35
金额　Amount	元　yuan	6802	3710	320			2352	420
11.蛋类　Eggs	公斤　kg	7640	190	563	269		6254	364
金额　Amount	元　yuan	37391	1144	3640	1559		28668	2380
12.羊毛　Wool	公斤　kg							
金额　Amount	元　yuan							

8－15 农村总收入和纯收入
GROSS AND NET INCOME OF RURAL HOUSEHOLDS

(农村住户抽样调查资料)

Data are obtained from the samle surveyod bouselolds

单位:元 unit:yuan

	合计 Total	榆树市 Yushu	农安县 Nongan	德惠市 Dehui	九台市 Jiutai	双阳区 Shuang Yang	城区 District
一、全年总收入 Gross income	8757064	1773009	1538953	1490178	1206834	1306373	1441717
(一)工资性收入 Basic income	949931	86739	86425	54247	21205	155115	546200
1.在非企业组织中劳动得到的报酬 From collective organization	380551	31712	24333	11017	21205	42739	249545
2.在本地企业劳动得到的报酬 From local enterprises	245928	9225		6375		11435	218893
#在本地乡镇企业劳动得到的 From township enterprises	82834			1926		11335	69573
从第一产业得到的 From primary industry	57814			2675		126	55013
从第二产业得到的 From secondary industry	21486	4227		1300		11309	4650
从第三产业得到的 From tertiary industry	166628	4998		2400			159230
3.常住人口外出从业得到的 From others	109031	4050	17000	35605		19874	32502
从第一产业得到的 From primary industry	7045			500		4902	1643
从第二产业得到的 From secondary industry	45023	3450		6560		10217	24796
从第三产业得到的 From tertiary industry	56963	600	17000	28545		4755	6063
4.其他 others	214421	41752	45092	1250		81067	45260
(二)家庭经营收入 Income from households business	7610421	1671880	1442994	1404581	1147539	1093183	850244
1.农业收入 Farming	5085955	951462	755439	733336	1146219	895049	604450
种植业收入 Grain	4858507	896551	721079	694314	1101291	846402	598870
2.林业收入 Forestery	3260		3260				
3.牧业收入 Animal husbandry	2207609	716789	665293	612489		137498	75540

8-15 续表 1　continued1　　　　　　　　　　　　　　　　　　　　　　　　单位:元　　unit:yuan

	合　计 Total	榆树市 Yushu	农安县 Nongan	德惠市 Dehui	九台市 Jiutai	双阳区 Shuang Yang	城　区 District
4.渔业收入　Fishery	83			83			
5.工业收入　Industry	24224		3019	13565		4238	3402
6.建筑业收入　Construction	47943		200	14305	1190	6908	25340
7.交通运输和邮电业收入　Transportation, post and telecommunication	101524	2295	2820	3575		15649	77185
8.批发和零售贸易餐饮业收入　Commerce and catering	23713		600	313		12800	10000
9.社会服务业收入　Social services	11728			3188		3000	5540
10.文教卫生业收入　Eduction culture and health care	5765		5765				
11.其他家庭经营收入　Others	98617	1334	6598	23727	130	18041	48787
(三)转移性收入　Transfer income	139017	14390	9534	29550	5390	51096	29057
1.农村外部亲友赠送收入　Gift	24490	5300		2580	100	10	16500
2.调查补贴　Subsidy for servey	42061	7326	8000	7550	4800	6793	7592
3.救灾款　Pension	74						
4.保险年金　Reward							
5.其他　Others	27119	64	34	18470		7816	735
(四)财产性收入　Property income	57695			18000	32700	6979	16216
1.利息　Interest	180						180
2.租金　Dividend　Rent	1090					230	860
3.红利　Dividend	600					600	3889
4.土地征用补偿　Subsidy for use of land							
5.其他财产收入　Others	55825			1800	32700	6149	15176
二、全年纯收入　Net income	6438945	1215243	1127558	1182773	890073	817078	1206220
三、全年人均纯收入　Per capita net income	2785.01	2852.68	2811.87	2776.46	2486.24	2282.34	3516.68

8－16 农村总支出

单位:元 （农村住户抽样调查资料）

		合 计 Total
全年总支出	**Gross expenditures**	**6296126**
一、家庭经营费用支出	Expenses of household business	1765946
1.种植业生产支出	Farming	1237245
2.林业生产支出	Forestry	2963
3.牧业生产支出	Animal husbandry	466535
4.渔业生产支出	Fishery	799
5.工业生产支出	Industry	1385
6.建筑业生产支出	Construction	2565
7.交通运输和邮电业支出	Transportation, post and telecommunication	33791
8.文教卫生业支出	Eduction culture and health care	640
9.批发和零售贸易、餐饮业支出	Wholesale, retail trade and catering	4970
10.社会服务业支出	Social services	1910
11.其他家庭经营支出	Others	11034
二、购置生产性固定资产支出	Expenditures for purchasing fixed assets	332439
三、生产性固定资产折旧	Wood and iron farm tools	201721
四、缴纳生产税	Taxes	144477
第一产业税金	Primary indusery taxes	141894

GROSS EXPENDITURES OF RURAL HOUSEHOLDS

Data are obtained from the sample swweyed house holds　　unit:yuan

榆树市 Yushu	农安县 Nongan	德惠市 Dehui	九台市 Jiutai	双阳区 Shuang Yang	城 区 District
14988841	**1076343**	**965949**	**582463**	**1298436**	**874094**
405431	311871	216413	289416	376804	166011
262727	158591	269237	284290	255751	106649
11	145	–	272	704	1831
137188	143894	43018	4289	95158	42988
112				18	669
–	790	470		125	
–	80	380	–	80	2025
2653	2970	1897		17115	9156
	500	108			32
–	–	–	–	4970	–
–	96	530	–	–	1284
2740	3166	773	565	2583	1207
174304	26530	30848	–	82791	17966
35097	29376	32883	11498	56053	36814
34731	20568	50391	10297	19932	8558
34731	20400	50391	10158	17656	8558

8－16续表1

单位:元

		合 计 Total
第二产业税金	Secondary industry taxes	275
第三产业税金	Tertiary industry taxes	2308
五、村提留	Draw down in village	100538
乡统筹	Overall plan of township	43792
六、生活消费支出	Living experditure	3372048
(一)食品	Food	1529847
1.主食	Staple food	605924
2.副食	Non－staple food	619409
3.其他食品	Other food	254938
4.在外饮食	Catering	41630
(二)衣着	Garments	208379
(三)居住	Residence	678533
1.住房、装饰	House	1177

continued1 unit:yuan

榆树市 Yushu	农安县 Nongan	德惠市 Dehui	九台市 Jiutai	双阳区 Shuang Yang	城 区 District
	10		139	126	
	158			2150	
30863	39980		260	20704	8731
30868	600			11122	1202
690458	625722	561857	250703	638760	604548
264436	363552	240685	125855	288886	246433
105006	172247	94738	55449	99713	78771
103743	132232	94008	42740	135048	111638
48940	44472	45879	24833	45785	45029
6206	12192	5216	987	6409	10620
41174	28591	38634	16691	35680	47609
196142	73411	88827	72112	138797	109244
192	80	209	14	600	82

8-16续表 2 continued2

单位:元 unit: yuan

	合 计 Total	榆树市 Yushu	农安县 Nongan	德惠市 Dehui	九台市 Jiutai	双阳区 Shuangyang	城 区 District
(四)家庭设备、用品及服务 Articles and services of houschold	121060	18481	15526	26044	16075	22566	22368
(五)医疗保健 Health care	212967	56957	28166	48041	6331	37620	35852
(六)交通和通讯 Transportation and telecommunication	183501	42387	21845	34809	2593	40914	40953
(七)文教娱乐用品及服务 Educaton, cultural and recreation services	369533	61579	83036	68767	7392	63956	84803
(八)其他商品和服务消费 Other goods and services	68228	9302	11595	16050	3654	10341	17286
七、转移性支出 Transfer expenditure	509489	118562	46832	105058	31787	143334	63916
1. 寄给和带给在外人口 Send outside others	15030	9300		4900	100	300	430
2. 赠送亲友 Send to relatives	461631	99132	46519	99877	31687	121677	62739
#赠送农村外部亲友 Send to rural relatives	12513	4390		1750	50	2473	3850
3. 缴纳保险费 Insurace Premium	1259	375	313	221		274	76
4. 缴纳罚款 Forfeit	240					240	
5. 其他 Others	31329	9755		60		20843	671

8-17 主要年份平均每百户农民家庭年末耐用消费品拥有量
NUMBER OF DURABLE CONSUMER GOODS OWNED PER 100 RURAL HOUSEHOLDS AT YEAR END

		1998	1999	2000	2001
自行车(辆)	Bicycle	118	117	108	103
缝纫机(架)	Sewing machine	78	76		
手表(只)	Watch	142	130		
收录机(台)	Record	34	33	20	20
黑白电视机(台)	TV set	71	62	51	51
彩色电视机(台)	Colour TV set	34	42	49	56
电风扇(台)	Electric fan	10	15	19	20
电冰箱(台)	Refrigerator	4	7	7	9
洗衣机(台)	Washing machine	55	58	63	63
录音机(台)	Tape recorder				
录放像机(台)	Video-recorder	1	1	11	3
照相机(架)	Camera		1	10	
空调机(件)	Air conditioner		1		

8－18 农村住户食品消费情况

(农村住户抽样调查资料)

CONSUMPTION OF MAJOR FOOD IN RURAL HOUSEHOLDS

Data are obtained from the sample suneyed bouseholds

单位:公斤 unit: kg

	合 计 Total	榆树市 Yushu	农安县 Nongan	德惠市 Dehui	九台市 Jiutai	双阳区 Shuangyang	城 区 District
一、消费粮食 Grain	436853	81715	124161	69396	34740	73711	53130
#小麦 Wheat	42545	5413	12000	5332	9142	4276	6382
稻谷 Rice	232731	50828	27655	37940	25199	61716	29393
玉米 Corn	107303	18990	60900	14851	50	1064	11448
薯类 Tubers	47729	5823	19840	10495	5	6515	5051
二、消费豆类及豆制品 Beans	32668	5030	15980	2277	870	5012	3499
三、消费蔬菜及菜制品 Vegetables	287989	46281	89825	33198	1451	72507	44727
1.根茎块花类 Root vegetable	51620	4162	14694	4206	119	23478	4961
2.菜瓜类 Cucumber	38772	7973	9053	4414	427	11848	5057
3.茄果类 Tomato	48217	8206	9593	6258	388	15540	8232
4.白菜类 Cabbage	108070	21256	42725	11061	245	13487	19296
5.绿叶菜类 Celery	22116	4503	6613	4168	121	5115	1596
6.其他鲜菜 Other vegetable	18917	128	7177	2926	167	3022	5497
7.干菜类 Dried vegetable	351	32	10	137	8	33	131
8.菜制品 Vegetable products	151	49		72	2	19	9
四、消费调味品 Condiments	6062	1483	1539	2450		564	26
五、消费油脂类 Oil and fat	15978	2248	2143	4613	2235	1990	2749
1.植物油 Beaning oil	15526	2139	2034	4527	2207	1919	2700
2.动物油 Fat	452	109	109	86	28	71	49
六、消费肉禽及制品 Meat and its product	16396	3062	2722	2991	1254	3002	3365
1.猪肉 Pork	11991	2401	2188	2362	816	2110	2114

NUMBER OF DURABLE CONSUMER GOODS OWNED RURAL HOUSEHOLDS

(Data are obtained from the sample surueyed households)

8-18续表1

单位:公斤

	合　计 Total	榆树市 Yushu	农安县 Nongan	德惠市 Dehui	九台市 Jiutai	双阳区 Shuangyang	城区 District
2. 牛肉　Beef	558	76	70	71	43	90	208
3. 羊肉　Mutton	174	39	13	15	6	45	56
4. 家禽　Poultry	2894	384	348	327	346	637	852
5. 肉禽制品　Meat and poultry	458	44	35	156	40	65	118
七、消费鲜蛋及蛋制品　Eggs and its poducts	11202	1335	2872	1798	676	2903	1619
八、消费鲜奶及奶制品　Milk and products	307	53	12	49	12	72	109
九、消费水产品　Aquatic	10230	933	1064	6120	665	684	764
1. 鱼类　Fish	9873	895	1012	6087	600	578	701
2. 虾、贝、蟹类　Shrimps and shellfish	58	7		1	39	5	6
3. 藻类　Marine alga	66	25		1	9	19	12
4. 其他水产品　Other aquatic	233	6	52	31	17	82	45
十、消费食糖　Sugar	1575	298	232	333	366	186	160
十一、消费糖果　Sweet	420	100	68	78	77	53	44
十二、消费酒和饮料　Drink and liqnor	32196	5928	6329	6254	3080	4811	5794
1. 白酒　Liqnoy	9656	2058	2353	1483	1109	1550	1103
2. 啤酒　Beer	13047	2852	2041	2309	1127	1774	2944
3. 果酒　Wine	34	4	10		11	2	7
4. 不含酒精类饮料　Other liquor	9392	996	1922	2460	816	1458	1740
十三、消费糕点　Cake	1657	278	374	189	281	360	175
十四、消费水果及水果制品　Fruits and its products	48929	7363	11888	10919	3588	6885	9186
十五、消费坚果及果仁制品　Nuts and its products	730	7	215	91	83	2	332

8－19 农村现金收、支、存

（农村住户抽样调查资料）

		合 计 Total
三、年内现金收入合计	Total income	4353389
（一）工资性收入	Wages	949843
1.在非企业组织中劳动得到的收入	From Non－enterprises	380463
2.在本地企业中劳动得到的收入	From enterprises	245928
3.常住人口外出从业得到的收入	From outside	109031
4.其他	Others	214421
（二）家庭经营现金收入	Income from household business	3206834
1.出售产品的现金	Sale products	2892412
2.工业加工费现金收入	Processing	22040
3.建筑业现金收入	Construction	47943
4.交通运输、邮电业收入	Transportation	101524
5.批发和零售贸易、餐饮业收入	Wholesale retail trade and catering	23713
6.社会服务业收入	Social service	11728
7.文教卫生业收入	Education,culture and health care	5765
8.其他家庭经营现金收入	Others	95508
（二）转移性收入	Transfer income	139017
（三）财产性收入	Property income	57695
（四）、非收入所得	Non income	1277008
四、年内现金支出合计	Total of expenditures	5510351
（一）生产费用现金	Expenses of production	1969091
1.家庭经营费用现金支出	Household business	1636652

BASIC CONDITIONS OF RURAL HOUSEHOLDS

Data are obtained from the sample surveyed households

榆树市 Yushu	农安县 Nongan	德惠市 Dehui	九台市 Jiutai	双阳区 Shuangyang	城 区 District
867744	620680	430589	608459	667525	1158392
86651	86425	54247	21205	155115	546200
31624	24333	11017	21205	42739	249545
9225		6375		11435	218893
4050	17000	35605		19874	32502
41752	45092	1250		81067	45260
766703	524721	344992	549164	454335	566919
764158	509211	286119	547844	392235	392845
	1042	13414		4182	3402
	200	14305	1190	6908	25340
2295	2820	3575		15649	77185
	600	313		12800	10000
		3188		3000	5540
	5765				
100	5083	235678	130	17730	48787
14390	9534	29550	5390	51096	29057
		1800	32700	6979	16216
377732	89461	156358		468957	184500
1321172	874958	864904	537535	1085775	826007
550605	296620	229706	289416	425763	176981
376301	270090	198858	289416	342972	159015

8-19 续表 1　continued1

		合 计 Total
2. 购置生产性固定资产现金支出	Purchased fixed assets	332439
(二)缴纳生产税	Taxes of production	144477
(三)村提留	Draw down in village	100538
(四)乡统筹	Overall plan of township	43792
(五)其他各项收费	Others	15273
(六)生活消费现金支出	Living expenditure	2715590
1. 食品	Food	1067817
2. 衣着	Clothing	208379
3. 居住	Residence	484105
4. 家庭设备、用品及服务	Articles and services of household	121060
5. 医疗保健	Health care	212967
6. 交通和通讯	Transportation and telecommunication	183501
7. 文教娱乐用品及服务	Education culture goods and services	369533
8. 其他商品和服务	Other goods and serices	68228
(七)转移性支出	Transfer expenditure	509489
(八)财产性支出	Property in come	12101
六、非消费性现金支出	Non consumer expenditure	730308
七、年末手存现金	Cash in hand at year end	3030946
八、年末存款金额	Deposits	3454561

单位:元 unit: yuan

榆树市 Yushu	农安县 Nongan	德惠市 Dehui	九台市 Jiutai	双阳区 Shuangyang	城 区 District
174304	26530	30848		82791	17966
34731	20568	50391	10297	19932	8558
30863	39980		260	20704	8731
30868	600			11122	1202
12572		68		274	2359
541942	466118	478367	205775	459931	563457
163888	238308	176891	125855	156073	206802
41174	28591	38634	16691	35680	47609
148174	39051	69131	27184	92781	107784
18481	15526	26044	16075	22566	22368
56957	28166	48041	6331	37620	35852
42387	21845	34809	2593	40914	40953
61579	83036	68767	7392	63956	84803
9302	11595	16050	3654	10341	17286
118562	46832	105058	31787	143334	63916
1029	4240	1314		4715	803
128736	82828	232257	117400	117032	52055
532270	418991	499698	484405	629573	466009
532270	460991	571360	782705	641226	466009

8－20 农村购买商品情况

(农村住户抽样调查资料)

		单位 Unit	合计 Total
一、购买食品	Purchage food	元 yuan	1017609
1.粮食(原粮)	Grain	公斤 kg	83995
2.食用植物油	Beaning oil	公斤 kg	15526
3.动物油	Fat	公斤 kg	416
4.蔬菜	Vegetables	公斤 kg	63518
5.豆制品	Bean' products	公斤 kg	9549
6.猪肉	Pork	公斤 kg	11288
7.牛肉	Beef	公斤 kg	538
8.羊肉	Mutton	公斤 kg	174
9.家禽	Poultry	公斤 kg	2707
10.鲜蛋	Eggs	公斤 kg	4260
11.淡水鱼类	Fish	公斤 kg	7951
12.淡水虾贝蟹类	Shrimps and shellfish	公斤 kg	7
13.海水鱼类	Freezed fish	公斤 kg	1948
14.海水虾贝蟹类	Shrimps and shellfish	公斤 kg	51
15.海水藻类	Marine alga	公斤 kg	66
16.食糖	Sugar	公 kg	1575
17.糕点	Cake	公斤 kg	1657
18.糖果	Sweet	公斤 kg	420
19.卷烟	Cigarette	盒 case	44692
20.酒	Liquor	公斤 kg	22708
18.茶叶	Tea	公斤 kg	33.70
19.水果	Fruits	公斤 kg	30753
20.鲜奶	Milk	公斤 kg	101
21.奶制品	Milk products	公斤 kg	206

BASIC STATISTICS ON RURAL PURCHASE GOODS

Data are obtained from the sample surveyed households

榆树市 Yushu	农安县 Nongan	德惠市 Dehui	九台市 Jiutai	双阳区 Shuangyang	城 区 District
157032	223598	170709	122924	147628	195718
9946	45028	11836	361	5745	11079
2139	2034	4527	2207	1919	2700
109	109	50	28	71	49
6026	12149	8699	1449	21152	14043
2704	622	804	566	2746	2107
2341	1908	2199	816	1910	2114
56	70	71	43	90	208
39	13	15	6	45	56
322	345	223	346	637	834
637	342	869	674	746	992
820	1008	5104	417	337	265
			5	1	1
79	4	987	187	245	446
7		1	34	4	5
25		1	9	19	12
298	232	333	366	186	160
278	374	189	281	360	175
100	68	78	77	53	44
10520	7694	7937	3737	8182	6622
4919	4396	3775	2242	3343	4033
1.80	3.50	4.3	17.30	5.20	1.60
4846	6316	6452	2610	5142	5387
4	3			4	90
48	9	49	12	69	19

8-20续表 1

		单 位 Unit	合 计 Total
22.罐头	Tins	公斤 kg	10
二、购买衣着和床上用品	Clothing and Bed articles	元 yuan	215350
1.棉布	Cotton	米 m	617
2.棉布服装	Cotton cloth	件 piece	153
3.化纤布	Chemical fiber cloth	米 m	340
4.化纤布服装	Chemical fiber clothing	件 piece	2054
5.毛料	Woollen	米 m	6
6.毛料服装	Woollen clothing	件 piece	88
7.皮料	Furs	米 m	
8.皮料服装	Fur garments	件 piece	4
9.鞋帽类金额	Shoes and hats	元 yuan	66737
10.床上用品金额	Ded articles	元 yuan	7653
三、购买文体用品	Culture, sports goods	元 yuan	79138
1.影碟机	Video disc player	台 unit	15
2.音像制品	Video recorder	元 yuan	400
3.彩色电视机	Colour TV set	台 unit	17
4.收录机	Recorder	台 unit	14
5.照相机	Camera	架 unit	
6.家用计算机	Computer	台 unit	1
7.文具纸张	Paper and others	元 yuan	8280
四、购买建筑材料	Building material	元 yuan	267615
1.水泥	Cement	公斤 kg	127348
2.木材	Timber	立方米 cu·m	1289.80
3.钢材	Steel	公斤 kg	5058

continued1

榆树市 Yushu	农安县 Nongan	德惠市 Dehui	九台市 Jiutai	双阳区 Shuangyang	城　区 District
	1		1	8	
42229	29058	39766	19988	36294	48015
68	133	91	242	46	37
13	3	18	69	22	28
97	14	95	13	86	35
629	343	237	158	362	325
1				1	4
	2	5	14	4	63
4		1		1	2
10535	7987	14419	3980	11922	17894
1128	606	1302	3376	760	481
15688	22460	7655	2719	18165	12451
1	5	1		6	2
106	85	12	74	32	91
6	4	2		3	2
3	2	3		6	
	1				
656	1893	1451	1284	2040	956
111069	16389	18496	935	50353	70373
55180	4200	11200	1380	25090	30298
27.90	13.50	1200		24.10	24.30
3433		213		522	890

8－20续表2

		单 位 Unit	合 计 Total
4.水泥预制件	Cement products	件 lump	5
5.玻璃	Glass	平方米 sq·m	229.50
6.砖瓦	Brick	块 lump	599084.00
7.沙石	Sand	立方米 cu·m	945
五、购买生活用燃料	Fuel	元 yuan	44260
#煤	Coal	公斤 kg	29798
六、购买日用品	Daily cosumer goods	元 yuan	198883
1.购买卫生纸	Toilet paper	元 yuan	4436
2.购买洗涤及卫生用品	Detergent	元 yuan	19587
3.购买护肤、化妆用品	Cosmetics	元 yuan	5197
4.购买日用金属制品	Daily metal products	元 yuan	2550
5.购买日用塑料制品	Daily plastic products	元 yuan	3134
6.购买日用橡胶制品	Rubber products	元 yuan	584
7.购买日用陶瓷制品	Pottery products	元 yuan	1546
8.购买日用玻璃制品	Glass products	元 yuan	890
9.购买其它日用百货	Daily articles	元 yuan	9316
10.购买其它日用杂品	Daily articles	元 yuan	27760
11.购买日用小五金	Small hardware	元 yuan	11053
12.购买住房装饰用品	Room decorations	元 yuan	842
13.购买住房装饰装修材料	Bulding material	元 yuan	285
14.购买洗衣机	Washing machine	台 unit	5
15.购买缝纫机	Sewing machine	台 unit	1
16.购买电风扇	Electric fan	台 unit	5
17.购买电冰箱	Refrigerator	台 unit	2
18.购买空调机	Air conditioner	台 unit	

continued2

榆树市 Yushu	农安县 Nongan	德惠市 Dehui	九台市 Jiutai	双阳区 Shuangyang	城　区 District
				5	
64.50	64	10	2	29	60
239665	74840	71456		105143	107980
552	6		2	277	108
2655	5778	15192	1561	6136	12938
2045	4977	13492	360	1080	7844
44505	24254	30648	14842	41082	43552
363	185	544	1535	524	1285
2663	3774	4062	2418	3152	3518
734	346	781	1630	739	967
120	52	1104	339	354	581
98	22	1386	206	532	890
	50	115	193	120	106
74		303	305	703	161
105		38	517	40	190
612	3721	100	1563	2868	452
4052	3429	8747	3082	4434	4016
2098	2230	2356	2040	1758	571
155	30	209	6	360	82
37			8	240	
2	1	1			1
					1
2	2				1
1				1	

8－20续表3

		单位 Unit	合计 Total
19.购买吸尘器	Dust catcher	台 unit	
20.购买抽油烟机	Smoke absorber	台 unit	
21.购买热水器	Shower	台 unit	1
22.购买微波炉	Oven	台 unit	
23.购买家具	Furniture	元 yuan	14448
24.购买家具用材料	Appliances	元 yuan	321
25.购买自行车	Bicycle	辆 cocah	32
26.购买摩托车	Motorcycle	辆 cocah	12
27.购买电话	Tele phone	部 set	10
28.购手机	Mobile tele phone	部 set	3
29.购买寻呼机	Pager	个 unit	1
七、购买药品及医疗用品	Medicine and medchical articles	元 yuan	117887
八、购买生产资料	Products matericals	元 yuan	1743286
1.化肥	Chemical fertilizer	公斤 kg	384212
2.农药	Agricurltural medicine	公斤 kg	4335
3.农用薄膜	Plastic	公斤 kg	1399
4.生产用燃料	Diesel oil	公斤 kg	94314
5.生产用种籽	Coal	公斤 kg	39382
6.生产用饲料	Forage	公斤 kg	216672
7.小型和手扶拖拉机	Mini and walking tractors	台 unit	8
8.机动脱粒机	Motorized threshing machine	台 unit	2
9.胶轮大车	Carts with rubber tires	辆 coach	1
10.水泵	Pumps	台 unit	41
11.役畜	Draught animals	头 head	23
12.产品畜	Commodity animals	头 head	90

continued3

榆树市 Yushu	农安县 Nongan	德惠市 Dehui	九台市 Jiutai	双阳区 Shuangyang	城　区 District
					1
2586	180	950	60	5072	5600
171		150			
6	8	6		6	6
4	1	1		4	2
5				2	3
		2			1
	1				
35467	13077	23372	5104	25557	15310
492316	278397	199826	284479	342675	145593
71198	38658	48269	124976	71516	29595
663	753	924	459	1058	478
204	181	343	24	206	441
32726	7062	10218	25	22933	21350
6732	7528	4943	7000	9098	4081
112108	33675	16006	3090	41247	10546
3	1	1		3	
2					
9	12	3		17	1
4	4	9		2	4
86	1			3	

8－21　农村主要耐用物品拥有量

（农村住户抽样调查资料）

		单 位 Unit	合 计 Total
1.自行车	Bicycle	辆 unit	618
2.空调机	Air conditioner	台 unit	
3.抽油烟机	Smoke absorber	台 unit	7
4.微波炉	Oven	台 unit	
5.热水器	Shower	台 unit	6
6.电风扇	Electricf	台 unit	120
7.洗衣机	Washing machine	台 unit	378
8.电冰箱	Refrigerator	台 unit	55
9.摩托车	Motorcycle	辆 coach	148
10.汽车(生活用)	Automobile	辆 coach	5
11.电话机	Telephone	部 sub	155
12.移动电话	Mobile telephone	部 sub	32
13.寻呼机	Pager	台 unit	29
14.组合音响	Hi－Fi stereo component system	台 unit	34
15.家用计算机	Computer	台 unit	2
16.影碟机	Video disc player	台 unit	69
17.黑白电视机	TV set	台 unit	305
18.彩色电视机	Colour TV set	台 unit	333
19.收录机	Recorder	台 unit	117
20.照相机	Camera	架 unit	15
21.吸尘器	Dust catching	台 unit	

NUMBER OF DURABLE CONSUMER GOODS OWNED RURAL HOUSEHOLDS

(Data are obtained from the sample surueyed households)

榆树市 Yushu	农安县 Nongan	德惠市 Dehui	九台市 Jiutai	双阳区 Shuangyang	城　区 District
108	103	99	100	85	123
	1	2			4
1	1				4
3	27	19	8	28	35
61	66	42	52	81	76
2	7	8	4	8	26
26	27	26	4	36	29
	2	2			
20	21	26	1	40	47
2	3	4		11	12
2	3	1		3	20
8	3	3		9	11
					2
19	12	7		16	15
41	50	52	66	58	38
70	58	54	21	64	66
36	10	13	21	14	23
	2	6		1	6

统计资料

STATISTICS

城市建设

GENERAL SURVEY OF CITY

9－1 主要年份城区用气情况
BASIC STATISTICS ON GAS IN CITY

		1990	1998	1999	2000	2001
一、煤气	Gas					
年底煤气生产能力(万立方米/日)	Production capcity of coal gas(10000cu·m/day)	52.7	60	60	60	60
年底煤气主干管线总长度(公里)	Length of gas pipeline(km)	735	1412	1511	1571	1610
年底煤气使用户数(户)	Households with access to gas	172780	311746	334538	350665	360564
年底煤气供气总量(万立方米)	Total gas supply(10000cu·m)	9897	12380	12590	22315	11481
家庭用量(万立方米)	Households(10000cu·m)	7180	8784	8939	11098	7728
二、液化气	Liquefied gas					
年底使用液化气户数(户)	Households with access to gas	73046	145995	136652	104147	199940
全年液化气供总量(吨)	Total liquefied gas(ton)	10703	20272	20217	30150	38762
#家庭用量(吨)	Households(ton)	10677	16519	14563	10329	12874
三、用户普及率(%)	Percentage of population with sccess to gas	47.5	88.24	91.65	92.56	98.31

9－2 主要年份城区自来水情况
BASIC STATISTICS ON TAP WATER

		1990	1998	1999	2000	2001
年底自来水生产能力(万立方米/日)	Production capacity of tap water(10000cu·m)	43.6	107.6	107.6	107.6	107.6
年末供水管道总长度(公里)	Length of water supply pipelines(km)	793	1166	1147	1201	1184
年底使用自来水人数(万人)	Residents with access to tap water(10000)	163	189.1	192.2	197.1	202.6
全年供水总量(万立方米)	Total volume of water supply(10000cu·m)	16402	30614	30979	29183	27361
全年售水量(万吨)	Total volume of water sale(10000ton)	15185	208062	21094	22471	20312
#生产用水(万吨)	Product use(10000ton)	5582	5002	4799	5542	4442
生活用水(万吨)	Residential use (10000ton)	9603	15860	16295	16929	10451
年底各单位自备水源能力(万吨/日)	Capaciey of water source owned (10000ton/day)	4.4	7.7	8		
日人均用水量(升)	Per capita use water(litre)	162	240.98		231.9	214.6

9-3 主要年份市区道路桥梁街灯公园情况
BASIC STATISTICS ON ROAD, BRIDGE, LIGHTS, PARK

		1990	1998	1999	2000	2001
道路长度(公里)	Length of roads (km)	671	957	1029	1064	1085
道路面积(万平方米)	Area of roads (10000sq·m)	691	1087.91	1169.61	1490.6	1595.6
年底城市排水管道总长度(公里)	Length of seuer pipeline (km)	814	1272.44	1316.46	1605.29	1809
桥梁(座)	Bridges (unit)	27	54	61	62	46
街灯数(盏)	Street lights (unit)	19568	25744	27267	27231	37724
公园数(个)	Parks and zoos (unit)	9	12	12	14	12
公园面积(公顷)	Area of parks and zoos (ha)	406.1	434.32	434.32	520.62	539.56
公用厕所(座)	Public lavatories (unit)	2499	738	781	737	658
园林绿地面积(公顷)	Public green areas (ha)	4025	5090	5465	5180	5537
建城区绿化覆盖面积(公顷)	Public green areas of developed (ha)	240	5489	5859	6058	6358

9-4 主要年份市区公共交通情况
BAEIC STATISTICS ON PUBLIC TRANSPORTATION

		1990	1998	1999	2000	2001
一、运营网线路长度(公里)	Length of operating net roads(km)	671.6	665	665	665	1106
二、年底实有车辆(辆)	Vehicles at year end(unit)	809	15545	14746	13806	17045
公共电、汽车	Buses and buses	675	2314	1386	1434	3024
小公共汽车	Small buses	100	1183	1128	1333	1484
出租轿车	Taxis	34	12048	12232	11039	12537
三、客运总量(万人次)	Passengers carried(10000person-time)	33455.3	38358	39882	43159	54216

9－5 主要年份市区房屋情况
BASIC STATISTICS ON BUILDING CONSTRUCTION AND HOUSING

		1990	1998	1999	2000	2001
实有房屋建筑面积(万平方米)	Floor space of building (10000sq·m)	3637.1	5789.6	6665	7180	7663.9
＃私房(万平方米)	Privat building (10000sq·m)	193.8	767.1	1571	2094	2426
实有住宅建筑面积(万平方米)	Floor space of housing (10000sq·m)	1911.8	3286.7	3846	4181	4500.4
＃私房(万平方米)	Private housing (10000sq·m)	188.5	710.3	1504	2007	2320
实有住宅使用面积(万平方米)	Use space of housing (10000sq·m)	1414.7	2645.0	2884.3	3119.8	3375
人均住房建筑面积(平方米/人)	Percapita living level (sq·m/person)	5.89	8.24	9.1	※19.06	※20.24

注:※符号的数据表示人均住房建筑面积,上列历史年份均为人均居住面积。从2000年起,人均住房面积不再使用“居住面积”统计,改为人均住房“建筑面积”统计。

9－6 主要年份全市供电情况
BASIC STATISTICS ON SUPPLY ELECTRICITY

		1990	1998	1999	2000	2001
年底发电设备容量总计(千瓦)	Total of power station production(kw)	327850	597600	597600	647600	678600
年底供电设备容量(千伏安)	Total available for supply(1000kwva)	1716120	6568148	6336798	7270582	8074118
全年供电量(万千瓦小时)	Annual supply electricity(10000kwh)	297407	545031	606177	647939	648079
＃自供(万千瓦小时)	By power station	24954	26016	25923	22537	25944
网供(万千瓦小时)	From electicity net	272453	519015	580254	625402	622135
全年用电量(万千瓦小时)	Total electricity consumption(10000kwh)	306243	522612	671093	711779	725705
＃工业用电(万千瓦小时)	Industry(10000kwh)	184923	311764	413254	461131	422861
农业用电(万千瓦小时)	Agriculture (10000kwh)	14082	11478	10461	13698	17253
城乡人民生活用电(万千瓦小时)	Residential consumption(10000kwh)	48939	211721	151049	129600	159446
送配电线路长度(公里)	Length of electrici wire (km)	3456	19044	18030	20561	20833
＃输电线路(公里)	Electric wire (km)	1265	2521	25612	2642.9	3142.9
配电线路(公里)	Distribution line (km)	2191	16523	15469	17918	17690

9－7 主要年份“三废”排放、处理及综合利用情况
DISCHATGE AND TREAMENT OF WASTE WATER WASTE GAS AND SOLID WASTES

		1990	1998	1999	2000	2001
一、工业废水排放总量(万吨)	Volume of waste water discharged(10000ton)	4346	3991.83	3522.07	3049	3772.21
排放达标量(万吨)	Volume of discharges upto standard (10000ton)	2099	1048.36	2621.36	1083	2516.47
二、废气排放总量(万标立方米)	Volume of waste gas discharged(10000cu·m)	3755102	5215097	4459147	4259052	6107985
燃烧过程中废气排放量(万标立方米)	Volume of wastegas in the burning(10000cu·m)	2151310	3211450	3072465	3059508	4054777
生产工艺过程中废气排放量(万标立方米)	Volume of waste gas from the process of production(10000cu·m)	1603792	2003647	1386682	1199544	2053205
三、工业粉尘排放量(万吨)	Volume of dust emission(10000ton)		4.8	3.1	2.9	2.6
四、工业固体废物产生、排放及处理利用	Volume of solid waste producod discharged and treatod					
1.工业固体废物产生量(万吨)	Volume of solid waste produced (10000ton)	115	170.7	148.35	148.75	185.7
2.工业固体废物处置量(万吨)	Volume of solidwaste treated(10000ton)	2	0.9	1.31	6.67	4.65
3.工业固体废物综合利用量(万吨)	Volume of solidwaste utilitzed(10000ton)	67	163	146.57	179.65	192.46
4.工业固体废物排放量(万吨)	Volume of solid waste discharged(10000ton)	7	0.1	0.11		

9-7续表1 Continued1

		1990	1998	1999	2000	2001
五、工业锅炉(台/蒸吨)	Industry boiler(unit/ton)	1031/5753	1114/7838.5	1055/7058	991/7900.9	759/7512.1
烟尘排放达标的(台/蒸吨)	Upto stardared (unit/ton)	687/5280	982/7149.5	923/6389	991/7900.9	740/7182.1
六、工业炉窑(座)	Industry furnace(unit)	425	353	393	347	325
烟尘排放达标的(座)	Upto stardard(unit)	139	233	289	347	317
七、其它	Others					
1."三废"综合利用产品产值(万元)	Output value of products from"three waste"(10000yuan)	874	8266	20297.4	127227.4	26563.1
2.工业用新鲜水量(万吨)	Volume of waste wster recovered(10000ton)	7207	6368	5714.71	5411.88	6224.2
3.全年耗煤量(万吨)	Total coat corsumption(10000ton)	313	415.44	505.73	486.99	460.82
4.汇总企业数(个)	Number of enterprices statistic	275	18	299	275	231
5.企业专职环保工作人员(个)	Staff and workers of environmental protection	1342	626	644	622	552

统计资料

STATISTICS

农业

AGRICULTURE

第十篇 农 业

2001年，长春市全年实现农林牧渔业总产值223.9亿元，按可比价格计算，比上年增长14.3%。其中，农业总产值108亿元，增长10.5%；畜牧业总产值114.4亿元，增长17.1%；林业总产值0.5亿元，增长0.5%；渔业总产值1亿元，增长18.9%。全年实现农林牧渔业增加值135.9亿元，比上年增长9.7%。

一、种植业收成较好

全年粮食总产量为625万吨，比上年增长18.8%。其中，玉米449.8万吨，增长28.2%；水稻99.2万吨，增长5.1%；大豆33.4万吨，下降10.4%。蔬菜产量292.6万吨，比上年增长17.8%。种植业发展的主要特点是：

1、种植结构不断优化。全年粮食作物播种面积93.5万公顷，比上年减少1.7%。油料、麻类、甜菜、烟叶、药材5项经济作物播种面积为4.3万公顷，增长12.2%。其中，油料作物种植3万公顷，烟叶种植0.7万公顷，甜菜种植近0.4万公顷。粮食作物的优良品种比重增加，优质专用玉米、大豆、水稻等播种面积达29.7万公顷，比上年增长64%，占全市粮食作物面积的32.3%。其中：高油、高淀粉、糯玉米、爆玉米等高品质玉米种植达6万公顷，高油、高蛋白和特种大豆播种面积达15.3万公顷，优质水稻播种面积达8.3万公顷。

2、订单农业继续扩大。全市"订单"播种面积达47.3万公顷，占全市总播种面积的42%，比上年增加近60%。"订单"品种由上年的33个增加到45个。

3、蔬菜、花卉种植等特色农业蓬勃兴起。2001年，全市蔬菜、瓜果类种植面积12.5万公顷，增长3.7%。以高榕公司、绿宝酱菜公司、金鼎酸菜公司为龙头企业的蔬菜种植、加工、出口产业进一步壮大，推动了全市蔬菜种植业的发展。花卉、苗木种植逐步扩大。全市花卉、苗木种植面积已达1万公顷，比上年增长1倍。全市著名的花卉、苗木产业基地—九台市波尼河镇，苗木花卉种植面积达3000多公顷，占全镇耕地面积的71.9%。

二、畜牧业进一步壮大

2001年畜牧业总产值达到114.4亿元，按可比价格计算增长17.1%，比重为51.1%。全市生猪发展数950万头，肉牛294万头，家禽28050万只，分别比上年增长8.0%、10.3%、5.7%。肉类总产量120.3万吨，比上年增长5.6%。禽蛋产量31.3万吨，增长11.6%，奶类产量5.3万吨，与上年基本持平。在主要畜产品产量稳步增长的同时，积极扩大特色畜禽如梅花鹿、鸵鸟、波尔山羊、火鸡、山鸡等品种的发展数量，增加畜产品的附加值。猪、牛、鸡良种覆盖率分别达到98%、90%和100%，分别比上年提高2个、2个和10个百分点。

三、选林面积略有下降

随着可利用林地资源的自然减少，2001年全市造林68公倾，比上年减少10.5%，其中，速生丰产林26公顷，增长25.8%；防护林3648公顷，下降27.5%。当年新育苗面积461公顷，增长35.6%。

四、水产品产量有较大增长。

2001年全市水产品产量为1.5万吨，比上年增长21%，其中，养殖产量完成1.3万吨，增长8%，捕捞产量完成0.2万吨，下降10%。

粮食产量

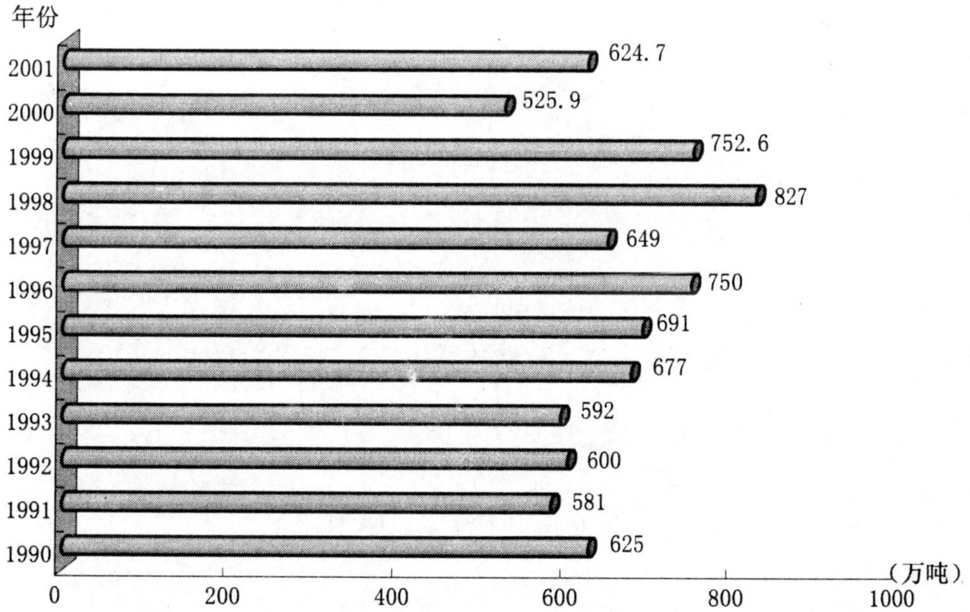

10－1　1990－2001年农林牧渔业总产值(现价)
GROSS OUTPUT VALUE OF AGRICULTURE (1990－2001)

单位:亿元　　unit:100million yuan

年份 Year	农林牧渔业总产值 Total	农业产值 Farming	林业产值 Forestry	牧业产值 Animal husbandry	渔业产值 Fishery
1990	47.2	34.7	0.3	11.8	0.4
1991	46.5	32.5	0.3	13.3	0.4
1992	52.2	36.9	0.3	14.6	0.4
1993	64.5	46.1	0.3	17.6	0.5
1994	108.2	71.9	0.5	35.2	0.6
1995	144.5	89	0.7	53.7	1.1
1996	172.9	99.3	0.5	71.9	1.2
1997	176.8	94	0.7	80.8	1.3
1998	198.9	108.2	0.6	88.6	1.5
1999	200.9	92.9	0.5	105.8	1.7
2000	197.6	83.8	1.0	111.7	1.1
2001	223.9	108	0.5	114.4	1.0

10－2　1990－2001年农作物播种面积
TOTAL SOWN AREAS OF FARM CROPS (1990－2001)

单位:公顷　　unit:ha

年份 Year	农作物总播种面积 Total sown area	粮食作物 Grain crops		经济作物 Industrial crops		其他作物 Other crops	
		播种面积 Area	占总播种面积% Percentage	播种面积 Area	占总播种面积% Percentage	播种面积 Area	占总播种面积% Percentage
1990	1117600	992200	88.8	41667	3.7	83733	7.5
1991	1117924	996342	89.1	40796	3.6	80786	7.3
1992	1121033	978510	87.3	42761	3.8	99762	8.9
1993	1120226	969586	86.6	43151	3.9	107489	9.5
1994	1115798	969219	86.9	36343	3.3	110236	9.8
1995	1120203	977304	87.2	31446	2.8	111453	10
1996	1124429	979061	87.1	32938	2.9	112430	10
1997	1122817	986045	87.8	27594	2.5	109178	9.7
1998	1122996	984485	87.7	21828	1.9	116683	10.4
1999	1121587	965869	86.1	25761	2.3	129151	11.6
2000	1121046	951131	84.8	38134	3.4	131781	11.8
2001	1109100	914514	82.5	41467	3.7	153119	13.8

注:经济作物包括:油料、麻类、甜菜、烟叶、药材。其他作物包括:蔬菜和其他农作物。
Note: Industrial crop: Oil－bearing, fiber, beetrtoots, tobacco, medicinal materials. Other crop: Vegetable and other farm crops

10－3 农村基本情况及农业生产条件

		单位 Unit	全 市 Total
一、农村基层组织情况	Rural grassroots units		
1. 乡(镇)政府	Township governments	个 unit	118
#镇政府	Town governnments	个 unit	74
2. 村民委员会	Villagers'committees	个 unit	1704
二、农村社会基础设施	Rural social condition		
1. 自来水受益村	Village for tapwattr	个 unit	205
2. 通汽车村	Villageo opening troffic	个 unit	1587
3. 通电话村	Villages with telephone	个 unit	1641
三、农村人口、劳动力资源及主要行业分布	Number of rural laborers		
(一)乡(镇)村户数	Number of rural households	户 household	1075773
(二)乡(镇)村人口	Population of rural	人 person	4299574
(三)劳动年龄人口数	Population of rural laborers	人 person	2107994
劳动年龄内丧失劳动能力的人数	Presons who loss work cpacity	人 person	95815
(四)不足或超过劳动年龄而参加劳动的人数	Child labourer and old men workng	人 person	143454
(五)乡村实有劳动力	Rural labourer	人 person	1808814
#男劳动力	Male labourer	人 person	1043917
女劳动力	Female labourer	人 person	764897
1. 农林牧渔业劳动力	Labourer in agriculture	人 person	1397147
2. 工业劳动力	Labourer in industry	人 person	72592

BASIC CONDITIONS OF RURAL GRASSROOTS UNITS

市辖区 District		榆树市 Yushu	农安县 Nongan	九台市 Jiutai	德惠市 Dehui
合计 Total	＃双阳区 Shuanhgang				
28	9	30	26	15	19
28	9	16	13	13	14
320	136	388	378	310	308
49	8	98	19	30	9
319	136	376	291	304	297
320	136	375	357	292	297
209740	70701	280306	226972	167218	191537
786159	283368	1090856	971082	651017	800460
398261	140692	463576	514988	369485	361684
18646	7040	21447	27087	14652	13982
22437	7064	44648	27897	32872	15600
352262	121947	441940	373123	299169	342320
205132	71602	245661	219156	170951	203017
147130	50345	196279	153967	128218	139303
237489	99343	317408	302959	252126	287165
33923	5542	11740	12033	5426	9470

10－3续表1

		单位 Unit	全市 Total
3.建筑业劳动力	Construetion	人 person	98407
4.交通运输、仓储及邮电通信业劳动力	Transportation, storoge, post and telecommunicaton	人 person	47011
5.批发、零售贸易业、餐饮业劳动力	Whatesale, retail and catering trade	人 person	58681
6.其他劳动力	Others	人 person	134976
(1)外出劳动力	Outside laborers	人 person	101129
(2)外出合同工、临时工	Outside temporany workers	人 person	31495
(3)外来劳动力	From outside laborers	人 person	10175
四、耕地情况	Land	公顷 ha	
(一)年初实有耕地面积	Area of land at year begining	公顷 ha	1094183
(二)年内增加耕地面积	Area of increasing land	公顷 ha	24
#新开荒面积	Newly open up wasteland	公顷 ha	
(三)当年减少耕地面积	Area of decreasing land	公顷 ha	1091
#国家基建占地	Copital construction	公顷 ha	804
乡村集体占地	Village collective construction	公顷 ha	117
农民个人建房占地	Peasant housing	公顷 ha	25
(四)年末实有耕地面积	Area of land at year end	公顷 ha	1093116
1.水田	Paddy fields	公顷 ha	118091
2.旱田	Dry fields	公顷 ha	975025
五、农业机械化情况	Agricultural machinery		
农业机械化总动力	Power of agricultural machinery	千瓦 kw	2222584
1.柴油发动机动力	Diesel power	千瓦 kw	1773844
2.汽油发动机动力	Gasoline power	千瓦 kw	64223
3.电动机动力	Electric power	千瓦 kw	384517
4.其它机械动力	Other power		
(一)耕作机械	Machinery cultivated		

continued1

市辖区 District		榆树市 Yushu	农安县 Nongan	九台市 Jiutai	德惠市 Dehui
合计 Total	#双阳区 Shuangyang				
19636	4488	28755	17179	15947	16890
12263	2094	15008	6301	6236	7203
16799	2728	14606	10610	6696	9970
32152	7752	54423	24041	12738	11622
18748	5394	45520	17812	9303	9746
11566	3463	3813	4997	3938	7181
4834	273	1910	2375	508	548
142102	70161	290682	290135	159516	211748
24					
940			54	16	81
724			45	9	26
56			6	2	53
15			3	5	2
141186	70161	290682	290081	159500	211667
16168	10580	36111	7407	18649	39756
125018	59581	254571	282674	140851	171911
368239	117924	598664	575014	260151	420516
277724	117924	476094	488243	206224	325559
30682	3547	12035	8568	9754	3184
59833	29733	110535	78203	44173	91773

10－3续表2

		单位 Unit	全　市 Total
#大中型拖拉机	Lange and medium tractors	台/千瓦 unit/kw	4919/189555
小型拖拉机	Mini tractors	台/千瓦 unit/kw	72239/734051
大中型拖拉机配套农具	Tractor towing farming machinery	部 set	15444
小型拖拉机配套农具	Mini tractor towing farm machinery	部 set	160484
(二)农用排灌动力机械	Machinery irrigating	台/千瓦 unit/kw	103713/520273
#柴油机	Diesel machinery	台/千瓦 unit/kw	89785/417677
电动机	Electric machinery	台/千瓦 unit/kw	13968/102590
农用水泵	Pump	台 unit	105793
节水灌溉机械	Machinery irrigated	套 set	86
(三)收获机械	Gathering machinery		
#联合收割机	Combine harvesters	台/千瓦 unit/kw	12/653
机动收割机	Motoried harvesters	台/千瓦 unit/kw	11/451
机动脱粒机	Thresher sheller	台 unit	35239
(四)植保机械	Plant protection machinery		
#机动喷雾(粉)机	Sprinkler	部/千瓦 set/kw	
(五)畜牧机械	Animal husbandry mechinery		
#饲料粉碎机	Pulverizer	台 unit	13594
铡草机	Hay cutter	台 unit	
(六)渔业机械	Fishery machinery		
#渔用机动船	Ship for rishery	艘/吨/千瓦 tank/tn/kw	
(七)农产品加工机械	Favming products proessing machinery		
农产品加工机械	Farming products proessing machinery	台/千瓦 unit/kw	24181
粮食加工机械	Thresher sheller	部 set	23653

continued2

市辖区 District		榆树市 Yushu	农安县 Nongan	九台市 Jiutai	德惠市 Dehui
合计 Total	#双阳区 Shuangyang				
614/24453	211/8574	1462/65204	618/22234	1291/42599	934/35065
10523/100785	4967/44959	15622/151865	22744/250914	8409/80967	14941/149600
1117	552	6014	3522	922	3869
14181	9660	35068	57625	14549	39141
17018/67521	7596/23956	33781/172651	10509/76906	10272/49653	32133/129586
13056/63705	5065/15398	32275/151648	7727/58235	8344/36773	28383/107316
4002/27766	2531/8558	1506/21003	2782/18671	1928/12800	3750/22270
15903	7244	34147	14626	9511	31606
6			80		
2/88		5/330	1/147	4/88	
–	–	–	11/45	–	–
3156	2017	7781	6515	5018	12769
1758	620	3674	4247	1393	2522
2632	1212	6965	5816	4123	4654
2817	1186	6993	5435	4092	4616

10－3续表3

		单位 Unit	全 市 Total
(八)运输机械	Transportation		
＃农用载重汽车	Truck	辆/千瓦 coach/kw	1979/154696
农用运输车	Truck	辆/千瓦 coach/kw	24423/271899
(九)其它农业机械	Other agricultural maehinery		
＃推土机	Bulldozer	台/千瓦 unit/kw	107/7902
六、农业主要能源及物资消耗	Energy and material consumption		568298
(一)农村用电量	Electricity consumption	千千瓦小时 1000kwh	568298
(二)农用化肥施用量	Consumptin of chemical fertilizers	吨 ton	790834
1.氮肥	Nitrogenous fertilizer	吨 ton	54244
(1)硫酸铵	Sulphuric acid ammonia	吨 ton	24723
(2)硝酸铵	Nitric acid ammonia	吨 ton	207448
(3)尿素	Urea	吨 ton	202921
(4)碳酸氢铵	Carbonic acid hyorrogtn ammonia	吨 ton	101901
(5)氨水	Ammonia water	吨 ton	65
(6)其他	Others	吨 ton	5386
2.磷肥	Phosphate fertilizer	吨 ton	92031
3.钾肥	Potash fertilizer	吨 ton	26443
4.复合肥	Compound fertilizer	吨 ton	129916
(三)农用塑料薄膜使用量	Volume of use of plastic	吨 ton	15828
＃地膜使用量	Volume of use of plastic	吨 ton	7649
地膜覆盖面积	Area of use of plastic	公顷 ha	33036
(四)农用柴油使用量	Volume of diesel	吨 ton	69479
(五)农药使用量	Volume of pseticide	吨 ton	7809
附记:	Appendix		
国有农林牧渔场劳动力	Laborers of farms	人 person	12367
＃农林牧渔业劳动力	Laborers of agricualture	人 person	8383

Continued3

市辖区 District		榆树市 Yushu	农安县 Nongan	九台市 Jiutai	德惠市 Dehui
合计 Total	#双阳区 Shuangyang				
633/43965	65/4096	620/64148	397/24732	236/16620	93/5631
6003/61831	1233/11868	3776/45305	7435/92783	4558/43500	2633/28480
58/5268	23/1217	38/2014	11/624		
188618	42825	97669	62688	97183	122140
122665	58802	193724	192240	133481	148724
85622	39491	134313	120205	92777	109527
4393	848	5989	5850	3358	5133
27605	9746	32718	63247	38409	45469
33496	14857	61400	49112	27918	30995
18134	13663	33063	932	22315	27457
–	–	60			5
1994	377	1083	1064	777	468
6986	2586	23858	40552	13364	7271
3262	2331	4987	8871	4486	4831
26795	14394	30566	22612	22854	27089
3492	1561	8485	1394	923	1534
1038	229	4766	1105	335	405
6261	1124	4793	9761	2141	10080
11390	4046	17547	16429	7918	16195
1019	480	4587	739	879	585
7167	2900		3762	1438	
4440	2500		2915	1028	

10-4 农作物播种面积
TOTAL SOWN AREAS OF FARM CROPS

单位:公顷　　　　unit:ha

	全市 Total	市辖区 District		榆树市 Yushu	农安县 Nongan	九台市 Jiutai	德惠市 Dehui
		合计 Total	#双阳区 Shuangyang				
总播种面积 Sownarea	114286	148176	70201	291132	299579	159985	215414
一、粮食作 Grain crops	935373	111363	60425	261780	238995	141391	181871
(一)谷物 Cereal	742427	93693	52047	199870	187771	118638	142460
1.稻谷 Rice	117367	15627	10211	36111	7457	18416	39756
#水稻 Rice	117367	15627	10211	36111	7457	18416	39756
2.小麦 Wheat	13514	33		4926	5547	1768	1240
3.玉米 Corn	581817	75212	40464	148248	164377	96348	97632
4.谷子 Millet	4441	147	24	511	2681	518	584
5.高粱 Sorghum	19648	931	211	8613	5775	1235	3094
6.其它谷物 Others	5640	1743	1137	1461	1934	348	154
(二)豆类 Beans	153684	15651	6698	51921	34729	18520	32863
1.大豆 Soybean	142800	15379	6553	49721	30019	16102	31579
2.杂豆 Beans	10884	272	145	2200	4710	2418	1284
(三)薯类 Tubers	39262	1992	1680	9989	16495	4238	6548
#马铃薯 Potato	38781	1845	1535	9989	16313	4177	6457
二、油料作物 Oilbearing crops	29786	3187	3086	3547	19130	261	3643
1.花生果 Peanuts	4941	15	1	5	4872	29	20
2.芝麻 Sesame	2615	20	7	174779	993	4	819
3.葵花籽 Sunflower	14814	81	56	174	12797	47	1715
4.线麻籽 Line fiber seed	3159	148	115	2247	20	102	642
5.蓖麻子 Castor bean	1909	1500	1500	5	398	6	
6.苏子 Perillaseed	2330	1423	1407	337	50	73	447
三、麻类作物 Fiber cropps	184	18	14	151		15	
1.线麻 Line fiber	169	14	14	142		13	
2.亚麻 Flax							
3.青麻 Green fiber	15	4		9		2	
四、甜菜 Beetroots	3989	34		31	3543	240	141
五、烟叶 Tobacco	7144			1196	3749	1666	533
1.烤烟叶 Fluecured tobacco	1566			1048	20		498
2.晒烟 Tobacco	5578			148	3729	1666	35
六、药材 Crude drugs	1711	416	384	1003	84	208	
七、蔬菜、瓜类 Vegetable and melon	125728	31896	5989	22513	31523	12040	27756
1.蔬菜 Vegetable	104525	28778	4637	20827	22762	9882	22276
2.瓜类 Melon	21203	3118	1352	1686	8761	2158	5480
(1)西瓜 Watermelon	10411	1134	599	921	4922	588	2846
(2)甜瓜 Muskmelon	10792	1984	753	765	3839	1570	2634
八、其它农作物 Other crop	10389	1289	303	911	2555	4164	1470
1.青饲料 Forage	84	609	100	185	17	30	
2.其它 Others	9548	680	203	726	2538	4134	1470

10－5 农作物总产量
YIELD OF MAJOR FARM CROPS

单位:吨　　　　unit:ton

		全市 Total	市辖区 District		榆树市 Yushu	农安县 Nongan	九台市 Jiutan	德惠市 Dehui
			合计 Total	#双阳区 Shuangyang				
一、粮食作物	Grain	6245072	421785	198989	2054828	1670344	848519	1249596
(一)谷物	Cereal	5665092	390374	186747	1852388	1497160	797107	1128063
1.稻谷	Rice	991887	83017	50096	342739	58975	115568	391588
#水稻	Rice	991887	83017	50096	342739	58975	115568	391588
2.小麦	Wheat	93386	83		10563	16588	3122	3030
3.玉米	Corn	4498466	301554	135311	1430918	1380541	671496	713957
4.谷子	Willet	18569	399	30	1804	13387	1635	1344
5.高粱	Sorghum	105021	2646	300	59740	20225	4599	17811
6.其它谷物	Others	17763	2675	1010	6624	7444	687	338
(二)豆类	Beans	358304	20695	5742	137994	78851	35657	85107
1.大豆	Soybean	333634	20292	5605	130743	67706	32095	82798
2.杂豆	Beans	24670	403	137	7251	11145	3562	2309
(三)薯类	Tubers	221676	10716	6500	64446	94333	15755	36426
#马铃薯	Potato	218907	10108	5920	64446	92960	15562	35831
二、油料作物	Oil beaning crop	53140	5439	5241	6784	35296	486	5135
1.花生果	Peanuts	14504	5	1	18	14401	37	43
2.芝麻	Sesame	3905	34	7	1524	1151	4	1192
3.葵花籽	Sunflower	21524	150	109	364	18637	87	2286
4.线麻籽	Line frber seeds	5806	336	214	4249	50	202	969
5.蓖麻子	Castor seeds	3777	2777	2777	10	971	19	0
6.苏子	Perillaseeds	3624	2137	2138	619	86	137	645
三、麻类作物	Fiber crops	154	18	14	120	0	16	
1.线麻	Linefiber	130	14	14	102		14	
2.亚麻	Flax							
3.青麻	Green fiber	24	4		18		2	
四、甜菜	Beetroots	104686	1414		1104	88533	7867	5768
五、烟叶	Tobacco	23205			4283	12357	5685	880
1.烤烟叶	Flue cured	4817			3908	80		829
2.晒烟	Tobacco	18388			375	12277	5685	51
六、蔬菜、瓜类	Vegetable and melon	3501673	776969	80680	969627	783392	173053	798632
1.蔬菜	Vegetable	2925884	720554	60654	907209	521642	146345	630134
2.瓜果类	Melon	575789	56415	20026	62418	261750	26708	168498
(1)西瓜	Watermelon	330146	29419	11145	43629	154173	7582	95343
(2)甜瓜	Muskmelon	245643	26996	8881	18789	107577	19126	73155

10－6　农作物单位面积产量
YIELD OF MAJOR FARM CROPS PER HECTARE

单位:公斤/公顷　　　　　　　　　　　　　　　　　　　　　　　　　　　　unit: kg/ha

		全　市 Totat	市辖区 District 合　计 Total	#双阳区 Shuangyang	榆树市 Yushu	农安县 Nongan	九台市 Jiutan	德惠市 Dehui
一、粮食作物	Grain	6677	3788	3293	7849	6989	6001	6871
(一)谷物	Cereal	7631	4167	3588	9268	7973	6719	7918
1. 稻谷	Rice	8451	5312	4906	9491	7909	6275	9850
#水稻	Rice	8451	5312	4906	9491	7909	6275	9850
2. 小麦	Wheat	2470	2515		2144	2990	1766	2444
3. 玉米	Corn	7732	4009	3344	9652	8399	6969	7313
4. 谷子	Willet	4181	2714	1250	3530	4993	3156	2301
5. 高粱	Sorghum	5345	2842	1422	6936	3502	3724	5757
6. 其它谷物	Others	3149	1535	888	4534	3849	1974	2162
(二)豆类	Beans	2331	1322	857	2658	2270	1925	2590
1. 大豆	Soybean	2336	1319	855	2630	2255	1993	2622
2. 杂豆	Beans	2267	1482	945	3296	2366	1473	1798
(三)薯类	Tubers	5646	5380	3869	6452	5719	3718	5563
#马铃薯	Potato	5645	5479	3857	6452	5699	3726	5549
二、油料作物	Oil beaning crop	1785	1707	1698	1913	1845	1682	1410
1. 花生果	Peanuts	2935	333	1000	3600	2956	1276	2150
2. 芝麻	Sesame	1493	1700	1000	1956	1159	1000	1455
3. 葵花籽	Sunflower	1453	1852	1946	2092	1456	1851	1333
4. 线麻籽	Linefrber seeds	1838	2270	1861	1891	2500	1980	1509
5. 蓖麻子	Castor seeds	1979	1851	1851	2000	2440	3167	
6. 苏子	Perillaseeds	1555	1502	1516	1837	1720	1877	1443
三、麻类作物	Fiber crops	837	1000	1000	795		1067	
1. 线麻	Line fiber	769	1000	1000	718		1077	882
2. 亚麻	Flax							
3. 青麻	Green fiber	1600	1000		2000		1000	
四、甜菜	Beetroots	26244	41588		35613	24988	32779	40908
五、烟叶	Tobacco	3248			3581	3296	3412	1651
1. 烤烟叶	Flue cured	3076			3729	4000		1665
2. 晒烟	Tobacco	3297			2534	3292	3412	1457
六、蔬菜、瓜类	Vegetable and melon	27851	24359	13491	43070	24851	14373	28773
1. 蔬菜	Vegetable	27992	25038	13080	43559	22917	14809	28288
2. 瓜类	Melon	27156	18093	14812	37021	29877	12376	30748
(1)西瓜	Watermelon	31711	25943	18606	47371	31323	12895	33501
(2)甜瓜	Muskmelon	22762	13607	11794	24561	28022	12182	27773

10－7林业生产情况
BASIC STATISTICS ON FOPESTRY

	单位 Unit	全 市 Total	市辖区 District		榆树市 Yushu	农安县 Nongan	九台市 Jiutan	德惠市 Dehui
			合 计 Total	#双阳区 Shuangyang				
1.当年造林面积 Areas of afforestation	公顷 ha	6875	1836	1120	1347	1392	1100	1200
(1)用材林面积 Commercial forest	公顷 ha							
(2)经济林面积 Economic forest	公顷 ha							
(3)防护林面积 Shelter forest	公顷 ha							
2.迹地更新面积 Areas of renewly cutover	公顷 ha	199	30	20	80	10	29	50
3.封山育林面积 Areas of closing hillsides to facilitate afforeststion	公顷 ha							
4.零星(四旁)植树 Odd pieces of planting	万株 10000trees	171	79	50	10	2	50	30
5.育苗面积 Areas of grow seedlings	公顷 ha	1033	731	40	80	200	132	50
#本年新育 Newly grow seedlings	公顷 ha							
6.幼林抚育作业面积 Areas of young trees	公顷 ha	15501	4601	3320	3000	2000	2200	3700
7.成林抚育面积 Areas of forcstery	公顷 ha	5189	2039	425	730	1000	700	720
8.低产林改造面积 Areas of renew sparse woods	公顷 ha							
9.抚育改造出材量 Volume of renew timber	立方米 cu·m							
10.村及村以下竹木采伐量 Volume of cut	立方米 cu·m							

10－8畜牧业主要产品生产情况

		单位 Unit	全市 Total
一、当年出栏肉猪	Shanghtered faittend hogs	头 head	6303124
1.交售国家	Sale to state	头 head	–
2.集市出售	Sale to market	头 head	5703596
3.自宰自食	For themselve	头 head	599528
二、当年出售和自宰的肉用牛	Ssle cattle and buffaloes	头 head	1228823
1.交售国家	Sale to state	头 head	–
2.集市出售	Sale to market	头 head	1088105
3.自宰自食	For themselve	头 head	140718
三、当年出售和自宰的肉用羊	Sale sheep and coats	只 head	313390
1.集市出售	Sale to market	只 head	272128
2.自宰自食	For themselve	只 head	41262
四、当年出售和自宰的肉用驴	Sale donkeys	头 head	12568
五、当年出售和自宰的肉用骡	Sale mules	头 head	16797
六、当年出售和自宰的肉用马	Sale horses	匹 head	39356
七、当年出栏家禽	Shanghtered poultry	千只/1000head	202805
八、当年出栏兔	Shanghtered cats	只 head	225966
九、当年肉类总产量	Total meat	吨 ton	1202999
#猪牛羊肉产量	Total of pork beef and mullon	吨 ton	615129
1.猪肉产量	Pork	吨 ton	615129
2.牛肉产量	Beek	吨 ton	165098
3.羊肉产量	Mutton	吨 ton	4641
4.驴肉产量	Meat of donkeys	吨 ton	949
5.骡肉产量	Meat of mules	吨 ton	1780
6.马肉产量	Meat of horses	吨 ton	4281
7.禽肉产量	Meat of poultry	吨 ton	410665
8.兔肉产量	Meat of cats	吨 ton	456
十、奶类产量	Milk	吨 ton	52713
#出售量	Sales	吨 ton	38012
1.羊奶产量	Milk of goat	吨 ton	533
2.牛奶产量	Milk of cottle	吨 ton	52180
十一、绵羊毛产量	Sheep wood	公斤 kg	1646315
1.细羊毛	Fine wool	公斤 kg	971704
2.半细羊毛	Semi－fine wool	公斤 kg	674611
十二、蜂蜜产量	Hloney	吨 ton	215
十三、禽蛋产量	Eggs	吨 ton	312746
十四、鹿茸产量	Pilose antler	公斤 kg	49642

BASIC STATISTICS ON ANIMAL HUSBANDRY

市辖区 District		榆树市 Yushu	农安县 Nongan	九台市 Jiutai	德惠市 Dehui
合计 Total	#双阳区 Shuangyang				
902943	331082	1724269	1821663	645498	1208751
–					
		1543598	1648075	611551	1097403
		180671	173588	33947	111348
214233	110127	402633	286830	11057	215070
–					
208479	110127	285870	280849	100166	212741
5754	–	116763	5981	9891	2329
17786	8017	46503	190539	12370	46192
16587	7217	27437	171866	11411	44827
1199	800	19066	18673	959	1365
497	13	1967	8087	375	1642
725	25	4575	8625	622	2250
1992	27	11115	16853	1162	8234
18372	6024	16205	71706	9949	86573
7307	–	15980	184380	1871	16428
147084	58493	248086	378833	89365	339631
80576	33108	155315	182169	58095	138974
80576	33108	155315	182169	58095	138974
26565	13215	57595	43029	12106	25803
353	117	698	2856	185	549
34	1	154	646	26	89
72	2	5471	861	75	225
295	2	1340	1684	139	823
39171	12048	32405	147218	18735	173136
18	–	33	370	4	31
42038	81	1332	3558	–	5785
28114	81	1274	3502		5122
64	45		11		458
41974	36	1332	3547	–	5327
29288	23000	78700	1181829	86498	270000
–	–	5200	722494	10010	234000
29288	23000	73500	459335	76488	36000
41	18	17	114	18	25
136357	35399	61376	38017	25877	48419
48906	42654	–	238	86	412

10－9主要牲畜年末存栏情况

		单位 Unit	全市 Total
一、大牲畜总头数	Large animals	头 head	2018380
＃能繁殖母畜	Daw	头 head	962926
当年生仔畜	Young animals	头 head	551669
从事农事劳役的	Forced animals	头 head	725754
1.牛	Cattle	头 head	1735614
(1)黄牛	Yellow ox	头 head	1715951
(2)奶牛	Cows	头 head	19663
2.马	Horses	匹 head	174575
3.驴	Donkeys	头 head	35496
4.骡	Mules	头 head	72695
二、猪	Hogs	头 head	3197001
＃能繁殖的母猪	Sows	头 head	348811
全年累计产仔猪	Young hogs	头 head	4614411
三、羊	Sheep and coats	只 head	489298
＃能繁殖的母羊	Female sheep and coats	只 head	241719
当年产羊羔	Young sheep and coats	只 head	178548
1.山羊	Goats	只 head	81668
＃奶山羊	Milk coats	只 head	27487
2.绵羊	Sheep	只 head	407630
＃细毛羊及改良羊	Sheep	只 head	228562
半细毛羊及改良羊	Sheep	只 head	161653
四、鹿	Deers	只 head	100570
＃能繁殖的母鹿	Female deers	只 head	4162
当年生仔鹿	Young deers	只 head	1902
五、年末养蜂箱数	Bee	箱 case	7910
六、家禽	Poultry	千只 1000head	77704
1.鸡	Chicken	千只 1000head	68852
＃蛋鸡	Eggs	千只 1000head	36248
2.鸭	Duck	千只 1000head	3854
3.鹅	Goose	千只 1000head	4998
七、家兔	Cats	只 head	171248

NUMBER OF LIVESTOCK

市辖区 District		榆树市 Yushu	农安县 Nongan	九台市 Jiutai	德惠市 Dehui
合计 Total	#双阳区 Shuangyang				
216461	123146	526672	558852	231068	485327
103179	51180	222057	236709	125634	275347
62398	30942	153457	122519	52492	160803
105937	49254	231621	190387	114752	83057
189100	112564	455095	446907	209503	435009
172963	112545	454590	445843	209503	433052
16137	19	505	1064	–	1957
14867	5408	50907	65980	10438	32383
3517	1005	6381	20077	2165	3356
8977	4169	14289	25888	8962	14579
405001	201050	889293	897306	412651	592750
45630	20537	110303	80734	29479	82665
579472	308055	1408290	900882	456737	1269030
17685	7075	63962	292350	27346	87955
9327	3333	31898	151123	12365	37006
6997	2180	29338	99226	9890	33097
5530	2475	35900	3807	11619	24812
944	250	–	233	1525	24785
12155	4600	28062	288543	15727	63143
400	–	2127	170508	1820	53707
10263	4600	10012	118035	13907	9437
98789	80238	–	686	287	808
3657	–	–	286	84	135
1609	–	–	163	37	93
1510	452	646	4481	521	752
15941	5011	13044	21852	10312	16555
144421	4044	10026	20255	9231	14919
11718	3555	8897	4418	3504	7711
695	430	1225	757	370	807
825	537	1793	840	711	829
5781		16936	123060	3625	21846

10－10 水果生产情况
BASIC STATISTICS ON FRUITS

		单位 Unit	全市 Total	市辖区 District 合计 Total	市辖区 District #双阳区 Shuangyang	榆树市 Yushu	农安县 Nongan	九台市 Jiutai	德惠市 Dehui
一、年末实有面积	Area of fruit trees	公顷 ha	30803	5998	3085	3718	9981	4545	4561
1.梨	Pear	公顷 ha	2731	1508	1167	656	28	511	28
2.苹果	Apple	公顷 ha	1470	193	8	298	50	927	2
3.葡萄	Grops	公顷 ha	2142	562	55	354	638	119	469
4.山楂	Haw	公顷 ha	339	15	1	1	7	306	10
5.其它	Other	公顷 ha	24121	2720	1854	2409	9258	2682	6052
二、水果产量	Output of fruits	吨 ton	612242	63046	21095	75312	269247	32468	172169
1.梨	Pear	吨 ton	3659	877	259	700	158	1817	107
2.苹果	Apple	吨 ton	3378	190	26	1408	280	1494	6
3.葡萄	Grops	吨 ton	17200	4815	347	5577	4879	206	1723
4.山楂	Haw	吨 ton	1009	21	2	3	2	837	146
5.其它	Others	吨 ton	586996	57143	20461	67624	263928	28114	170187

10－11 渔业生产情况
BASIC STATISTICS ON FISHERY

		单位 Unit	全市 Total	市辖区 District 合计 Total	市辖区 District #双阳区 Shuangyang	榆树市 Yushu	农安县 Nongan	九台市 Jiutai	德惠市 Dehui
一、水产品产量	Output of aquatic	吨 ton	15145	2457	1100	1120	4160	3208	4200
#国营	State owned	吨 ton	2878	414	60	70	2197	157	40
1.养殖产量	Artificially cultured	吨 ton	13499	2457	1100	570	3662	3070	3470
2.捕捞产量	Naturally grown	吨 ton	1646	–	–	550	498	138	460
二、养殖面积	Areas of artificially	公顷 ha	17625	4886	1213	2629	5460	2110	2540
#国营	State owned	公顷 ha	10646	4210	60	1980	3657	767	32

10－12 农林牧渔业总产值(90 年不变价格)
GROSS OUTPUT VALUE OF AGRICULTURE(at1990price)

单位:万元　　unit:10000yuan

		全市 Total	市辖区 Distict 合计 Total	#双阳区 Shuangyang	榆树市 Yushu	农安县 Nongan	九台市 Jiutai	德惠市 Dehui
农林牧渔业总产值	Total	1216840	209506	71633	290723	308311	130116	278184
一、农业产值	Farming	483479	54425	13584	146140	116022	69394	97498
(一)种植业	Farming	483304	54425	13584	146139	116004	69238	97498
1.主产品产值	Major products	480724	54175	13447	145368	115281	68885	97015
(1)粮食作物	Grain							
谷物	Cereal	264504	18585	9142	86979	65066	36500	57374
豆类	Beans	40519	2308	643	15147	9526	4013	9525
薯类	Tubers	12586	601	361	3671	5353	895	2066
(2)油料	Oilbean	7225	721	693	995	4694	63	752
(3)麻类	Fiber crop	27	3	3	21	–	3	–
(4)糖类	Sugar	1601	22	–	17	1354	120	88
(5)烟叶	Tobacco	5674	–	–	1276	2833	1301	264
(6)药材	Crudedrug	12065	7318	4	4515	34	198	–
(7)蔬菜、瓜类	vegetables melon	88500	21363	1752	27743	15456	4578	19360
(8)茶、桑、果	Tea,mulberry,fruits	26247	2991	844	3705	10833	1713	7005
(9)其它种植业	Other planting	21776	110	5	1299	137	19501	581
#饲料作物	Forage	41	30	5	9	1	1	–
2.副产品产值	Subsidy products	2580	250	137	771	723	353	483
(1)粮食作物副产品	Grain subsidy	2497	248	137	766	660	348	475
#谷物副产品	Cereal subsidy							
(2)其它作物副产品	Other subsidy products	83	2	–	5	63	5	8
(二)其它农业	Other farming	175			1	18	156	–
1.采集野生植物	Gathering fruits	174	–	–	–	18	156	–

10－12 续表 1　continued1　　　　单位:万元　unit:10000 yuan

	全　市 Total	市辖区 District 合　计 Total	 ＃双阳区 Shuangyang	榆树市 Yushu	农安县 Nongan	九台市 Jiutai	德惠市 Dehui
2.家庭兼营工业　Household handcraft industry	1			1			
二、林业产值　Forestry	4561	1649	727	457	982	873	600
(一)营林　Forest	2300	875	232	277	352	291	505
(二)林产品　Forest products	1					1	
(三)村及村以下竹木采伐　Cut wood	2260	774	495	180	630	581	95
三、牧业产值　Animal husbandry	722066	151838	56877	143644	189791	58378	178420
(一)牲畜　Animals	377601	52764	21490	103160	107097	36117	78463
1.大牲畜繁殖、增长、增重　Large animals raising	25917	3982	1716	8178	6794	4014	2949
(1)牛　Cattle	20825	2992	1513	6724	5113	3496	2500
(2)马　Houses	–						
(3)驴　Bonkeys	–						
(4)骡　Mules	–						
2.猪　Hogs	288273	37368	14683	75397	83909	26875	64724
3.羊　Sheep and coats	3198	942	54	276	1557	87	336
(二)家禽的饲养　Pourltry	172121	8283	2054	12889	64399	9188	77362
(三)活的畜禽产品　Living animals and poultry	159471	78275	28147	27595	18053	13053	22495
(四)捕猎　Hunting	–						
(五)其它动物饲养　Other animal raising	12873	12511	5186	–	242	20	100
四、渔业产值　Fishery	6734	1599	445	482	1516	1471	1666
淡水产品　Aquatic	6734	1599	445	482	1516	1471	1666
＃养殖　Artificially cultured	6734	1599	445	482	1516	1471	1666

10－13 农林牧渔业总产值(现价)

GROSS OUTPUT VALUE OF AGRICULTURE (at current price)

单位:万元　　unit:10000 yuan

		全市 Total	市辖区 District		榆树市 Yushu	农安县 Nongan	九台市 Jiutai	德惠市 Dehui
			合计 Total	#双阳区 Shuangyang				
农林牧渔业总产值	Total	2238721	345159	116079	566686	592736	228371	505769
一、农业产值	Farming	1079529	118642	31133	325858	279621	131865	223729
(一)种植业	Farming	1079529	118642	31133	325857	279592	131709	223729
1.主产品产值	Major products	1072677	117872	30688	324031	277651	130630	222493
(1)粮食作物	Grain	761001	49185	24020	247253	213580	93612	157371
谷物	Cereal	554325	38730	18993	181158	138772	77018	118647
豆类	Beans	66701	3824	1065	25172	15297	6645	15763
薯类	Tubers	139975	6631	3962	40923	59511	9949	22961
(2)油料	Oil bean	10584	1276	1241	1358	6570	150	1230
(3)麻类	Fiber crop	40	4	4	32	–	4	–
(4)糖类	Sugar	2408	33	–	25	2036	181	133
(5)烟叶	Tobacco	11950	–	–	1973	6555	3019	403
(6)药材	Crude drug	7034	4202	4	2600	34	198	–
(7)蔬菜、瓜类	Vegetables and melon	225804	58702	4452	63939	36460	11602	55101
(8)水果	Tea mulberry fruits	32051	4214	962	5522	12278	2363	7674
(9)农作物(含食用菌、花卉)	Crops	21805	256	5	1329	138	19501	581
#饲料作物	Forage	41	30	5	9	1	1	–
2.副产品产值	Subsidy products	6852	770	445	1826	1941	1079	1236
(1)粮食作物副产品	Grain subsidy	6754	769	445	1823	1860	1076	1226
(2)其它作物副产品	Other subsidy products	98	1	–	3	81	3	10
(二)其它农业	Other farming	186	–	–	1	29	156	–
1.采集野生植物	Gathering fruits	185	–	–	–	29	156	–

10－13续表1　continued1　　单位:万元　unit:10000 yuan

	全市 Total	市辖区 District 合计 Total	＃双阳区 Shuangyang	榆树市 Yushu	农安县 Nongan	九台市 Jiutai	德惠市 Dehui
2.家庭兼营工业　Household handcraft industry	1			1			
二、林业产值　Forestry	4738	1792	706	491	920	863	672
(一)营林　Forest	3098	1231	347	360	463	441	603
(二)林产品　Forest products	1					1	
(三)村及村以下竹木采伐　Cut wood	1639	561	359	131	457	421	69
三、牧业产值　Animal husbandry	1144443	222348	83659	239617	310116	93384	278978
(一)大牲畜　Animals	712351	108532	41949	195320	196596	67426	144477
1.大牲畜繁殖、增长、增重　Large animals raising	47000	7169	3231	14915	11926	7514	5476
＃牛　Cattle	41670	5984	3027	13455	10232	6996	5003
2.猪　Pigs	503641	71939	25263	129727	144372	46240	111363
3.羊　Sheep and coats	6025	1776	101	514	2938	165	632
(二)家禽的饲养　Pourltry	242121	11240	2318	15775	91776	12581	110749
(三)活的畜禽产品　Living animals and poultry	176775	89880	34206	28522	21377	13355	23641
(四)捕猎　Hunting							
(五)其它动物饲养　Other animal raising	13196	12696	5186		367	22	111
四、渔业产值　Fishery	9825	2377	581	720	2079	2259	2390
淡水产品　Aquatic	9825	2377	581	720	2079	2259	2390

10－14 农林牧渔业增加值(现价)
ADDED VALUE OF AGRICULTURE (at current price)

单位:万元 unit:10000 yuan

	全 市 Total	市辖区 District		榆树市 Yushu	农安县 Nongan	九台市 Jiutai	德惠市 Dehui
		合 计 Total	#双阳区 Shuangyang				
一、农林牧渔业总产值 Gross output value of agriculture	2238721	345159	116079	566686	592736	228371	505769
二、中间消耗 Imtermediate comsumer	879819	132307	45048	215438	235798	82905	213371
1.农业 Farming	399140	50586	15736	116447	112636	43093	76378
2.林业 Forsetry	1207	569	324	182	75	321	60
3.牧业 Animal husbandry	476157	80498	28855	98724	122467	38601	135867
4.渔业 Fishery	3315	654	233	85	620	890	1066
在中间消耗中：In intermediate consumer							
1.中间物质消耗 Material consumer	866530	126105	44200	214236	233930	81249	211010
2.对非物质生产部门的劳务支出 Services	13289	6202	848	1202	1868	1656	2361
三、农林牧渔业增加值 Added value of agriculture	1358902	212852	71031	351248	356938	145466	292398
1.农业 Farming	680446	68056	15397	209410	166973	88656	147351
#种植业 Planting	680575	68056	15397	209411	166985	88772	147351
2.林业 Forestry	3531	1223	482	309	845	542	612
3.牧业 Animal husbandry	668286	141850	54804	140893	187649	54783	143111
4.渔业 Fishery	6510	1723	348	635	1459	1369	1324

统计资料

STATISTICS

工业

INDUSTRY

第十一篇　工　　业

2001年，我市工业生产继续保持较高增长幅度。全年完成全口径工业总产值1284.5亿元；完成全口径工业增加值381亿元，比去年增长14.2%，占全市GDP的比重由去年的36.9%上升到38%，提高了1.1个百分点。全市规模以上工业(下同)完成产值954.5亿元，比去年增长24.3%，增幅在15个副省级城市和东北四市中均居第1位，我市增幅分别高于大连、沈阳和哈尔滨13.7、14和14.9个百分点；完成工业增加值282亿元，比去年增长20.7%；完成新产品产值254.5亿元，比去年增长52.8%，新产品产值占工业总产值的比重由去年的22.2%提高到26.7%，提高了4.5个百分点。经济运行质量进一步提高。2001年，全市工业经济效益综合指数达到164.5%，比去年提高17.1个百分点；盈亏相低后实现利润总额56.8亿元，比去年增长29%；亏损企业减少22户，亏损企业亏损额下降8%，减少0.7亿元。产业结构进一步优化。2001年，汽车及零部件、食品、光电子信息、生物及医药制造业共完成工业总产值805.3亿元，占全市规模以上工业总产值的84.4%，其中汽车及零部件制造业完成产值679.7亿元，占全市71.2%。这四大重点行业成为拉动全市工业经济增长的主导力量。国有企业改革进一步取得成效。2001年，全市国有及国有控股企业完成工业总产值799.4亿元，比去年增长23.2%；实现利润总额48.4亿元，比去年增长26.6%；亏损面下降2个百分点，亏损企业减少11户，亏损企业亏损额下降4.2%。

2001年工业总产值构成（%）

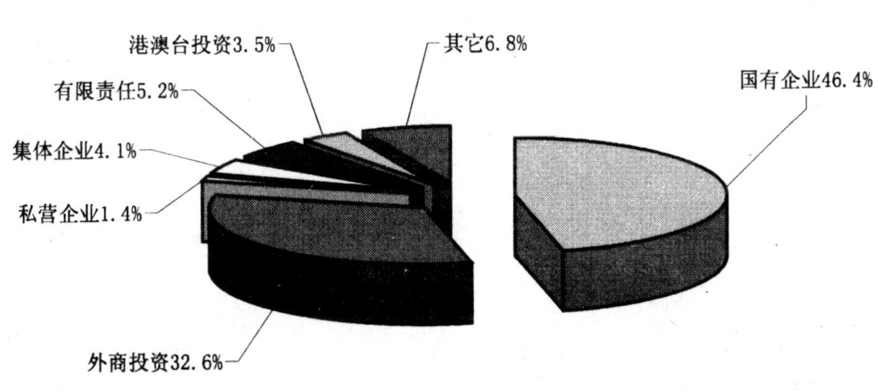

11－1 主要年份主要工业产品产量
OUTPUT OF MAJOR INDUSTRIAL PRODUCTS

产品名称	Item	1990	1998	1999	2000	2001
钢(吨)	Steel(ton)	73774	20189	28191	46388	42122
钢材(吨)	Steel products(ton)	95704	14863	13084	19743	27207
其中:普通小型钢材(吨)	Ordinary rolled－steel small(ton)	43617	6339	1192	3304	11819
铜(吨)	Copper(ton)	682	1418	1235	734	2100
黄金(千克)	Gold(kg)	11	74	99	115	87
原煤(吨)	Coal(ton)	1039460	999265	870615	900791	1122593
煤气(万立方米)	Gas(10000cu·m)	19245	21082	19707	20279	17215
焦炭(吨)	Coke(ton)	366464	400796	327675	353513	339935
发电量(万千瓦小时)	Electricity(10000kwh)	54095	546607	562764	678553	698271
工业锅炉(蒸吨)	Industrial boiler(steam ton)	1823	1128	2019	2318	2098
电弧炉(台)	Arc furnace(unit)	125	92	31	22	24
微型电子计算机(部)	Computer(set)	－	10226	3466	4304	3225
电动工具(台)	Electric tool(unit)	18500	147126	11497	107440	83316
电力变压器(千伏安)	Transformer(kva)	647240	433000	1358715	1645642	1368295
高中压阀门(吨)	High－mudium press valve(ton)	1112	1704	462	623	330
钢芯铝绞线(吨)	Aluminium wire with steel wick(ton)	793	379	1331	2051	646
彩色电视机(部)	Colour TVset(set)	60612	1506806	1442442	873106	444247
汽车(辆)	Vehicles(coach)	70048	234376	274904	322609	390834
其中:载重汽车(辆)	Trucks(coach)	57242	144647	154601	150269	169394
轿车(辆)	Cars(coach)	4201	81051	97958	125370	155381
客车(辆)	Buses(coach)	160	678	22345	46970	66059
摩托车(辆)	Motor bicycles(coach)	18122	113066	105402	60769	52194
新造铁路客车(辆)	New railway passenger (coach)	965	733	758	1585	1555
金属切削机床(台)	Metal cutting machine(unit)	638	126	－	138	311
工业泵(台)	Pump(unit)	13372	1966	6785	1346	1087
电话机(部)	Telephone(set)	－	106540	64024	120069	38889
电子元件(万只)	Electronic elements(10000)	9939	3413	645	1861	1709
内燃机生产量(万千瓦)	Interal combustion engines(100kw)	548	1964	1788	1949	2319
大中型拖拉机(台)	Large－mudium tractors(unit)	2858	33	38	62	65
小型拖拉机(台)	Mini tractors(unit)	32561	9109	16680	9777	13484
灯泡(万只)	Lamp(10000)	4704	4189	3626	2578	1646
合成氨(吨)	Synthetic Aammonia(ton)	18987	6674	1950	10098	－
化肥(折100%)(吨)	Chenical fertilizer(ton)	13315	4822	1272	7366	－
石油液化气(吨)	Tiquified gas(ton)	1910	6962	8259	12278	12639
硫酸(吨)	Sulfuric acid(ton)	40	4841	3478	4728	3914
塑料制品(吨)	Plastic products(ton)	11054	8798	6732	7887	8659
其中:农用薄膜(吨)	Agricultural plastic(ton)	5058	4876	4321	4615	5113
轻质碳酸钙(吨)	Calcium carbohate(ton)	4140	5259	9476	8700	7900
油漆(吨)	Paint(ton)	5470	5840	2456	5928	5535
轮胎外胎(条)	Tires(cover)	229700	84868	313286	510446	619457
胶鞋(万双)	Rubber shoes(10000)	1920	112	113	100	103
汽油(吨)	Gasiline(ton)	24136	70661	59607	60276	68046
人造板(立方米)	Fiber board(cu·m)	40718	33416	35358	11127	28856
墙地砖(立方米)	Wll－earth bricks(cu·m)	－	18018	46514	800000	88000
红砖(万块)	Brick(10000)	308225	10069	8758	10328	24954
水泥(万吨)	Coment(10000ton)	46	169	181	268	269

11－2 全市工业企业主要经济指标(一)

单位:万元

	企业单位数(个) Enterprises	亏损企业 Making loss enterprises	工业总产值(不变价格) Gross industrial output value (constant price)
总　　计 Total	**577**	**158**	**9449683**
一、按登记注册类型分组: Grouped by tpye registered			
国有企业 State owned	171	80	4226914
集体企业 Collective owned	136	19	373897
股份合作企业 Share holding cooperative	24	4	82483
联营企业 Joint ownership	6	2	15980
有限责任公司 Limited company	74	22	596449
股份有限公司 Share holding	32	8	608062
私营企业 Private	53	4	124445
港、澳、台商投资企业 Funded from Hongkong,Macao and Taiwan	23	4	330976
外商投资企业 Foreign funded	58	15	3090478
二、按经济组织类型分组 Grouped by ownership			
独资企业 Solely owned enterprises	338	101	4652191
合作、合伙企业 Cooperation and partnership	35	6	111197
股份有限公司 Share holding	39	11	622597
有限责任公司 Limited company	170	40	4063697
在总计中:亏损企业 Making loss enterprises	158	158	538918
在总计中:国有控股企业 State share holding	288	116	7941298
其中:大中型企业 Large and medium enterprises	117	42	7638481
在总计中:农村工业 Rural industry	65	3	215647
在总计中:轻工业 Light industry	231	78	1717588
以农产品为原料 Raw material for agricultural products	162	53	1122906
以非产农产品为原料 Raw material for non agricultural products	69	25	594682
重工业 Heavy industry	346	80	7732095
采掘工业 Excavation	15		17687
原料工业 Raw material industry	75	19	260492
加工工业 Processing industry	256	61	7453916
在总计中:大中型企业 Large and mudium enterprises	154	48	8451677
其中:国有大中型企业 State owned	59	27	4113671
其中:大型企业 Large enterprises	70	22	7723315
中型企业 Mudium enterprises	84	26	728362
小型企业 Small enterprises	423	110	998006
煤炭采选业 Coal mining and dressing	10		4032
石油和天然气开采业 Petroleum and natural gas extraction	1		1969
有色金属矿采选业 Non－ferrous metals mining and dressing	1		960

MAIN ECONOMIC INDICATORS OF INDUSTRIAL ENTERPRISES(I)

unit:10000yuan

工业总产值（当年价格）Gross industrial output value (current price)	新产品产值 New product	工业销售产值（当年价格）Sale revenue (current)	出口交货值 Export	工业中间投入合计 Intermediate Consumer	工业增加值（当年价）Added value (current)	资产合计 Total assets	流动资产小计 Circulating funds	短期投资 Short-term investment	应收收款净额 Account receiveable
9544517	**2545154**	**9242310**	**226885**	**7299020**	**2699477**	**12318378**	**56861868**	**15791**	**1473482**
4424184	78576	4324382	77350	3468537	1127922	7174129	3191408	2092	697139
391264	492	373248	1793	267937	136403	322655	191547	1051	96688
89121	24206	83923	6717	65518	28013	114396	63123		21886
14700	1500	13753		9352	5970	17468	3231		1892
497904	27328	475959	18292	371031	150014	1269200	466686	9790	102256
547680	85537	506232	1076	353569	216601	828430	441159	50	209637
132569		125016		91977	43089	166860	85624	100	15216
337582	1928	283169	5054	211128	1396962	322572	104334	1820	51418
3109515	2325588	3056628	116603	2459972	854504	2102668	1139057	889	277351
4867836	79925	4746937	85034	3772141	1282162	7538175	3406479	3242	799290
117206	29498	110162	14133	82361	40220	149762	81232		26863
562421	85537	520251	1583	363515	221604	862960	457408	50	214444
3997054	2350193	3864960	126135	3081003	1155491	3767481	1741048	12499	432886
512289	100321	470862	18672	396816	138419	1981397	751813	9823	221364
7991762	2531023	7735035	123631	6215734	2184223	10877127	4918816	12870	1224726
7679211	2508745	7444175	109354	5992255	2087959	10264743	4648565	11856	1151086
223651		215554	674	155310	72050	202065	82677	412	25741
1448612	126355	1325733	105383	1031094	456866	2141654	920018	10356	280603
1103016	25051	1020554	95769	777614	353767	1264059	587086	568	139037
345596	101303	305179	9614	253481	103098	877595	332932	9788	141567
8095906	2418799	7916577	121502	6267926	2242611	10176724	4766150	5436	1192879
25126		24663	234	14439	12645	39733	9697	2	2903
514827		504745	3145	349943	197286	1371668	384304	1885	171608
7555953	2418799	7387170	118123	5903545	2032680	8765323	4372150	3548	1018368
8510767	25122819	8260527	196674	6570367	2362257	10913744	4996298	11856	1242166
4283651	68928	4192069	76834	3372426	1080081	6867597	3053038	2066	660152
7647740	2454172	7462135	183865	5982121	2047508	9792603	4513553	11854	1054103
863028	58648	798392	12809	588247	314749	1121140	482745	2	188062
1033750	32335	981784	30211	728653	337220	1404643	689870	3935	231317
11472		12017	234	6277	6324	24660	7524	2	2448
1969		1969		1538	717	13248	721		
960		806		700	259	438	190		

11－2 续表 1

单位:万元

	企业单位数(个) Enterprises	亏损企业 Making loss enterprises	工业总产值(不变价格) Gross industrial output value (constant price)
非金属矿采选业 Non－metal minerals mining and dressing	3		10726
食品加工业 Food processing	44	10	462024
食品制造业 Food manufacturing	22	9	280548
饮料制造业 Beverage manufacturing	20	8	83290
烟草加工业 Tobacco processing	1	1	42249
纺织业 Textile industry	9	3	24548
服装及其他纤维制品制造业 Garments and other fiber products	16	3	37682
皮革、毛皮、羽绒及其制品业 Leather, furs, down and related products	2	326	
木材加工及竹、藤、棕、草制品业 Timber, bamboo, cane, palm and straw products	13	6	34215
家具制造业 Furniture manufacturing	3	2	3447
造纸及纸制品业 Paper making and paper products	5	1	9652
印刷业、记录媒介的复制 Printing and record medium reproduction	15	7	11165
文教体育用品制造业 Cultural, educational and sports goods			
石油加工及炼焦业 Petroleum processing and coking	4	1	11998
化学原料及化学制品制造业 Raw chemical material and chemical products	26	6	55752
医药制造业 Medical and pharmacutical products	42	14	230109
橡胶制品业 Rubber products	6	3	47636
塑料制品业 Plastic products	16	1	32528
非金属矿物制品业 Nonmetal mineral products	41	8	94362
黑色金属冶炼及压延加工业 Smelting and pressing of ferrous metals	10	2	21212
有色金属冶炼及压延加工业 Smelting and pressing of non ferrous metals	6	1	6214
金属制品业 Metal products	25	6	42331
普通机械制造业 Ordinary machinery	42	14	75540
专用设备制造业 Special purpose equipment	19	7	44486
交通运输设备制造业 Transport equipment	103	20	7074072
电气机械及器材制造业 Electric equipmert and machinery	18	6	93551
电子及通信设备制造业 Electronic and telecommunication equipment	15	4	445786
仪器仪表及文化办公用机械制造业 Instruments, meters, culturae and office	10	3	37316
其他制造业 Other manufacturing	3	1	3383
电力、蒸汽、热水的生产和供应业 Production and supply of electric power, steam and hot water	16	4	86694
煤气生产和供应业 Production and supply of gas	4	2	34080
自来水的生产和供应业 Production and supply of tap water	6	5	5802

continued 1 unit: 10000yuan

工业总产值（当年价格） Gross industrial output value (current price)	新产品产值 New product	工业销售产值（当年价格） Sale revenue (current)	出口交货值 Export	工业中间投入合计 Intermediate Consumer	工业增加值（当年价） Added value (current)	资产合计 Total assets	流动资产小计 Circulating funds	短期投资 Short-term investment	应收收款净额 Account receiveable
10726		9871		5923	5345	1387	1262		456
481403		486951	78099	368347	114911	353068	182622	368	28040
281484	1503	231425		176860	112215	204880	55816		37213
91583		85038		63445	32453	137033	49391	100	7484
57148	1660	59106	7	37758	26406	110743	75998		15238
26930	6301	26172	8382	25830	1878	114910	70584		2325
41135	1065	40612	3030	29913	12361	46565	24698		10053
335	20	282	100	245	100	927	594		47
35785		32846	8276	27463	8800	80099	21240	1820	5869
3703	881	2107		2634	1098	8684	5240	100	158
10359		10348	309	7579	3005	7526	3065		1052
13866	296	12902		8766	5961	29411	11283		3528
47701		47023		39223	9809	18568	10098		2090
63519		48192	712	39789	26460	154580	63006	80	21905
143715	24687	109655		88913	61538	313942	159393		53584
43722	2033	39803		27515	17400	52174	31839		8267
32275		31854		22378	11250	51945	22622		7179
144120	2155	132914	3354	95998	56378	289778	77295	219	22559
28151		26772		18179	10564	64500	27827	14	7433
6978		6885		5903	1291	15598	8349		1812
46817	56	45554		33270	14957	89870	32539	889	10425
74619	8888	69528	289	56956	21072	320282	179610	150	48985
42879	4992	43521	192	32987	10999	119764	56920		9620
7173092	2398164	7031446	109496	5628365	1911061	7944573	3920371	12050	864354
76009	7214	74582		59420	20394	122091	66984		24773
174332	79587	145809	11152	131709	44442	337398	198809		113436
33634	5651	33479	281	27823	7356	131615	41507		13460
3432		3404	2974	2687	745	2701	1721		34
236165		237450		157521	98615	697506	178805		100349
54302		51844		33745	23064	241345	73077		36265
50246		50144		33365	20251	216569	25173		13043

11-3 全市工业企业主要经济指标（二）

计量单位：万元

	存货 Inventorg	产成品 Produts	流动资产年平均余额 Annual average balance of circulating
总计 Total	**1735289**	**604302**	**5520712**
一、按登记注册类型分组： Grouped by tpye registered			
国有企业 State owned	987174	385341	3260281
集体企业 Collective owned	51217	29306	176215
股份合作企业 Share holding cooperative	16705	8269	64666
联营企业 Joint ownership	640	741	6470
有限责任公司 Limited company	132476	50457	468119
股份有限公司 Share holding	72613	24262	448917
私营企业 Private	30146	9011	84613
港、澳、台商投资企业 Funded from Hongkong, Macao and Taiwan	21094	9185	92010
外商投资企业 Foreign founed	423226	88001	919421
二、按经济组织类型分组 Grouped by ownership			
独资企业 Solely owned enterprises	1047912	419323	3457814
合作、合伙企业 Cooperation and partnership	18611	9128	84097
股份有限公司 Share holding	75446	26454	465506
有限责任公司 Limited company	593321	149397	1513295
在总计中：亏损企业 Making loss enterprises	264163	81564	766708
在总计中：国有控股企业 State share holding	1520301	508409	4783761
其中：大中型企业 Large and medium enterprises	14244633	465893	4520384
在总计中：农村工业 Rural industry	22170	10419	79850
在总计中：轻工业 Light industry	253389	103453	941378
以农产品为原料 Raw material for agricultural products	174695	68940	596600
以非产农产品为原料 Raw material for non agricultural products	78694	34513	344778
重工业 Heavy industry	1481900	500849	4579334
采掘工业 Excavation	2070	1046	8116
原料工业 Raw material industry	61976	18403	398532
加工工业 Processing industry	1417854	481400	4172686
在总计中：大中型企业 Large and mudium enterprises	1518796	508333	4860876
其中：国有大中型企业 State owned	940049	361288	3123568
其中：大型企业 Large enterprises	1388163	458728	4401862
中型企业 Medium enterprises	130633	49605	459014
小型企业 Small enterprises	216494	95969	659836
煤炭采选业 Coal mining and dressing	1602	749	6834
石油和天然气开采业 Petroleum and natural gas extraction	164		846
有色金属矿采选业 Non-ferrous metals mining and dressing	89	82	190

MAIN ECONOMIC INDICATORS OF INDUSTRIAL ENTERPRISES (Ⅱ)

unit:10000yuan

长期投资 Long-term investment	固定资产小计 Fired assets	固定资产原价 Original value of fixed assets	生产经营用 Operating	累计折旧 Depreciation	本年折旧 Depreciation in this year	固定资产净值 Net value of fixed assets	固定资产净值年平均余额 Annual average balance	无形及递延资产小计 Intangible and deferred	无形资产 Intangible
1279221	4661333	5935177	4736306	2155658	385163	3779519	3895514	352366	241141
1078245	2707005	3066830	2347797	1135656	201044	1931175	2026349	159815	82489
6080	109085	134081	111067	33827	5930	100253	92309	5759	5217
3762	43356	59769	42730	19493	2249	40276	37695	3889	3844
	6802	7868	7866	1388	162	6480	6958	3322	2925
142786	555742	708752	491615	200013	27567	508739	495439	94722	71333
40283	202892	369240	286528	177984	19848	191256	211392	18029	16082
304	63278	70256	63373	10420	2418	59836	60267	9597	9541
6302	148775	157689	107152	33322	4701	124367	120528	13398	10957
1460	824398	1360691	1278178	543556	121245	817135	844577	43836	38754
1084325	2831562	3223139	2473528	1176239	208243	2046901	2133980	166377	88435
3762	52892	72287	55041	22816	2735	49472	47366	7464	7022
46480	208840	375804	291463	179202	20096	196603	216662	21794	17809
144655	1568039	2263946	1916275	777402	154090	1486544	1497506	156731	127874
94394	919694	1109940	902951	273455	39006	836485	855247	81741	53527
1246926	4140291	5222808	4155741	1932506	342632	3290302	3403368	292683	192381
1232571	3894133	4922686	3939046	1863664	332917	3059022	3170376	242854	158543
2489	93476	116527	98329	23738	4456	92789	87364	4956	4600
77633	873460	1081769	889511	286512	44344	795256	804678	88976	71315
15911	524004	651653	510294	186987	25306	464666	468479	63316	47586
61723	349456	430116	379217	99526	19038	330590	336199	25661	23729
1201588	3787837	4853408	3846795	1869146	340819	2984262	3090836	263389	169826
873	28893	34892	16622	7079	1128	27813	27305	265	
70714	824469	1180291	983939	394756	53397	785535	776134	42412	31068
1130001	2934511	3638225	2846234	1467310	286294	2170914	2287398	220712	138759
1240739	4138724	5286732	4282566	2002210	358218	3284523	3402857	273202	184688
1067444	2588999	2919721	2231590	1098773	196863	1820949	1910223	144019	77251
1226421	3614380	4561866	3682250	1734571	320161	2827296	2928906	230489	146309
14318	524344	724866	600316	267639	38057	457227	473951	42713	38380
38483	522609	648445	453740	153449	26944	494996	492657	79163	56453
873	15999	17934	16167	2955	245	14979	14527	259	
	12526	16492		3973	843	12519	11927		
	242	342	330	100	26	242	242	6	

11－3 续表1

单位:万元

	存 货 Inventory	产成品 Products	流动资产年平均余额 Annua avera balance of circulating
非金属矿采选业 Non－metal minerals mining and dressing	215	215	247
食品加工业 Food processing	51005	17373	193325
食品制造业 Food manufacturing	10124	5561	54373
饮料制造业 Beverage manufacturing	15415	3446	49554
烟草加工业 Tobacco processing	22138	818	72376
纺织业 Textile industry	20760	14077	73556
服装及其他纤维制品制造业 Garments and other fiber products	11092	5304	26199
皮革、毛皮、羽绒及其制品业 Leather, furs, down and related products	436	256	558
木材加工及竹、藤、棕、草制品业 Timber, bamboo, cane, palm and straw products	9615	4747	20754
家具制造业 Furniture manufacturing	3546	2373	4449
造纸及纸制品业 Paper making and paper products	483	148	3377
印刷业、记录媒介的复制 Printing and record medium reproduction	4097	2646	10533
文教体育用品制造业 Cultural, educational and sports goods			
石油加工及炼焦业 Petroleum processing and coking	3651	716	10741
化学原料及化学制品制造业 Raw chemical material and chemical products	14439	4647	63656
医药制造业 Medical and pharmacutical products	52000	28232	156579
橡胶制品业 Rubber products	8575	5443	29835
塑料制品业 Plastic products	4559	2043	22176
非金属矿物制品业 Nonmetal mineral products	22435	13624	76676
黑色金属冶炼及压延加工业 Smelting and pressing of ferrous metals	11357	6396	26506
有色金属冶炼及压延加工业 Smelting and pressing of non ferrous metals	1107	615	7712
金属制品业 Metal products	10915	7268	31673
普通机械制造业 Ordinary machinery	104928	22445	174659
专用设备制造业 Special purpose equipment	25824	7591	55035
交通运输设备制造业 Transport equipment	1223204	413810	3737912
电气机械及器材制造业 Electric equipmert and machinery	24052	10841	64458
电子及通信设备制造业 Electronic and telecommunication equipment	39878	13671	207611
仪器仪表及文化办公用机械制造业 Instruments, meters, culturae and office	13224	5686	47028
其他制造业 Other manufacturing	1438	1421	612
电力、蒸汽、热水的生产和供应业 Production and supply of electric power, steam and hot water	16106		190434
煤气生产和供应业 Production and supply of gas	6922	2058	75279
自来水的生产和供应业 Production and supply of tap water	796		24961

continued 1

unit:10000yuan

长期投资 Long－term investment	固定资产小计 Fived assets	固定资产原价 Original value of fixed assets	生产经营用 Operating	累计折旧 Depreciation	本年折旧 Depreciation in this year	固定资产净值 Net value of fixed assets	固定资产净值年平均余额 Annual average balance	无形及递延资产小计 Intangible and deferred	无形资产 Intangible
	125	125	125	51	14	74	563		
937	149573	207804	196583	65044	13673	142761	147319	14871	11653
155	96979	94562	91820	20347	1365	74215	76594	7296	5789
125	67624	89649	75484	24982	3394	64666	70413	7767	4292
33	34458	48408	39450	17384		31023	29803	255	84
207	42464	51946	12500	15441	730	36505	41574	1176	1005
391	14537	16522	14944	4053	595	12468	9211	1695	1442
	333	364	327	31	7	333	336		
	48186	55637	11753	9445	1413	46192	42606	9108	4428
205	2870	3836	3303	967	176	2870	2381	28	10
	2693	4241	3626	1562	406	2679	2729	589	589
914	16585	22980	20128	7685	731	15295	14657	531	503
	8017	13456	11517	7592	748	5865	5861	453	389
24721	54431	63754	46579	15101	1243	48653	52844	4301	3064
14091	95412	108085	83107	35523	4523	72562	69462	27160	23403
	18455	20438	10804	9223	3239	11215	12096	1849	1849
47	24588	30284	22926	7267	2034	23018	24486	1599	1497
5460	187176	232343	122259	47756	5382	184587	173597	19578	19138
725	25963	33704	22833	9703	526	24001	23980	9956	328
10	6801	8317	5760	1683	248	6634	6508	417	403
13265	32379	39451	25236	7101	1157	32350	33079	7307	4300
11437	120004	139914	88544	46926	3514	92988	93998	5919	4003
2644	43889	56758	52659	13232	1030	43527	42923	11363	10407
1141052	2608451	3238978	2541448	1343193	271772	1895785	2002948	183261	108537
122	43904	62748	47459	19784	3110	42964	43780	8028	7539
5554	33265	51452	40512	22387	4167	29065	31588	8169	7319
12096	76913	84066	75734	22082	726	61984	65632	1098	1057
	856	1052	151	196	58	856	870		
34855	453399	721375	663140	288716	44400	432660	427696	7342	7152
6321	133100	163969	162975	37274	3160	126696	130058	10986	10960
2173	189135	234193	226126	46901	10510	187292	189182		

11－4 全市工业企业主要经济指标(三)

单位:万元

	负债合计 Liabilities	流动负债小计 Liquid liabilities	长期负债小计 Long－term liabilities
总　　计 Total	**7371910**	**5613427**	**1758483**
一、按登记注册类型分组: Grouped by tpye registered			
国有企业 State owned	4826787	3523826	1302960
集体企业 Collective owned	196478	171405	22373
股份合作企业 Share holding cooperative	74775	61350	13424
联营企业 Joint ownership	7261	7121	140
有限责任公司 Limited company	770432	607235	163197
股份有限公司 Share holding	242770	177063	65707
私营企业 Private	97424	86483	10940
港、澳、台商投资企业 Funded from Hongkong, Macao and Taiwan	202172	160669	41503
外商投资企业 Foreign founed	953812	815575	138238
二、按经济组织类型分组 Grouped by ownership			
独资企业 Solely owned enterprises	5043226	3715227	1327999
合作、合伙企业 Cooperation and partnership	96361	81592	14769
股份有限公司 Share holding	266337	199678	66659
有限责任公司 Limited company	1965986	161930	349056
在总计中:亏损企业 Making loss enterprises	1302419	1014892	287528
在总计中:国有控股企业 State share holding	6588327	4904978	1683349
其中:大中型企业 Large and medium enterprises	6159447	4553693	1605754
在总计中:农村工业 Rural industry	120723	111480	9243
在总计中:轻工业 Light industry	1238561	971443	267119
以农产品为原料 Raw material for agricultural products	882977	710013	172964
以非产农产品为原料 Raw material for non agricultural products	355584	261429	94155
重工业 Heavy industry	6133349	4641984	1491364
采掘工业 Excavation	25800	19523	6277
原料工业 Raw material industry	964491	583621	380870
加工工业 Processing industry	5143058	4038841	1104217
在总计中:大中型企业 Large and mudium enterprises	6475103	4855856	1619247
其中:国有大中型企业 State owned	4571826	3309652	1262174
其中:大型企业 Large enterprises	5681278	4307757	1373521
中型企业 Mudium enterprises	793825	548099	245726
小型企业 Small enterprises	896807	757571	139236
煤炭采选业 Coal mining and dressing	15416	11729	3686
石油和天然气开采业 Petroleum and natural gas extraction	10132	7632	2500
有色金属矿采选业 Non－ferrous metals mining and dressing	162	162	

MAIN ECONOMIC INDICATORS OF INDUSTRIAL ENTERPRISES (Ⅲ)

unit: 10000yuan

所有者权益合计 Creditors' equity	实收资本 Capital hold	国家资本 State owned	集体资本 Collective owned	法人资本 Legperson capital	个人资本 Private funds	港澳台资本 Funded from Hongkong, Macao and Taiwan	外商资本 Foreign funds	产品销售收入 Sale revenue	产品销售成本 Cost of sales
4946468	**2459262**	**1165797**	**82342**	**679467**	**172819**	**36815**	**322022**	**9209296**	**7568920**
2347342	1125104	904870	968	158732	55859	4675		4421699	3867027
126177	68792	1669	38421	16976	11727			339649	
39622	17765	376	10676	1104	5429	180		82146	67282
10207	9850		3512	6317	20			13324	11712
498768	271721	104934	6003	148333	11110		1341	453280	369497
585660	192962	66596	9585	76749	40034			489859	418356
69436	35062	262	1130	7702	25969			123106	100354
120401	113551	26475	1293	6167	3397	21741	54478	255847	204159
1148856	624456	60616	10755	257388	19276	10219	266203	3030386	2241832
2494949	1209448	910538	40351	178208	69419	9675	1257	4814105	4197708
53401	30510	458	15426	8180	5449	562	436	103117	84123
596623	203136	66596	9664	79479	42168	5125	103	502540	428739
1801495	1016169	188205	16901	413600	55783	21453	320226	3789535	2858350
678978	573437	386424	9398	123424	5010	2093	47088	437478	394724
4288800	2071644	1115129	18657	597411	92906	10876	236665	7725957	6330313
4105297	1876394	1005847	11964	560088	87836	7245	203415	7483024	6118600
81342	47033	446	13198	16501	10133	6300	455	173229	147126
903093	571650	272334	27856	99268	57537	21349	93306	1311554	1088767
381082	289471	78570	17281	55453	40521	14001	83646	1026354	842891
522011	282179	193764	10576	43815	17016	7348	9661	285200	245877
4043375	1887612	897463	54486	580199	115282	15467	228716	7897742	6480152
13933	11938	9416	42	2265	215			26050	18873
407177	320694	115486	3886	173587	24496	180	3060	503913	428818
3622265	1554981	768561	50558	404348	90751	15287	225656	7367779	6032461
4438641	2052552	1036552	29363	584902	125317	18365	258054	8316250	6824318
2295771	1066535	857630		149022	55209	4675		4303639	3764211
4111326	1785074	939911	7034	522943	108881	11120	195185	7561105	6236153
327316	267479	96641	22328	61959	16436	7245	62870	755144	588165
507827	406709	129245	52979	94565	47502	18451	63968	893047	744602
9245	7631	7416			215			13690	8229
3116	4000	2000		2000				1683	1310
277	265			265				806	450

11-4 续表1

单位:万元

	负债合计 Liabilities	流动负债小计 Liquid liabilities	长期负债小计 Long-term liabilities
非金属矿采选业 Non-metal minerals mining and dressing	91		91
食品加工业 Food processing	250587	243843	6744
食品制造业 Food manufacturing	131557	98696	32862
饮料制造业 Beverage manufacturing	101135	84352	16783
烟草加工业 Tobacco processing	124156	67227	56929
纺织业 Textile industry	66475	45293	21182
服装及其他纤维制品制造业 Garments and other fiber products	35688	27679	8009
皮革、毛皮、羽绒及其制品业 Leather, furs, down and related products	584	581	4
木材加工及竹、藤、棕、草制品业 Timber, bamboo, cane, palm and straw products	42739	34694	8045
家具制造业 Furniture manufacturing	9368	8541	827
造纸及纸制品业 Paper making and paper products	6850	5778	1071
印刷业、记录媒介的复制 Printing and record medium reproduction	21179	15567	5612
文教体育用品制造业 Cultural, educational and sports goods			
石油加工及炼焦业 Petroleum processing and coking	9836	9836	
化学原料及化学制品制造业 Raw chemical material and chemical products	73555	47370	26185
医药制造业 Medical and pharmacutical products	181104	155617	25487
橡胶制品业 Rubber products	33606	31251	2355
塑料制品业 Plastic products	22110	19106	3004
非金属矿物制品业 Nonmetal mineral products	191625	166975	24650
黑色金属冶炼及压延加工业 Smelting and pressing of ferrous metals	68531	61493	7038
有色金属冶炼及压延加工业 Smelting and pressing of non ferrous metals	9497	6057	3440
金属制品业 Metal products	53064	45654	7410
普通机械制造业 Ordinary machinery	187393	158837	28555
专用设备制造业 Special purpose equipment	88925	85631	3293
交通运输设备制造业 Transport equipment	4607368	3590990	1016396
电气机械及器材制造业 Electric equipmert and machinery	88109	65682	22427
电子及通信设备制造业 Electronic and telecommunication equipment	99793	99039	755
仪器仪表及文化办公用机械制造业 Instruments, meters, culturae and office	77005	49255	27751
其他制造业 Other manufacturing	1223	229	994
电力、蒸汽、热水的生产和供应业 Production and supply of electric power, steam and hot water	549900	222617	327283
煤气生产和供应业 Production and supply of gas	128982	114115	14867
自来水的生产和供应业 Production and supply of tap water	84149	31898	52251

continued 1

unit:10000yuan

所有者权益合计 Creditors' equity	实收资本 Capital hola	国家资本 State owned	集体资本 Collective owned	法人资本 Legperson capital	个人资本 Private funds	港澳台资本 Funded from Hongkong, Macao and Taiwan	外商资本 Foreign funds	产品销售收入 Sale revenue	产品销售成本 Cost of sales
1296	42		42					9871	8884
102482	83343	16288	3624	14018	22659		26755	497641	448257
73323	52462	5938	6706	7248	1558	675	30336	234748	190052
35898	24791	6626	570	3270	2572	10795	957	83955	61078
-13413	13807	13807						59078	28517
48435	3046	856	78	2079	34			26417	23263
10877	7358	3781	868	1738		498	474	46862	38574
343	60				60			210	149
37360	40579	8280	162	6420	656		25062	27762	30344
-684	1287	150	875			263		2057	1965
677	3902	174	2250	778	700			8535	7556
8232	5190	3753	157	153	980	147		12849	9698
8732	6740	4669	1046	328			697	43316	37147
81025	39572	10066	6396	8080	9684		5347	49316	36403
132838	101777	35878	5479	29385	23700	4723	2612	84365	42417
18567	20431	17244	120	2911	81		75	27241	22516
29835	22970	202	4260	3991	5204	4448	4865	30880	25442
98154	98830	20281	2322	67141	1978		6569	128540	89883
-4031	6965	5150	1085	550		180		21724	20036
6102	4957	3014	1244	500	200			6606	6072
36806	25867	5241	3505	14733	170		2220	44362	35746
132889	54241	38653	4966	753	2362		7506	69631	56100
30839	23097	10639	3819	4171	2927		1540	40770	34646
3337187	1325836	647389	24921	362570	86036	14785	193136	7029203	5771908
33983	27120	11062	1596	10714	760		2988	65961	52498
237604	95527	51350	2852	30559	170	302	10295	153658	140357
54610	22391	11191	3401	7419			380	36066	24025
1478	209						209	2763	2157
147606	122514	35621		83294	3600			249088	228274
112362	81418	57504		14400	9514			51038	44883
132420	131038	131038						48608	40086

11－5 全市工业企业主要经济指标(四)

单位:万元

	产品销售费用 cost of sales	广告费 Advertisement	产品销售税金及附加 coles tax and extra charge
总　　计 Total	**203039**	**11951**	**216465**
一、按登记注册类型分组: Grouped by tpye registered			
国有企业 State owned	93251	8800	64026
集体企业 Collective owned	6293	128	4113
股份合作企业 Share holding cooperative	2695	21	492
联营企业 Joint ownership	294		801
有限责任公司 Limited company	17181	464	6639
股份有限公司 Share Holding	5402	291	4976
私营企业 Private	5623	163	1312
港、澳、台商投资企业 Funded from Hongkong, Macao and Taiwan	9490	404	2748
外商投资企业 Foreign founed	62812	1680	131356
二、按经济组织类型分组 Grouped by ownership			
独资企业 Solely owned enterprises	101863	8931	68884
合作、合伙企业 Cooperation and partnership	3768	21	1345
股份有限公司 Share holding	5640	291	5094
有限责任公司 Limited company	91768	2709	141142
在总计中:亏损企业 Making loss enterprises	23759	1018	23158
在总计中:国有控股企业 State share holding	162987	9514	204786
其中:大中型企业 Large and medium enterprises	153580	9158	203643
在总计中:农村工业 Rural industry	4654	449	3733
在总计中:轻工业 Light industry	53784	3727	28539
以农产品为原料 Raw material for agricultural products	41260	3091	25828
以非产农产品为原料 Raw material for non agricultural products	12524	635	2710
重工业 Heavy industry	149255	8224	187926
采掘工业 Excavation	1578	5	1004
原料工业 Raw material industry	12087	17	7854
加工工业 Processing industry	135591	8203	179068
在总计中:大中型企业 Large and mudium enterprises	176327	11373	207886
其中:国有大中型企业 State owned	89363	8702	63366
其中:大型企业 large enterprises	148834	8702	182721
中型企业 mudiwm enterprises	27494	2670	25164
小型企业 Small terprises	26712	578	8579
煤炭采选业 Coal mining and dressing	1077	5	184
石油和天然气开采业 Petroleum and natural gas extraction			31
有色金属矿采选业 Non－ferrous metals mining and dressing	303		
非金属矿采选业 Non－metal minerals mining and dressing	198		790

MAIN ECONOMIC INDICATORS OF INDUSTRIAL ENTERPRISES (Ⅳ)

unit: 10000yuan

产品销售利润 Sales profit	其他业务利润 Other profits	管理费用 Cost of management	税金 Taxes	财产保险费 Property insurance	劳动待业保险费 Employment insurance	养老医疗保险费 Life insurance	办公费 Administrative expense	研究开发费 Cost of R&D	职工教育费 Education
1220873	**118341**	**848844**	**17534**	**8097**	**28215**	**78013**	**10740**	**102101**	**5676**
397396	71092	561164	9044	3491	16168	66283	5875	97623	2734
40542	3556	23750	465	235	1685	988	771	303	227
11677	517	7973	174	118	672	1155	230	109	40
517	42	295	27	34		1	2		
59963	6300	43035	1202	557	4111	4578	1393	1175	296
61126	3377	30866	814	472	3066	1602	766	981	244
15817	−10	7144	155	68	210	10	453	1239	21
39450	80	8154	171	68	37	553	250	323	41
594386	33387	166463	5482	3054	2266	2843	1001	349	2074
445650	74565	587160	9638	3763	17888	67293	6781	97926	2967
13881	559	8828	212	186	674	1206	278	117	51
63067	3377	32247	831	472	3068	1618	793	1001	247
698274	39840	220609	6853	3676	6586	7896	2889	3058	2411
−4162	7448	80722	2325	781	8843	8170	1088	1043	394
102871	112510	765225	15703	7165	22421	75410	7726	99269	4998
1007201	109885	736458	15074	6911	21085	72920	6860	99055	4887
17716	939	6136	269	165	26	345	310	202	61
140464	5859	90598	2432	1082	6767	5708	1773	2635	391
116374	3985	60105	1433	804	4160	2251	1280	2152	347
24090	1874	30493	1000	278	2607	3457	493	483	43
1080408	112482	758246	15102	7015	21448	72304	8967	99466	5286
4595	84	3603	51	5	30	542	82		
55154	5419	37307	572	804	1191	3054	456	139	195
1020659	106979	717336	14479	6206	20227	68709	8428	99327	5074
1107719	110841	773589	15692	7292	24871	74012	7556	100072	5238
386699	69135	545843	8715	3306	15129	64907	5468	97622	2683
993397	109837	720548	14698	6320	20641	70075	6569	98560	4933
114322	1004	53041	994	972	4229	3937	987	1513	306
113154	7499	75255	1843	805	3344	4000	3184	2029	438
4200	82	3096	51	5	30	518	68		14
342		284				24	14		3
53	2	125							
		99							

11－5 续表1

单位:万元

	产品销售费用 Cost of sales	广告费 Advertose－ment	产品销售税金及附加 sales tax and extra charge
食品加工业 Food processing	13368	446	1161
食品制造业 Food manufacturing	4709	15	491
饮料制造业 Beverage manufacturing	8370	1729	7747
烟草加工业 Tobacco processing	4671	582	15574
纺织业 Textile industry	363		113
服装及其他纤维制品制造业 Garments and other fiber products	964	56	209
皮革、毛皮、羽绒及其制品业 Leather, furs, down and related products	8		1
木材加工及竹、藤、棕、草制品业 Timber, bamboo, cane, palm and straw products	1942	12	543
家具制造业 Furniture manufacturing	88	12	40
造纸及纸制品业 Paper making and paper products	27		24
印刷业、记录媒介的复制 Printing and record medium reproduction	149		119
文教体育用品制造业 Cultural, educational and sports goods			
石油加工及炼焦业 Petroleum processing and coking	33		3514
化学原料及化学制品制造业 Raw chemical material and chemical products	1927	24	275
医药制造 Medical and pharmacutical products	12820	613	658
橡胶制品业 Rubber products	819		2095
塑料制品业 Plastic products	536		49
非金属矿物制品业 Nonmetal mineral products	8068	65	1527
黑色金属冶炼及压延加工业 Smelting and pressing of ferrous metals	389		110
有色金属冶炼及压延加工业 Smelting and pressing of non ferrous metals	36		17
金属制品业 Metal products	1392	4	1007
普通机械制造业 Ordinary machinery	1791	90	296
专用设备制造业 Special purpose equipment	1592	144	118
交通运输设备制造业 Transport equipment	126028	8142	176244
电气机械及器材制造业 Electric equipmert and machinery	2186	5	227
电子及通信设备制造业 Electronic and telecommunication equipment	2732		225
仪器仪表及文化办公用机械制造业 Instruments, meters, culture and office	1109	9	122
其他制造业 Other manufacturing	145		
电力、蒸汽、热水的生产和供应业 Production and supply of electric power, steam and hot water	100		2169
煤气生产和供应业 Production and supply of gas	3221		491
自来水的生产和供应业 Production and supply of tap water	1881		295

continued 1 unit:10000yuan

产品销售利润 Sales profit	其他业务利润 Other profits	管理费用 Cost of management	税金 Taxes	财产保险费 Property insuwrance	劳动待业保险费 Employment insurance	养老医疗保险费 Life insurance	办公费 Administrative expense	研究开发费 Cost of R&D	职工教育费 Education
34856	2894	16221	247	145	100	472	273	206	67
39497	188	5674	175	79	95	384	117	330	58
6760	237	5104	113	147	223	574	196	31	46
10316	-154	10912	211	293	1573		97	65	82
2678	8	3361	104	8	1024	219	29		8
7116	200	4005	50	14	685	29	87	62	26
52	24	70	3			15			
-5068	-44	1768	36	23	27	33	34		3
-35	-3	282	32	12			112		8
929		634	9		26		3		
2883	131	2080	56	21	93	442	87		11
2622	20	2144	26	1	197	277	7		18
10709	-143	4323	130	61	56	458	53	205	22
28470	515	16550	518	152	561	485	458	1646	58
1811	110	1924	100	25	323	402	43	8	9
4853	-15	2227	52	71	74	84	89	3	9
29063	91	15612	237	378	372	1027	256	50	91
1188	157	1737	43	88	17	130	26		7
482	23	294	20	7	17	6	66	3	
6217	549	4637	40	17	158	377	508	500	19
11444	437	12509	355	-32	1310	895	497	13	69
4414	195	4564	322	35	836	223	100	17	39
955024	106397	672819	13595	5971	16292	65633	6586	98535	4842
11050	195	7058	118	28	309	598	135	226	10
10345	570	12321	234	103	441	460	261	4	9
10801	206	9900	74	41	513	557	292	187	26
461		213	6				13		
18544	3171	6512	197	233	372	663	76		38
2443	2104	11430	139	120	307	1310	140	12	82
6346	193	8358	243	55	2184	1720	17		3

11-6 全市工业企业主要经济指标(五)

单位:万元

	财务费用 Financial expenses	利息支出 Interest expenditure	营业利润 Business profits
总 计 Total	**120081**	**114940**	**370289**
一、按登记注册类型分组: Grouped by tpye registered			
国有企业 State owned	41746	56148	-134422
集体企业 Collective owned	2900	2218	17448
股份合作企业 Share holding cooperative	2014	2010	2207
联营企业 Joint ownership	94	3	170
有限责任公司 Limited company	13844	13179	9384
股份有限公司 Share holding	2838	1709	30798
私营企业 Private	2118	2070	6545
港、澳、台商投资企业 Funded from Hongkong, Macao and Taiwan	4611	4330	26765
外商投资企业 Foreign founed	49915	33272	411395
二、按经济组织类型分组 Grouped by ownership			
独资企业 Solely owned enterprises	45030	58733	-111975
合作、合伙企业 Cooperation and partnership	2164	2069	3448
股份有限公司 Share holding	2944	1814	31253
有限责任公司 Limited company	69943	52324	447563
在总计中:亏损企业 Making loss enterprises	25624	23566	-103061
在总计中:国有控股企业 State share holding	102552	98917	272604
其中:大中型企业 Large and medium enterprises	97711	94882	282916
在总计中:农村工业 Rural industry	3102	2800	9418
在总计中:轻工业 Light industry	26105	23024	29621
以农产品为原料 Raw material for agricultural products	18858	17793	41397
以非产农产品为原料 Raw material for non agricultural products	7247	5231	-11776
重工业 Heavy industry	93976	91916	340668
采掘工业 Excavation	963	896	112
原料工业 Raw material industry	24710	23812	-1443
加工工业 Processing industry	68303	67208	341999
在总计中:大中型企业 Large and mudium enterprises	107710	104622	337262
其中:国有大中型企业 State owned	39335	53902	-129344
其中:大型企业 Large enterprises	87803	85907	294883
中型企业 Mediwm enterprises	19907	18715	42379
小型企业 Small type small enterprises	12371	10317	33027
煤炭采选业 Coal mining and dressing	909	894	276
石油和天然气开采业 Petroleum and natural gas extraction			59
有色金属矿采选业 Non-ferrous metals mining and dressing			-70
非金属矿采选业 Non-metal minerals mining and dressing	54	2	-153

MAIN ECONOMIC INDICATORS OF INDUSTRIAL ENTERPRISES (Ⅴ)

unit: 10000yuan

投资收益 Dividend	补贴收入 Subsidy	利润总额 Afeer－tax profits	应交所得税 Income tax payable	应付利润 Profits payable	亏损企业亏损总额 Total loss of loss－making enterprises	利税总额 Pre－tax profits	上交税金 Taxable income	本年应付工资总额 Wages	主营业务应付工资总额 Wage of business
217369	**13521**	**585698**	**55859**	**363532**	**84441**	**1256142**	**670444**	**418587**	**393553**
211842	8533	63932	6603	1643	57456	300234	236302	250035	245067
176	94	19601	3655	1625	846	36789	17188	24007	22877
	148	2301	825	330	637	7203	4902	6959	6372
		1000	2	2	70	2423	1423	118	118
6083	1408	15155	2549	－2612	10821	44935	29780	37230	34179
25	3050	39996	9270	2129	6788	67462	27466	31888	19941
	248	7292	1238	947	866	11102	3809	6240	5670
		32900	399	－6	1041	46156	13256	5572	5489
－757	41	403521	31319	359474	5916	739838	336317	56537	53480
212018	8628	88533	10765	5171	58323	343882	255349	276999	270889
	148	4375	911	882	707	11096	6721	8333	8105
25	3050	40401	9288	2106	6909	68193	27792	32533	20586
5326	1695	452389	34895	355373	18503	832971	380582	100722	93973
6847	6914	－84441	－253	－951	84441	－38337	46104	59941	56562
217894	9848	484448	39912	325004	77970	1097429	612980	340886	320155
218473	7323	484169	38245	323860	65879	1088814	604645	316251	297432
		9574	1326	1385	90	17017	7443	6642	6396
7009	2321	45626	3939	8728	25529	113513	67887	68205	65765
206	1967	47116	3176	8158	12951	101310	54194	49779	48096
6804	354	－1490	763	571	12578	12203	13693	18426	17670
210360	11200	540072	51921	354804	58912	1142629	602557	350382	327788
1	163	1375	63	10		4336	2962	4212	4108
60	4914	20108	3014	1318	33177	60364	40256	42689	28860
210299	6123	518590	48844	353476	25736	1077929	559340	303482	294819
217886	10417	538281	47310	349940	67474	1168023	629743	354512	335094
211672	7157	67066	5957	1093	49528	299288	232222	234524	230153
217455	9114	499847	43596	339892	42404	1064457	564610	308888	301325
431	1303	38433	3713	10048	25071	103566	65133	45624	33769
－517	3104	47417	8550	13592	16967	88119	40702	64075	58459
1	103	329	63	10		1642	1313	3861	3861
		54				371	317	188	188
	60	5				5		103	
		987				2319	1332	59	59

11－6 续表1

单位:万元

	财务费用 Financial expenses	利息支出 Interest expenditune	营业利润 Business profits
食品加工业 Food processing	9392	8903	12138
食品制造业 Food manufacturing	2826	2740	31185
饮料制造业 Beverage manufacturing	1881	1751	11
烟草加工业 Tobacco processing	－228	－228	－522
纺织业 Textile industry	1516	1513	－2191
服装及其他纤维制品制造业 Garments and other fiber products	479	445	2831
皮革、毛皮、羽绒及其制品业 Leather, furs, down and related products	22	22	－16
木材加工及竹、藤、棕、草制品业 Timber, bamboo, cane, palm and straw products	458	210	－7337
家具制造业 Furniture manufacturing	242	240	－562
造纸及纸制品业 Paper making and paper products	7		289
印刷业、记录媒介的复制 Printing and record medium reproduction	309	309	625
文教体育用品制造业 Cultural, educational and sports goods			
石油加工及炼焦业 Petroleum processing and coking	208	183	290
化学原料及化学制品制造业 Raw chemical material and chemical products	1781	1519	4463
医药制造 Medical and pharmacutical products	2822	2482	9613
橡胶制品业 Rubber products	727	725	－730
塑料制品业 Plastic products	575	481	2036
非金属矿物制品业 Nonmetal mineral products	4097	4060	9445
黑色金属冶炼及压延加工业 Smelting and pressing of ferrous metals	410	380	－802
有色金属冶炼及压延加工业 Smelting and pressing of non ferrous metals	82	21	129
金属制品业 Metal products	582	519	1548
普通机械制造业 Ordinary machinery	3628	3467	－4256
专用设备制造业 Special purpose equipment	2309	1970	－2265
交通运输设备制造业 Transport equipment	57902	57574	330700
电气机械及器材制造业 Electric equipmert and machinery	1100	823	3088
电子及通信设备制造业 Electronic and telecommunication equipment	2599	1149	－4005
仪器仪表及文化办公用机械制造业 Instruments, meters, culture and office	829	806	287
其他制造业 Other manufacturing	7		240
电力、蒸汽、热水的生产和供应业 Production and supply of electric power, steam and hot water	17366	16791	－2163
煤气生产和供应业 Production and supply of gas	2770	2769	－9653
自来水的生产和供应业 Production and supply of tap water	2421	2421	－4240

continued 1 unit:10000yuan

投资收益 Dividend	补贴收入 Subsidy	利润总额 Afeer－tax profits	应交所得税 Income tax payable	应付利润 Profits payable	亏损企业亏损总额 Total loss of loss－making enterprises	利税总额 Pre－tax profits	上交税金 Taxable income	年应付工资总额 Wages	主营业务应付工资总额 Wages of business
－757	1004	11749	1216	6617	2443	14765	3015	17526	16871
	57	30295	234	206	814	38377	8082	3649	3649
		254	25	100	2172	12366	12112	5141	5128
		－2633		957	2633	19958	22591	5574	5574
220	200	－1077	35		1403	－186	891	4107	4067
32	263	3039	122	7	386	4386	1347	3601	3454
		16	5			26	11	51	51
		－681	347	72	1914	340	1021	2325	2231
		－221			351	－151	69	285	278
		660	5		8	908	247	1059	1059
		702	215	164	407	1682	980	2337	2308
		309	150	11	170	5154	4845	1346	1274
44	20	4834	113	798	860	7838	3004	4215	3328
987	483	8564	1928	1482	2288	15958	7394	8335	6904
		－1085	27	70	1644	2203	3288	2569	2569
		1778	164	163	404	3180	1403	1286	1230
25	660	13411	623	958	889	23193	9782	8879	8806
	20	－859	149	57	1438	－157	701	1445	1424
		138	71	28	131	370	232	247	150
	20	2185	364	1135	798	4601	2417	3904	3492
390	561	－3870	401	491	6524	－102	3705	9398	7874
	40	－2162	332	55	3469	－936	1226	4442	4220
215875	5226	510632	46401	344043	11053	1053210	542578	267503	261472
5		3565	490	3975	1720	7596	4031	3188	3036
54	67	2059	134	1620	5855	4104	2044	5790	5648
487	171	1105	68	43	974	2771	1666	6429	6357
		246			5	246		174	174
	542	10996	1525	559	16571	33137	22141	25698	12998
	3771	－5508	654		12935	－2511	2997	6299	6299
5	255	－4182		－88	4182	－517	3665	7574	7521

11－7 全市工业企业主要经济指标(六)

单位:万元

	本年应付福利费总额 Total welfare	主营业务应付福利费总额 Welfare in business	本年应交增值税 Value added tax payable	本年进项税额 Tax credit in this year	本年销项税额 Add value tax in this year	全部从业人员年平均人数(人) Employees
总计 Total	**107064**	**102291**	**453980**	**1295135**	**1563451**	**351169**
一、按登记注册类型分组: Grouped by tpye registered						
国有企业 State owned	59168	58285	172276	963300	1122722	187420
集体企业 Collective owned	3698	3522	13076	41654	51374	28587
股份合作企业 Share holding cooperative	1112	1066	4410	7628	11734	10050
联营企业 Joint ownership	10	10	622	85	706	1034
有限责任公司 Limited company	5620	2818	23141	57719	70778	45710
股份有限公司 Share holding	3740	3331	22490	51273	72116	26535
私营企业 Private	614	568	2497	6446	8832	8542
港、澳、台商投资企业 Funded from Hongkong, Macao and Taiwan	808	621	10508	6046	16295	14734
外商投资企业 Foreign founed	32295	32071	204961	160985	208894	28557
二、按经济组织类型分组 Grouped by ownership						
独资企业 Solely owned enterprises	63165	62104	186466	1008761	1178958	219003
合作、合伙企业 Cooperation and partnership	1188	1141	5376	8296	13367	12408
股份有限公司 Share holding	3771	3361	22698	51736	72696	27475
有限责任公司 Limited company	38941	35684	239440	226343	298430	92283
在总计中:亏损企业 Making loss enterprises	10210	9680	22946	43989	64280	78427
在总计中:国有控股企业 State share holding	97536	93300	408194	1136865	1374035	260676
其中:大中型企业 Large and medium enterprises	92733	88998	401002	1112946	1343486	219951
在总计中:农村工业 Rural industry	815	780	3710	20040	23729	9906
在总计中:轻工业 Light industry	8227	7815	39348	95094	123539	81468
以农产品为原料 Raw material for agricultural products	5645	5446	28366	70673	88408	57255
以非产农产品为原料 Raw material for non agricultural products	2582	2369	10983	24422	35131	24213
重工业 Heavy industry	98837	94476	414631	1200040	1439912	269701
采掘工业 Excavation	570	555	1958	714	2613	5638
原料工业 Raw material industry	6680	3294	32402	44264	66327	34110
加工工业 Processing industry	91588	90627	380272	1155063	1370973	229953
在总计中:大中型企业 Large and mudium enterprises	96778	92984	421857	1196838	1438487	253313
其中:国有大中型企业 State owned	55563	55000	168857	951548	1107853	159252
其中:大型企业 Large enterprises	92134	88594	381889	1147249	1351787	212551
中型企业 Mudiwm enterprises	4644	4391	39968	49589	86700	40762
小型企业 Smal enterprises	10286	9306	32123	98297	124964	97856
煤炭采选业 Coal mining and dressing	527	527	1130	655	1785	5235
石油和天然气开采业 Petroleum and natural gas extraction	28	28	286	58	286	145
有色金属矿采选业 Non－ferrous metals mining and dressing	14				105	
非金属矿采选业 Non－metal minerals mining and dressing			542		542	153

MAIN ECONOMIC INDICATORS OF INDUSTRIAL ENTERPRISES (Ⅵ)

单位:万元

	本年应付福利费总额 Total welfare	主营业务应付福利费总额 Welfare in business	本年应交增值税 Value added tax payable	本年进项税额 Tax credit in this year	本年销项税额 Add value tax in this year	全部从业人员年平均人数(人) Employees
食品加工业 Food processing	1094	1013	1854	34079	28255	20018
食品制造业 Food manufacturing	486	485	7591	4597	12188	5277
饮料制造业 Beverage manufacturing	535	535	4365	7357	11347	6982
烟草加工业 Tobacco processing	744	744	7016	7859	14444	1514
纺织业 Textile industry	-983	-995	778	4254	5010	7530
服装及其他纤维制品制造业 Garments and other fiber products	422	404	1138	6335	7359	5502
皮革、毛皮、羽绒及其制品业 Leather, furs, down and related products	7	7	10	26	36	124
木材加工及竹、藤、棕、草制品业 Timber, bamboo, cane, palm and straw products	414	314	478	1873	1835	2435
家具制造业 Furniture manufacturing	38	38	29	197	225	794
造纸及纸制品业 Paper making and paper products	125	125	224	2062	2092	589
印刷业、记录媒介的复制 Printing and record medium reproduction	2247	2247	861	1098	1948	2701
文教体育用品制造业 Cultural, educational and sports goods						
石油加工及炼焦业 Petroleum processing and coking	99	89	1331	6120	7382	1190
化学原料及化学制品制造业 Raw chemical material and chemical products	600	368	2729	3319	6020	6574
医药制造 Medical and pharmacutical products	1147	886	6736	4642	9997	8799
橡胶制品业 Rubber products	231	230	1193	4231	5334	4920
塑料制品业 Plastic products	132	132	1353	2716	3638	11044
非金属矿物制品业 Nonmetal mineral products	1169	1156	8255	15870	14053	14377
黑色金属冶炼及压延加工业 Smelting and pressing of ferrous metals	163	163	591	1759	2259	2781
有色金属冶炼及压延加工业 Smelting and pressing of non ferrous metals	49	18	215	685	900	438
金属制品业 Metal products	520	458	1410	4423	5742	4959
普通机械制造业 Ordinary machinery	1408	1246	3409	3441	11465	13671
专用设备制造业 Special purpose equipment	632	601	1107	4932	6024	9066
交通运输设备制造业 Transport equipment	86731	86103	366334	1122754	1327747	167221
电气机械及器材制造业 Electric equipmert and machinery	468	437	3805	7452	11139	4715
电子及通信设备制造业 Electronic and telecommunication equipment	746	717	1820	13523	15217	9182
仪器仪表及文化办公用机械制造业 Instruments, meters, culture and office	927	917	1544	1889	2233	7413
其他制造业 Other manufacturing	24	24		61	2	242
电力、蒸汽、热水的生产和供应业 Production and supply of electric power, steam and hot water	4420	1412	19971	15874	35762	15338
煤气生产和供应业 Production and supply of gas	870	870	2507	5995	7844	5173
自来水的生产和供应业 Production and supply of tap water	1035	995	3370		3344	4962

11-8 国有及国有控股工业企业主要经济指标(一)

单位:万元

	企业单位数(个) Enterprises	亏损企业 Making loss enterprises	工业总产值(不变价格) Gross industrial output value (constant price)
总 计 Total	**288**	**116**	**7941298**
在总计中:亏损企业 Making loss enterprises	116	116	476212
在总计中:国有控股企业 State share holding	288	116	7941298
其中:大中型企业 Large and medium enterprises	117	42	7638481
在总计中:农村工业 Rural industry	4		8723
在总计中:轻工业 Light industry	115	56	1091343
以农产品为原料 Raw material for agricultural products	79	35	555051
以非产农产品为原料 Raw material for non agricultural products	36	21	536292
重工业 Heavy industry	173	60	6849955
采掘工业 Excavation	10		4032
原料工业 Raw material industry	48	16	208190
加工工业 Processing industry	115	44	6637732
在总计中:大中型企业 Large and mudium enterprises	117	42	7638481
其中:国有大中型企业 State owned	59	27	4113671
其中:大型企业 Large enterprises	61	21	7055419
中型企业 Mudium enterprises	56	21	583062
小型企业 Small enterprises	171	74	302817
煤炭采选业 Coal mining and dressing	10		4032
非金属矿采选业 Non-metal minerals mining and dressing			
食品加工业 Food processing	21	7	48916
食品制造业 Food manufacturing	11	6	256196
饮料制造业 Beverage manufacturing	8	5	17447
烟草加工业 Tobacco processing	1	1	42249
纺织业 Textile industry	7	3	23937
服装及其他纤维制品制造业 Garments and other fiber products	4	1	19645
皮革、毛皮、羽绒及其制品业 Leather, furs, down and related products			
木材加工及竹、藤、棕、草制品业 Timber, bamboo, cane, palm and straw products	3	3	8234
家具制造业 Furniture manufacturing	1	1	39
造纸及纸制品业 Paper making and paper products			
印刷业、记录媒介的复制 Printing and record medium reproduction	11	6	7630
文教体育用品制造业 Cultural, educational and sports goods			
石油加工及炼焦业 Petroleum processing and coking	4	1	11998
化学原料及化学制品制造业 Raw chemical material and chemical products	13	4	33672
医药制造 Medical and pharmaceutical products	25	9	180095
橡胶制品业 Rubber products	3	2	42788
塑料制品业 Plastic products	3		8398
非金属矿物制品业 Nonmetal mineral products	20	8	55869
黑色金属冶炼及压延加工业 Smelting and pressing of ferrous metals	5	2	12969
有色金属冶炼及压延加工业 Smelting and pressing of non ferrous metals	2	1	1402
金属制品业 Metal products	5	3	4190
普通机械制造业 Ordinary machinery	25	11	44899
专用设备制造业 Special purpose equipment	10	7	19177
交通运输设备制造业 Transport equipment	38	13	6443321
电气机械及器材制造业 Electric equipmert and machinery	12	4	80119
电子及通信设备制造业 Electronic and telecommunication equipment	10	4	413288
仪器仪表及文化办公用机械制造业 Instruments, meters, culture and office	9	3	33802
其他制造业 Other manufacturing	1		409
电力、蒸汽、热水的生产和供应业 Production and supply of electric power, steam and hot water	16	4	86694
煤气生产和供应业 Production and supply of gas	4	2	34080
自来水的生产和供应业 Production and supply of tap water	6	5	5802

MAIN ECONOMIC INDICATORS OF INDUSTRIAL ENTERPRISES OF STATE OWNED(Ⅰ)

unit: 10000yuan

工业总产值(当年价格) Gross industrial output value (current price)	新产品产值 New products	工业销售产值(当年价格) Sale revenue (current)	出口交货值 Export	工业中间投入合计 Intermediate consumer	工业增加值(当年价) Added value (current)	资产合计 Total assets	流动资产小计 Circulating funds	短期投资 Short-term investment	应收收款净额 Account receiveable
7991762	**2531023**	**7735035**	**123631**	**6215734**	**2184223**	**10877127**	**4918816**	**12870**	**1224726**
449237	99437	409194	14702	348293	121088	186387	676975	9823	199132
7991762	2531023	7735035	123631	6215734	2184223	10877127	4918816	12870	1224726
7679211	2508745	7444175	109354	5992255	2087959	10264743	4648565	11856	1151086
8699		7832		5873	2957	5998	1462	80	506
802234	119542	689873	27165	552813	277339	1555819	646187	9810	227634
515528	19286	439530	20525	338895	196263	775951	361722	22	101969
286706	100256	250342	6640	213918	81071	779868	284465	9788	125665
7189529	2411481	7045162	96466	5662921	1906884	9321309	4272629	3061	997092
11472		12017	234	6277	6324	24660	7524	2	2448
458339		452881	38	308184	181249	1296542	352455	34	162264
6719718	2411481	6580264	96194	5348459	1719311	8000106	3912650	3025	832381
7679211	2508745	7444175	109354	5992255	2087959	10264743	4648565	11856	1151086
4283651	68928	4192069	76834	3372426	1080081	6867597	3053038	2066	660152
6980241	2454172	6801861	106410	5519259	1827662	9342644	4267577	11854	986702
698971	54573	642314	2945	472996	260297	922100	380989	2	164384
312551	22278	290860	14277	223479	96264	612384	270251	1014	73640
11472		12017	234	6277	6324	24660	7524	2	2448
54307		52406	6595	42198	12300	92196	56288	22	12934
255758	1500	206565		158109	104479	179151	46587		36673
23673		22325		14931	9802	56529	19157		2264
57148	1660	59106	7	37758	26406	110743	75998		15238
26363	6301	25767	8285	25345	1766	111733	68180		2227
22301		23208	680	16257	6248	18686	10152		4112
7792		6480	4958	6070	2131	52813	7982		2299
39		38		16	24	959	40		8
10068	296	9482		6213	4493	24434	9041		2389
47701		47023		39223	9809	18568	10098		2090
38908		29965	38	24972	16349	124990	53366	20	19835
93916	19844	65252		57040	40378	199982	103454		36435
38848	2033	35230		24018	15887	50298	30734		7554
8401		8377		6270	2582	12079	5315		2396
96789	2155	91137		66094	37087	232914	49970	19	11583
19853		19539		12558	7460	55281	23451	14	5368
1442		1442		1253	189	9412	5074		176
3943	56	3856		2955	1249	18595	7416	889	2320
43699	8888	41424	289	37353	8478	280903	156231	80	40813
18451	4142	18282	192	13936	5527	91486	40724		7232
6533084	2391767	6413474	100997	5210248	1663075	7422092	3586197	11825	719141
62251	7214	61120		49306	16298	103483	53900		21197
143756	79516	111178	1076	106748	37704	303504	177422		106214
30631	5651	30478	281	25615	6125	126220	37464		12124
458		430		334	124				
236165		237450		98615	697506	178805		100349	
54302		51844		33745	23064	241345	73077		36265
50246		50144		33365	20251	216569	25173		13043

11－9　国有及国有控股工业企业主要经济指标(二)

单位:万元

	存 货 Inventory	产成品 Products	流动资产年平均余额 Annual average balance of circulating
总　计　Total	**1520301**	**508409**	**4783761**
在总计中:亏损企业　Making loss enterprises	234644	66828	690817
在总计中:国有控股企业　State share holding	1520301	508409	4783761
其中:大中型企业　Large and medium enterprises	1424463	465893	4520384
在总计中:农村工业　Rural industry	156	156	1941
在总计中:轻工业　Light industry	170864	66481	665436
以农产品为原料　Raw material for agricultural products	105646	40149	365119
以非产农产品为原料　Raw material for non agricultural products	65218	26332	300318
重工业　Heavy industry	1349436	441927	4118325
采掘工业　Excavation	1602	749	6834
原料工业　Raw material industry	50400	11163	367440
加工工业　Processing industry	1297434	430016	3744051
在总计中:大中型企业　Large and mudium enterprises	1424463	465893	4520384
其中:国有大中型企业　State owned	940049	361288	3123568
其中:大型企业　Large enterprises	1329411	431271	4158716
中型企业　Mudium enterprises	95053	34623	361668
小型企业　Small enterprises	95838	42515	263377
煤炭采选业　Coal mining and dressing	1602	749	6834
非金属矿采选业　Non－metal minerals mining and dressing			
食品加工业　Food processing	15048	3487	60829
食品制造业　Food manufacturing	6144	3862	44495
饮料制造业　Beverage manufacturing	5977	1263	18469
烟草加工业　Tobacco processing	22138	818	72376
纺织业　Textile industry	20682	14058	71152
服装及其他纤维制品制造业　Garments and other fiber products	4105	1637	11410
皮革、毛皮、羽绒及其制品业　Leather,furs,down and related products			
木材加工及竹、藤、棕、草制品业　Timber,bamboo,cane,palm and straw products	4223	1124	7719
家具制造业　Furniture manufacturing	22	21	180
造纸及纸制品业　Paper making and paper products			
印刷业、记录媒介的复制　Printing and record medium reproduction	3560	2645	8651
文教体育用品制造业　Cultural,educational and sports goods			
石油加工及炼焦业　Petroleum processing and coking	3651	716	10741
化学原料及化学制品制造业　Raw chemical material and chemical products	11797	3380	53849
医药制造　Medical and pharmacutical products	36254	19877	103783
橡胶制品业　Rubber products	8297	5234	28491
塑料制品业　Plastic products	1021	104	5092
非金属矿物制品业　Nonmetal mineral products	15311	8272	50708
黑色金属冶炼及压延加工业　Smelting and pressing of ferrous metals	9396	4799	21988
有色金属冶炼及压延加工业　Smelting and pressing of non ferrous metals	92	71	4754
金属制品业　Metal products	2400	2065	7668
普通机械制造业　Ordinary machinery	95608	18837	151977
专用设备制造业　Special purpose equipment	19328	5728	39187
交通运输设备制造业　Transport equipment	1146654	384348	3429033
电气机械及器材制造业　Electric equipmert and machinery	18429	6969	53055
电子及通信设备制造业　Electronic and telecommunication equipment	32234	10731	187658
仪器仪表及文化办公用机械制造业　Instruments, meters, culture and office	12506	5558	42989
其他制造业　Other manufacturing			
电力、蒸汽、热水的生产和供应业　Production and supply of electric power, steam and hot water	16106		190434
煤气生产和供应业　Production and supply of gas	6922	2058	75279
自来水的生产和供应业　Production and supply of tap water	796		24961

MAIN ECONOMIC INDICATORS OF INDVSTRIAL ENTERPRISES OF STATE OWNED(Ⅱ)

unit:10000yuan

长期投资 Long-term investment	固定资产小计 Total fixed assets	固定资产原价 Original value of fixed assets	生产经营用 Operating	累计折旧 Depreciation	本年折旧 Depreciation in this year	固定资产净值 Net value of fixed assets	固定资产净值年平均余额 Annual average balance	无形及递延资产小计 Intangible and deferred	无形资产 Intangible
1246926	**4140291**	**5222808**	**4155741**	**1932506**	**342632**	**3290302**	**3403368**	**292683**	**192381**
85661	863969	1036826	848232	250341	35150	786485	799476	72588	47161
1246926	4140291	5222808	4155741	1932506	342632	3290302	3403368	292683	192381
1232571	3894133	4922686	3939046	1863664	332917	3059022	3170376	242854	158543
218	3078	3430	3330	352	20	3078	3522	60	60
69661	636642	759288	603671	187904	24203	571384	574711	53704	42123
8738	323250	369795	255968	94782	6853	275013	271043	34622	24780
60923	313392	389493	347703	93122	17350	296371	303663	19082	17343
1177265	3503649	4463520	3552070	1744602	318429	2718918	2828657	238979	150258
873	15999	17934	16167	2955	245	14979	14527	259	
70704	791145	1137405	950675	382521	51852	754884	744170	40894	29563
1105688	2696504	3308181	2585229	1359126	266332	1949055	2069960	197826	120695
1232571	3894133	4922686	3939046	1863664	332917	3059022	3170376	242854	158543
1067444	2588999	2919721	2231590	1098773	196863	1820949	1910223	144019	77251
1221721	3441310	4292118	3424030	1629297	302214	2662821	2760614	218602	138491
10850	452823	630568	515016	234367	30703	396201	409762	24252	20052
14355	246158	300122	216695	68842	9715	231280	232992	49829	33838
873	15999	17934	16167	2955	245	14979	14527	259	
588	27100	32019	27305	9246	1316	22773	25421	5455	5398
155	89719	80719	80197	13739	641	66980	67011	4508	3233
125	30947	34710	26462	6720	453	27989	30828	4990	1635
33	34458	48408	39450	17384		31023	29803	255	84
207	41691	50863	11417	15131	433	35732	40798	1176	1005
391	6141	7883	6433	1745	204	6138	4301	1145	1141
	35158	39364	194	4466	897	34898	31064	8701	4021
	726	769	769	43	29	726	488		
914	13894	19929	17706	6957	572	12972	12117	489	489
	8017	13456	11517	7592	748	5865	5861	453	389
24721	42417	49064	32866	11801	961	37263	39876	4207	2982
8102	65768	76503	65953	27404	2936	49099	45988	11529	9853
	17715	19242	9699	8767	3155	10475	11317	1849	1849
	6484	9194	7870	2710	737	6486	6587	259	259
4220	159750	195719	89845	37767	3398	157951	146541	18854	18418
725	21200	27124	16316	7877	269	19246	19322	9905	276
	4180	4944	4944	769	23	4174	4180	158	158
	7951	9962	9428	2011	308	7951	8365		
11422	106655	121598	74006	41130	2336	80468	81348	4699	3153
2644	35818	44761	42417	8970	761	35791	35726	9485	8537
1130789	2454680	3024039	2368389	1268416	257304	1755622	1869614	170810	97569
20	39852	56967	42076	17981	2719	38987	39761	7774	7304
5554	22775	35820	26341	16383	3393	19437	21312	6301	5461
12096	75561	82281	75734	21650	726	60632	64279	1098	1057
34885	453399	721375	663140	288716	44400	432660	427696	7342	7152
6321	133100	163969	162975	37274	3160	126696	130058	10986	10960
2173	189135	234193	226126	46901	10510	187292	189182		

11－10　国有及国有控股工业企业主要经济指标(三)

单位:万元

	负债合计 Liabilities	流动负债 小　计 Liquid liabilites	长期负债 小　计 Long－term liabilities
总　　计　Total	**6588327**	**4904978**	**1683349**
在总计中:亏损企业　Making loss enterprises	1174290	900226	274064
在总计中:国有控股企业　State share holding	6588327	4904978	1683349
其中:大中型企业　Large and medium enterprises	6159447	4553693	1605754
在总计中:农村工业　Rural industry	3337	1436	1902
在总计中:轻工业　Light industry	868335	619971	248365
以农产品为原料　Raw material for agricultural products	566723	406400	160323
以非产农产品为原料　Raw material for non agricultural products	301613	213571	88042
重工业　Heavy industry	5719992	4285007	1434984
采掘工业　Excavation	15416	11729	3686
原料工业　Raw material industry	919810	544951	374859
加工工业　Processing industry	4784766	3728327	1056439
在总计中:大中型企业　Large and mudium enterprises	6159447	4553693	1605754
其中:国有大中型企业　State owned	4571826	3309652	1262174
其中:大型企业　Large enterprises	5464970	4094864	1370106
中型企业　Mudium enterprises	694477	458829	235649
小型企业　Small enterprises	428880	351285	77595
煤炭采选业　Coal mining and dressing	15416	11729	3686
非金属矿采选业　Non－metal minerals mining and dressing			
食品加工业　Food processing	83170	79062	4108
食品制造业　Food manufacturing	117751	87141	30610
饮料制造业　Beverage manufacturing	46464	32088	14376
烟草加工业　Tobacco processing	124156	67227	56929
纺织业　Textile industry	64106	42924	21182
服装及其他纤维制品制造业　Garments and other fiber products	15995	10165	5830
皮革、毛皮、羽绒及其制品业　Leather, furs, down and related products			
木材加工及竹、藤、棕、草制品业　Timber, bamboo, cane, palm and straw products	24456	16595	7861
家具制造业　Furniture manufacturing	606	555	51
造纸及纸制品业　Paper making and paper products			
印刷业、记录媒介的复制　Printing and record medium reproduction	19281	14406	4875
文教体育用品制造业　Cultural, educational and sports goods			
石油加工及炼焦业　Petroleum processing and coking	9836	9836	
化学原料及化学制品制造业　Raw chemical material and chemical products	57800	36517	21282
医药制造　Medical and pharmacutical products	117181	94907	22273
橡胶制品业　Rubber products	32316	30329	1987
塑料制品业　Plastic products	2953	2647	306
非金属矿物制品业　Nonmetal mineral products	158426	140242	18184
黑色金属冶炼及压延加工业　Smelting and pressing of ferrous metals	62600	57458	5141
有色金属冶炼及压延加工业　Smelting and pressing of non ferrous metals	5969	2669	3300
金属制品业　Metal products	16066	10775	5291
普通机械制造业　Ordinary machinery	165545	141879	23666
专用设备制造业　Special purpose equipment	72351	69600	2751
交通运输设备制造业　Transport equipment	4372912	3384910	988003
电气机械及器材制造业　Electric equipmert and machinery	73815	54164	19651
电子及通信设备制造业　Electronic and telecommunication equipment	89901	89996	－95
仪器仪表及文化办公用机械制造业　Instruments, meters, culture and office	76227	48526	27701
其他制造业　Other manufacturing			
电力、蒸汽、热水的生产和供应业　Production and supply of electric power, steam and hot water	549900	222617	327283
煤气生产和供应业　Production and supply of gas	128982	114115	14867
自来水的生产和供应业　Production and supply of tap water	84149	31898	52251

MAIN ECONOMIC INDICATORS OF INDUSTRIAL ENTERPRISES OF STATE OWNED(Ⅲ)

unit:10000yuan

所有者权益合计 Creditors' equity	实收资本 Capital hold	国家资本 State owned	集体资本 Collectine owned	法人资本 Legperson capital	个人资本 Private funds	港澳台资本 Funded from Hongkong, Macao and Taiwan	外商资本 Foreign funds	产品销售收入 Sale revenwe	产品销售成本 Cost of sales
4288800	**2071644**	**1115129**	**18657**	**597411**	**92906**	**10876**	**236665**	**7725957**	**6330313**
642097	530940	377514	4452	109923	1129		37923	378269	341334
4288800	2071644	1115129	18657	597411	92906	10876	236665	7725957	6330313
4105297	1876394	1005847	11964	560088	87836	7245	203415	7483024	6118600
2661	1803		997	500	126	180		8090	7129
687483	413651	259148	8770	72654	6124	5428	61527	665772	537709
209228	168572	68515	3520	32915	5475	5144	53004	428594	324716
478255	245079	190633	5250	39739	649	285	8523	237178	212993
3601317	1657993	855981	9887	524757	86782	5448	175139	7060185	5792604
9245	7631	7416			215			13690	8229
376732	302814	115356	1637	163847	21000	180	794	449169	381176
3215340	1347549	733210	8249	360910	65568	5268	174345	6597326	5403199
4105297	1876394	1005847	11964	560088	87836	7245	203415	7483024	6118600
2295771	1066535	857630		149022	55209	4675		4303639	3764211
3877674	1665880	922781		506937	79343		156820	6875267	5639423
227623	210514	83066	11964	53151	8493	7245	46595	607757	479178
183504	195250	109283	6693	37323	5071	3632	33250	242933	211712
9245	7631	7416			215			13690	8229
9026	15732	9250		5656	827			44476	39681
61400	43666	5857	3000	4388	110		30311	209064	168640
10065	9744	4059		550	460	4675		22702	14451
−13413	13807	13807						59078	28517
47627	2935	856		2079				25765	22624
2691	3896	3586		310				26206	23625
28357	31024	8280			51		22693	2830	8323
352	150	150						5	5
5154	4649	3753			896			9255	6969
8732	6740	4669	1046	328			697	43316	37147
67190	34634	10066	5302	6271	7649		5347	29923	19964
82801	59269	32907	520	20972	3832	753	285	47290	23863
17981	20079	17244		2835				22663	18833
9126	6949	202		3389		58	3299	8709	6842
74488	77237	14118		62899	220			86981	55496
−7319	5870	5150	540			180		13279	12789
3442	3014	3014						1331	1386
2529	3925	2637					1288	3844	2981
115358	41735	37378	1275	753	229		2100	41275	33030
19136	16075	9538	3100		2827		610	17063	14097
3049180	1206191	630262	1023	340924	62169	5148	166667	6446855	5291345
29669	24433	10801		10385	260		2988	52106	41499
213603	78303	44781	2852	30559	50	62		116374	113691
49994	18990	11191		7419			380	33145	23044
147606	122514	35621		83294	3600			249083	228274
112362	81418	57504		14400	9514			51038	44883
132420	131038	131038						48608	40086

11－11 国有及国有控股工业企业主要经济指标(四)

单位:万元

	产品销售费用 Cost of sales	广告费 Advertisement	产品销售税金及附加 Sales tax and extra charge
总计 Total	**162987**	**9514**	**204786**
在总计中:亏损企业 Making loss enterprises	20913	1014	22496
在总计中:国有控股企业 State share holding	162987	9514	204786
其中:大中型企业 Large and medium enterprises	153580	9158	203643
在总计中:农村工业 Rural industry	41		49
在总计中:轻工业 Light industry	25115	1525	22744
以农产品为原料 Raw material for agricultural products	17821	919	20871
以非产农产品为原料 Raw material for non agricultural products	7294	606	1873
重工业 Heavy industry	137872	7989	182042
采掘工业 Excavation	1077	5	184
原料工业 Raw material industry	10555	17	7047
加工工业 Processing industry	126239	7968	174811
在总计中:大中型企业 Large and mudium enterprises	153580	9158	203643
其中:国有大中型企业 State owned	89363	8702	63366
其中:大型企业 Large enterprises	137581	8042	179088
中型企业 Mudium enterprises	15999	1117	24555
小型企业 Small enterprises	9407	356	1143
煤炭采选业 Coal mining and dressing	1077	5	184
非金属矿采选业 Non－metal minerals mining and dressing			
食品加工业 Food processing	1979	65	149
食品制造业 Food manufacturing	3192	10	103
饮料制造业 Beverage manufacturing	1821	10	4438
烟草加工业 Tobacco processing	4671	582	15574
纺织业 Textile industry	363		112
服装及其他纤维制品制造业 Garments and other fiber products	389		139
皮革、毛皮、羽绒及其制品业 Leather,furs,down and related products			
木材加工及竹、藤、棕、草制品业 Timber,bamboo,cane,palm and straw products	978	12	13
家具制造业 Furniture manufacturing			
造纸及纸制品业 Paper making and paper products			
印刷业、记录媒介的复制 Printing and record medium reproduction	102		97
文教体育用品制造业 Cultural,educational and sports goods			
石油加工及炼焦业 Petroleum processing and coking	33		3514
化学原料及化学制品制造业 Raw chemical material and chemical products	1456	24	71
医药制造 Medical and pharmacutical products	5545	585	351
橡胶制品业 Rubber products	742		1999
塑料制品业 Plastic products	59		1
非金属矿物制品业 Nonmetal mineral products	7088	16	887
黑色金属冶炼及压延加工业 Smelting and pressing of ferrous metals	101		21
有色金属冶炼及压延加工业 Smelting and pressing of non ferrous metals			2
金属制品业 Metal products	146	1	12
普通机械制造业 Ordinary machinery	1446	89	192
专用设备制造业 Special purpose equipment	925	142	71
交通运输设备制造业 Transport equipment	121006	7961	173609
电气机械及器材制造业 Electric equipmert and machinery	1681	2	114
电子及通信设备制造业 Electronic and telecommunication equipment	1875		100
仪器仪表及文化办公用机械制造业 Instruments, meters, culture and office	1109	9	78
其他制造业 Other manufacturing			
电力、蒸汽、热水的生产和供应业 Production and supply of electric power, steam and hot water	100		2169
煤气生产和供应业 Production and supply of gas	3221		491
自来水的生产和供应业 Production and supply of tap water	1881		295

MAIN ECONOMIC INDICATORS OF INDVSTRIAL ENTERPRISES OF STATE OWNED(Ⅳ)

unit:10000yuan

产品销售利润 Sales profit	其他业务利润 Other profits	管理费用 Cost of management	税金 Taxes	财产保险费 Property insurance	劳动待业保险费 Employment insurance	养老医疗保险费 Life insurance	办公费 Administrative expense	研究开发费 Cost of R&D	职工教育费 Education
1027871	**112510**	**765225**	**15703**	**7165**	**22421**	**75410**	**7726**	**99269**	**4998**
-6474	7269	72968	1897	661	8191	7945	864	448	359
1027871	112510	765225	15703	7165	22421	75410	7726	99269	4998
1007201	109885	736458	15074	6911	21085	72920	6860	99055	4887
871		317	5	4			4		
80205	3783	63815	1701	753	6370	4731	859	1113	239
65187	1924	36907	744	518	3804	1460	540	738	201
15017	1859	26908	957	235	2566	3271	319	375	38
947667	108728	701410	14003	6412	16051	70678	6867	98156	4759
4200	82	3096	51	5	30	518	68		14
50390	5431	34328	504	771	1108	3028	346	137	194
893077	103215	663986	13448	5637	14913	67133	6454	98019	4552
1007201	109885	736458	15074	6911	21085	72920	6860	99055	4887
386699	69135	545843	8715	3306	15129	64907	5468	97622	2683
919176	109445	694962	14224	6136	17260	69666	6221	98242	4642
88025	440	41497	850	774	3825	3254	639	814	245
20671	2625	28767	630	255	1335	2490	866	214	111
4200	82	3096	51	5	30	518	68		14
2666	1587	4013	47	76	94	447	104	136	17
37130	20	3747	128	30	78	177	36	255	24
1992	23	2092	53	25	143	117	43	13	17
10316	-154	10912	211	293	1573		97	65	82
2666	8	3360	104	8	1024	219	29		8
2052	35	1980	12		466	11	25		19
-6483	17	643	21	1	26	14	2		3
		27							
2087	121	1771	44	15	87	404	77		8
2622	20	2144	26	1	197	277	7		18
8432	-38	3213	97	53	30	456	25	204	21
17531	332	11532	229	108	519	330	226	352	42
1089	108	1745	97	16	323	398	32		6
1807	19	586		17		38	33		2
23511	67	13214	81	333	332	854	166	20	67
368	28	1308	43	88	17	130	20		7
-57		82					1		
704	22	894	15	1	9	139	46		2
6606	224	10120	260	-44	1308	702	338	5	55
1970	158	3441	309	31	828	215	71	6	36
860894	103439	635275	12893	5542	11397	64813	5458	98189	4386
8813	171	5644	104	27	129	598	74	8	10
709	549	9162	228	99	434	379	246	2	8
8914	206	8925	74	34	513	480	267	3	24
18544	3171	6512	197	233	372	663	76		38
2443	2104	11430	139	120	307	1310	140	12	82
6346	193	8358	243	55	2184	1720	17		3

11－12 国有及国有控股工业企业主要经济指标(五)

单位:万元

	财务费用 Financial expenses	利息支出 Interest expenditune	营业利润 Business profits
总　　计 Total	**102552**	**98917**	**272604**
在总计中:亏损企业 Making loss enterprises	24058	22041	－96231
在总计中:国有控股企业 State share holding	102552	98917	272604
其中:大中型企业 Large and medium enterprises	97711	94882	282916
在总计中:农村工业 Rural industry	243	243	311
在总计中:轻工业 Light industry	14033	11801	6139
以农产品为原料 Raw material for agricultural products	7726	7299	22478
以非产农产品为原料 Raw material for non agricultural products	6307	4502	－16339
重工业 Heavy industry	88519	87116	266465
采掘工业 Excavation	909	894	276
原料工业 Raw material industry	24033	23249	－2539
加工工业 Processing industry	63577	62972	268729
在总计中:大中型企业 Large and mudium enterprises	97711	94882	282916
其中:国有大中型企业 State owned	39335	53902	－129344
其中:大型企业 Large enterprises	79577	77765	254082
中型企业 Mudium enterprises	18134	7118	28834
小型企业 Small enterprises	4841	4034	－10312
煤炭采选业 Coal mining and dressing	909	894	276
非金属矿采选业 Non－metal minerals mining and dressing			
食品加工业 Food processing	810	810	－571
食品制造业 Food manufacturing	2605	2575	30797
饮料制造业 Beverage manufacturing	1033	955	－1110
烟草加工业 Tobacco processing	－228	－228	－522
纺织业 Textile industry	1516	1513	－2203
服装及其他纤维制品制造业 Garments and other fiber products	108	.102	－1
皮革、毛皮、羽绒及其制品业 Leather, furs, down and related products			
木材加工及竹、藤、棕、草制品业 Timber, bamboo, cane, palm and straw products	222	－2	－7332
家具制造业 Furniture manufacturing			－27
造纸及纸制品业 Paper making and paper products			
印刷业、记录媒介的复制 Printing and record medium reproduction	279	278	158
文教体育用品制造业 Cultural, educational and sports goods			
石油加工及炼焦业 Petroleum processing and coking	208	183	290
化学原料及化学制品制造业 Raw chemical material and chemical products	1550	1299	3632
医药制造 Medical and pharmacutical products	1739	1436	4593
橡胶制品业 Rubber products	653	653	－1200
塑料制品业 Plastic products	－18	－22	1259
非金属矿物制品业 Nonmetal mineral products	3337	3332	7026
黑色金属冶炼及压延加工业 Smelting and pressing of ferrous metals	211	210	－1122
有色金属冶炼及压延加工业 Smelting and pressing of non ferrous metals			－139
金属制品业 Metal products	193	193	－361
普通机械制造业 Ordinary machinery	3369	3217	－6659
专用设备制造业 Special purpose equipment	1754	1752	－3066
交通运输设备制造业 Transport equipment	55302	55010	273755
电气机械及器材制造业 Electric equipmert and machinery	1031	766	2308
电子及通信设备制造业 Electronic and telecommunication equipment	2576	1184	－10480
仪器仪表及文化办公用机械制造业 Instruments, meters, culture and office	837	826	－642
其他制造业 Other manufacturing			
电力、蒸汽、热水的生产和供应业 Production and supply of electric power, steam and hot water	17366	16791	－2163
煤气生产和供应业 Production and supply of gas	2770	2769	－9653
自来水的生产和供应业 Production and supply of tap water	2421	2421	－4240

MAIN ECONOMIC INDICATORS OF INDUSTRIAL ENTERPRISES(Ⅴ)

unit:10000yuan

投资收益 Dividend	补贴收入 Subsidy	利润总额 Afeer－fax profits	应交所得税 Income tax payable	应付利润 Profits payable	亏损企业亏损总额 Total loss of loss－making enterprises	利税总额 Pre－tax profits	上交税金 Taxble income	本年应付工资总额 Wages	主营业务应付工资总额 Wages of business
217894	**9848**	**484448**	**39912**	**325004**	**77970**	**1097429**	**612980**	**340886**	**320155**
6725	6914	－77970	－253	－928	77970	－35330	42640	53819	50757
217894	9848	484448	39912	325004	77970	1097429	612980	340886	320155
218473	7323	484169	38245	323860	65879	1088814	604645	316251	297432
		310	34	63		490	179	475	471
7746	2076	24027	1546	643	21964	74689	50662	41596	40245
963	1781	30428	1388	1129	9482	70935	40507	25828	24530
6784	295	－6401	158	－486	12482	3755	10156	15769	15716
210148	7772	460421	38367	324362	56005	1022740	562318	299290	279910
1	103	329	63	10		1642	1313	3861	3861
60	4674	18771	2425	1071	31924	56912	38141	38975	25448
210087	2995	441322	35878	323280	24081	964186	522864	256453	250601
218473	7323	484169	38245	323860	65879	1088814	604645	316251	297432
211672	7157	67066	5957	1093	49528	299288	232222	234524	230153
218181	6095	457461	35432	321428	41433	1003230	545769	278117	270639
291	1228	26707	2813	2432	24446	85584	58877	38133	26794
－578	2526	280	1667	1144	12091	8615	8335	24635	22723
1	103	329	63	10		1642	1313	3861	3861
	830	780	29	26	1689	1120	340	3204	2554
	57	29808	12	－38	574	36741	6934	2112	2112
		－960	1	2	968	4538	5498	1753	1753
		－2633		957	2633	19958	22591	5574	5574
220	200	－1088	31		1403	－227	862	3987	3948
32	262	194	41		358	537	343	2052	2052
		－851			851	－430	421	969	969
		－35			35	－34	1		
		249	213	164	395	985	736	2006	1978
		309	150	11	170	5154	4845	1346	1274
44		4108	8	480	640	6591	2484	2600	1782
967	473	4945	1157	436	1339	8797	3852	6052	5471
		－1556	14		1598	1501	3057	2389	2389
		1220	88			1672	452	232	232
25	367	10458	107	175	889	17736	7278	5980	5969
	20	－1179	48		1438	－992	187	831	810
		－131			131	－124	7	85	85
		－325			343	－52	274	740	439
390	549	－6117	44	64	6358	－3792	2325	7355	6117
		－2995	149		3469	－1912	1083	3201	3199
215669	2203	450162	35241	323063	10582	964010	513848	213885	228027
		2793	317	3965	1590	6265	3467	2288	2136
54	67	－4500		－4782	5855	－3706	795	4414	4280
487	150	155	20		974	1342	1187	6400	6328
	542	10996	1525	559	16571	33137	22141	25698	12998
	3771	－5508	654		12935	－2511	2997	6299	6299
5	255	－4182		－88	4182	－517	3665	7574	7521

11－13 国有及国有控股工业企业主要经济指标(六)

单位:万元

		本年应付福利费总额 Total welfare
总　计	**Total**	**97536**
在总计中:亏损企业	Making loss enterprises	9293
在总计中:国有控股企业	State share holding	97536
其中:大中型企业	Large and medium enterprises	92733
在总计中:农村工业	Rural industry	35
在总计中:轻工业	Light industry	5708
以农产品为原料	Raw material for agricultural products	3553
以非产农产品为原料	Raw material for non agricultural products	2155
重工业	Heavy industry	91828
采掘工业	Excavation	527
原料工业	Raw material industry	6277
加工工业	Processing industry	85024
在总计中:大中型企业	Large and mudium enterprises	92733
其中:国有大中型企业	State owned	55563
其中:大型企业	Large enter prises	89230
中型企业	Mudium enterprises	3503
小型企业	Small enterprises	4803
煤炭采选业	Coal mining and dressing	527
非金属矿采选业	Non－metal minerals mining and dressing	
食品加工业	Food processing	294
食品制造业	Food manufacturing	231
饮料制造业	Beverage manufacturing	165
烟草加工业	Tobacco processing	744
纺织业	Textile industry	－983
服装及其他纤维制品制造业	Garments and other fiber products	169
皮革、毛皮、羽绒及其制品业	Leather, furs, down and related products	
木材加工及竹、藤、棕、草制品业	Timber, bamboo, cane, palm and straw products	244
家具制造业	Furniture manufacturing	
造纸及纸制品业	Paper making and paper products	
印刷业、记录媒介的复制	Printing and record medium reproduction	2126
文教体育用品制造业	Cultural, educational and sports goods	
石油加工及炼焦业	Petroleum processing and coking	99
化学原料及化学制品制造业	Raw chemical material and chemical products	469
医药制造	Medical and pharmacutical products	804
橡胶制品业	Rubber products	213
塑料制品业	Plastic products	22
非金属矿物制品业	Nonmetal mineral products	860
黑色金属冶炼及压延加工业	Smelting and pressing of ferrous metals	88
有色金属冶炼及压延加工业	Smelting and pressing of non ferrous metals	10
金属制品业	Metal products	93
普通机械制造业	Ordinary machinery	910
专用设备制造业	Special purpose equipment	480
交通运输设备制造业	Transport equipment	81924
电气机械及器材制造业	Electric equipmert and machinery	362
电子及通信设备制造业	Electronic and telecommunication equipment	451
仪器仪表及文化办公用机械制造业	Instruments, meters, culture and office	912
其他制造业	Other manufacturing	
电力、蒸汽、热水的生产和供应业	Production and supply of electric power, steam and hot water	4420
煤气生产和供应业	Production and supply of gas	870
自来水的生产和供应业	Production and supply of tap water	1035

MAIN ECONOMIC INDICATORS OF INDUSTRIAL ENTERPRISES (Ⅵ)

unit: 10000 yuan

主营业务应付福利费总额 Welfare in business	本年应交增值税 Value added tax payable	本年进项税额 Tax credit in this year	本年销项税额 Add value tax in this year	全部从业人员年平均人数(人) Employees
93300	**408194**	**1136865**	**1374035**	**260676**
8808	20144	36598	54321	68021
93300	408194	1136865	1374035	260676
88998	401002	1112946	1343486	219951
35	131	153	276	435
5492	27919	40468	66529	50402
3377	19636	19500	37383	30205
2116	8283	20969	29146	20197
87808	380276	1096396	1307507	210274
527	1130	655	1785	5235
3032	31094	39885	60983	29127
84249	348052	1055856	1244739	175912
88998	401002	1112946	1343486	219951
55000	168857	951548	1107853	159252
85702	366680	1073129	1271043	187815
3297	34322	39817	72443	32136
4302	7192	23919	30549	40725
527	1130	655	1785	5235
212	191	1730	1896	5008
230	6831	1891	8721	3359
165	1060	1449	2162	3038
744	7016	7859	14444	1514
-995	749	4187	4915	6749
169	204	831	1030	3105
244	409	338	259	1024
2126	639	822	1454	2314
89	1331	6120	7382	1190
242	2413	2161	4563	3854
722	3502	2087	5157	6269
213	1057	3096	4064	2906
22	451	133	187	154
854	6392	10239	7386	8831
88	165	1284	1360	1794
10	5	132	137	141
51	261	385	645	1683
794	2133	4417	6205	10850
480	1012	2049	3058	5733
81385	340239	1045540	1228950	141438
330	3353	5623	8879	3331
421	695	10197	10766	8199
902	1109	1773	1682	7235
				95
1412	19971	15874	35762	15338
870	2507	5995	7844	5173
995	3370		3344	4962

11－14 大中型工业企业主要经济指标(一)

单位:万元

	企业单位数(个) Enterprises	亏损企业 Making loss enterprises	工业总产值(不变价格) Gross industrial output value (constant price)
总　计 Total	**154**	**48**	**8451677**
一、按登记注册类型分组: Grouped by type registered			
国有企业 State owned	59	27	4113671
集体企业 Collective owned	13	3	23228
股份合作企业 Share holding cooperative	7	2	46864
联营企业 Joint ownership	1	1	2756
有限责任公司 Limited company	33	7	492245
股份有限公司 Share holding	14	3	574485
私营企业 Private	4	1	16313
港、澳、台商投资企业 Funded from Hongkong, Macao and Taiwan	5		272886
外商投资企业 Foreign founed	18	4	2909229
二、按经济组织类型分组 Grouped by ownership			
独资企业 Solely owned enterprises	74	30	4147016
合作、合伙企业 Cooperation and partnership	8	3	49620
股份有限公司 Share holding	14	3	574485
有限责任公司 Limited company	58	12	3680556
在总计中:亏损企业 Making loss enterprises	48	48	415373
在总计中:国有控股企业 State share holding	117	42	7638481
其中:大中型企业 Large and medium enterprises	117	42	7638481
在总计中:农村工业 Rural industry	4		18603
在总计中:轻工业 Light industry	59	18	1380042
以农产品为原料 Raw material for agricultural products	46	15	900775
以非产农产品为原料 Raw material for non agricultural products	13	3	479267
重工业 Heavy industry	95	30	7071635
采掘工业 Excavation	1		2277
原料工业 Raw material industry	21	5	184787
加工工业 Processing industry	73	25	6884572
在总计中:大中型企业 Large and mudium enterprises	154	48	8451677
其中:国有大中型企业 State owned	59	27	4113671
其中:大型企业	70	22	7723315
中型企业	84	26	728362
煤炭采选业 Coal mining and dressing	1		2277
食品加工业 Food processing	11	3	349323
食品制造业 Food manufacturing	6	3	260935
饮料制造业 Beverage manufacturing	7	2	68719
烟草加工业 Tobacco processing	1	1	42249
纺织业 Textile industry	2		19999
服装及其他纤维制品制造业 Garments and other fiber products	3	2	10346
木材加工及竹、藤、棕、草制品业 Timber, bamboo, cane, palm and straw products	2	2	5167
印刷业、记录媒介的复制 Printing and record medium reproduction	5	2	5888
石油加工及炼焦业 Petroleum processing and coking	1		9938
化学原料及化学制品制造业 Raw chemical material and chemical products	3	1	17544
医药制造 Medical and pharmacutical products	15	1	171675
橡胶制品业 Rubber products	2	1	41941
塑料制品业 Plastic products	1		7315
非金属矿物制品业 Nonmetal mineral products	12	1	68321
黑色金属冶炼及压延加工业 Smelting and pressing of ferrous metals	2	1	2644
有色金属冶炼及压延加工业 Smelting and pressing of non ferrous metals	1		
金属制品业 Metal products	2	1	1355
普通机械制造业 Ordinary machinery	12	8	38512
专用设备制造业 Special purpose equipment	4	2	9097
交通运输设备制造业 Transport equipment	28	7	6679428
电气机械及器材制造业 Electric equipmert and machinery	6	2	43798
电子及通信设备制造业 Electronic and telecommunication equipment	9	3	438413
仪器仪表及文化办公用机械制造业 Instruments, meters, culture and office	7	2	33461
电力、蒸汽、热水的生产和供应业 Production and supply of electric power, steam and hot water	7	1	83853
煤气生产和供应业 Production and supply of gas	3	1	34047
自来水的生产和供应业 Production and supply of tap water	1	1	5433

MAIN ECONOMIC INDICATORS OF LARGE AND MUDIUM INDUSTRIAL ENTERPRISES(Ⅰ)

unit: 10000 yuan

工业总产值（当年价格）Gross industrial output value (current price)	新产品产值 New product	工业销售产值（当年价格）Sale revenue (current)	出口交货值 Export	工业中间投入合计 Intermediate Consumer	工业增加值（当年价）Added value (current)	资产合计 Total assets	流动资产小计 Circulating funds	短期投资 Short-term investment	应收帐款净额 Account receiveable
8510767	**2512819**	**8260527**	**196674**	**6570367**	**2362257**	**10913744**	**4996298**	**11856**	**1242166**
4283651	68928	4192069	76834	3372426	1080081	6867597	3053038	2066	660152
26633	207	24947	57	16758	10935	59812	35069		17519
47582	23910	46739	6717	35634	14935	76530	43402		13545
1500	1500	1154		1263	375	13586	2312		1275
402715	25996	384013	8771	295334	128290	1052232	384462	9790	88611
513268	84687	471090	1076	332011	202729	745307	406214		198311
20796		19517		14790	6628	31053	13491		1418
276958		228154		173197	112299	209823	55278		37796
2937665	2307591	2892844	103219	2328955	805985	1857804	1003033		223538
4320401	69135	4226436	77782	3395576	1095123	6940250	3096181	2066	678936
49082	25410	47894	6717	36897	15311	90115	45714		14820
513268	84687	471090	1076	332011	202729	745307	406214		198311
3628016	2333587	3515107	111099	2805884	1049095	3138072	1448189	9790	350098
379354	91443	347687	9474	294484	102990	1541079	591150	9807	184575
7679211	2508745	7444175	109354	5992255	2087959	10264743	4648565	11856	1151086
7679211	2508745	7444175	109354	5992255	2087959	10264743	4648565	11856	1151086
26177		25682		19156	8647	48637	14881		2280
1115714	111444	1014912	84437	793548	352709	1609180	677566	9798	214230
871331	22407	799852	77797	612924	281105	914493	422068	10	95111
244383	89037	215060	6640	180624	71604	694687	255498	9788	119119
7395053	2401376	7245614	112237	5776820	2009549	9304564	4318731	2058	1027935
6548		6994	234	3415	3746	14018	3085	2	721
419181		413628	1757	285116	164295	1192926	305779		153115
6969324	2401376	6824993	110246	5488289	1841507	8097620	4009868	2056	874100
8510767	2512819	8260527	196674	6570367	2362257	10913744	4996298	11856	1242166
4283651	68928	4192069	76834	3372426	1080081	6867597	3053038	2066	660152
7647740	2454172	7462135	183865	5982121	2047508	9792603	4513553	11854	1054103
863028	58648	798392	12809	588247	314749	1121140	482745	2	188062
6548		6994	234	3415	3746	14018	3085	2	721
365891		375918	71503	285356	80477	217638	108914	10	9231
261110	1500	211356		162339	105659	178699	46643		36085
75847		70255		52797	27001	105240	39008		4940
57148	1660	59106	7	37758	26406	110743	75998		15238
21997	5714	21706	5623	20832	1940	97811	62410		1362
11200	207	10627	45	9381	1721	17304	6607		1690
4682		4254	2336	5353	-332	29190	6075		2209
8031		7424		4902	3826	20929	7834		2541
45289		44549		37368	9182	13439	7215		857
19279		18989	38	13709	7522	97319	39875		15888
86485	19635	61252		50560	40070	188029	95453		30825
37923	2033	34140		23142	15839	44689	29744		7498
7315		7293		5436	2291	10808	4403		1826
111780	2021	102463	3354	73035	45814	232177	52216	19	15593
3650		3562		3710	93	16118	8514		2821
						1459	588		132
1033	56	1018		771	315	4932	1025		310
37410	8101	34938	289	32651	6705	236563	138487		32635
8262	3020	8243	192	7339	1514	70246	30946		5280
6773102	2383634	6640099	101888	5343441	1781618	7587840	3708861	11825	767792
42304		42767		31957	13410	62489	37294		17570
166641	79587	138404	10884	125979	42187	328159	191841		110527
30291	5651	30131	281	25144	6251	124606	36853		12074
225927		225902		148698	96952	660707	161061		97684
53974		51516		33731	22734	236832	72014		36146
47648		47621		31566	19318	205762	23337		12696

11－15 大中型工业企业主要经济指标(二)

单位:万元

	存 货 Inventory	产成品 Products	流动资产年平均余额 Annual average balance of circulating
总 计 Total	**1518796**	**508333**	**4860876**
一、按登记注册类型分组: Grouped by type registered			
国有企业 State owned	940049	361288	3123568
集体企业 Collective owned	11028	7401	31635
股份合作企业 Share holding cooperative	10551	4313	46123
联营企业 Joint ownership	385	231	5155
有限责任公司 Limited company	102019	39249	389895
股份有限公司 Share holding	58768	18206	412643
私营企业 Private	6463	2770	12864
港、澳、台商投资企业 Funded from Hongkong,Macao and Taiwan	8850	3354	47402
外商投资企业 Foreign founed	380683	71521	791590
二、按经济组织类型分组 Grouped by ownership			
独资企业 Solely owned enterprises	953509	369525	3162370
合作、合伙企业 Cooperation and partnership	10936	4544	51278
股份有限公司 Share holding	58768	18206	412643
有限责任公司 Limited company	495583	116059	1234585
在总计中:亏损企业 Making loss enterprises	203162	54474	604585
在总计中:国有控股企业 State share holding	1424463	465893	4520384
其中:大中型企业 Large and medium enterprises	1424463	465893	4520384
在总计中:农村工业 Rural industry	5397	484	13951
在总计中:轻工业 Light industry	175094	68067	704305
以农产品为原料 Raw material for agricultural products	122406	49533	432812
以非产农产品为原料 Raw material for non agricultural products	52689	18534	271493
重工业 Heavy industry	1343702	440267	4156571
采掘工业 Excavation	822	290	2827
原料工业 Raw material industry	40299	8013	324186
加工工业 Processing industry	1302581	431964	3829558
在总计中:大中型企业 Large and mudium enterprises	1518796	508333	4860876
其中:国有大中型企业 State owned	940049	361288	3123568
其中:大型企业 Large enterprises	1388163	458728	4401862
中型企业 Mudium enterpriuses	130633	49605	459014
煤炭采选业 Coal mining and dressing	822	290	2827
食品加工业 Food processing	31318	14061	117622
食品制造业 Food manufacturing	4929	3314	44041
饮料制造业 Beverage manufacturing	12231	1779	39197
烟草加工业 Tobacco processing	22138	818	72376
纺织业 Textile industry	16770	10969	65782
服装及其他纤维制品制造业 Garments and other fiber products	4206	2728	7965
木材加工及竹、藤、棕、草制品业 Timber,bamboo,cane,palm and straw products	2559	1929	6470
印刷业、记录媒介的复制 Printing and record medium reproduction	2706	2222	7439
石油加工及炼焦业 Petroleum processing and coking	2581	436	8110
化学原料及化学制品制造业 Raw chemical material and chemical products	9354	1530	40102
医药制造 Medical and pharmacutical products	33110	16765	98770
橡胶制品业 Rubber products	7638	4659	27579
塑料制品业 Plastic products	792		4403
非金属矿物制品业 Nonmetal mineral products	13668	7322	53342
黑色金属冶炼及压延加工业 Smelting and pressing of ferrous metals	5120	2514	7859
有色金属冶炼及压延加工业 Smelting and pressing of non ferrous metals			268
金属制品业 Metal products	455	231	1009
普通机械制造业 Ordinary machinery	91107	15457	134041
专用设备制造业 Special purpose equipment	12989	4427	29683
交通运输设备制造业 Transport equipment	1165264	393558	3539862
电气机械及器材制造业 Electric equipmert and machinery	9537	3031	37572
电子及通信设备制造业 Electronic and telecommunication equipment	37037	12746	200105
仪器仪表及文化办公用机械制造业 Instruments, meters, culture and office	12125	5493	42396
电力、蒸汽、热水的生产和供应业 Production and supply of electric power, steam and hot water	12681		174584
煤气生产和供应业 Production and supply of gas	6922	2058	74236
自来水的生产和供应业 Production and supply of tap water	737		23237

MAIN ECONOMIC INDICATORS OF INDUSTRIAL ENTERPRISES(Ⅱ)

unit:10000yuan

长期投资 Long-term investment	固定资产小计 Total fixed assets	固定资产原价 Original value of fixed assets	生产经营用 Operating	累计折旧 Depreciation	本年折旧 Depreciation in this year	固定资产净值 Net value of fixed assets	固定资产净值年平均余额 Annual average balance	无形及递延资产小计 Intangible and deferred	无形资产 Intangible
1240739	**4138724**	**5286732**	**4282566**	**2002210**	**358218**	**3284523**	**3402857**	**273202**	**184688**
1067444	2588999	2919721	2231590	1098773	196863	1820949	1910223	144019	77251
2257	19243	24416	23330	7342	1281	17075	16204	1261	1116
3159	27791	38028	29598	12987	1067	25041	22623	2098	2098
	4960	6246	6246	1286	101	4960	4481	3314	2925
127710	475521	610955	422268	175241	25225	435714	420791	62238	47185
40063	167373	323246	260674	166773	18288	156473	173491	16214	14267
2	7190	8569	8345	3177	656	5392	7044	8600	8600
	107328	108340	93946	23434	2840	84905	85873	4088	3731
104	740318	1247211	1206570	513197	111897	734014	762128	31370	27515
1069701	2611722	2950942	2255733	1109439	198659	1841502	1929871	145854	78942
3159	32751	44274	35844	14273	1168	30001	27104	5412	5023
40063	167373	323246	260674	166773	18288	156473	173491	16214	14267
127816	1326878	1968270	1730316	711725	140103	1256546	1272391	105722	86456
82923	727268	869277	738993	214813	30596	654464	665325	40117	29149
1232571	3894133	4922686	3939046	1863664	332917	3059022	3170376	242854	158543
1232571	3894133	4922686	3939046	1863664	332917	3059022	3170376	242854	158543
	23673	33132	28892	9459	1785	23673	22405	1589	1488
68628	666017	833276	702571	234733	34182	598543	604015	54691	45709
8240	392625	493428	404085	155253	19668	338175	343062	40645	31856
60388	273392	339848	298486	79480	14514	260368	260953	14046	13853
1172111	3472707	4453456	3579995	1767477	324036	2685980	2798842	218512	138980
871	9933	11793	11282	1910	145	9884	9841	129	
68706	753250	1090179	917173	371100	51211	719079	707757	31415	28894
1102534	2709525	3351484	2651540	1394467	272680	1957017	2081244	186967	110085
1240739	4138724	5286732	4282566	2002210	358218	3284523	3402857	273202	184688
1067444	2588999	2919721	2231590	1098773	196863	1820949	1910223	144019	77251
1226421	3614380	4561866	3682250	1734571	320161	2827296	2928906	230489	146309
14318	524344	724866	600316	267639	38057	457227	473951	42713	38380
871	9933	11793	11282	1910	145	9884	9841	129	
650	95678	148520	148450	56141	12056	92380	96935	10420	7548
152	89395	84324	84184	17423	860	66901	67106	5037	4351
125	53920	72147	59855	21184	3193	50963	54837	4393	4292
33	34458	48408	39450	17384		31023	29803	255	84
207	33847	40299	1472	12374	76	27925	32991	1047	888
391	8271	8433	6994	2227	254	6206	4346	1201	1201
	18306	19603	6574	3200	440	16403	16609	4809	129
157	12884	17941	15607	5822	373	12119	11213	54	54
	6223	10896	10896	6826	651	4071	4259		
24648	29130	31929	19429	7879	788	24050	26509	3667	2971
7784	66715	74373	59521	25981	3078	48392	42061	15172	15051
	14804	14903	5361	7339	3155	7564	7776	141	141
	6126	8707	7382	2581	716	6126	6126	259	259
4924	164106	202800	99546	40560	4003	162239	151642	10810	10800
35	5876	7507	6582	1970	198	5537	5610	1692	80
	871	871	871	6	1	866	871		
	2899	3468	3175	570	179	2899	2918	1008	1008
4096	91913	103267	62645	37181	1882	66086	67170	1350	342
1329	29279	34732	33782	5685	366	29046	28295	7848	6946
1135566	2488272	3091433	2444098	1307855	263433	1783578	1900249	171012	96760
22	16631	26361	14524	9923	268	16438	16699	5551	5504
5554	31771	49928	39069	21558	4008	28370	30283	7995	7155
12096	74587	80717	74516	20990	721	59727	63351	1071	1056
34153	440440	707655	650303	286291	44067	421364	416342	7297	7109
5775	132137	162562	161568	36830	3091	125733	128503	10986	10960
2171	180253	223155	215431	44523	10220	178632	180513		

11－16　大中型工业企业主要经济指标(三)

单位:万元

	负债合计 Liabilities	流动负债 小计 Liquid liabilties	长期负债 小计 Long－term liabilities
总计 Total	**6475103**	**4855856**	**1619247**
一、按登记注册类型分组: Grouped by type registered			
国有企业 State owned	4571826	3309652	1262174
集体企业 Collective owned	35730	32052	3678
股份合作企业 Share holding cooperative	49669	39010	10659
联营企业 Joint ownership	6660	6660	
有限责任公司 Limited company	650148	511257	138892
股份有限公司 Share holding	182109	120548	61566
私营企业 Private	19873	17921	1952
港、澳、台商投资企业 Funded from Hongkong, Macao and Taiwan	147201	110827	36374
外商投资企业 Foreign founed	811887	707934	103952
二、按经济组织类型分组 Grouped by ownership			
独资企业 Solely owned enterprises	4610049	3344197	1265852
合作、合伙企业 Cooperation and partnership	56330	45671	10659
股份有限公司 Share holding	182109	120543	61566
有限责任公司 Limited company	1626615	1345445	281170
在总计中:亏损企业 Making loss enterprises	992617	750435	242182
在总计中:国有控股企业 State share holding	6159447	4553693	1605754
其中:大中型企业 Large and medium enterprises	6159447	4553693	1605754
在总计中:农村工业 Rural industry	38627	38627	
在总计中:轻工业 Light industry	895074	674280	220794
以农产品为原料 Raw material for agricultural products	653512	501352	152160
以非产农产品为原料 Raw material for non agricultural products	241562	172927	68635
重工业 Heavy industry	5580029	4181577	1398452
采掘工业 Excavation	9469	6294	3175
原料工业 Raw material industry	830506	470598	359909
加工工业 Processing industry	4740054	3704685	1035369
在总计中:大中型企业 Large and mudium enterprises	6475103	4855856	1619247
其中:国有大中型企业 State owned	4571826	3309652	1262174
其中:大型企业 Large enterprises	5681278	4307757	1373521
中型企业 Mudium enterprises	793825	548099	245726
煤炭采选业 Coal mining and dressing	9469	6294	3175
食品加工业 Food processing	165024	163015	2009
食品制造业 Food manufacturing	116258	86463	29794
饮料制造业 Beverage manufacturing	71464	58243	13221
烟草加工业 Tobacco processing	124156	67227	56929
纺织业 Textile industry	46033	26604	19429
服装及其他纤维制品制造业 Garments and other fiber products	14739	7774	6965
木材加工及竹、藤、棕、草制品业 Timber, bamboo, cane, palm and straw products	25944	19615	6329
印刷业、记录媒介的复制 Printing and record medium reproduction	16067	11585	4482
石油加工及炼焦业 Petroleum processing and coking	7191	7191	
化学原料及化学制品制造业 Raw chemical material and chemical products	33563	20370	13193
医药制造 Medical and pharmacutical products	108187	89630	18557
橡胶制品业 Rubber products	28399	26412	1987
塑料制品业 Plastic products	2132	2132	
非金属矿物制品业 Nonmetal mineral products	157313	140936	16377
黑色金属冶炼及压延加工业 Smelting and pressing of ferrous metals	20016	18573	1444
有色金属冶炼及压延加工业 Smelting and pressing of non ferrous metals	1459	1459	
金属制品业 Metal products	2075	2075	
普通机械制造业 Ordinary machinery	133585	116171	17414
专用设备制造业 Special purpose equipment	60317	60017	300
交通运输设备制造业 Transport equipment	4393549	3410804	982745
电气机械及器材制造业 Electric equipmert and machinery	43673	36843	6830
电子及通信设备制造业 Electronic and telecommunication equipment	94058	93304	754
仪器仪表及文化办公用机械制造业 Instruments, meters, culture and office	74603	46961	27641
电力、蒸汽、热水的生产和供应业 Production and supply of electric power, steam and hot water	521554	195342	326211
煤气生产和供应业 Production and supply of gas	125986	112369	13617
自来水的生产和供应业 Production and supply of tap water	78290	28446	49844

MAIN ECONOMIC INDICATORS OF INDUSTRIAL ENTERPRISES(Ⅲ)

unit: 10000yuan

所有者权益合计 Creditors' equity	实收资本 Capital hold	国家资本 State owhed	集体资本 Collectine capital	法人资本 Legperson capital	个人资本 Private funds	港澳台资本 Funded from Hongkong, Macao and Taiwan	外商资本 Foreign funds	产品销售收入 Sale revenue	产品销售成本 Cost of sales
4438641	**2052552**	**1036552**	**29363**	**584902**	**125317**	**18365**	**258054**	**8316250**	**6824318**
2295771	1066535	857630		149022	55209	4675		4303639	3764211
24083	11745		6489	4122	1134			24733	19055
26860	8166	169	3568		4429			43936	33937
6925	7191		3000	4191				1234	1147
402084	186644	73399	4185	107665	1421			369566	301124
563198	174547	60575	6272	68796	38904			464882	400038
11181	6688	262	627	800	5000			17540	11501
62622	49117	9057		680		8690	30690	225481	177965
1045918	541920	35461	5250	249626	19219	5000	227364	2865241	2115340
2330202	1087907	861630	7116	153144	56343	9675		4337955	3789586
33786	15358	169	6568	4191	4429			45169	35085
563198	174547	60575	6272	68796	38904			464882	400038
1511456	774741	114179	9408	358771	25641	8690	258054	3468244	2599610
548462	420605	308274	3590	99092	653		8996	327260	289226
4105297	1876394	1005847	11964	560088	87836	7245	203415	7483024	6118600
4105297	1876394	1005847	11964	560088	87836	7245	203415	7483024	6118600
10010	10382	446	627	2810		6210	379	22182	14278
714106	397145	217759	16023	61163	30449	11205	60546	1031297	847770
260981	179034	52778	7573	23868	29244	11205	54367	813639	653476
453125	218110	164981	8450	37294	1205		6180	217658	194294
3724535	1655408	818793	13340	523739	94868	7160	197508	7284952	5976548
4549	4396							7165	4221
362420	285226	97293		167171	20762			4171313	353187
3357566	1365786	717104	13340	356568	74106	7160	197508	6860474	5619140
4438641	2052552	1036552	29363	584902	125317	18365	258054	8316250	6824318
2295771	1066535	857630		149022	55209	4675		4303639	3764211
4111326	1785074	939911	7034	522943	108881	11120	195185	7561105	6236153
327316	267479	96641	22328	61959	16436	7245	62870	755144	588165
4549	4396	4396						7165	4221
52614	50846	6785	237	1506	19219		23098	392062	354290
62442	45423	3816	6622	4191	483		30311	214051	171770
33776	17980	3588		2180	460	10795	957	69925	48580
-13413	13807	13807						59078	28517
51779	10	10						22602	19098
2565	3691	3209	40	442				11334	9550
3245	5581	311		5270				4647	4580
4862	3799	3121	154		525			7431	5142
6248	3907	3907						39902	34080
63756	30437	7568	5250	4721	7649		5250	20719	12996
79842	51131	21489	3720	15750	9763	410		47152	19981
16289	17244	17244						21990	18045
8676	6688			3389			3299	8126	6454
74863	77569	7700	325	62890	185		6469	97170	63978
-3899	2440	2390		50				3764	3477
	100	100							
2857	3550	2654					896	957	1155
102978	32748	29594	1054				2100	34888	27664
9929	10115	7791		1394			930	7668	7342
3194292	1231504	627087	9259	339244	73622	7160	175132	6688949	5491696
18816	9849	1189		8400	260			41607	32213
234101	92970	50168	2702	30449	39		9613	146885	134839
50003	17940	10521		7419				32778	22601
139154	113820	27013		83207	3600			238226	218664
110846	80200	56287		14400	9514			50708	44670
127472	124809	124809						46518	38717

11－17 大中型工业企业主要经济指标(四)

单位:万元

	产品销售费用 Cost of sales	广告费 Advertisement	产品销售税金及附加 Sales tax and extra charge
总　计 Total	**176327**	**11373**	**207886**
一、按登记注册类型分组: Grouped by tpye registered			
国有企业 State owned	89363	8702	63366
集体企业 Collective owned	988		123
股份合作企业 Share holding cooperative	1860	18	287
联营企业 Joint ownership	70		14
有限责任公司 Limited company	13781	371	5991
股份有限公司 Share holding	3884	141	4365
私营企业 Private	2655	149	219
港、澳、台商投资企业 Funded from Hongkong, Macao and Taiwan	4564	371	2661
外商投资企业 Foreign founed	59163	1620	130860
二、按经济组织类型分组 Grouped by ownership			
独资企业 Solely owned enterprises	91012	8705	63696
合作、合伙企业 Cooperation and partnership	1930	18	301
股份有限公司 Share holding	3884	141	4365
有限责任公司 Limited company	79501	2509	139524
在总计中:亏损企业 Making loss enterprises	18042	1007	22060
在总计中:国有控股企业 State share holding	153580	9158	203643
其中:大中型企业 Large and medium enterprises	153580	9158	203643
在总计中:农村工业 Rural industry	1855	347	2820
在总计中:轻工业 Light industry	40180	3426	25056
以农产品为原料 Raw material for agricultural products	33543	2811	23188
以非产农产品为原料 Raw material for non agricultural products	6637	615	1868
重工业 Heavy industry	136147	7947	182829
采掘工业 Excavation	686	5	82
原料工业 Raw material industry	10198	16	6962
加工工业 Processing industry	125264	7926	175785
在总计中:大中型企业 Large and mudium enterprises	176327	11373	207886
其中:国有大中型企业 State owned	89363	8702	63366
其中:大型企业 Large enterprises	148834	8702	182721
中型企业 Mudium enterpises	27494	2670	25164
煤炭采选业 Coal mining and dressing	686	5	82
食品加工业 Food processing	10247	359	9
食品制造业 Food manufacturing	4052	6	322
饮料制造业 Beverage manufacturing	7748	1716	6817
烟草加工业 Tobacco processing	4671	582	15574
纺织业 Textile industry	287		109
服装及其他纤维制品制造业 Garments and other fiber products	366		9
木材加工及竹、藤、棕、草制品业 Timber, bamboo, cane, palm and straw products	421	12	6
印刷业、记录媒介的复制 Printing and record medium reproduction	113		70
石油加工及炼焦业 Petroleum processing and coking			3512
化学原料及化学制品制造业 Raw chemical material and chemical products	736	24	49
医药制造业 Medical and pharmacutical products	7012	491	395
橡胶制品业 Rubber products	734		1999
塑料制品业 Plastic products	23		
非金属矿物制品业 Nonmetal mineral products	7211	16	987
黑色金属冶炼及压延加工业 Smelting and pressing of ferrous metals	82		19
有色金属冶炼及压延加工业 Smelting and pressing of non ferrous metals			
金属制品业 Metal products	27		
普通机械制造业 Ordinary machinery	1179	68	176
专用设备制造业 Special purpose equipment	297		41
交通运输设备制造业 Transport equipment	120688	8083	174542
电气机械及器材制造业 Electric equipmert and machinery	1235	1	103
电子及通信设备制造业 Electronic and telecommunication equipment	2469		100
仪器仪表及文化办公用机械制造业 Instruments, meters, culture and office	1085	9	78
电力、蒸汽、热水的生产和供应业 Production and supply of electric power, steam and hot water	50		2120
煤气生产和供应业 Production and supply of gas	3169		489
自来水的生产和供应业 Production and supply of tap water	1740		279

MAIN ECONOMIC INDICATORS OF INDUSTRIAL ENTERPRISES(Ⅳ)

unit: 10000yuan

产品销售利润 Sales profit	其他业务利润 Other profits	管理费用 Cost of management	税金 Taxes	财产保险费 Property insurance	劳动待业保险费 Employment insurance	养老医疗保险费 Life insurance	办公费 Administrative expense	研究开发费 Cost of R&D	职工教育费 Education
1107719	**110841**	**773589**	**15692**	**7292**	**24871**	**74012**	**7556**	**100072**	**5238**
386699	69135	545843	8715	3306	15129	64907	5468	97622	2683
4566	338	1721	30	17	148	51	49		
7851	507	5981	132	100	497	1112	185	106	30
2		106				1	1		
48670	5102	33612	1035	497	3803	3807	636	419	246
56596	3168	27015	747	446	2954	1514	627	757	232
3166	6	1945	2	31	193	2	147	693	16
40292	45	4864	130	28	30	409	80	275	31
559877	32542	152504	4901	2868	2117	2210	364	202	2001
393661	69392	548482	8756	3354	15292	64979	5549	97622	2684
7853	507	6086	132	100	497	1113	186	106	30
56596	3168	27015	747	446	2954	1514	627	757	232
649609	37775	192006	6056	3393	6127	6406	1194	1588	2292
-2068	5825	61465	1579	492	7661	6601	712	434	329
1007201	109885	736458	15074	6911	21085	72920	6860	99055	4887
1007201	109885	736458	15074	6911	21085	72920	6860	99055	4887
3230	33	1815		31	13	314	54	12	9
118291	3139	68976	1696	822	6122	4507	970	1615	298
103432	1544	45365	896	584	3725	1632	686	1275	269
14860	1595	23611	801	238	2397	2875	285	340	29
989428	107702	704613	13996	6470	18749	69505	6586	98457	4941
2177		1254	11		15	518	30		8
46966	5090	30532	436	673	749	2724	347	137	172
940285	102612	672827	13549	5798	17985	66263	6209	98321	4761
1107719	110841	773589	15692	7292	24871	74012	7556	100072	5238
386699	69135	545843	8715	3306	15129	64907	5468	97622	2683
993397	109837	720548	14698	6320	20641	70075	6569	98560	4933
114322	1044	53041	994	972	4229	3937	987	1513	306
2177		1254	11		15	518	30		8
27516	792	11971	139	26	31	262	93	70	48
37907	154	4338	163	75	63	355	42	251	34
6781	219	4224	105	104	146	562	151	25	42
10316	-154	10912	211	293	1573		97	65	82
3109	3	2525	91	7	1008	76	14		8
1409	133	1661	8	7	535		24		17
-360	-60	591	21		27	16	23		3
2106	121	1270	39	9	64	323	14		4
2310		1738	21		168	207			17
6938	-49	2397	48	53	28	294	10	204	15
19765	286	10621	168	105	329	226	336	920	46
1211	12	1423	66	16	323	378	32		6
1650	19	490		17		38	33		2
24994	15	12995	96	339	191	770	141	19	67
186	29	542	16		17	117	17		5
		2							
-225	1	200		2		16	17		3
5819	164	8842	233	-48	1251	586	202	5	49
-12	117	1591	279	28	763		47	2	28
902023	103028	645899	13107	5714	14615	64623	5460	98495	4621
8057	132	4528	20	21	188	386	54		4
9477	514	11674	232	99	422	427	240	2	1
9015	205	8724	71	28	510	420	263	3	22
17393	3053	4768	187	230	118	542	73		26
2381	2000	11154	136	115	303	1257	139	12	82
5781	108	7254	228	54	2184	1614	4		

11－18 大中型工业企业主要经济指标(五)

单位:万元

	财务费用 Financial expenses	利息支出 Interest expenditure	营业利润 Business profits
总　计 Total	**107710**	**104622**	**337262**
一、按登记注册类型分组: Grouped by type registered			
国有企业 State owned	39335	53902	－129344
集体企业 Collective owned	713	582	2471
股份合作企业 Share holding cooperative	1586	1585	791
联营企业 Joint ownership			－104
有限责任公司 Limited company	12364	11987	7796
股份有限公司 Share holding	2391	1567	30358
私营企业 Private	764	764	462
港、澳、台商投资企业 Funded from Hongkong, Macao and Taiwan	3981	3935	31491
外商投资企业 Foreign founed	46575	30300	393340
二、按经济组织类型分组 Grouped by ownership			
独资企业 Solely owned enterprises	40067	54510	－125497
合作、合伙企业 Cooperation and partnership	1587	1586	688
股份有限公司 Share holding	2391	1567	30358
有限责任公司 Limited company	63665	46960	431714
在总计中:亏损企业 Making loss enterprises	22177	20514	－79885
在总计中:国有控股企业 State share holding	97711	94882	282916
其中:大中型企业 Large and medium enterprises	97711	94882	282916
在总计中:农村工业 Rural industry	1092	1092	356
在总计中:轻工业 Light industry	21849	19513	30606
以农产品为原料 Raw material for agricultural products	15907	15285	43705
以非产农产品为原料 Raw material for non agricultural products	5942	4228	－13099
重工业 Heavy industry	85861	85109	306656
采掘工业 Excavation	754	740	169
原料工业 Raw material industry	23685	23072	－2162
加工工业 Processing industry	61422	61297	308649
在总计中:大中型企业 Large and mudium enterprises	107710	104622	337262
其中:国有大中型企业 State owned	39335	53902	－129344
其中:大型企业 Large enterprises	87803	85907	294883
中型企业 Mudium enterprises	19907	18715	42379
煤炭采选业 Coal mining and dressing	754	740	169
食品加工业 Food processing	8039	7773	8297
食品制造业 Food manufacturing	2572	2572	31150
饮料制造业 Beverage manufacturing	1827	1696	950
烟草加工业 Tobacco processing	－228	－228	－552
纺织业 Textile industry	1012	1010	－425
服装及其他纤维制品制造业 Garments and other fiber products	288	227	－347
木材加工及竹、藤、棕、草制品业 Timber, bamboo, cane, palm and straw products	253	94	－1265
印刷业、记录媒介的复制 Printing and record medium reproduction	229	229	727
石油加工及炼焦业 Petroleum processing and coking	174	174	398
化学原料及化学制品制造业 Raw chemical material and chemical products	1235	987	3258
医药制造 Medical and pharmacutical products	2403	2189	7026
橡胶制品业 Rubber products	653	653	－853
塑料制品业 Plastic products	－18	－22	1197
非金属矿物制品业 Nonmetal mineral products	3595	3577	8419
黑色金属冶炼及压延加工业 Smelting and pressing of ferrous metals	143	143	－470
有色金属冶炼及压延加工业 Smelting and pressing of non ferrous metals			－2
金属制品业 Metal products	17	17	－441
普通机械制造业 Ordinary machinery	3143	2992	－6002
专用设备制造业 Special purpose equipment	1571	1570	－3058
交通运输设备制造业 Transport equipment	53687	53931	305465
电气机械及器材制造业 Electric equipmert and machinery	773	511	2888
电子及通信设备制造业 Electronic and telecommunication equipment	2470	1089	－4154
仪器仪表及文化办公用机械制造业 Instruments, meters, culture and office	795	785	－300
电力、蒸汽、热水的生产和供应业 Production and supply of electric power, steam and hot water	17214	16747	－1536
煤气生产和供应业 Production and supply of gas	2765	2764	－9539
自来水的生产和供应业 Production and supply of tap water	2404	2404	－3769

MAIN ECONOMIC INDICATORS OF LARGE ANDMUDIUM INDUSTRIAL ENTERPRISES (Ⅴ)

unit: 10000yuan

投资收益 Dividend	补贴收入 Subsidy	利润总额 Afeer－tax profits	应交所得税 Income tax payable	应付利润 Profits payable	亏损企业亏损总额 Total loss of loss－making enterprises	利税总额 Pre－tax profits	上交税金 Taxable incoine	本年应付工资总额 Wages	主营业务应付工资总额 Wages of business
217886	**10417**	**538281**	**47310**	**349940**	**67474**	**1168023**	**629743**	**354512**	**335094**
211672	7157	67066	5957	1093	49528	299288	232222	234524	230153
120	45	2578	140	267	129	3761	1183	2876	2806
		797	509	36	514	4072	3275	4995	4995
		－62		－62	62	90	152	55	55
6831	135	11376	1610	－3916	8622	38276	26900	31497	29396
20	3040	39587	8748	2096	4996	65424	25837	29079	17352
		949	198	129	88	1791	842	1033	1030
		30706				41904	11198	2655	2655
－757	40	385282	30148	350297	3536	713418	328135	47798	46652
211792	7202	71020	6097	1360	49657	305012	233993	237935	233494
		736	509	－25	576	4162	3426	5050	5050
20	3040	39587	8748	2096	4996	65424	25837	29079	17352
6074	175	426938	31956	346510	12246	793425	366487	82448	79199
6789	6126	－67474	－253	－835	67474	－27294	40180	45235	42888
218473	7323	484169	38245	323860	65879	1088814	604645	316251	297432
218473	7323	484169	38245	323860	65879	1088814	604645	316251	297432
		501	51	103		4947	4446	1750	1750
7009	557	36505	2455	7921	16396	92103	55598	49857	48755
206	277	39366	2141	7369	6448	85251	45886	36750	35984
6804	280	－2861	314	551	9948	6852	9713	13107	12771
210877	9860	501776	44854	342020	51078	105920	574145	304655	286339
1		108	36			803	695	1777	1777
16	4112	19378	2278	578	29808	56570	37192	34873	21441
210860	5748	482290	42541	341441	21270	1018548	536258	268006	263122
217886	10417	538281	47310	349940	67474	1168023	629743	354512	335094
211672	7157	67066	5957	1093	49528	299288	232222	234524	230153
217455	9114	499847	43596	339892	42404	1064457	564610	308888	301325
431	1303	38433	3713	10048	25071	103566	65133	45624	33769
1		108	36			803	695	1777	1777
－757		6319	994	6311	1141	6270	－49	12955	12955
	27	30348	121	－62	301	37558	7210	2642	2642
		1184	2	2	917	11952	10768	4208	4208
		－2633		957	2633	19958	22591	5574	5574
220	200	45	31			929	884	3596	3596
32		－367			368	－458	－90	1430	1430
		－1271			1271	－927	344	706	622
		721	192	159	297	1488	767	1564	1535
		389	128			5161	4773	1101	1101
		3676	－74		269	5678	2001	1651	932
987	90	5824	1053	1364	492	10364	4540	5758	4731
		－1209	14		1251	1848	3057	2136	2136
		1168	88			1580	412	159	159
19	360	12011	199	426	255	20066	8055	6081	6081
		－505	1	7	514	－334	171	96	75
								48	48
		－405			408	－352	54	237	237
270	538	－5586			5969	－3464	2122	6185	4988
	40	－3085			3109	－2452	633	1989	1989
216568	4984	483076	41893	334838	9243	1009575	526499	245987	242506
		3417	317	3970	791	6583	3166	1211	1211
54	57	1883	117	1418	5676	3508	1625	5211	5077
487	150	417	20		712	1599	1181	6239	6167
		12067	1524	550	15121	33909	21843	23014	10407
	3771	－5507	654		12934	－2528	2979	6165	6165
5	200	－3805			3805	－290	3515	6796	6748

11－19 大中型工业企业主要经济指标(六)
MAIN ECONOMIC INDICATORS OF INDUSTRIAL ENTERPRISES (Ⅵ)

单位:万元

	本年应付福利费总额 Total welfare	主营业务应付福利费总额 Welfare in business	本年应交增值税 Value added tax payable	本年进项税额 Tax credit in this year	本年销项税额 Add value tax in this year	全部从业人员年平均人数(人) Employees
总计 **Total**	96778	92984	421857	1196838	1438487	253313
一、按登记注册类型分组: Grouped by type registered						
国有企业 State owned	55563	55000	168857	951548	1107853	159252
集体企业 Collective owned	350	338	1060	1290	2053	5243
股份合作企业 Share holding cooperative	787	787	2988	3324	6246	5589
联营企业 Joint ownership	8	8	138	72	210	572
有限责任公司 Limited company	4801	2123	20909	48087	58931	34941
股份有限公司 share holding	3392	3014	21471	48101	68017	21749
私营企业 Private	158	158	623	595	1218	982
港、澳、台商投资企业 Funded from Hongkong, Macao and Taiwan	318	318	8537	3070	11607	2131
外商投资企业 Foreign founed	31401	31241	197275	140750	182351	22854
二、按经济组织类型分组 Grouped by ownership						
独资企业 Solely owned enterprises	56000	55423	170297	953455	1110903	164858
合作、合伙企业 Cooperation and partnership	795	795	3126	3396	6456	6161
股份有限公司 Share holding	3392	3014	21471	48101	68017	21749
有限责任公司 Limited company	36592	33753	226963	191886	253111	60545
在总计中:亏损企业 Making loss enterprises	6507	6146	18120	30093	45821	49690
在总计中:国有控股企业 State share holding	92733	88998	401002	1112946	1343486	219951
其中:大中型企业 Large and medium enterprises	92733	88998	401002	1112946	1343486	219951
在总计中:农村工业 Rural industry	270	270	1626	1562	3188	2004
在总计中:轻工业 Light industry	4243	4106	30542	68440	88964	48721
以农产品为原料 Raw material for agricultural products	2513	2418	22697	49782	62548	35963
以非产农产品为原料 Raw material for non agricultural products	1730	1688	7845	18658	26416	12758
重工业 Heavy industry	92536	88879	391316	1128398	1349523	204592
采掘工业 Excavation	240	240	613	309	922	1695
原料工业 Raw material industry	5730	2695	30230	36125	56493	23215
加工工业 Processing industry	86566	85944	360473	1091963	1292108	179682
在总计中:大中型企业 Large and mudium enterprises	96778	92984	421857	1196838	1438487	253313
其中:国有大中型企业 State owned	55563	55000	168857	951548	1107853	159252
其中:大型企业 Large enterprises	92134	88594	381889	1147249	1351787	212551
中型企业 Mudium enterprises	4644	4391	39968	49589	86700	40762
煤炭采选业 Coal mining and dressing	240	240	613	309	922	1695
食品加工业 Food processing	606	606	－58	27809	20073	13556
食品制造业 Food manufacturing	351	351	6888	1862	8750	2735
饮料制造业 Beverage manufacturing	449	449	3952	6584	10188	4414
烟草加工业 Tobacco processing	744	744	7016	7859	14444	1514
纺织业 Textile industry	－1032	－1042	775	3467	4242	5711
服装及其他纤维制品制造业 Garments and other fiber products	200	197	－997	642	538	2116
木材加工及竹、藤、棕、草制品业 Timber, bamboo, cane, palm and straw products	207	195	338	272	198	623
印刷业、记录媒介的复制 Printing and record medium reproduction	445	445	697	594	1291	1581
石油加工及炼焦业 Petroleum processing and coking	55	55	1261	5425	6686	832
化学原料及化学制品制造业 Raw chemical material and chemical products	360	133	1952	1480	3432	1599
医药制造 Medical and pharmacutical products	766	650	4145	1398	4453	5423
橡胶制品业 Rubber products	200	200	1057	2977	3949	2275
塑料制品业 Plastic products	13	13	412	72	88	86
非金属矿物制品业 Nonmetal mineral products	771	765	7068	10930	8479	7639
黑色金属冶炼及压延加工业 Smelting and pressing of ferrous metals	20	20	152	121	185	537
有色金属冶炼及压延加工业 Smelting and pressing of non ferrous metals	6	6				80
金属制品业 Metal products	27	27	53	108	161	451
普通机械制造业 Ordinary machinery	745	634	1946	3882	5497	8457
专用设备制造业 Special purpose equipment	344	344	592	884	1464	4040
交通运输设备制造业 Transport equipment	83773	83292	351956	1080420	1274575	149595
电气机械及器材制造业 Electric equipmert and machinery	122	122	3063	4251	7217	2319
电子及通信设备制造业 Electronic and telecommunication equipment	649	635	1525	13036	14500	8661
仪器仪表及文化办公用机械制造业 Instruments, meters, culture and office	889	879	1104	1739	1649	6940
电力、蒸汽、热水的生产和供应业 Production and supply of electric power, steam and hot water	4045	1249	19723	14751	34474	12247
煤气生产和供应业 Production and supply of gas	858	858	2491	5966	7798	4945
自来水的生产和供应业 Production and supply of tap water	926	920	3236		3236	3242

统计资料

STATISTICS

交通运输、邮电通信业

TRANSPORTATION，POST AND TELECOMMUNICATION

第十二篇　交通运输、邮电通信业

2001年，全年各种运输方式完成货物运输量10346.1万吨，比上年下降2.5%；货物周转量347.4亿吨公里，比上年增长2.2%；完成旅客运输量7522.2万人，比上年增长0.5%；旅客周转量122.7亿人公里，比上年增长3.4%；管道运输完成天然气输送量9717万立方米，比上年下降15.0%；天然气周转量81.9亿立方米公里，比上年下降13.4%。

一、铁路：全年完成货物发送量1652万吨，比上年下降2.6%；货物周转量315.4亿吨公里，比上年增长2.7%；完成旅客发送量2743万人，比上年下降0.1%；旅客周转量84.7亿人公里，比上年增长3.2%。

二、公路：2001年市管内项目总投资6.4亿元，新建、改扩建公路里程124.7公里。到2001年末，全市共有公路498条，公路总里程6249.1公里，公路密度30.4公里/百平方公里。在公路总里程中，国道4条，409.4公里；省道7条，405.4公里；县道27条，1407.5公里；乡道452条，3866公里；专用公路8条，37公里。在等级公路中，高速公路163.4公里，一级公路109.3公里，二级公路552.6公里，三级公路1936.3公里。全市有公路客运站点93个，公路客运线路818条，营运里程5.65万公里。其中，跨省线路47条、跨市线路134条、跨县线路510条。2001年，全市公路货运量8693万吨，比上年下降2.4%；货物周转量31.8亿吨公里，比上年下降2.8%；旅客运输量4675万人，比上年增长1.2%；旅客周转量24.1亿吨公里，比上年增长0.04%。

三、民航：北航吉林分公司全年货邮运输量10806.6吨，比上年增长11.1%；货邮周转量2056万吨公里，比上年增长11.9%；旅客运输量104.2万人，比上年增长12.4%；旅客周转量13.9亿吨公里，比上年增长11.0%。

长春机场全年货邮发运量6674.8吨，比上年增长16.5%；货邮吞吐量18971.6吨，比上年增长12.5%；旅客发送量54.6万人，比上年增长12.3%；旅客吞吐量109.3万人，比上年增长13.0%。2001年，长春机场拥有航线40条。其中，国内航线36条，国际航线3条，地区航线1条。航班数平均每周起降148班次。

四、邮电通信：2001年，全市完成邮电业务收入31.6亿元，比上年增长15.4%。全市电话交换机容量达179.8万门，市话用户发展到95.2万户，比上年增加9.6%；农话用户发展到20.1万户，比上年增加31.4%。个人住宅电话发展到100万户，比上年增加10.3%。移动电话高速发展，2001年3月，移动电话用户首次超过固定电话用户。“神州卡”、“长白卡”、“如意卡”等业务及各项优惠政策有效地刺激了人们的消费需求，全市年内新增移动电话用户67万户，发展到154.9万户，比上年增加76.2%。城镇公用电话16512部，201卡（校园卡）电话44732部。到2001年末，全市电话普及率由上年的28.7部/百人提高到40.3部/百人（含移动电话）。互联网用户持续高速增长，到2001年末，互联网注册用户已发展到53159户，比上年增加65.9%。邮政部门全年完成邮政业务收入3.2亿元，比上年增长12.5%。邮政储蓄年末余额35.4亿元，比上年增长15.8%；特快专递83.3万份，比上年增长15.7%；函件、包件共5653万件，比上年增长32.3%。

旅客运输量

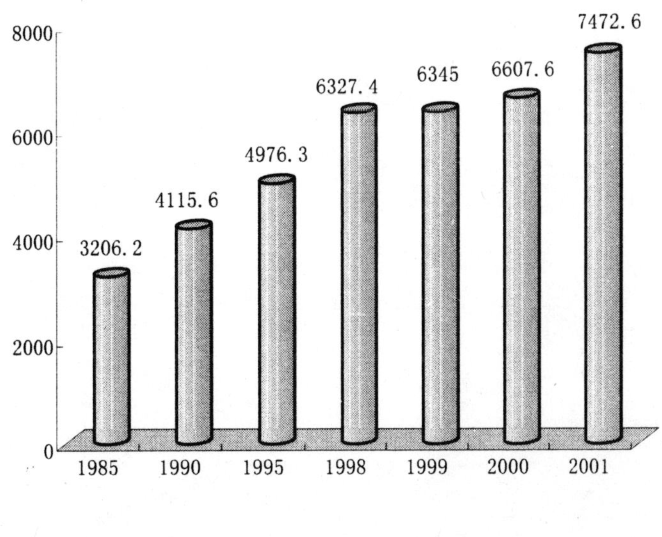

12-1 主要年份邮电业务总量及邮电能力
BASIC STATISTICS ON POST AND TELECOMMUNICATIONS

		1990	1995	1999	2000	2001
邮电业务总量(万元)	Volume of post and telecommunication(10000yuan)	7400.3	78127.6	284143	433564	316487.5
函件(万件)	Letters(10000pcs)	6781.7	7599.9	4138.8	4216	5583
包件(万件)	Parcels(10000pcs)	131.5	255	52.3	56.2	70
汇票(万张)	Bill of exchange(10000)	87.4	124.5	99.9	97.9	97
订销报纸期发数(万份)	Newspapers circulation(10000)	34.3	39	39.4	110.9	72
订销报纸累计数(万份)	Total newspapers(10000)	6177.3	8296.9	8199	7528	6665
订销杂志期发数(万份)	Magazines circulation(10000)	61.6	51	63.9	66	82
订销杂志累计数(万份)	Total magazines(10000)	717.2	861.4	720.2	711	580
市话年末到达户数(万户)	Telephone subscribers(10000)	6.7	37.4	76	86.9	95.2
#住宅电话(万户)	Residentialtelephone subscribers(10000)	2.7	29.3	66.7	76.3	80.9
农话年末到达户数(万户)	Ruraltelephone subscribers(10000)	0.7	2.7	10.3	15.3	20.1
#住宅电话(万户)	Residentialtelephone subscribers(10000)	0.1	2.1	9.7	14.4	19.1
无线寻呼(万户)	Subscribers of paging service(10000)	0.2	21.5	70.2	68.6	51.5
移动电话(万户)	Mobiletelephones subscribers(10000)	-	3.5	45.1	87.9	154.9
电报(万份)	Telegrams(10000)	146.4	60.3	10.9	5.8	3.2
长途电话(万张)	Long distance calls(10000)	1308.2	7388.6	11342	8923	11994
特快专递(万份)	Express mail services(10000)	8.1	49	59.9	72	83.3
邮政储蓄年末余额(万元)	Postal deposits balance(10000yuan)	-	131325	261312	305316	353678
邮路总长度(公里)	Length of postal routes(km)	22540	37662	75825	87732	70294.3
长途电路(路)	Long distance telephone lines(line)	2575	19232	49652	70054	167866
长途程控交换机容量(路端)	Capacity of telephone exchange(line)	1860	50760	58000	58000	58000
市话交换机总容量(万门)	Urban capacity(10000line)	8.7	70.5	112.1	137.1	151.6
农话交换机总容量(万门)	Rural capacity(10000line)	1.4	7.1	15.5	21.4	28.2
年末邮电局(所)数(处)	Post and telecommunication offices	196	264	531	559	566
年末电话机数(万部)	Telephones(10000)	12.3	49.3	95.4	110.6	129.8

注:从2001年开始,将邮电业务总量改为邮电业务收入,2001年比上年增长15.4%。

12－2　主要年份民用车辆拥有量

		1990	
		总　计 Total	私　人 Private
一、民用汽车(辆)	Civil vehicles(coach)	45952	6736
1.载客汽车(辆)	Buses and cars(coach)	13074	2920
载客量(客位)	Passengers(seat)	218065	26034
其中:大型(辆)	Large(coach)	3207	244
载客量(客位)	Passengers(seat)	150215	6059
2.普通载货汽车(辆)	Ordinary trucks(coach)	30144	3800
载重量(吨位)	Truck capacity(ton)	116939	13428
其中:大型(辆)	Large(coach)	21327	2627
载重量(吨位)	Truck capacity(ton)	105166	12312
3.专用载货汽车(辆)	Special truck(coach)	656	16
载重量(吨位)	Truck capacity(ton)	3534	54
4.其他专用汽车(辆)	Other special truck(coach)	557	–
5.特种汽车(辆)	Special truck(coach)	1521	–
二、轮胎式拖拉机(辆)	Tractors rubber wheels(coach)	37634	34740
其中:手扶式拖拉机(辆)	Mini tractors(coach)	9915	9915
三、摩托车(辆)	Motorcycle(coach)	23631	20901
其中:两轮(辆)	Two wheels(coach)	18717	17625
四、其他机动车(辆)	Other motor vehicles(coach)	–	–
五、载货挂车(辆)	Truck(coach)	2541	604

NUMBER OF CIVIL MOTOR VEHICLE OWNED

1995		1999		2000		2001	
总计 Total	私人 Private	总计 Total	私人 Private	总计 Total	私人 Private	总计 Total	私人 Private
75403	13243	110903	31177	129354	23482	143402	24157
34217	9675	61154	20365	76038	15920	87490	16186
636220	160205	764713	193468	836418	151241	918645	144055
4046	106	4424	356	4828	241	5208	300
176435	5515	178820	14390	188295	9399	197904	11105
36443	3518	44458	10757	49239	7386	51754	7812
130440	18278	254357	53786	270816	35452	289822	39841
18063	3319	20229	7080	21593	2865	22422	3247
99143	17780	150591	50976	164108	21488	172649	24677
2611	12	1884	55	1566	81	1588	68
17501	63	12106	363	10180	535	10481	452
1549	38	2117	–	1499	68	1569	70
583	–	1290	–	1012	27	1001	21
53010	52578	71267	67704	72819	69308	75608	72584
11800	11800	13006	13006	15765	15765	18286	18286
47877	29865	113707	98788	140749	134932	137653	131964
30693	21263	97023	85575	111273	106675	108575	104088
11363	10825	17833	17120	25725	25418	26402	26087
706	108	293	51	278	175	411	411

12－3 主要年份全社会客货运输量
BASIC STATISTICS ON TRANSPORTATION

		1990	1995	1999	2000	2001
一、铁路	Railway					
1.货物发送量(万　　吨)	Freight traffic(10000ton)	585.2	882.9	972	903	1652
2.货物周转量(万吨公里)	Freight ton－Kilometers(10000ton·km)	2266400	2355900	2160000	2090000	3153800
3.旅客发送量(万　　人)	Passenger traffic(10000person)	2038.6	2448.1	1867	1937	2743
4.旅客周转量(万人公里)	Passenger Kilometers(10000person·km)	556400	727400	760000	820000	846900
二、公路	Highways					
1.货物运输量(万　　吨)	Freight traffic(10000ton)	4013	6535.2	8560	8910	8693
2.货物周转量(万吨公里)	Freight ton－Kilometers(10000ton)	129792	305245.3	314617	327516	318422
3.旅客运输量(万　　人)	Passenger traffic(10000person)	2065	2493.8	4436	4622	4675
4.旅客周转量(万人公里)	Passenger Kilometers(10000person·km)	72629	116552	226108	240414	240521
三、民航	Civil aviation					
1.货邮发送量(吨)	Freight traffic(ton)	2400	2931.2	4265.1	5730.1	6674.8
2.货邮吞吐量(吨)	Freight ton－Kilomefers(ton)	7509.3	9037	12773.4	16864	18971.6
3.旅客发送量(万　　人)	Passenger traffic(10000person)	12	34.4	41.9	48.6	54.6
4.旅客吞吐量(万　　人)	Passenger Kilometers(10000person)	24.2	69.8	83.5	96.7	109.3
四、管道	Pipelines					
1.油气输送量(万　　吨)	Petroleum and gas traffic(10000ton)	4398.2	4266.3	4057.6	3871.1	3679
2.油气周转量(万吨公里)	Petroleum and gas Kilometers(10000ton·km)	470168	1705240.4	1261138	1199233	1138580

统计资料

STATISTICS

建筑业

CONSTUCTION

第十三篇　建筑业

2001年我市建筑业快速发展。建筑业总产值完成140.3亿元,比上年增长24%;增加值完成35.1亿元,比上年增长20.6%。全市单位施工个数7354个,其中投标承包个数6563个,占全部施工工程的89.2%。完成施工面积990.8万平方米,比上年增长15.8%;竣工面积623.5万平方米,比上年增长17.3%。工程优良品率为74.9%。

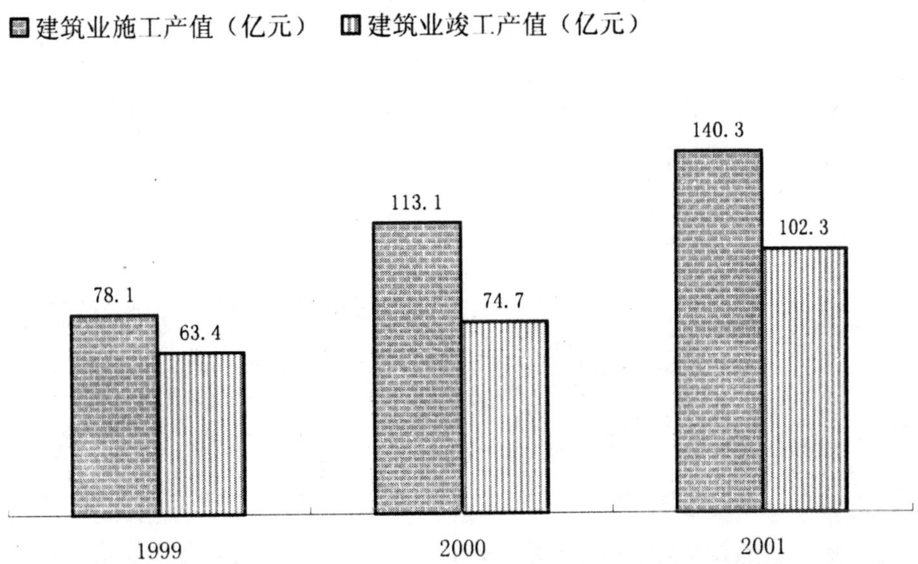

13-1 建筑业生产情况

		计量单位 Unit	总计 Total	内资企业 Domestic funds
企业个数	Enterprises	个 unit	136	129
建筑业总产值	Gross output value of construction	千元 1000yuan	14032592	13720490
1.建筑工程	Construction	千元 1000yuan	10744476	10500696
2.安装工程	Installation	千元 1000yuan	3125273	3056951
3.房屋构筑物修理	Building and maintenance	千元 1000yuan	70257	70257
4.非标准设备制造	Non-stardard equipment manufacture	千元 1000yuan	92586	92586
竣工产值	Output value of building completed	千元 1000yuan	10225856	9938525
单位工程施工个数	Projects under construction	个 unit	7354	7306
#:本年新开工个数	New starting projects	个 unit	4296	4258
#:实行投标承包个数	Number of tender	个 unit	6563	6517
#:本年新开工	New starting projects	个 unit	3967	3929
单位工程竣工个数	Projects completed	个 unit	4506	4465
竣工的优良单位工程个数	Projects of high quality	个 unit	3373	3341
房屋建筑施工面积	Flour space under construction	平方米 sq·m	9907593	9667242
#:本年新开工面积	New starting projects	平方米 sq·m	7022244	6832727
#:实行投标承包面积	Floor spoce of tender	平方米 sq·m	9004684	8821904
#:本年新开工	New starting tender	平方米 sq·m	6515451	6332871
房屋建筑竣工面积	Floor space of building completed	平方米 sq·m	6235174	6033732
优良工程竣工面积	Floor space of high quality	平方米 sq·m	4611573	4410131
自有机械设备年末总台数	Number of machinery and equipment owned	台 unit	42345	40146
自有机械设备年末总功率	Power of machinery and equipment owned	千瓦 kw	1231742	1214560
#:施工机械功率	Power of machinery and equipment operating	千瓦 kw	702673	685601
自有机械设备净值	Net value of machinery and equipment owned	千克 kg	1265455	1221764
计算劳动生产率的平均人数	Average persons of construction	人 person	148115	143726

BASIC STATISTICS ON PRODUCTION OF CONSTRUCTION

登记注册类型 Grouped by type of registered								
					港澳台商投资企业 Funded from Hongkong Macao Taiwan		外商投资企业 Foreign funds	
国有企业 State owned	集体企业 Collective owned	有限责任公司 Share holding	股份有限公司 Other limited	私营企业 Corperation		合资经营企业 Domestic Furds		合资企业 Joint Venture
42	54	22	9	2	2	2	5	5
6265887	1487047	4388664	1475914	102978	92614	92614	219488	219488
3662972	1071326	4224787	1438633	102978	92614	92614	151166	151166
2477075	403921	153230	22725				68322	68322
33634	11490	10577	14556					
92206	310	70						
4833022	1478909	2373634	1149982	102978	92614	92614	194717	194717
2091	1468	3283	450	14			48	48
1439	1094	1366	355	4			38	38
1772	1117	3180	438	10			46	46
1196	1074	1304	355				38	38
1560	1448	1147	306	4			41	41
1184	1029	1018	106	4			32	32
3706817	1668780	1528330	2677315	86000			240351	240351
2072238	1459698	1204549	2077177	19065			189517	189517
3588609	1538664	1002486	2606145	86000			182780	182780
2061262	1306239	898193	2067177				182580	182580
2113820	1455910	737716	1707221	19065			201442	201442
1422788	1106316	627189	1234773	19065			201442	201442
22235	8541	4983	3992	395	1104	1104		1095
793126	87862	264374	67882	1316	1104	1104	16078	16078
354560	80810	196356	52579	1296	1104	1104	15968	15968
679416	103834	329470	102177	6867	1104	1104	42587	42587
60653	30693	30420	20159	1801	726	726	3663	3663

13－1续表1

		计量单位 Unit	土木工程 建筑业 Construction
企业个数	Enterprises	个 unit	99
建筑业总产值	Gross output value of construction	千元 1000yuan	11891005
1.建筑工程	Construction	千元 1000yuan	9564020
2.安装工程	Installation	千元 1000yuan	2166712
3.房屋构筑物修理	Building and maintenance	千元 1000yuan	70257
4.非标准设备制造	Non－standard equipment manufacturing	千元 1000yuan	90016
竣工产值	Output value of building completd	千元 1000yuan	7791632
单位工程施工个数	Projects under construction	个 unit	6327
#:本年新开工个数	New starting proiects	个 unit	3876
#:投标承包个数	Number of tender	个 unit	6047
#:本年新开工	New starting projects	个 unit	3720
单位工程竣工个数	Projects completed	个 unit	3736
优良单位工程个数	Projects of high quality	个 unit	3076
房屋建筑施工面积	Flour space under construction	平方米 sq·m	9516121
#:本年新开工面积	New starting projects	平方米 sq·m	6808039
#:投标承包面积	Floor spoce of tender	平方米 sq·m	8613212
#:本年新开工	New starting tender	平方米 sq·m	6301246
房屋建筑竣工面积	Floor space of building completed	平方米 sq·m	5973252
优良工程竣工面积	Floor space of high quality	平方米 sq·m	4375212
自有机械设备年末总台数	Number of machinery and equipment owned	台 unit	31386
自有机械设备年末总功率	Power of machinery and equipment owhed	千瓦 kw	773196
#:施工机械功率	Power of machinery and equipment operating	千瓦 kw	581299
自有机械设备净值	Net value of machinery and equipment owned	千元 1000yuan	1137198
计算劳动生产率的平均人数	Average persons of construction	人 person	126924

continued 1

行 业 类 型 Grouped by sector						
房屋 Building	铁路公路隧道桥梁 Railways tunnels highway and bridges	堤坝电站码头 Dam power station harbour	线路管道设备安装业 Pipes lines and equipment installation	线路管道业 Pipeline	设备安装业 Equipment	装修装饰业 Building decoration
91	5	3	15	7	8	22
7665634	3585504	639867	1367539	409740	957799	774048
5443479	3519954	600587	409758	185341	224417	770698
2064560	6550	36602	955211	224399	730812	3350
67579		2678				
90016			2570		2570	
5207344	1761443	822845	1660176	338539	1321637	774048
3255	2947	125	1027	186	841	
2743	1060	73	420	168	252	
3037	2899	111	516	17	499	
2629	1033	58	247	11	236	
2813	850	73	770	164	606	
2243	768	65	297	35	262	
8899869	613674	2578	391472	70762	320710	
6359037	447926	1076	214205	70762	143443	
8093210	519902	100	391472	70762	320170	
5855107	446039	100	214205	70762	143443	
5747145	223529	2578	261922	34201	227721	
4149105	223529	2578	236361	19000	217361	
21908	3521	5957	9063	2503	6560	1896
481391	151757	140048	430409	38312	392097	28137
424952	87071	69276	94605	36473	58132	26769
643123	316375	177700	116920	25311	91609	11337
96016	18260	12648	14261	5003	9258	6930

13-2 建筑业财务状况

		计量单位 Unit	总计 Total	内资企业 Domestic funds
一、年末资产负债	Total assets and libilities			
流动资产合计	Circulating funds	千元 1000yuan	13554343	13377098
#:存货	Inventory	千元 1000yuan	4214340	4180059
#:在建工程	Under construction	千元 1000yuan	3259529	3251489
长期投资	Long term investment	千元 1000yuan	269416	269336
固定资产小计	Total of fixed assets	千元 1000yuan	343932	3353430
固定资产原价合计	Orginal value of fixed assets	千元 1000yuan	4988620	4877710
#:生产经营用	Expense of operating	千元 1000yuan	3685255	3645599
累计折旧	Cumulative depreciation	千元 1000yuan	1688366	1648418
#:本年折旧	Depreciation at this year	千元 1000yuan	319493	309604
无形及递延资产合计	Intangible and deferred assets	千元 1000yuan	193942	187117
#:无形资产	Intangible assets	千元 1000yuan	158421	151937
资产总计	Total assets	千元 1000yuan	17563887	1728235
流动负债合计	Total circulation liabilities	千元 1000yuan	12104304	11993223
长期负债合计	Long term liabities	千元 1000yuan	390810	389708
负债合计	Total labilities	千元 1000yuan	12495114	12382931
所有者权益合计	Creditors' equity	千元 1000yuan	5068773	4915304
二、损益及分配	Loss, profit and distribution			
工程结算收入	Revenue of project settlement accounts	千元 1000yuan	13056059	12869673
工程结算成本	Cost of project settlement accounts	千元 1000yuan	11564055	11409008
工程结算税金及附加	Taxes of project settlement accounts	千元 1000yuan	396858	392274
工程结算利润	Profit of project settlement accounts	千元 1000yuan	1095146	1068391
其他业务利润	Other profit	千元 1000yuan	63516	63306
管理费用	management expenses	千元 1000yuan	772382	758677
#:税金	Taxes	千元 1000yuan	9094	8884
劳动、待业保险费	Unemployment insurance	千元 1000yuan	123936	122244
营业利润	Profit of opering	千元 1000yuan	253139	240205
利润总额	Total profit	千元 1000yuan	234742	222051
应交所得税	Payable income tax	千元 1000yuan	87503	84653
转作奖金利润	Payable profit	千元 1000yuan		
应付利润	Payable profit	千元 1000yuan	196114	186196
三、工资、福利费	Wages welfare			
本年应付工资总额	Payable wages	千元 1000yuan	1442084	1407508
其中:主营业务应付工资总值	Operating wages	千元 1000yuan	1376108	1341532
本年应付福利费总额	Payable welfare	千元 1000yuan	209819	205450
其中:主营业务应付福利费	Operating welfare	1000yuan	191552	187183
四、建筑业增加值	Adeded value	千元 1000yuan	3512187	3430112
五、亏损企业个数	Making-loss enterprises	个 unit		

FINANCIAL INDICATORS OF CONSTRUCTION ENTERPRINSES

登记注册类型 Grouped by type registered								
					港澳台商投资企业 Funded from Hong kong, Macao and Taiwan		商投资企业 Foreign funds	
国有企业 State owend	集体企业 Collective owned	有限责任公司 Other company limited	股份有限公司 Share holding	私营企业 Corperation		合资经营企业 Joint venture		中外合资经营企业 Joint venture
5324854	542995	5761005	1674411	73833	31163	31163	146082	146082
694112	137508	3060540	282763	5136	10161	10161	24120	24120
326006	64578	2753033	105861	2011			8040	8040
115947	12537	25407	115445				80	80
1706373	237283	700304	666802	42668	2642	2642	78860	78860
2619990	283643	1025663	900485	47929	4491	4491	106419	106419
1658845	220886	857614	860325	47929	2230	2230	37426	37426
962050	61983	377642	238029	8714	1849	1849	38099	38099
177869	16649	82632	29686	2768	369	369	9520	9520
43266	3204	101709	38938		6468	6468	357	357
21998	3204	99878	26857		6468	6468	16	16
7263526	797239	6624191	2496778	116501	40273	40273	225379	225379
5194189	470456	4631144	1659676	37758	22488	22488	88593	88593
207833	60746	97252	23877				1102	1102
5402022	531202	4728396	1683553	37758	22488	22488	89695	89695
1861504	266037	1895795	813225	78743	17785	17785	135684	135684
5632025	1215412	4427941	1481317	112978	49720	49720	136666	136666
4924047	1076760	3937006	1380524	90671	40557	40557	114490	114490
164806	47237	129886	47549	2796	1491	1491	3093	3093
543172	91415	361049	53244	19511	7672	7672	19083	19083
4166	781	12260	46099				210	210
414857	48719	227062	64096	3943	3791	3791	9914	9914
4353	653	1241	2602	35	3	3	207	207
88381	3046	20473	10250	94	44	44	1648	1648
100291	41938	56167	26763	15046	3861	3861	9073	9073
84720	44164	51113	26307	15747	3816	3816	8875	8875
39801	14488	16031	9131	5202	1168	1168	1682	1682
90026	31214	35726	18687	10543	2725	2725	7193	7193
687043	187588	305729	205964	21184	5110	5110	29466	29466
665550	168705	280129	205964	21184	5110	5110	29466	29466
100253	25620	47984	28814	2779	584	584	3785	3785
89240	21977	44373	28814	2779	584	584	3785	3785
1733371	349682	919783	378109	49167	15273	15273	66802	66802

13－2 续表 1

		计量单位 Unit	土木工程建筑业 Construction
一、年末资产负债	Total assets and libilities	千元 1000yuan	
流动资产合计	Circulating funds	千元 1000yuan	9582643
#:存货	Inventory	千元 1000yuan	1509247
#:在建工程	Under construction	千元 1000yuan	688290
长期投资	Long term investment	千元 1000yuan	211552
固定资产小计	Total of fixed assets	千元 1000yuan	2855842
固定资产原价合计	Orginal value of fixed assets	千元 1000yuan	4180765
#:生产经营用	Expense of operating	千元 1000yuan	3228061
累计折旧	Cumulative depreciation	千元 1000yuan	1432399
#:本年折旧	Depreciation in this year	千元 1000yuan	268836
无形及递延资产合计	Intangible and deferred assets	千元 1000yuan	166718
#:无形资产	Intangible assets	千元 1000yuan	138839
资产总计	Total assets	千元 1000yuan	12895265
流动负债合计	Total circulation liabilities	千元 1000yuan	9123060
长期负债合计	Long term liabities	千元 1000yuan	355927
负债合计	Total labilities	千元 1000yuan	9478987
所有者权益合计	Creditors' equity	千元 1000yuan	3416278
二、损益及分配	Loss, profit and distribution		
工程结算收入	Revenue of project settlement accounts	千元 1000yuan	10984380
工程结算成本	Cost of project settlement accounts	千元 1000yuan	9874333
工程结算税金及附加	Taxes of project settlement accounts	千元 1000yuan	340423
工程结算利润	Profit of project settlement accounts	千元 1000yuan	769624
其他业务利润	Other profit	千元 1000yuan	62208
管理费用	Management expenses	千元 1000yuan	584852
#:税金	Taxes	千元 1000yuan	6751
劳动、待业保险费	Unemployment insurance	千元 1000yuan	102288
营业利润	Profit of opering	千元 1000yuan	195751
利润总额	Total profit	千元 1000yuan	174339
应交所得税	Payable income tax	千元 1000yuan	68148
应付利润	Payable profit	千元 1000yuan	146823
三、工资、福利费	Wages welfare		
本年应付工资总额	Payable wages	千元 1000yuan	176394
其中:主营业务应付工资	Operating wages	千元 1000yuan	1174402
本年应付福利费总额	Payable welfare	千元 1000yuan	158363
其中:主营业务应付福利费	Operating welfare	千元 1000yuan	1109914
四、建筑业增加值	Adeded value	千元 1000yuan	2756119
五、亏损企业个数	Making－loss enterprises	个 unit	

continued 1

行 业 类 型 Grouped by sector						
房屋 Building	铁路公路隧道桥梁 Railways tunnels highway and bridges	堤坝电站码头 Dam power station harbour	线路管道设备安装业 Pipes lines and Equipment installation	线路管道业 Pipeline	设备安装业 Equipment	装修装饰业 Building decoration
5625538	3038040	919065	1279229	299228	980001	2692471
655633	589495	264119	214213	67629	146584	2490880
210088	284812	193390	99390		99390	2471849
191082	18760	1800	51794	3146	48648	6070
1916295	644299	295248	498256	107888	390368	80834
2645351	999767	535647	710278	152363	557915	97577
2085943	721454	420664	383039	149119	233920	74155
811985	377708	242706	233742	44475	189267	22225
150492	77919	40425	44581	13753	30828	6076
65094	97056	4568	12545	8228	4317	14679
39457	94864	4520	10903	7314	3589	8679
7840646	3832820	1221799	1870896	434522	1436374	2797726
5274413	2921901	926746	1273783	291689	982094	1707461
190457	99839	65631	33778	1134	32644	1105
5464870	3021740	992377	1307561	292823	1014738	1708566
2375776	811080	229422	563335	141699	421636	1089160
6737724	3573270	673386	1243773	273360	970413	827906
6083529	3212958	577846	1010523	218979	791544	679199
209697	110370	20356	39888	8830	31058	16547
444498	249942	75184	193362	45551	147811	132160
49057	12659	492	1362	-252	1614	-54
311083	211833	61936	162802	40274	122528	24728
5610	898	243	2163	321	1842	180
66678	20030	15580	21181	872	20309	467
154924	33775	7052	23866	3498	20368	33522
141194	29956	3189	28515	3901	24614	31888
58480	8713	955	9974	308	9666	9381
123525	21243	2055	25999	3692	22307	23292
860088	211295	103019	193640	68596	125044	74042
831861	187121	90932	192318	68046	124272	73876
127561	35675	13158	24158	7467	16691	9267
122755	32289	3319	23944	7304	16640	9245
1831591	678569	246039	517437	144677	372670	238551

统计资料

STATISTICS

批发零售贸易和餐饮业

WHOLESALE RETAIL TRADES AND CATERING

第十四篇　批发零售贸易和餐饮业

2001 年，全市商业企业紧紧抓住扩大内需政策和“假日经济”、“会展经济”的有利时机，积极开拓市场，扩大服务领域，消费品市场销售繁荣活跃。社会消费品零售总额实现 358.3 亿元，比去年同期增长 12.5%。

1、会展业对消费品销售增长的拉动作用明显。今年，我市成功地举办了“冰雪节”、“农博会”、“汽博会”、“房交会”、“教育展”、“书市”和“特交会”等一系列会展活动，不仅聚集了人气，而且有力地带动了消费需求。据统计，在“农博会”短短的 5 天时间里，实现现场交易额 5996.4 万元。“汽博会”现场销售汽车 1000 多台，成交额达 4 亿元。在“教育展”的短短 3 天时间内，现场采购教学仪器设备金额为 6.33 亿元，仅长春市各（市）区和各学校采购金额就达 1 亿元。在为期 5 天的秋季“房交会”上，房屋及相关产品交易总额达 13.73 亿元，其中室内装饰材料、门窗、洁具、橱柜橱具等相关产品销售达 9800 万元。

“书市”和“特交会”期间成交额达 2000 多万元。这些会展活动不仅直接带动了社会消费品零售总额的增长，而且对各行各业的发展也有积极的促进作用。我市各流通企业和餐饮业也紧紧抓住会展活动和长春商业金街落成的有利契机，开展了多种形式的促销活动，销售（营业）额快速增长。据统计，“汽博会”期间，欧亚、长百大楼、卓展、国商、恒客隆、亚细亚、远方超市、荣德超市、亚泰超市和一汽超市等十大商场的销售额比去年同期增长 18.5%，比平时增长 37.1%，客流量也比平时增长 37.6%；海上皇宫、凤凰楼、同达、东方饺子王、大世界、肯德基、麦当劳、大世界肥牛、北海湾、潮州城等十家餐饮业的营业额比去年同期增长 53.2%，比平时增长 33.8%，客流量也有不同幅度的增长。据测算，“汽博会”、“农博会”等 6 大会展共实现社会消费品零售额 4 亿元。

2、“假日消费”成为市场销售新的增长点。随着我国假日的增多和假期的延长，人们利用节假日、休息日等集中消费已渐渐形成习惯，全市商业企业紧紧抓住“假日消费”的有利时机，营造消费环境，开展了各具特色的促销活动，假日消费品市场出现了前所未有的火爆，商场里人头攒动，市场销售额大幅度增长。据统计，春节黄金周期间，我市 14 家大型商场实现销售额 1.2 亿元，同比增长 72.6%。“五一”期间，长百、欧亚、卓展、恒客隆和国商等主要商业企业 7 天实现零售额 1.2 亿元，比去年同期增长 49.2%。“十一”黄金周期间，各商家也推出了异彩纷呈的促销活动，极大地活跃了市场，促进了消费，长百大楼、欧亚商都、国贸中心、恒客隆超市和新世纪超市等五家大型零售企业共实现销售额 1.6 亿元，比去年同期增长 59.8%。各零售商场、大的专业市场双休日的销售额也比平时有不同程度的增长。

3、居民消费结构发生了新的变化。2001 年，我市居民消费结构与往年相比又有了新的变化。在消费品方面，主要表现在：吃的消费品零售额明显下降，穿着类零售额快速上升，用品类零售额大幅度增加。在社会消费品零售总额中，食品类为 125.6 亿元，比去年同期下降 3.2%；穿着类为 62.8 亿元，比去年同期增长 9.8%；用品类为 169.8 亿元，增幅高达 26.5%。同时居民用于非消费品支出如教育支出、交通与通讯支出等比重正在逐步增加。

4、餐饮业零售额保持高速增长。近几年来，由于居民生活水平不断提高，消费方式也发生了很大的变化，在外用餐次数明显增加，尤其是圣诞节期间，各大宾馆、酒店全部爆满。同时旅游业和会展业的发展使餐饮业的消费群体不断扩大，因此使餐饮业的零售额保持了高速增长。2001 年，餐饮业实现社会消费品零售额 46.6 亿元，比去年同期增长 26.7%，增幅位于各行业之首，高于社会消费品零售总额增幅 14.2 个百分点，成为带动商业经济快速增长的因素之一。

5、大型市场继续发挥骨干带头作用。今年，我市按照“专业化、规模化、现代化”的原则，不断加快市场建设步伐，这些新建的市场为消费品市场的繁荣发展起到了一定的积极的作用。特别是一些大型市场在商品销售方面的主导地位越来越明显。据统计，2001 年我市 40 个亿元市场实现成交额 254.5 亿元，占批零贸易业商品销售总额的 40.4 %。其中实现社会消费品零售额 107.0 亿元，占社会消费品零售总额的 29.9%。

社会消费品零售总额（亿元）

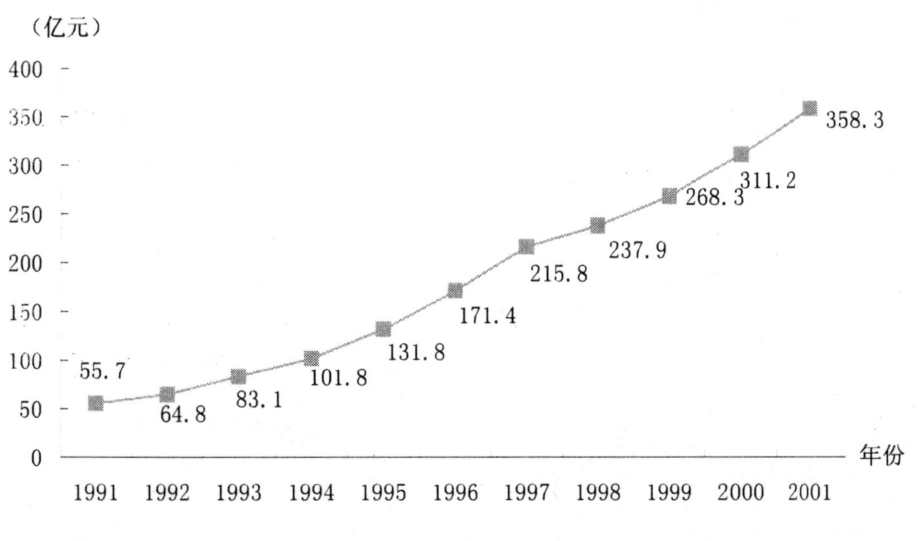

14-1 社会消费品零售总额
TOTAL RETAIL SALES OF CONSUMER GOODS

单位:万元 unit:10000 yuan

		2001
社会消费品零售总额	**Total**	**3582837.2**
其中:市区	Urban district	3097527.2
(一)按销售单位所在地分组	Grouped by region	
(1)市的零售额	Total of district	3344150.1
(2)县的零售额	Total of county	76017.8
(3)县以下零售额	Below county	162669.3
(二)按经济类型分	Grouped by ownership	
国有经济	State owned	695599.2
非国有经济	No-state owned	2887238.2
公有经济	Public owned	806975.2
非公有经济	No-public owned	2775862.1
(三)按行业分组	Grouped by sector	
批发、零售贸易业	Wholesale and retair trade	3086902.9
限额以上	Above designated size	879264.4
限额以下及个体	Under designated size	2207638.5
市场内	Inside market	1683783.5
市场外	Outside market	523855.0
餐饮业	Catering	466307.8
其他	Others	29626.5
(四)按用途分组	Grouped by use	
吃的商品	Food	1256444.6
穿的商品	Clothing	628449.2
用的商品	Daily consumer goods	1697943.4

14－2 限额以上批发零售贸易业商品购进、销售、库存总额

单位:万元

		法人企业（个）Legal person enterprises	产业活动单位（个）Dperating unit	从业人数（人）Employment
总　计	**Total**	**126**	**131**	**39735**
一、批发业		67	70	19983
其中:国有及国有控股	State owned and share	48	50	14383
1. 按登记注册类型分组	Grouped by type registered			
内资企业	Domestic funds	67	70	19983
国有企业	State owned	39	40	11408
集体企业	Collective owned	6	6	2434
股份合作企业	Cooperative	3	3	1193
联营企业	Joint	1	1	63
国有联营企业	State joint owned	1	1	63
集体联营企业	Collective joine owned			
国有与集体联营企业	State－collective joint owned			
其他联营企业	Other joint owned			
有限责任公司	Limited liability corporations	7	7	2548
国有独资企业	State owned	3	3	1793
其他有限责任公司	Other	4	4	755
股份有限公司	Share holding	10	12	2295
私营企业	Private	1	1	42
私营独资企业	Private funded			
私营合伙企业	Private partner			
私营有限责任公司	Private limited company	1	1	42
私营股份有限公司	Private share holding			
其他企业	Others			
港、澳、台商投资企业	Funded from Hongkong, Macao and Taiwan			
合资经营企业	Joint venture			
合作经营企业	Cooperative			
独资经营企业	Solefunds			
投资股份有限公司	Share holding			
外商投资企业	Foreign funds			
中外合资经营企业	Joint venture			
中外合作经营企业	Cooperative			
外资企业	Fundecl from foreign			
外商投资股份有限公司	Share halding funded from foreigh			
2. 按国民经济行业分组	Grouped by sector			
食品、饮料、烟草和家庭用品批发业	Wholesale of food, beverage and tobaccos	36	39	10460
食品、饮料、烟草批发业	Wholesale of food, beverage and tobaccos	20	21	6530
粮食、食用油批发业	Holesale of grain and edible oil	6	6	4253
烟草及其制品批发业	Wholesahe of tobaccos	6	7	509
棉、麻、土畜产品批发业	Wholesale of cotton, ambery and animal products	1	1	234
纺织品、服装和鞋帽批发业	Wholesale of textiles, garment, shoes and hats	1	1	117
日用百货批发业	Wholesale of daily consumer good	2	3	487
日用杂品批发业	Wholesale of daily sundry articles	1	1	25

TOTAL PURCHASE, SALES AND INVENTORY IN WHOLESALE AND RETAIL TRADES

unit: 10000yuan

购进总额 Total purchase	进口 Imports	销售总额 Total sales	批发 Wholesale	出口 Exports	零售 Retail trade	年末库存总额 Inventory
2069571.0	**248719.6**	**2023218.7**	**1184475.8**	**424289.8**	**838742.9**	**356097.7**
1436444.3	124550.1	1287860.7	1153822.2	424289.8	134038.5	288808.4
1202839.3	5809.1	1118485.7	996759.4	414251.7	121726.3	271275.9
1436444.3	124550.1	1287860.7	1153822.2	424289.8	134038.5	288808.4
717990.6	100900.1	739133.2	664971.8	154247.9	74161.4	98485.0
66617.7	23650.0	72153.2	71493.7		659.5	6261.8
23268.3		24829.2	17458.7		7370.5	2813.3
3449.8		3783.9	3324.0		459.9	111.5
3449.8		3783.9	3324.0		459.9	111.5
487447.7		307121.8	305504.5	270041.9	1617.3	167814.2
479072.0		300383.6	300383.6	270041.9		158069.3
8375.7		6738.2	5120.9		1617.3	9744.9
135822.5		138977.8	89207.9		49769.9	11981.6
1847.7		1861.6	1861.6			1341.0
1847.7		1861.6	1861.6			1341.0
926671.4	5809.1	819176.6	798158.2	410894.6	21018.4	231356.1
850762.1		692825.0	683622.7	356014.9	9202.3	216538.3
571545.0		392821.4	392821.4	355967.9		196038.0
225643.9		244332.8	243252.8	47.0	1080.0	13591.3
5402.7	5402.7	49577.1	49577.1	49577.1		2134.7
5456.6	406.4	5302.6	5302.6	5302.6		154.0
3088.3		6306.1	5503.5		802.6	1699.5
288.5		505.5			505.5	2004.4

14-2 续表1

单位:万元

		法人企业数(个) Legal person enterprises	活动单位数(个) operating unit	从业人数(个) Employment
五金、交电、化工批发业	Wholesale of hardware transport, electric and chemical products	6	7	821
药品及医疗器械批发业	Wholesale of medicines and medical appliances	5	5	2246
能源、材料和机械电子设备批发业	Wholesale of energy material and equipment	21	21	5644
能源批发业	Wholesale of energy	9	9	3772
石油及制品批发业	#Petroleum and related products	8	8	2123
煤炭及制品批发业	Coal and related products	1	1	1649
化工材料批发业	Chemical materials			
木材批发业	Timber	1	1	84
建筑材料批发业	Building material			
矿产品批发业	Mineral products			
金属材料批发业	Metal materials	4	4	331
机械、电子设备批发业	Machinery and electronic equipment	4	4	275
汽车、摩托车及零配件批发业	Motor vehicles, motorcycle and parts	3	3	1182
汽车批发业	Motor vehiches	1	1	992
再生物资回收批发业	Recycled materials			
其他批发业	Other wholesale	10	10	3879
工艺美术批发业	Arts and handicraft products			
图书报刊批发业	Book, newspapers and magazines	1	1	335
农业生产资料批发业	Means of agricultural products	9	9	3544
其他类未包括的批发业	Other wholesale not classified elsewhere			
二、零售业	Retail trade	59	61	19752
其中:国有及国有控股	State owned and share	28	29	11602
1. 按登记注册类型分组	Grouped by type registered			
内资企业	Domestic funds	54	55	17430
国有企业	State owned	18	19	2851
集体企业	Collective owned	3	3	189
股份合作企业	Cooperative	3	3	436
联营企业	Joint			
国有联营企业	State joint owned			
集体联营企业	Collective joine owned			
国有与集体联营企业	State-collective joint owned			
其他联营企业	Other joint owned			

continued 1 unit:10000yuan

购进总额 Total purchase	进口 Imports	销售总额 Total sales	批发 Wholesale	出口 Exports	零售 Retail	年末库存总额 Inventory
27836.1		28587.1	26531.5		2055.6	2513.8
33837.1		36073.2	27620.8		8452.4	6311.4
438925.5	95091.0	381030.2	268164.1	13395.2	112866.1	24520.6
145117.9		154349.8	89690.1		64659.7	11223.5
140382.4		148328.8	83669.1		64659.7	9055.2
4735.5		6021.0	6021.0			2168.3
75811.8	75166.0	13912.6	13912.6	816.3		847.6
7270.8		7925.4	7925.4			1441.3
112652.1	19925.0	107225.3	107225.3	12578.9		3911.4
98072.9		97617.1	49410.7		48206.4	7096.8
12977.3		14568.6	8352.8		6215.8	2247.9
70847.4	23650.0	87653.9	87499.9		154.0	32931.7
2089.4		9183.7	9183.7			15330.2
68758.0	23650.0	78470.2	78316.2		154.0	17601.5
633126.7	124169.5	735358.0	30653.6		704704.4	67289.3
329934.4	124169.5	414430.9	5810.4		408620.5	34534.1
589507.9	124169.5	681285.1	30653.6		650631.5	59181.0
51230.7		76173.5	2710.8		73462.7	6395.6
2544.1		2991.0	648.7		2342.3	1264.3
5129.1		4740.5	552.1		4188.4	2866.2

14-2 续表2 单位:万元

	法人企业数(个) Legal person enterprises	活动单位数(个) operating unit	从业人数(个) Employment
有限责任公司 Limited liability corporations	8	8	2076
国有独资企业 State owned			
其他有限责任公司 Other	8	8	2076
股份有限公司 Share holding	12	12	9834
私营企业 Private	10	10	2044
私营独资企业 Private funded			
私营合伙企业 Private partner			
私营有限责任公司 Private limited company	9	9	2039
私营股份有限公司 Private share holding	1	1	5
其他企业 Others			
港、澳、台商投资企业 Funded from Hongkong, Macao and Taiwan	3	4	1884
合资经营企业 Joint venture	2	3	1826
合作经营企业 Cooperative			
独资经营企业 Sole funds	1	1	58
投资股份有限公司 Share holding			
外商投资企业 Foreign funds	2	2	438
中外合资经营企业 Joint venture	1	1	400
中外合作经营企业 Cooperative	1	1	38
外资企业 Fundecl from foreign			
外商投资股份有限公司 Share halding funded from foreigh			
2. 按国民经济行业分组 Grouped by sector			
食品、饮料、烟草零售业 Wholesale of food, beverage and Tobaccos	9	9	3124
粮油食品零售业 Holesale of grain and edible oil			
副食品零售业 Non-stople food	9	9	3124
日用百货零售业 Retail of daily consumer goods	20	21	11883
百货零售业 Consumer goods	18	19	11204
文化体育用品零售业 Cultural and sports goods	1	1	574
纺织品、服装和鞋帽零售业 Textiles, garments, shose and hats	3	3	726
日用杂品零售业 Retail of daily sundry articles			
五金、交电、化工零售业 Hardware, transport, electric and chemical products	2	2	411
药品及医疗器械零售业 Medicines and medical appliances	8	8	1902
图书报刊零售业 Books, newspapers and magazines	6	7	1183
其他零售业 Other retail trade	11	11	523
家具零售业 Furniture			
汽车、摩托车及其零配件零售业 Motor vehicle, motorcycles and parts	9	9	473
计算机及软件、办公设备零售业 Computers spft ware and office appliances			

continued 2

unit:10000yuan

购进总额 Total purchase	进口 Imports	销售总额 Total sales	批发 Wholesale	出口 Exports	零售 Retail	年末库存总额 Inventory
80857.5		92506.6	15607.2		76899.4	22306.5
80857.5		92506.6	15607.2		76899.4	22306.5
300105.9	124169.5	358455.2	3019.0		355436.2	18672.1
149640.6		146418.3	8115.8		138302.5	7676.3
139592.9		137194.8	8115.8		129079.0	6852.1
10047.7		9223.5			9223.5	824.2
15996.8		21510.0			21510.0	3890.1
14799.6		20165.6			20165.6	3846.0
1197.2		1344.4			1344.4	44.1
27622.0		32562.9			32562.9	4218.2
6704.1		5538.0			5538.0	3459.6
20917.9		27024.9			27024.9	758.6
18275.4		20990.1	840.7		20149.4	18702.8
18275.4		20990.1	840.7		20149.4	18702.8
397223.5	124169.5	460793.6	13617.4		447176.2	24635.8
395986.6	124169.5	459772.8	13002.8		446770.0	24126.4
436.3		553.7	175.2		378.5	169.9
15199.8		19968.9			19968.9	3455.7
14388.7		14044.7	7218.6		6826.1	2493.0
13690.6		15878.4	3312.3		12566.1	4799.2
17042.1		46287.8	4366.1		41921.7	7828.5
157306.6		157394.5	1298.5		156096.0	5374.3
156097.2		155729.7	1089.2		154640.5	4602.4

14－3 限额以上批发零售贸易企业财务状况(1)

单位:万元

		企业数(个) Enterprises	亏损企业(个) Making loss enterprises
批发、零售贸易企业总计	**Total**	**126**	**62**
一、批发企业	Wholesale enterprises	67	31
其中:国有及国有控股	State owned and share holding	48	25
(一)按登记注册类型分组	Grouped by type registered		
内资企业	Domestic funds	67	31
国有企业	State owned	39	20
集体企业	Collective owned	6	2
股份合作企业	Cooperative	3	1
联营企业	Joint ownership	1	1
国有联营企业	State joint	1	1
集体联营企业	Collective joint		
国有与集体联营企业	State and collective joint		
其他联营企业	Others		
有限责任公司	Limited liability company	7	3
国有独资企业	State owned	3	2
其他有限责任公司	Others	4	1
股份有限公司	Share holding	10	4
私营企业	Private	1	
私营独资企业	Private funded		
私营合伙企业	Private partner		
私营有限责任公司	Private limited company	1	
私营股份有限公司	Private share holding		
其他企业	Others		
港、澳、台商投资企业	Funded from Hong Kong Macao and Taiwan		
合资经营企业	Joint venture		
合作经营企业	Cooperative		
独资经营企业	Sole funds		
投资股份有限公司	Share holding		
外商投资企业	Foreign funds		
中外合资经营企业	Joint venture		

MAIN FINANCIAL INDICATORS OF ENTERPRISES ABOVE DESIGNATED SIZE IN WHOLESALE AND RETAIL TRADES(Ⅰ)

unit:10000 yuan

年末资产负债 Assets and liabilities							
流动资产小计 Circulating funds	存货 Inventory	长期投资 Long term investement	固定资产小计 Fixed assets	固定资产原价 Original value of fixde assets	生产经营用 Operating	累计折旧 Depreciation	本年折旧 Depreciation in this year
1143558.4	**341710.5**	**61263.5**	**423119.8**	**430567.1**	**259803.7**	**86155.8**	**20285.3**
909333.5	278406.9	38506.7	151642.2	155376.2	75406.2	45432.6	10454.2
717019.0	260203.5	24603.2	108627.4	108579.0	53844.1	33630.1	7673.6
909333.5	278406.9	38506.7	151642.2	155376.2	75406.2	45432.6	10454.2
360707.2	82247.9	22855.2	97806.9	93082.8	42176.8	26805.7	7174.8
89881.2	6558.1	385.0	11848.7	15162.9	12378.6	3427.4	224.9
11982.2	2960.2	1391.6	5427.4	7677.8	7660.2	2340.8	58.4
894.9	111.6		740.3	1287.9	1287.9	547.6	161.2
894.9	111.6		740.3	1287.9	1287.9	547.6	161.2
376883.5	174027.6	3293.4	12299.2	18550.9	8164.2	6251.7	647.8
334156.6	158224.4	1680.0	5821.9	9638.6	8164.2	3816.7	303.7
42726.9	15803.2	1613.4	6477.3	8912.3		2435.0	344.1
65377.3	11160.5	10581.5	23508.4	19599.4	3738.5	6056.2	2184.5
3607.2	1341.0		11.3	14.5		3.2	2.6
3607.2	1341.0		11.3	14.5		3.2	2.6

14－3 续表 1　　　　单位:万元

		企业数(个) Enterprises	亏损企业(个) Making loss enterprises
中外合作经营企业	Cooperative		
外资企业	Funded from foreign		
外商投资股份有限公司	Share holding funded from foreign		
(二)按国民经济行业分组	Grouped by sector		
食品、饮料、烟草和家庭用品批发业	Wholesale of food, beverage and tobaccos	36	11
食品、饮料、烟草批发业	Wholesale of food, beverage and tobaccos	20	5
其中:粮食、食用油批发业	Grain and edible oil	6	3
烟草及其制品批发业	Tobaccos and its products	6	
棉、麻、土畜产品批发业	Wholesale of cotton, ambery and animal product	1	
纺织品、服装和鞋帽批发业	Wholesale of textiles, garments, shoes and hats	1	
日用百货批发业	Wholesale of daily consumer goods	2	2
日用杂品批发业	Wholesale of daily sundry articles	1	1
五金、交电、化工批发业	Hard ware, transport, electric and chemical products	6	3
药品及医疗器械批发业	Wholesale of medicines and medical appliances	5	
能源、材料和机械电子设备批发业	Wholesale of energy material and equipment	21	14
能源批发业	Wholesale of energy products	9	9
石油及制品批发业	Petrolum and related products	8	8
煤炭及制品批发业	Coal and related products	1	1
化工材料批发业	Wholesale of chemical materials		
木材批发业	Wholesale of timber	1	
建筑材料批发业	Wholesale of building materials		
矿产品批发业	Wholesale of mineral products		
金属材料批发业	Wholesale of metal materials	4	2
机械、电子设备批发业	Machinery and electronic equipment	4	1
汽车、摩托车及零配件批发业	Vehicles, motorcycles and parts	3	2
汽车批发业	Vehicles	1	1
再生物资回收批发业	Wholesale of recycled materials		
其他批发业	Other wholesale	10	6
工艺美术批发业	Wholesale of arts and handicraft products		
图书报刊批发业	Books, newspapers and magazines	1	
农业生产资料批发业	Means of agricutural productis	9	6
其他类未包括的批发业	Others		
二、零售企业	Retail trade	59	31

continued1

unit:10000 yuan

年末资产负债 Assets and liabilities							
流动资产小计 Circulating funds	存货 Inventory	长期投资 Long term investerent	固定资产小计 Fixed assets	固定资产原价 Original value of fixed assets	生产经营用 Operating	累计折旧 Depreciation	本年折旧 Depreciation in this year
547905.1	230516.1	14503.5	73176.7	892933.2	48630.2	22350.1	3919.7
472174.9	216027.2	695.7	39348.1	48475.2	38391.3	13789.8	1630.6
411045.2	197966.7	1.0	15907.1	24558.1	19274.2	8862.7	918.2
24567.6	10172.8	494.3	9751.4	11786.0	9240.9	2034.7	472.9
10083.8	1964.7	2686.0	4557.6	5746.2	5746.2	1188.6	−21.7
2703.3	189.9		754.6	764.0	764.0	9.4	9.4
3634.1	1520.5	144.6	1598.7	2124.0	21.9	525.3	44.6
5481.9	2007.6		59.2	118.5		59.3	3.8
14624.5	2465.8	1612.5	5467.2	6834.1		1481.2	200.6
39202.6	6340.4	9364.7	21391.3	18871.2	3706.8	5296.5	2052.4
228242.4	26139.6	8818.1	55985.7	44055.3	14407.3	17102.4	6260.5
57887.3	12105.4	3566.8	42724.3	28963.8	5820.7	11613.8	5610.6
34040.5	9940.9	1850.5	26808.8	10917.4	5820.7	9447.7	5485.8
23846.8	2146.5	1716.3	15915.5	18046.4		2166.1	124.8
14885.0	925.1	1049.9	1573.6	2148.5	165.3	574.9	89.5
15068.9	1939.4	1057.0	1926.7	2496.6	826.3	569.9	184.0
114811.9	4840.7	1653.0	2945.6	3211.8	378.0	1685.7	318.0
25589.3	6329.0	1491.4	6815.5	7234.6	7217.0	2658.1	58.4
10841.8	2392.1	1391.6	4993.7	7217.0	7217.0	2313.7	58.4
133186.0	21751.2	15185.1	22479.8	28387.7	12368.7	5980.1	274.0
24008.7	7152.2	14767.5	2341.0	3179.6		838.6	
109177.3	14599.0	417.6	20138.8	25208.1	12368.7	5141.5	274.0
234224.9	63303.6	22756.8	271477.6	275190.9	184397.5	40723.2	9831.1

14-3 续表 2 单位:万元

		企业数(个) Enterprises	亏损企业(个) Making loss enterprises
其中:国有及国有控股	State owned and share holding	28	12
(一)按登记注册类型分组	Grouped by type registered		
内资企业	Domestic funds	54	27
国有企业	State owned	18	9
集体企业	Collective owned	3	2
股份合作企业	Cooperative	3	1
联营企业	Joint ownership		
国有联营企业	State joint		
集体联营企业	Collective joint		
国有与集体联营企业	State and collective joint		
其他联营企业	Others		
有限责任公司	Limited liability company	8	2
国有独资企业	State owned		
其他有限责任公司	Others	8	2
股份有限公司	Share holding	12	5
私营企业	Private	10	8
私营独资企业	Private funded		
私营合伙企业	Private partner		
私营有限责任公司	Private limited company	9	7
私营股份有限公司	Private share holding	1	1
其他企业	Others		
港、澳、台商投资企业	Funded from HongKong Macao and Taiwan	3	2
合资经营企业	Joint venture	2	1
合作经营企业	Cooperative		
独资经营企业	Sole funds	1	1
投资股份有限公司	Share holding with HongKong Macao and Taiwan		
外商投资企业	Foreign funds	2	2
中外合资经营企业	Joint venture	1	1
中外合作经营企业	Cooperative	1	1
外资企业	Funded from foreign		

continued2

unit:10000 yuan

年末资产负债 Assets and liabilities							
流动资产小计 Circulating funds	存货 Inventory	长期投资 Long term investment	固定资产小计 Fixed assets	固定资产原价 Original value of fixed assets	生产经营用 Operating	累计折旧 Depreciation	本年折旧 Depreciation in this year
70130.1	22054.7	14772.7	116907.4	104813.7	75691.6	20721.4	1794.0
208071.0	53809.3	22756.8	178626.3	169502.0	97092.6	27885.5	3929.0
19396.3	5862.0	191.9	10009.3	11194.9	8780.7	2498.6	5.5
3694.1	854.9		1378.3	2407.8	1384.4	1079.8	83.8
1990.4	802.9		3906.7	4416.0	2414.3	525.2	16.3
35536.5	15928.1	200.0	10521.1	11559.6	7697.7	1318.1	718.9
35536.5	15928.1	200.0	10521.1	11559.6	7697.7	1318.1	718.9
58535.3	17463.2	14634.8	109324.3	94873.8	67379.6	18353.4	1734.8
88918.4	12898.2	7730.1	43486.6	45049.9	9435.9	4110.4	1369.7
87721.2	12074.0	7730.1	43432.2	44992.9	9435.9	4094.5	1369.7
1197.2	824.2		54.4	57.0		15.9	
14268.4	5276.1		82369.3	92912.3	86841.6	10543.0	4858.2
14103.1	5227.8		82346.5	92852.7	86782.0	10506.2	4843.6
165.3	48.3		22.8	59.6	59.6	36.8	14.6
11885.5	4218.2		10482.0	12776.6	463.3	2294.7	1043.9
9064.1	3459.6		10095.8	12313.3		2217.6	987.7
2821.4	758.6		386.2	463.3	463.3	77.1	56.2

14-3 续表 3

单位:万元

		企业数（个）Enterprises	亏损企业（个）Making loss enterprises
外商投资股份有限公司	Share holding funded from foreign		
(二)按国民经济行业分组	Grouped by sector		
食品、饮料和烟草零售业	Retail of food, beverage and tobaccos	9	3
其中:粮油食品零售业	#Grains and edible oil		
副食品零售业	Non-staple food	9	3
日用百货零售业	Retail of daily consumer goods	20	11
其中:百货零售业	Consumer goods	18	9
文化体育用品零售业	Cultural and sports goods	1	1
纺织品、服装和鞋帽零售业	Retail of textiles, garments, shoes and hats	3	1
日用杂品零售业	Retail of dally sundry articles		
五金、交电、化工零售业	Hardware, transport, electric and chemical product	2	2
药品及医疗器械零售业	Medicines and medical appliances	8	5
图书报刊零售业	Books, newspapers and magazines	6	1
其他零售业	Other retail trade	11	8
其中:家具零售业	Furniture		
汽车、摩托车及其零配件零售业	Vehicles, motorcycles and parts	9	6
计算机及软件、办公设备零售业	Computers, software and office appliances		
(三)按经营方式分组	Grouped by kind of operating		
独立商店	Shops	42	22
连锁总店	Chain shops	3	2
连锁分店	Branch	5	3
其他	Others	9	4
(四)按业态分组	Grouped by type of retail		
1. 百货商店	General shop	17	6
2. 超级市场	Supmarket	10	4
3. 专业(专卖)商店	Special store	24	17
4. 其他	Others	8	4

continued3

unit:10000 yuan

年末资产负债 Assets and liabilities							
流动资产小计 Circulating funds	存货 Inventory	长期投资 Long term investment	固定资产小计 Fixed assets	固定资产原价 Original value of fixed assets	生产经营用 Operating	累计折旧 Depreciation	本年折旧 Depreciation in this year
17949.2	6197.9		96791.8	108510.9	93468.7	13027.0	5732.6
17949.2	6197.9		96791.8	108510.9	93468.7	13027.0	5732.6
99177.5	28925.4	14774.2	139142.2	128091.7	74287.0	22376.1	2444.8
97114.1	28519.8	14774.2	136542.4	124450.5	71660.7	21284.5	2547.4
275.9	219.3		1760.4	2189.5	2189.5	429.1	-136.4
9613.1	4735.2		5331.3	6180.7	110.0	849.4	348.0
55449.0	6036.5	7730.0	8904.3	9652.1	9435.9	747.8	441.8
17193.9	4779.9	71.6	7747.7	8807.3	4077.2	1417.8	205.5
13816.9	6989.1	78.9	3510.7	4541.4	1341.9	1030.7	83.7
21025.3	5639.6	102.1	10049.6	9406.8	1676.8	1274.4	574.7
19350.7	4979.2	102.1	9893.2	9110.1	1388.6	1122.9	548.1
143408.3	44788.9	14966.2	240918.7	241146.1	166982.1	36191.1	8747.7
12936.0	6376.4	52.0	5065.2	5517.9	3496.2	452.7	132.2
9200.2	2652.2		3296.1	3743.1	2937.2	483.2	88.5
68680.4	9486.1	7738.6	22197.6	24783.8	10982.0	3596.2	862.7
77783.2	22167.8	14374.2	211124.2	206367.9	152101.0	28991.3	6510.1
43497.7	20508.4	400.0	24205.0	28556.5	12264.5	4638.3	1866.9
46666.8	12770.2	243.9	15169.2	16772.9	10285.1	3582.5	590.6
66277.2	7857.2	7738.7	20979.2	23493.2	9746.9	3511.1	863.5

14－4 限额以上批发零售贸易企业财务状况(2)

单位:万元

		无形及递延资产小计 Intangible and deferred assets
批发、零售贸易企业总计	**Total**	**40949.9**
一、批发企业	Whole sale enterprises	11316.4
其中:国有及国有控股	State owned and share holding	7854.0
(一)按登记注册类型分组	Grouped by type registered	
内资企业	Domestic funds	11316.4
国有企业	State owned	6253.6
集体企业	Collective owned	95.4
股份合作企业	Cooperative	2158.9
联营企业	Joint ownership	9.3
国有联营企业	State joint	9.3
集体联营企业	Collective joint	
国有与集体联营企业	State and collective joint	
其他联营企业	Others	
有限责任公司	Limited liability company	1405.4
国有独资企业	State owned	221.2
其他有限责任公司	Others	1184.2
股份有限公司	Share holding	1393.8
私营企业	Private	
私营独资企业	Private funded	
私营合伙企业	Private partner	
私营有限责任公司	Private limited company	
私营股份有限公司	Private share holding	
其他企业	Others	
港、澳、台商投资企业	Funded from HongKong Macao and Taiwan	
合资经营企业(港或澳、台资)	Joint venture	
合作经营企业(港或澳、台资)	Cooperative	
独资经营企业	Sole funds	
投资股份有限公司	Share holding	
外商投资企业	Foreign funds	
中外合资经营企业	Joint venture	

MAIN FINANCIAL INDICATORS OF ENTERPRISES ABOVE DESIGNATED SIZE IN WHOLESALE AND RETAIL TRADES(Ⅱ)

unit:10000 yuan

年末资产负债 Assets and abilities								
无形资产 Intangible assets	资产总计 Total assets	流动负债小计 Liquid liabilities	长期负债小计 Long term liabilities	负债合计 Total liabilities	所有者权益合计 Creditors equity	实收资本 Capital hold	国家资本 State funds	港澳台资本 Funded from HongKong, Macao and Taiwan
29170.0	**1693088.6**	**1357202.2**	**78355.1**	**1473894.1**	**217730.0**	**264189.7**	**76991.0**	**7601.0**
8315.4	1116664.0	1009118.4	58129.4	1067276.9	49387.1	106741.5	57171.9	
4927.8	860110.8	809661.5	41776.6	851456.4	8654.4	68197.9	50692.6	
8315.4	1116664.0	1009118.4	58129.4	1067276.9	49387.1	106741.5	57171.9	
3857.4	489130.2	434973.6	28824.2	463816.1	25314.1	57614.1	46474.7	
95.4	102210.7	88966.1	6683.6	95649.7	6561.0	6586.3		
2157.3	21757.1	19754.5	493.8	20248.3	1508..8	5104.2	4205.0	
	1644.5	1628.3	1.2	1640.3	4.2	702.0	702.0	
	1644.5	1628.3	1.2	1640.3	4.2	702.0	702.0	
1134.9	393881.5	388488.1	10903.3	399391.4	-5509.9	12602.5	4058.1	
	341879.7	335853.9	10693.3	346547.2	-4667.5	43257.3	3057.3	
1134.9	52001.8	52634.2	210.0	52844.2	-842.4	8245.2	1000.8	
1070.4	104421.5	71063.4	11223.3	82286.7	22134.8	23132.4	1732.1	
	3618.5	4244.4		4244.4	-625.9	1000.0		
	3618.5	4244.4		4244.4	-625.9	1000.0		

14－4 续表 1

单位:万元

		无形及递延资产小计 Intangible and deferred assets
中外合作经营企业	Cooperative	
外资企业	Funded from foreign	
外商投资股份有限公司	Share holding funded from foreign	
(二)按国民经济行业分组	Grouped by sector	
食品、饮料、烟草和家庭用品批发业	Wholesale of food, beverage and tobaccos	4153.2
食品、饮料、烟草批发业	Wholesale of food, beverage and tobaccos	932.9
粮食、食用油批发业	Grain and edible oil	279.5
烟草及其制品批发业	Tobaccos and its products	528.5
棉、麻、土畜产品批发业	Wholesale of cotton, ambery and animal product	410.8
纺织品、服装和鞋帽批发业	Wholesale of textiles, garments, shoes and hats	
日用百货批发业	Wholesale of daily consumer goods	
日用杂品批发业	Wholesale of daily sundry articles	
五金、交电、化工批发业	Hard ware, Transport, electric and chemical products	1210.7
药品及医疗器械批发业	Wholesale of medicines and medical appliances	1598.8
能源、材料和机械电子设备批发业	Wholesale of energy products	5831.5
能源批发业	Wholesale of energy products	2971.1
石油及制品批发业	Petrolum and related products	2964.1
煤炭及制品批发业	Coal and related products	7.0
化工材料批发业	Wholesale of chemical materials	
木材批发业	Wholesale of timber	
建筑材料批发业	Wholesale of building materials	
矿产品批发业	Wholesale of mineral products	
金属材料批发业	Wholesale of metal materials	36.2
机械、电子设备批发业	Machinery and electronic equipment	275.1
汽车、摩托车及零配件批发业	Vehicles, motorcycles and parts	2549.1
汽车批发业	Vehicles	2158.9
再生物资回收批发业	Wholesale of recycled materials	
其他批发业	Others	1331.7
工艺美术批发业	Wholesale of arts and handicraft products	
图书报刊批发业	Books, newspapers and magazines	1014.0
农业生产资料批发业	Means of agricltural production	317.7
其他类未包括的批发业	Others	
二、零售企业	Retail trade	29633.5

continued1 unit:10000 yuan

年末资产负债 Assets and abilities								
无形资产 Intangible assets	资产总计 Total assets	流动负债小计 Liquid liabilities	长期负债小计 Long term liabilities	负债合计 Total liabilities	所有者权益合计 Creditors equity	实收资本 Capital hold	国家资本 State funds	港澳台资本 Funded from HongKong, Macao and Taiwan
2971.3	644106.4	601397.8	22418.1	623815.9	20290.5	51675.4	18947.6	
538.8	514458.8	510957.6	12495.3	523452.9	-8994.1	21932.0	11775.6	
17.3	427232.8	447044.5	11815.2	458859.7	-31626.9	12814.6	6737.3	
443.9	35341.8	22626.5	275.0	22901.5	12440.3	2170.8	2062.3	
	17738.2	14043.7		14043.7	3694.5	5685.1	5685.1	
	3457.9	3022.2		3022.2	435.7	180.0	180.0	
	5377.4	5874.3	366.3	6240.6	-863.2	574.6	574.6	
	5541.3	5659.1		5659.1	-117.8	416.1		
1139.4	22914.9	17299.7	182.0	17481.7	5433.2	6089.4	389.4	
1293.1	74617.9	44541.2	9374.5	53915.7	20702.2	16798.2	324.9	
4244.4	300374.7	263386.7	28696.5	292112.2	8262.5	27697.2	18748.0	
1451.4	107349.4	79090.4	27937.8	107039.0	310.4	10477.3	9452.3	
1451.4	65863.8	47714.6	27896.4	75621.8	-9758.0	4824.3	3914.9	
	41485.6	31375.8	41.4	31417.2	10068.4	5653.0	5537.4	
	17508.6	12760.3		12760.3	4748.3	1572.3	1572.3	
14.6	18588.8	13591.9	1155.8	14747.7	3841.1	5358.0	1415.0	
255.3	119685.6	124851.9	-1557.6	123311.7	-3626.1	3724.6	2103.4	
2523.1	37242.3	33093.0	1160.5	34253.5	2988.8	6547.0	4205.0	
2157.3	20183.0	18810.0	493.8	19303.8	879.2	4535.0	4205.0	
1099.7	172182.9	144333.9	7014.8	151348.8	20834.1	27368.9	19476.3	
1004.3	42131.3	23224.5	64.9	23289.5	18841.8	18083.3	18083.3	
95.4	130051.6	121109.4	6949.6	128059.3	1992.3	9285.6	1393.0	
20854.6	576424.6	348083.8	20225.7	406617.2	168342.9	157448.2	19819.1	7601.0

14-4 续表2

单位:万元

		无形及递延资产小计 Intangible and deferred assets
其中:国有及国有控股	State owned and share holding	17682.6
(一)按登记注册类型分组	Grouped by type registered	
内资企业	Domestic funds	27099.0
国有企业	State owned	2703.7
集体企业	Collective owned	507.6
股份合作企业	Cooperative	2233.5
联营企业	Joint ownership	
国有联营企业	State joint	
集体联营企业	Collective joint	
国有与集体联营企业	State and collective joint	
其他联营企业	Others	
有限责任公司	Limited liability company	1339.3
国有独资企业	State owned	
其他有限责任公司	Others	1339.3
股份有限公司	Share holding	15863.4
私营企业	Private	4451.5
私营独资企业	Private funded	
私营合伙企业	Private partner	
私营有限责任公司	Private limited company	4451.5
私营股份有限公司	Private share holding	
其他企业	Others	
港、澳、台商投资企业	Funded from Hong Kong Macao and Taiwan	1091.6
合资经营企业	Joint venture	1091.6
合作经营企业	Cooperative	1091.6
独资经营企业	Sole funds	
投资股份有限公司	Share holding	
外商投资企业	Foreign funds	1442.9
中外合资经营企业	Joint venture	1442.9
中外合作经营企业	Cooperative	
外资企业	Funded from foreign	

continued2

unit:10000 yuan

年末资产负债 Assets and abilities								
无形资产 Intangible assets	资产总计 Total assets	流动负债小计 Liquid liabilities	长期负债小计 Long term liabilities	负债合计 Total liabilities	所有者权益合计 Creditors equity	实收资本 Capital hold	国家资本 State funds	港澳台资本 Funded from HongKong, Macao and Taiwan
13187.6	220852.5	110579.1	10476.9	151481.0	67907.0	49114.5	19619.1	
20297.9	448122.0	236672.1	17965.0	292944.7	153712.8	121065.7	19819.1	
1646.4	32310.1	25752.1	3935.3	29687.4	2622.7	6629.8	2638.1	
507.6	5580.1	4250.0	500.0	4750.0	830.1	836.1		
2139.6	8215.4	5095.0	330.7	5425.7	2789.7	1328.0		
110.2	47724.1	27768.9	512.9	28281.9	19442.2	14065.5	500.0	
110.2	47724.1	27768.9	512.9	28281.9	19442.2	14065.5	500.0	
11544.0	199787.4	94379.6	7695.4	132499.9	65823.0	46352.1	16681.0	
4350.1	154504.9	79426.5	4990.7	92299.8	62205.1	51800.2		
4350.1	152873.5	78728.5	4990.7	91601.8	61271.7	51700.2		
	1631.4	698.0		698.0	933.4	100.0		
5.8	103698.3	96358.6	1240.7	97599.3	6099.0	23308.8		7601.0
5.8	103510.2	96200.5	1240.7	97441.2	6069.0	23278.8		7601.0
	188.1	158.1		158.1	30.0	30.0		
550.9	24604.3	15053.1	1020.0	16073.2	8531.1	13073.7		
550.9	21396.7	14961.2	1020.0	15981.3	5415.4	9958.0		
	3207.6	91.9		91.9	3115.7	3115.7		

14-4 续表 3 单位:万元

		无形及递延资产小计 Intangible and deferred assets
外商投资股份有限公司	Share holding funded from foreign	
(二)按国民经济行业分组	Grouped by sector	
食品、饮料和烟草零售业	Retail of food, beverage and tobaccos	5378.3
粮油食品零售业	#Grains and edible oil	
副食品零售业	Non-staple food	5378.3
日用百货零售业	Retail of daily consumer goods	16397.9
百货零售业	Consumer goods	15890.3
文化体育用品零售业	Cultural and sports goods	
纺织品、服装和鞋帽零售业	Retail of textiles, garments, shoes and hats	
日用杂品零售业	Retail of daily sundry articles	
五金、交电、化工零售业	Hardware, transpor, electric and chemical product	4219.0
药品及医疗器械零售业	Medicines and medical appliances	1318.2
图书报刊零售业	Books, newspapers and magazines	1921.0
其他零售业	Other retailtrade	399.1
家具零售业	Furniture	
汽车、摩托车及其零配件零售业	Vehicles, motorcycles and parts	399.1
计算机及软件、办公设备零售业	Computers, software and office appliances	
(三)按经营方式分组	Grouped by kind of operating	
独立商店	Shops	21195.3
连锁总店	Chain shops	422.7
连锁分店	Branch	2519.8
其他	Others	5495.7
(四)按业态分组	Grouped by type of retail	
1.百货商店	General shop	16353.2
2.超级市场	Supmarket	4723.6
3.专业(专卖)商店	Special store	3083.5
4.其他	Others	5473.2

continued3 unit:10000 yuan

年末资产负债 Assets and abilities								
无形资产 Intangible assets	资产总计 Total assets	流动负债小计 Liquid liabilities	长期负债小计 Long term liabilities	负债合计 Total liabilities	所有者权益合计 Creditors equity	实收资本 Capital hold	国家资本 State funds	港澳台资本 Funded from HongKong, Macao and Taiwan
2678.4	125827.9	108083.3	4204.4	112287.9	13540.0	27752.4	623.6	7601.0
2678.4	125827.9	108083.3	4204.4	112287.9	13540.0	27752.4	623.6	7601.0
11341.8	280265.3	130543.7	15423.3	184218.7	94582.1	73515.7	15762.0	
10834.2	275094.5	123518.9	14386.3	176156.9	97472.1	72348.3	15159.5	
	2036.3	4455.2	1037.0	5492.2	−3455.9	602.5	602.5	
	16199.0	10721.9		10721.9	5477.1	8030.0		
4152.0	76302.3	41505.6		41505.6	34796.7	31333.3		
832.2	26535.2	22098.3	366.6	22464.9	4070.3	5365.1	1782.7	
1649.2	19336.3	14782.7	230.3	15013.0	4323.3	3816.7	1081.7	
201.0	31958.6	20348.3	1.1	20405.2	11553.4	7635.0	566.1	
201.0	30127.5	18614.1	18.7	18688.6	11438.9	7279.3	459.3	
13582.6	438161.4	262908.2	18752.0	319967.9	116729.0	112519.6	18377.5	7601.0
35.8	18679.7	14957.0	150.0	15107.0	3572.7	4533.1		
2091.5	15091.4	5853.4	30.6	5884.0	9207.4	7195.7		
5144.7	104492.1	64365.2	1293.1	65658.3	38833.8	33199.8	1441.6	
10717.6	328916.5	197136.4	14779.5	242340.8	85111.2	80974.4	12364.0	7601.0
2749.7	81271.8	42004.1	1563.5	51394.6	29877.2	23963.5	3290.0	
2244.5	65765.6	46237.1	2589.6	48826.7	16938.9	19690.5	2723.5	
5142.8	100470.7	62706.2	1293.1	64055.1	36415.6	32819.8	1441.6	

14－5　限额以上批发零售贸易企业财务状况(3)

单位:万元

		外商资本 Foreign funds
批发、零售贸易企业总计	**Total**	
一、批发企业	Whole sale enterprises	
其中:国有及国有控股	State owned and share holding	
(一)按登记注册类型分组	Grouped by type registered	
内资企业	Domestic funds	
国有企业	State owned	
集体企业	Collective owned	
股份合作企业	Cooperative	
联营企业	Joint ownership	
国有联营企业	State joint	
集体联营企业	Collective joint	
国有与集体联营企业	State and collective joint	
其他联营企业	Others	
有限责任公司	Limited liability company	
国有独资企业	State owned	
其他有限责任公司	Others	
股份有限公司	Share holding	
私营企业	Private	
私营独资企业	Private funded	
私营合伙企业	Private partner	
私营有限责任公司	Private limited company	
私营股份有限公司	Private share holding	
其他企业	Others	
港、澳、台商投资企业	Funded from Hong Kong Macao and Taiwan	
合资经营企业	Joint venture	
合作经营企业	Cooperative	
独资经营企业	Sole funds	
投资股份有限公司	Share holding	
外商投资企业	Foreign funds	
中外合资经营企业	Joint venture	

MAIN FINANCIAL INDICATORS OF ENTERPRISES ABOVE DESIGNATED SIZE INWHOLESALE ANE RETAIL TRADES(Ⅲ)

unit:10000yuan

损　益　及　分　配 Loss, profit and distrution								
商品销售收入 Sales revenues	商品销售收入净额 Net revenue of sales	商品销售成本 Cost of sales	经营费用 Expense of operation	运杂装卸费 Transport and load unload	商品销售税金及附加 Sales tax and extra charges	商品销售利润 Sales profit	代购代销收入 Revenue of agents	主营利润 Profits of operation
1846960.5	**1831153.1**	**1812196.9**	**100469.9**	**6911.3**	**2245.7**	**-83759.4**	**521.1**	**-83238.3**
1180525.5	1172210.3	1201534.3	69796.0	5518.5	994.1	-100114.1	521.1	-99593.0
1026148.9	1018132.4	1058987.4	65639.7	3914.6	778.6	-107273.3	159.2	-1070114.1
1180525.5	1172210.3	1201534.3	69796.0	5518.5	994.1	-100114.1	521.1	-99593.0
644059.1	636920.7	621864.9	23993.6	3687.0	769.2	-9707.0	488.1	-9218.9
72207.1	72207.1	67827.0	1826.8	1256.3	126.9	2386.4		2386.4
24260.1	23961.4	22353.5	789.2	188.5	38.7	780.0		780.0
3783.9	3783.9	3588.4	123.1	123.1	4.9	67.5		67.5
3783.9	3783.9	3588.4	123.1	123.1	4.9	67.5		67.5
308000.3	307122.5	363923.8	39696.8	138.6	6.7	-96504.8	33.0	-96471.8
301262.3	300384.5	357806.6	39182.2	134.6	2.0	-96606.3	33.0	-96573.3
6738.0	6738.0	6117.2	514.6	4.0	4.7	101.5		101.5
125649.3	125649.0	120049.5	3165.0	93.0	46.4	2388.1		2388.1
2565.7	2565.7	1887.2	201.5	32.0	1.3	475.7		475.7
2565.7	2565.7	1887.2	201.5	32.0	1.3	475.7		475.7

14－5 续表 1

单位:万元

		外商资本 Foreign funds
中外合作经营企业	Cooperative	
外资企业	Funded from foreign	
外商投资股份有限公司	Share holding funded from foreign	
(二)按国民经济行业分组	Grouped by sector	
食品、饮料、烟草和家庭用品批发业	Wholesale of food, beverage and Tobaccos	
食品、饮料、烟草批发业	Whole sale of food, beverage and tobaccos	
粮食、食用油批发业	＃Grain and edible oil	
烟草及其制品批发业	Tobaccos and its products	
棉、麻、土畜产品批发业	Wholesale of cotton, ambery and animal product	
纺织品、服装和鞋帽批发业	Wholesale of textiles, garments, shoes and hats	
日用百货批发业	Wholesale of daily consumer goods	
日用杂品批发业	Wholesale of daily sundry articles	
五金、交电、化工批发业	Hard ware, Transport, electric and chemical products	
药品及医疗器械批发业	Wholesale of medicines and medical appliances	
能源、材料和机械电子设备批发业	Wholesale of energy products	
能源批发业	Wholesale of energy products	
石油及制品批发业	＃Petrolum and relates products	
煤炭及制品批发业	Coal and related products	
化工材料批发业	Wholesale of chemical materials	
木材批发业	Wholesale of timber	
建筑材料批发业	Wholesale of building materials	
矿产品批发业	Wholesale of mineral products	
金属材料批发业	Wholesale of metal materials	
机械、电子设备批发业	Machinery and electronic equipment	
汽车、摩托车及零配件批发业	Vehicles, motorcycles and parts	
汽车批发业	Vehicles	
再生物资回收批发业	Wholesale of recycled materials	
其他批发业	Other wholesale	
工艺美术批发业	Wholesale of arts and handicraft products	
图书报刊批发业	Books, newspapers and magazines	
农业生产资料批发业	Means of agricltural production	
其他类未包括的批发业	Others	
二、零售企业	Retail trade	

continued1 unit:10000yuan

损益及分配 Loss,profit and distrution								
商品销售收入 Sales revenues	商品销售收入净额 Net revenue of sales	商品销售成本 Cost of sales	经营费用 Expense of operation	运杂装卸费 Transport and load unload	商品销售税金及附加 Sales tax and extra charges	商品销售利润 Sales profit	代购代销收入 Revenue of agents	主营利润 Profits of operation
701838.3	700960.2	750036.5	53307.8	2549.0	458.8	-102842.9	151.5	-102691.4
580254.6	579376.8	637855.8	48650.1	2207.2	420.8	-107549.9	151.5	-107398.4
370203.7	369325.9	449979.3	42490.9		1.6	-123145.9	151.5	-122994.4
162403.8	162403.8	145576.3	4115.6	1507.2	311.0	12400.9		12400.9
51832.2	51832.2	48690.2	1224.6	88.2		1917.4		1917.4
8988.5	8988.5	8480.4	348.8	111.6		159.3		159.3
2760.8	2760.8	2692.5	166.5	15.9	5.3	-103.5		-103.5
505.4	505.4	312.1	4.8		0.1	188.4		188.4
21355.9	21355.6	20407.1	1807.6	85.9	17.0	-876.1		-876.1
36140.9	36140.9	31598.4	1105.4	40.2	15.6	3241.5		3421.5
366127.3	365828.6	352645.0	12947.4	1610.3	378.4	-142.2	369.6	227.4
152392.7	152392.7	144917.7	10341.1	1264.5	202.2	-3068.3		-3068.3
146647.8	146647.8	141206.5	8362.5	1264.5	181.7	-3102.9		-3102.9
5744.9	5744.9	3711.2	1978.6		20.5	34.6		34.6
13912.6	13912.6	13292.8	148.9		19.8	451.1	55.1	506.2
8126.6	8126.6	7683.3	298.7	72.5	11.7	132.9		132.9
96610.1	96610.1	94334.4	826.7	227.1	79.8	1333.2	314.5	1647.7
95085.3	94786.6	92416.8	1296.0	46.2	64.9	1008.9		1008.9
14568.6	14568.6	13432.5	587.8	13.2	24.6	523.7		523.7
112559.9	105421.5	98852.8	3540.8	1359.2	156.9	2871.0		2871.0
27760.9	20622.5	18115.3	1347.5	123.5	28.9	1130.8		1130.8
84799.0	84799.0	80737.5	2193.3	1235.7	128.0	1740.2		1740.2
666435.0	658942.8	610662.6	30673.9	1392.8	1251.6	16354.7		16354.7

14-5 续表 2 单位:万元

		外商资本 Foreign funds
其中:国有及国有控股	State owned and share holding	
(一)按登记注册类型分组	Grouped by type registered	
内资企业	Domestic funds	
国有企业	State owned	
集体企业	Collective owned	
股份合作企业	Cooperative	
联营企业	Joint	
国有联营企业	State joint	
集体联营企业	Collective joint	
国有与集体联营企业	State and collective joint	
其他联营企业	Other joint	
有限责任公司	Limited company	
国有独资企业	State owned	
其他有限责任公司	Others	
股份有限公司	Share holding	
私营企业	Private	
私营独资企业	Private funds	
私营合伙企业	Private partner	
私营有限责任公司	Private limited company	
私营股份有限公司	Private share holding	
其他企业	Others	
港、澳、台商投资企业	Funded from HongKong, Macao and Taiwan	
合资经营企业	Joint venture	
合作经营企业	Coopertive	
独资经营企业	Sole funds	
投资股份有限公司	Share holding	
外商投资企业	Foreign funds	4847.8
中外合资经营企业	Joint venture	4847.8
中外合作经营企业	Cooperative	
外资企业	Funded from foreign	

continued2 unit:10000yuan

损益及分配 Loss, profit and distrution								
商品销售收入 Sales revenues	商品销售收入净额 Net revenue of sales	商品销售成本 Cost of sales	经营费用 Expense of operation	运杂装卸费 Transport and load unload	商品销售税金及附加 Sales tax and extra charges	商品销售利润 Sales profit	代购代销收入 Revenue of agents	主营利润 Profits of operation
308142.0	305868.6	284292.2	8729.5	1062.4	615.7	12231.2	12231.2	
580893.1	575116.7	536445.1	19095.8	1381.2	1160.9	18414.9		18414.9
45176.8	42903.4	38614.2	2841.1	122.4	123.4	1324.7		1324.7
2963.0	2962.9	2401.8	84.3	3.3	45.4	431.4		431.4
6880.5	4659.7	4890.4	222.5		29.5	−482.7		−482.7
93106.1	91824.3	82994.2	5161.9	721.2	191.8	3476.4		3476.4
93106.1	91824.3	82994.2	5161.9	721.2	191.8	3476.4		3476.4
279826.1	279826.1	260401.3	7197.9	339.2	537.0	11680.9		11680.9
152940.6	152940.6	147134.2	3588.1	195.1	233.8	1984.2		1984.2
143717.2	143716.9	137910.7	3553.4	195.1	233.8	2019.0		2019.0
9223.4	9223.4	9223.4	34.7			−34.8		−34.8
55634.1	54593.8	49812.1	6398.6	11.6	90.5	−1707.4		−1707.4
54289.7	53249.4	48629.0	6220.5	7.4	90.5	−1690.6		−1690.6
1344.4	1344.4	1183.1	178.1	4.2		−16.8		−16.8
29907.8	29232.3	24405.4	5179.5		0.2	−352.8		−352.8
6134.1	6134.1	5453.7	29.1		0.2	651.1		651.1
23773.7	23098.2	18951.7	5150.4			−1003.9		−1003.9

14-5 续表 3 单位:万元

		外商资本 Foreign funds
外商投资股份有限公司	Share holding funded from foreign	
(二)按国民经济行业分组	Grouped by sector	
食品、饮料和烟草零售业	Retail of food, beverage and tobaccos	4847.8
粮油食品零售业	#Grains and edible oil	
副食品零售业	Non-staple food	
日用百货零售业	Retail of daily consumer goods	
百货零售业	Consumer goods	
文化体育用品零售业	Cultural and sports goods	
纺织品、服装和鞋帽零售业	Retail of textiles, garments, shoes and hats	
日用杂品零售业	Retail of daily sundry articles	
五金、交电、化工零售业	Hardware, transport, electric and chemical product	
药品及医疗器械零售业	Medicines and medical appliances	
图书报刊零售业	Books, newspapers and magazines	
其他零售业	Other retail trade	
家具零售业	Furniture	
汽车、摩托车及其零配件零售业	Vehicles, motorcycles and parts	
计算机及软件、办公设备零售业	Computers, software and office appliances	
(三)按经营方式分组	Grouped by kind of operating	
独立商店	Shops	
连锁总店	Chain shops	
连锁分店	Branch	4847.8
其他	Others	
(四)按业态分组	Grouped by type of retail	
1.百货商店	General shop	
2.超级市场	Supmarket	4847.8
3.专业(专卖)商店	Special store	
4.其他	Others	

continued3

unit:10000yuan

损益及分配 Loss,profit and distrution								
商品销售收入 Sales revenues	商品销售收入净额 Net revenue of sales	商品销售成本 Cost of sales	经营费用 Expense of operation	运杂装卸费 Transport and load unload	商品销售税金及附加 Sales tax and extra charges	商品销售利润 Sales profit	代购代销收入 Revenue of agents	主营利润 Profits of operation
51369.9	50516.2	45876.2	7173.2	687.5	116.4	-2649.6		-2649.6
5136939	50516.2	45876.2	7173.2	687.5	116.4	-2649.6		-2649.6
381080.2	378168.5	350208.2	15358.0	350.7	701.5	11900.8		11900.8
379964.4	377052.7	349363.5	14405.2	330.7	683.4	12600.6		12600.6
493.9	493.9	377.6	937.6	16.7	11.2	-832.5		-832.5
19968.9	19782.3	17364.0	451.8	11.5	43.1	1923.4		1923.4
23052.9	23052.7	21943.5	2256.7	192.7	144.5	-1292.0		-1292.0
15736.2	15736.2	11889.2	2089.4	129.7	88.0	1669.6		1669.6
20022.9	16483.2	12897.1	1573.5	16.7	48.6	1964.0		1964.0
155204.0	155203.7	150484.4	1771.3	4.0	109.5	2838.5		2838.5
153692.0	153691.8	149190.4	1654.5	1.3	74.4	2772.5		2772.5
488399.0	482862.9	449512.9	18768.0	1077.5	913.2	13668.8		13668.8
19536.1	18269.6	14374.5	2090.3	85.1	91.6	1713.2		1713.2
30483.2	29793.8	24999.7	6024.5	4.2	26.4	-1256.8		-1256.8
128016.7	128016.5	121775.5	3791.1	226.0	220.4	2229.5		2229.5
341000.7	339960.4	318070.1	12068.2	298.2	661.0	9161.1		9161.1
72806.8	71525.1	63213.8	4916.0	721.8	180.3	3215.0		3215.0
145034.8	139864.7	126723.7	10350.9	146.8	217.2	2572.9		2572.9
107592.7	107592.6	102655.0	3338.8	226.0	193.1	1405.7		1405.7

14－6 限额以上批发零售贸易企业财务状况(4)

单位:万元

		损益及分配
		其他业务利润 Other profit
批发、零售贸易企业总计	**Total**	**22920.0**
一、批发企业	Wholesale enterprises	3384.1
其中:国有及国有控股	State owned and share holding	2330.5
(一)按登记注册类型分组	Grouped by type registered	
内资企业	Domestic funds	3384.1
国有企业	State owned	1935.9
集体企业	Collective owned	32.2
股份合作企业	Cooperative	348.6
联营企业	Joint	0.5
国有联营企业	State joint	0.5
集体联营企业	Collective joint	
国有与集体联营企业	State and collective joint	
其他联营企业	Other joint	
有限责任公司	Limited company	777.2
国有独资企业	State owned	195.8
其他有限责任公司	Others	581.4
股份有限公司	Share holding	289.7
私营企业	Private	
私营独资企业	Private funds	
私营合伙企业	Private partner	
私营有限责任公司	Private limited company	
私营股份有限公司	Private share holding	
其他企业	Others	
港、澳、台商投资企业	Funded from HongKong, Macao and Taiwan	
合资经营企业	Joint venture	
合作经营企业	Coopertive	
独资经营企业	Sole funds	
投资股份有限公司	Share holding	
外商投资企业	Foreign funds	
中外合资经营企业	Joint venture	

MAIN FINANCIAL INDICATORS OF ENTERPRISES ABOVE DESIGNATED SIZE IN WHOLESALE AND RETAIL TRADES(Ⅳ)

unit:10000yuan

Loss,profit and distrution							
管理费用 Expense of management	税金 Taxes	财产保险 Property insurance	劳动待业险 Unemployment insurance	财务费用 Financial expense	利息支出 Expenditure of interesting	营业利润 Operating profits	补贴收入 Subsidy
73149.5	**1833.6**	**723.2**	**4419.7**	**28415.6**	**17021.0**	**-54010.4**	**168219.4**
35359.9	706.8	394.6	2878.8	16583.9	9366.1	-43710.7	168140.5
29114.5	496.8	330.7	2643.0	14503.9	7394.8	-44756.9	168057.6
35359.9	706.8	394.6	2878.8	16583.9	9366.1	-43710.7	168140.5
25142.6	358.1	240.7	2560.5	7524.9	6609.2	-39710.5	27604.2
2301.8	160.3	52.0	108.2	569.3	579.0	-224.8	61.0
1136.9	37.9	1.1	117.2	496.6	496.2	3.6	
361.0	0.2	2.8	0.7	40.9		-333.9	
361.0	0.2	2.8	0.7	40.9		-333.9	
3548.5	139.8	69.6	58.0	7150.9	1193.8	-3494.0	140527.3
2809.6	103.8	14.4	58.0	6297.1	355.5	-2584.2	140209.5
738.9	36.0	55.2		853.8	838.3	-909.8	317.8
2788.8	10.4	28.4	33.3	803.3	489.9	-348.5	-52.0
80.3	0.1		0.9	-2.0	-2.0	397.4	
80.3	0.1		0.9	-2.0	-2.0	397.4	

14-6 续表 1

单位:万元

		损益及分配
		其他业务利润 Other profit
中外合作经营企业	Cooperative	
外资企业	Funded from foreign	
外商投资股份有限公司	Share holding funded from foreign	
(二)按国民经济行业分组	Grouped by sector	
食品、饮料、烟草和家庭用品批发业	Wholesale of food, beverage and Tobaccos	1826.8
食品、饮料、烟草批发业	Whole sale of food, beverage and tobaccos	690.1
粮食、食用油批发业	Grain and edible oil	19.0
烟草及其制品批发业	Tobaccos and its products	154.4
棉、麻、土畜产品批发业	Wholesale of cotton, ambery and animal product	
纺织品、服装和鞋帽批发业	Wholesale of textiles, garments, shoes and hats	68.0
日用百货批发业	Wholesale of daily consumer goods	52.5
日用杂品批发业	Wholesale of daily sundry articles	
五金、交电、化工批发业	Hard ware, Transport, electric and chemical products	779.7
药品及医疗器械批发业	Wholesale of medicines and medical appliances	236.5
能源、材料和机械电子设备批发业	Wholesale of energy products	1303.5
能源批发业	Wholesale of energy products	577.9
石油及制品批发业	# Petrolum and related products	507.2
煤炭及制品批发业	Coal and related products	70.7
化工材料批发业	Wholesale of chemical materials	
木材批发业	Wholesale of timber	19.0
建筑材料批发业	Wholesale of building materials	
矿产品批发业	Wholesale of mineral products	
金属材料批发业	Wholesale of metal materials	221.8
机械、电子设备批发业	Machinery and electronic equipment	142.3
汽车、摩托车及零配件批发业	Vehicles, motorcycles and parts	342.5
汽车批发业	Vehicles	342.8
再生物资回收批发业	Wholesale of recycled materials	
其他批发业	Other wholesale	253.8
工艺美术批发业	Wholesale of arts and handicraft products	
图书报刊批发业	Books, newspapers and magazines	0.6
农业生产资料批发业	Means of agricltural production	253.2
其他类未包括的批发业	Others	
二、零售企业	Retail trade	19535.9

continued1

unit:10000yuan

Loss, profit and distrution

管理费用 Expense of management	税金 Taxes	财产保险 Property insurance	劳动待业险 Unemployment insurance	财务费用 Financial expense	利息支出 Expenditure of interesting	营业利润 Operating profits	补贴收入 Subsidy
18223.5	386.9	256.1	1297.8	11438.7	5668.5	-27171.6	168321.7
13853.2	320.6	233.3	895.7	9619.4	3940.3	-26985.2	168373.7
4742.2	150.8	98.9	379.5	8709.3	2910.8	33217.6	167837.8
6235.1	126.0	40.8	330.4	571.6	571.5	5748.7	209.5
979.3	32.4		39.2	769.5	769.5	168.6	
226.2	0.7		28.2	31.5	74.7	-32.2	
354.2	0.8		29.9	4.5		-400.4	-9.3
34.3				111.3	111.3		
881.8	16.8	8.0	73.6	388.5	392.9	-1256.7	42.8
1894.5	15.6	14.8	231.2	514.0	379.8	1334.3	-85.5
12370.1	109.4	84.9	941.8	4302.7	3271.9	-14232.4	-704.1
8106.6	59.2	62.1	807.1	1682.6	1988.8	-12279.5	-735.3
6815.8	49.9	53.7	252.7	1693.9	1987.0	-11105.3	-735.3
1290.8	9.3	8.4	554.4	-11.3	1.8	-1174.2	
477.8				37.1		25.7	31.2
865.5	10.5	22.8	29.8	114.4	120.8	-621.4	
1231.1	3.4		33.4	1780.4	688.2	1360.8	
1689.1	36.3		71.5	652.2	474.1	3.6	
915.2	36.6		71.1	474.8	474.1		
4766.3	210.5	53.6	639.2	842.5	425.7	-2306.7	522.9
1078.7	37.1		308.4	-0.2		60.5	461.9
3687.6	173.4	53.6	330.8	842.7	425.7	-2367.2	61.0

14－6 续表 2

单位:万元

		损益及分配
		其他业务利润 Other profit
其中:国有及国有控股	State owned and share holding	9298.5
(一)按登记注册类型分组	Grouped by type registered	
内资企业	Domestic funds	16753.5
国有企业	State owned	864.3
集体企业	Collective owned	8.7
股份合作企业	Cooperative	617.6
联营企业	Joint	
国有联营企业	State joint	
集体联营企业	Collective joint	
国有与集体联营企业	State and collective joint	
其他联营企业	Other joint	
有限责任公司	Limited company	1525.6
国有独资企业	State owned	
其他有限责任公司	Others	1525.6
股份有限公司	Share holding	8893.5
私营企业	Private	4843.8
私营独资企业	Private funds	
私营合伙企业	Private partner	
私营有限责任公司	Private limited company	4843.8
私营股份有限公司	Private share holding	
其他企业	Others	
港、澳、台商投资企业	Funded from HongKong, Macao and Taiwan	2757.1
合资经营企业	Joint venture	2757.1
合作经营企业	Coopertive	
独资经营企业	Sole funds	
投资股份有限公司	Share holding	
外商投资企业	Foreign funds	25.3
中外合资经营企业	Joint venture	32.7
中外合作经营企业	Cooperative	−7.4
外资企业	Funded from foreign	

continued2 unit:10000yuan

Loss,profit and distrution

管理费用 Expense of management	税　金 Taxes	财产保险 Property insurance	劳动待业险 Unemployment insurance	财务费用 Financial expense	利息支出 Expenditure of interesting	营业利润 Operating profits	补贴收入 Subsidy
19771.3	525.0	102.0	1086.5	4380.7	1306.0	1618.7	70.0
32040.2	820.8	198.6	1359.2	7417.8	3317.5	-213.3	78.9
4966.6	71.4	29.0	445.3	299.9	279.4	-2520.7	70.0
375.9	0.2	4.8	15.9	152.4	148.9	-64.4	
1234.1	2.1	3.2	8.4	69.5	65.4	-1218.7	
2697.6	71.5	18.4	82.8	371.0	305.8	1933.4	8.9
2697.6	71.5	18.4	82.8	371.0	305.8	1933.4	8.9
17108.3	500.6	98.6	693.0	4298.9	1244.6	2851.4	
5657.7	175.0	44.6	113.8	2226.1	1273.4	-1194.3	
5625.8	175.0	44.6	113.8	2226.3	1273.4	-1194.3	
31.9				-0.2			
4097.5	255.5	103.6	177.0	3832.6	3757.2	-6880.5	
4024.2	249.5	103.6	177.0	3832.6	3757.2	-6880.4	
73.3	6.0					-90.1	
1651.9	50.5	26.4	4.7	581.3	580.2	-3205.9	
1608.1	25.5	26.4	4.7	589.3	588.2	-2158.8	
43.8	25.0			-8.0	-8.0	-1047.1	

14－6 续表 3

单位:万元

		损益及分配 其他业务利润 Other profit
外商投资股份有限公司	share holding funded from foreign	
(二)按国民经济行业分组	Grouped by sector	
食品、饮料和烟草零售业	Retail of food, beverage and tobaccos	3467.0
粮油食品零售业	Grains and edible oil	
副食品零售业	Non-staple food	3467.0
日用百货零售业	Retail of daily consumer goods	11800.6
百货零售业	Consumer goods	11790.6
文化体育用品零售业	Cultural and sports goods	10.0
纺织品、服装和鞋帽零售业	Retail of textiles, garments, shoes and hats	796.4
日用杂品零售业	Retail of daily sundry articles	
五金、交电、化工零售业	Hardware, transport, electric and chemical product	3240.6
药品及医疗器械零售业	Medicines and medical appliances	182.9
图书报刊零售业	Books, newspapers and magazines	29.4
其他零售业	Other retailtrade	19.0
家具零售业	Furniture	
汽车、摩托车及其零配件零售业	Vehicles, motorcycles and parts	4.5
计算机及软件、办公设备零售业	Computers, software and office appliances	
(三)按经营方式分组	Grouped by kind of operating	
独立商店	Shops	15447.8
连锁总店	Chain shops	30.7
连锁分店	Branch	660.5
其他	Others	3396.9
(四)按零售业态分组	Grouped by type of retail	
百货商店	General shop	13292.5
超级市场	Supmarket	2523.7
专业(专卖)商店	Special store	330.4
其他	Others	3389.3

continued3 unit:10000yuan

Loss, profit and distrution

管理费用 Expense of management	税金 Taxes	财产保险 Property insurance	劳动待业险 Unemployment insurance	财务费用 Financial expense	利息支出 Expenditure of interesting	营业利润 Operating profits	补贴收入 Subsidy
5560.9	245.4	101.8	235.3	4116.3	4060.5	-9563.8	
5560.9	245.4	101.8	235.3	4116.3	4060.5	-9563.8	
20572.3	668.8	113.4	922.2	5864.4	2654.3	753.4	8.9
19512.0	668.5	108.6	690.7	5756.4	2547.3	2611.5	8.9
947.2	0.1		215.6	14.9	14.4	-1784.6	
1709.5	83.5	35.3	35.1	482.6	461.3	527.6	
2486.5	0.5	35.0	32.4	934.7	200.0	-1471.9	
3207.2	102.4	26.4	200.7	193.0	165.5	-1557.7	
2365.8	14.6	14.8	81.4	46.1	73.1	85.9	70.0
1887.4	11.6	1.9	33.8	194.6	40.2	926.8	
1793.5	11.5	1.9	29.4	161.7	10.2	940.4	
29886.5	938.1	261.1	1244.8	10443.9	6982.1	-7840.0	78.9
2313.1	60.7	26.8	97.5	196.3	197.1	-764.8	
666.3	31.2			56.3	57.5	-1318.8	
4923.7	96.8	40.7	198.6	1135.2	418.2	-376.1	
19774.8	816.6	192.8	723.0	9317.7	6000.3	-3200.9	
5040.3	109.8	52.9	132.4	905.9	942.4	-861.0	8.9
8262.4	112.5	42.2	486.9	475.4	294.0	-5178.0	70.0
4712.1	87.9	40.7	198.6	1132.7	418.2	-1059.8	

14－7　限额以上批发零售贸易企业财务状况(5)

单位:万元

		损益及分配	
		利润总额 Total profits	应交所得税 Payable income taxes
批发、零售贸易企业总计	**Total**	**－11174.4**	**13251.6**
一、批发企业	Wholesale enterprises	－3187.9	12241.0
其中:国有及国有控股	State owned and share holding	－3461.6	11650.6
(一)按登记注册类型分组	Grouped by type registered		
内资企业	Domestic funds	－3187.9	12241.0
国有企业	State owned	－10342.9	2264.9
集体企业	Collective owned	－447.7	19.5
股份合作企业	Cooperative	－507.1	4.8
联营企业	Joint	－333.9	
国有联营企业	State joint	－333.9	
集体联营企业	Collective joint		
国有与集体联营企业	State and collective joint		
其他联营企业	Other joint		
有限责任公司	Limited company	8534.4	9385.9
国有独资企业	State owned	7943.0	9385.9
其他有限责任公司	Others	591.4	
股份有限公司	Share holding	－488.1	434.8
私营企业	Private	397.4	131.1
私营独资企业	Private funds		
私营合伙企业	Private partner		
私营有限责任公司	Private limited company	397.4	131.1
私营股份有限公司	Private share holding		
其他企业	Others		
港、澳、台商投资企业	Funded from HongKong, Macao and Taiwan		
合资经营企业	Joint venture		
合作经营企业	Coopertive		
独资经营企业	Solefunds		
投资股份有限公司	Share holding		
外商投资企业	Foreign funds		
中外合资经营企业	Joint venture		

MAIN FINANCIAL INDICATORS OF ENTERPRISES ABOVE DESIGNATED SIZE IN WHOLESALE AND RETAIL TRADES(Ⅴ)

unit: 10000yuan

Loss, profits and distrution	工资福利及增值税 Wage, welfare and added value taxes						
应付利润 Payable profits	本年应付工资总额 Payable wages	主业付工资 Wage of principal business	本年应付福利费总额 Payable welfare	主业福利费 Welfare of principal business	本年应交增值税总额 Payable added value taxes	本年进项税额 Tax credit	本年销项税额 Added value taxes
-6084.3	**30872.7**	**29813.7**	**4434.7**	**3710.4**	**12051.9**	**180205.0**	**190429.1**
-6558.8	15934.1	15295.3	2214.5	1768.5	6161.7	112441.1	116436.5
-6549.5	13720.8	13176.0	1962.0	1529.2	5758.0	101746.7	104855.9
-6558.8	15934.1	15295.3	2214.5	1768.5	6161.7	112441.1	116436.5
1669.6	11982.7	11363.5	1751.8	1308.6	5652.7	86122.4	90757.0
	832.1	832.1	76.8	76.8	0.8	1611.2	1608.9
	548.6	548.6	74.3	74.3	112.8	4684.7	4754.9
	66.0	66.0	6.5	6.5		689.6	643.3
	66.0	66.0	6.5	6.5		689.6	643.3
-8219.1	1405.6	1405.6	179.4	179.4	78.2	970.6	994.0
	871.4	871.4	121.9	121.9		372.6	345.8
-8129.1	534.2	534.2	57.5	57.5	78.2	598.0	648.2
-9.3	1059.1	1055.0	120.1	119.5	304.6	17939.0	17242.2
	40.0	24.5	5.6	3.4	12.6	423.6	436.2
	40.0	24.5	5.6	3.4	12.6	423.6	436.2

14－7 续表 1

单位:万元

		损益及分配	
		利润总额 Total profits	应交所得税 Payable income taxes
中外合作经营企业	Cooperative		
外资企业	Funded from foreign		
外商投资股份有限公司	Share holding funded from foreign		
(二)按国民经济行业分组	Grouped by sector		
食品、饮料、烟草和家庭用品批发业	Wholesale of food, beverage and Tobaccos	15717.3	12172.6
食品、饮料、烟草批发业	Whole sale of food, beverage and tobaccos	15885.3	11691.9
粮食、食用油批发业	＃Grain and edible oil	9133.8	9405.9
烟草及其制品批发业	Tobaccos and its products	5903.3	1891.8
棉、麻、土畜产品批发业	Wholesale of cotton, ambery and animal product	149.6	27.4
纺织品、服装和鞋帽批发业	Wholesale of textiles, garments, shoes and hats	8.0	
日用百货批发业	Wholesale of daily consumer goods	－378.0	
日用杂品批发业	Wholesale of daily sundry articles	－0.1	
五金、交电、化工批发业	Hard ware, Transport, electric and chemical products	－1260.7	20.1
药品及医疗器械批发业	Wholesale of medicines and medical appliances	1313.2	433.2
能源、材料和机械电子设备批发业	Wholesale of energy products	－16488.1	49.1
能源批发业	Wholesale of energy products	－14063.6	7.5
石油及制品批发业	＃Petrolum and related products	－12856.8	
煤炭及制品批发业	Coal and related products	－1206.8	7.5
化工材料批发业	Wholesale of chemical materials		
木材批发业	Wholesale of timber	5.5	
建筑材料批发业	Wholesale of building materials		
矿产品批发业	Wholesale of mineral products		
金属材料批发业	Wholesale of metal materials	－626.9	1.6
机械、电子设备批发业	Machinery and electronic equipment	－1119.7	40.0
汽车、摩托车及零配件批发业	Vehicles, motorcycles and parts	－683.4	
汽车批发业	Vehicles	－523.5	
再生物资回收批发业	Wholesale of recycled materials		
其他批发业	Other wholesale	－2417.1	19.3
工艺美术批发业	Wholesale of arts and handicraft products		
图书报刊批发业	Books, newspapers and magazines	147.2	
农业生产资料批发业	Means of agricltural production	－2564.3	19.3
其他类未包括的批发业	Others		
二、零售企业	Retail trade	－7986.5	1010.6

continued1

unit:10000yuan

Loss, profits and distrution	工资福利及增值税 Wage, welfare and added value taxes						
应付利润 Payable profits	本年应付工资总额 Payable wages	主业付工资 Wage of principal business	本年应付福利费总额 Payable welfare	主业福利费 Welfare of principal business	本年应交增值税总额 Payable added value taxes	本年进项税额 Tax credit	本年销项税额 Added value taxes
-6691.4	8570.7	8252.0	1539.3	1143.2	3984.2	46363.9	49024.8
-6685.0	5226.8	5114.9	961.4	915.9	3565.1	33006.6	35640.1
-8219.1	2657.0	2657.0	360.3	342.1		13.0	
1358.2	1533.0	1492.0	458.9	446.4	3102.0	25352.7	27529.7
	344.7	142.0	37.2	37.2		6862.6	7239.4
	133.9	133.9	18.8	18.8		820.7	
-9.3	423.7	423.7	8.3	8.3	54.1	415.2	469.3
	26.5	26.5	3.7	3.7	0.8	85.1	85.9
2.9	1870.8	1870.8	85.9	85.9	263.0	3194.6	3510.0
	544.3	540.2	424.0	73.4	101.2	1979.1	2080.1
132.6	5623.1	5303.0	800.8	753.9	1772.2	60118.9	61642.9
132.6	3884.3	3794.4	551.4	538.8	659.7	24663.2	25551.7
-97.1	3200.6	3110.7	457.2	444.6	453.8	24088.7	24762.7
229.7	683.7	683.7	94.2	94.2	205.9	574.5	789.0
	146.8	146.8	20.4	20.4	159.1	963.6	1726.4
	242.0	242.0	31.0	31.0	157.7	1241.7	1373.7
	716.4	486.2	114.0	79.7	635.6	15627.1	16257.7
	633.6	633.6	84.0	84.0	160.1	17623.3	16733.4
	448.1	448.1	62.7	62.7	4.0	3188.1	3142.1
	1740.3	1740.3	-125.6	-128.6	405.3	5958.3	5768.8
	412.2	412.2	-245.0	-248.0	376.0	3527.3	3258.1
	1328.1	1328.1	119.4	119.4	29.3	2431.0	2510.7
474.5	14938.6	14518.4	2220.2	1941.9	5890.2	67763.9	73992.6

14-7 续表 2 单位:万元

		损益及分配	
		利润总额 Total profits	应交所得税 Payable income taxes
其中:国有及国有控股	State owned and share holding	3743.0	767.8
(一)按登记注册类型分组	Grouped by type registered		
内资企业	Domestic funds	1898.1	1010.6
国有企业	State owned	-743.2	38.4
集体企业	Collective owned	-103.4	
股份合作企业	Cooperative	-1149.6	13.4
联营企业	Joint		
国有联营企业	State joint		
集体联营企业	Collective joint		
国有与集体联营企业	State and collective joint		
其他联营企业	Other joint		
有限责任公司	Limited company	1937.7	73.2
国有独资企业	State owned		
其他有限责任公司	Others	1937.7	73.2
股份有限公司	Share holding	3116.8	659.4
私营企业	Private	-1160.2	226.2
私营独资企业	Private funds		
私营合伙企业	Private partner		
私营有限责任公司	Private limited company	-1093.7	226.2
私营股份有限公司	Private share holding	-66.5	
其他企业	Others		
港、澳、台商投资企业	Funded from HongKong, Macao and Taiwan	-6648.8	
合资经营企业	Joint venture	-6558.7	
合作经营企业	Coopertive		
港、澳、台商独资经营企业	Sole funds	-90.1	
港、澳、台商投资股份有限公司	Share holding		
外商投资企业	Foreign funds	-3235.8	
中外合资经营企业	Joint venture	-2158.8	
中外合作经营企业	Cooperative	-1077.0	
外资企业	Funded from foreign		

continued2 unit: 10000yuan

Loss, profits and distrution	工资福利及增值税 Wage, welfare and added value taxes						
应付利润 Payable profits	本年应付工资总额 Payable wages	主业付工资 Wage of principal business	本年应付福利费总额 Payable welfare	主业福利费 Welfare of principal business	本年应交增值税总额 Payable added value taxes	本年进项税额 Tax credit	本年销项税额 Added value taxes
522.2	7958.4	7556.7	1078.4	811.0	1361.6	19060.4	21074.8
474.5	13127.4	12725.2	1974.9	1699.1	4392.3	56559.1	61298.3
-143.8	2353.7	2289.0	286.5	272.9	746.7	3562.8	4338.8
	85.7	85.2	11.1	11.1	130.5	267.0	404.0
	224.5	224.5	31.3	31.3	133.0	570.7	689.1
139.8	1828.5	1828.5	352.3	352.3	1520.2	13642.8	15251.4
139.8	1828.5	1828.5	352.3	352.3	1520.2	13642.8	15251.4
478.5	7009.5	6672.5	1053.7	799.9	1397.8	17768.0	19602.5
	1625.5	1625.5	240.0	231.6	464.1	20747.8	21012.5
	1617.8	1617.8	239.4	231.0	464.1	19041.6	19444.6
	7.7	7.7	0.6	0.6		1706.2	1567.9
	1426.1	1408.1	165.8	163.3	534.5	7202.6	7728.7
	1334.8	1334.8	153.0	153.0	511.4	6997.2	7500.2
	91.3	73.3	12.8	10.3	23.1	205.4	228.5
	385.1	385.1	79.5	79.5	963.5	4002.2	4965.6
	292.5	292.5	41.0	41.0	8.9	1030.0	1038.9
	92.6	92.6	38.5	38.5	954.5	2972.2	3926.7

14－7 续表3

单位:万元

		损益及分配	
		利润总额 Total profits	应交所得税 Payable income taxes
外商投资股份有限公司	Share holding funded from foreign		
(二)按国民经济行业分组	Grouped by sector		
食品、饮料和烟草零售业	Retail of food, beverage and tobaccos	－9167.6	89.5
粮油食品零售业	#Grains and edible oil		
副食品零售业	Non-staple food	－9167.6	89.5
日用百货零售业	Retail of daily consumer goods	2535.3	667.0
百货零售业	Consumer goods	2730.4	668.7
文化体育用品零售业	Cultural and sports goods	－121.6	－1.7
纺织品、服装和鞋帽零售业	Retail of textiles, garments, shoes and hats	527.6	
日用杂品零售业	Retail of dally sundry articles		
五金、交电、化工零售业	Hardware, transport, electric and chemical product	－1448.6	3.9
药品及医疗器械零售业	Medicines and medical appliances	－1376.3	
图书报刊零售业	Books, newspapers and magazines	174.4	27.0
其他零售业	Other retail trade	768.7	223.2
家具零售业	Furniture		
汽车、摩托车及其零配件零售业	Vehicles, motorcycles and parts	816.9	223.4
计算机及软件、办公设备零售业	Computers, software and office appliances		
(三)按经营方式分组	Grouped by kind of operating		
独立商店	Shops	－5683.8	782.3
连锁总店	Chain shops	－835.9	
连锁分店	Branch	－1254.0	2.1
其他	Others	－212.8	226.2
(四)按零售业态分组	Grouped by type of retail		
百货商店	General shop	－2709.9	686.1
超级市场	Supmarket	－777.3	72.1
专业(专卖)商店	Special store	－3671.7	26.2
其他	Others	－827.6	226.2

continued3

unit：10000yuan

Loss，profits and distrution	工资福利及增值税 Wage，welfare and added value taxes						
应付利润 Payable profits	本年应付工资总额 Payable wages	主业付工资 Wage of principal business	本年应付福利费总额 Payable welfare	主业福利费 Welfare of principal business	本年应交增值税总额 Payable added value taxes	本年进项税额 Tax credit	本年销项税额 Added value taxes
139.8	1924.1	1924.1	210.8	210.8	460.2	7779.2	8409.7
139.8	1924.1	1924.1	210.8	210.8	460.2	7779.2	8409.7
424.4	8420.0	8113.3	1298.0	1049.3	3110.1	27364.2	30829.8
546.0	7646.2	7340.0	1202.3	953.6	3049.8	27232.0	30637.3
-121.6	767.1	767.1	94.9	94.9	23.0	63.8	86.8
	405.5	379.5	44.5	40.8	187.5	1369.5	1557.0
	1001.6	1001.6	143.5	135.1	43.7	3540.1	3578.6
-67.5	1689.5	1658.7	311.4	306.3	868.9	1770.0	2642.5
25.5	881.5	824.8	123.1	110.7	466.2	1209.4	1770.2
-47.7	616.4	616.4	88.9	88.9	753.6	24731.5	25204.8
-47.7	562.5	562.5	81.4	81.4	695.4	24545.5	24947.1
542.0	11489.7	11087.5	1628.5	1361.1	3081.1	42041.7	45661.1
	1356.5	1356.5	270.8	270.8	910.0	2045.6	2950.3
	433.2	415.2	85.4	82.9	1163.6	3833.4	4990.7
-67.5	1659.2	1659.2	235.5	227.1	735.5	19843.2	20390.5
546.0	73696.6	7055.4	969.6	719.7	1355.2	23024.2	24798.3
139.8	2239.6	2239.6	411.3	411.3	1354.3	10309.2	11804.5
-143.8	3763.6	3657.6	613.4	593.4	2706.8	17961.0	20471.3
-67.5	1565.8	1565.8	225.9	217.5	473.9	16469.5	16918.5

14－8　限额以上餐饮企业财务状况(1)

单位:万元

		企业数 (个) Enerprises
总　　计	**Total**	**21**
其中:国有及国有控股	State owned and share holding	5
一、按登记注册类型分组	Grouped by type registered	
内资企业	Domestic funds	13
国有企业	State owned	1
集体企业	Collective owned	
股份合作企业	Cooperative	
联营企业	Joint	
国有联营企业	State joint	
集体联营企业	Collective joint	
国有与集体联营企业	State and collective joint	
其他联营企业	Other joint	
有限责任公司	Limited company	2
国有独资企业	State owned	
其他有限责任公司	Others	2
股份有限公司	Share holding	1
私营企业	Private	9
私营独资企业	Private funds	2
私营合伙企业	Private partner	
私营有限责任公司	Private limited company	6
私营股份有限公司	Private share holding	1
其他企业	Others	
港、澳、台商投资企业	Funded from HongKong, Macao and Taiwan	6
合资经营企业	Joint venture	5
合作经营企业	Coopertive	
独资经营企业	Funded	1
投资股份有限公司	Share holding	
外商投资企业	Foreign funds	2
中外合资经营企业	Joint venture	2
中外合作经营企业	Cooperative	
外资企业	Sole funds	
外商投资股份有限公司	Share holding funded from foreign	
二、按国民经济行业分组	Grouped by sector	
正餐	Lunch	21
快餐	Snack	
其他餐饮业	Other	

MAIN FINANCIAL INDICATORS OF ENTERPRISES ABOVE DESIGNATED SIZD IN CATERING TRADE(Ⅰ)

unit: 10000yuan

亏损企业(个) Making loss	年末资产负债 Assets and abilities							
	流动资产小计 Circulating funds	存货 Inventory	长期投资 Long term investment	固定资产小计 Fixed assets	固定资产原价 Original value of fixed assets	生产经营用 Operating	累计折旧 Depreciation	本年折旧 Depreciation in this year
9	**18096.6**	**2244.1**	**320.0**	**14472.8**	**19255.0**	**5724.0**	**4782.2**	**836.1**
2	4797.0	383.7		6500.6	7144.0	439.1	643.4	218.0
4	14088.6	1822.3	320.0	9483.7	11308.3	1915.3	1824.6	676.0
	357.8	125.6		133.2	205.6		72.4	22.2
1	1262.5	26.6		5846.9	6353.5		506.6	79.5
1	1262.5	26.6		5846.9	6353.5		506.6	79.5
1	1301.9	36.0		883.9	1268.9		385.0	250.2
2	11166.4	1634.1	320.0	2619.7	3480.3	1915.3	860.6	324.1
	261.1	125.9		950.7	979.7	458.7	29.0	5.0
2	10798.9	1453.2	320.0	1669.0	2478.0	1456.6	809.0	319.1
	106.4	55.0			22.6		22.6	
4	1884.7	175.5		2434.9	5195.2	3773.5	2760.3	92.8
3	1834.7	143.2		1809.5	3859.0	3073.4	2049.5	51.0
1	50.0	32.3		625.4	1336.2	700.1	710.8	41.8
1	2123.3	246.3		2554.2	2751.5	35.2	197.3	67.3
1	2123.3	246.3		2554.2	2751.5	35.2	197.3	67.3
9	18096.6	2244.1	320.0	14472.8	19255.0	5724.0	4782.2	836.1

14－9 限额以上餐饮企业财务状况(2)

单位:万元

		无形及递延资产小计 Intangible and deferred assets
总 计	**Total**	**2399.0**
其中:国有及国有控股	State owned and share holding	457.4
一、按登记注册类型分组	Grouped by type registered	
内资企业	Domestic funds	1780.1
国有企业	State owned	
集体企业	Collective owned	
股份合作企业	Cooperative	
联营企业	Joint	
国有联营企业	State joint	
集体联营企业	Collective joint	
国有与集体联营企业	State and collective joint	
其他联营企业	Other joint	
有限责任公司	Limited company	
国有独资企业	State owned	
其他有限责任公司	Others	
股份有限公司	Share holding	862.4
私营企业	Private	917.7
私营独资企业	Private funds	41.7
私营合伙企业	Private partner	
私营有限责任公司	Private limited company	876.0
私营股份有限公司	Private share holding	
其他企业	Others	
港、澳、台商投资企业	Funded from Hong Kong, Macao and Taiwan	282.3
合资经营企业	Joint venture	257.2
合作经营企业	Coopertive	
独资经营企业	Sole funds	25.1
投资股份有限公司	Share holding with	
外商投资企业	Foreign funds	336.6
中外合资经营企业	Joint venture	336.6
中外合作经营企业	Cooperative	
外资企业	Sole funds	
外商投资股份有限公司	Share holding	
二、按国民经济行业分组	Grouped by sector	
正餐	Lunch	2399.0
快餐	Snack	
其他餐饮业	Other	

MAIN FINANCIAL INDICATORS OF ENTERPRISES ABOVE DESIGNATED SIZD IN CATERING TRADE(Ⅱ)

unit: 10000yuan

年末资产负债 Assets and abilities								
无形资产 Intangible assets	资产总计 Total assets	流动负债小计 Liquid liabilities	长期负债小计 Long term liabilities	负债合计 Total liabilities	所有者权益合计 Creditors equity	实收资本 Capital hold	国家资本 State funds	港澳台资本 Funded from HongKong, Macao and Taiwan
862.4	35540.3	13646.3	4856.5	26081.1	9459.2	7499.7	1257.0	785.3
	11974.1	3325.2	356.5	3681.7	8292.4	1691.0	191.0	
862.5	25705.1	7841.9	4856.5	20276.7	5428.4	2624.9	191.0	
	491.0	113.9	356.5	470.4	20.6	191.0	191.0	
	7109.4	1963.6	2500.0	4463.6	2645.8			
	7109.4	1963.6	2500.0	4463.6	2645.8			
862.4	3048.2	2679.2		2679.2	369.0	500.0		
	15056.5	3085.2	2000.0	12663.5	2393.0	1933.9		
	1282.5	37.6		37.6	1244.9	610.0		
	13667.6	2957.9	2000.0	12536.2	1131.4	1313.9		
	106.4	89.7		89.7	16.7	10.0		
	4602.0	49889.9		4889.9	-287.9	4174.8	1066.0	785.3
	3901.4	2422.6		2422.6	1478.8	3431.0	1066.0	41.5
	700.6	2467.3		2467.3	-1766.7	743.8		743.8
	5233.2	914.5		914.5	4318.7	700.0		
	5233.2	914.5		914.5	4318.7	700.0		
862.4	35540.3	13646.3	4856.5	26081.1	9459.2	7499.7	1257.0	785.3

14－10　限额以上餐饮企业财务状况(3)

单位:万元

		外商资本 Foreign funds
总　计	**Total**	**175.0**
其中:国有及国有控股	State owned and share holding	175.0
一、按登记注册类型分组	Grouped by type registered	
内资企业	Domestic funds	
国有企业	State owned	
集体企业	Collective owned	
股份合作企业	Cooperative	
联营企业	Joint	
国有联营企业	State joint	
集体联营企业	Collective joint	
国有与集体联营企业	State and collective joint	
其他联营企业	Other joint	
有限责任公司	Limited company	
国有独资企业	State owned	
其他有限责任公司	Others	
股份有限公司	Share holding	
私营企业	Private	
私营独资企业	Private funds	
私营合伙企业	Private partner	
私营有限责任公司	Private limited company	
私营股份有限公司	Private share holding	
其他企业	Others	
港、澳、台商投资企业	Funded from HongKong, Macao and Taiwan	
合资经营企业	Joint venture with	
合作经营企业	Coopertive with	
独资经营企业	Funded from	
投资股份有限公司	Share holding with	
外商投资企业	Foreign funds	175.0
中外合资经营企业	Joint venture	175.0
中外合作经营企业	Cooperative	
外资企业	Funded from foreign	
外商投资股份有限公司	Share holding	
二、按国民经济行业分组	Grouped by sector	
正餐	Lunch	175.0
快餐	Snack	
其他餐饮业	Others	

MAIN FINANCIAL INDICATORS OF ENTERPRISES ABOVE DESIGNATED SIZD IN CATERING TRADE(Ⅲ)

unit: 10000yuan

损益及分配 Loss, profits and distrution								
营业收入 Sales revenue	营业成本 Cost of operating	营业费用 Experse of operating	营业税金及附加 Sales tax and extra charge	经营利润 Operating profits	管理费用 Expense of manayement	税金 Taxes	财产保险 Property insurance	待业保险 Unemployment insurance
19506.3	**11049.6**	**6022.5**	**1100.9**	**1333.3**	**1724.1**	**15.5**	**10.7**	
7204.4	3974.5	2081.6	369.3	779.0	643.4		6.8	
12165.5	6930.4	3854.5	722.6	658.0	711.8	9.6	5.0	
541.7	251.0	252.1	29.8	8.8	168.5			
963.8	458.9	406.5	48.5	49.9	221.4		2.0	
963.8	458.9	406.5	48.5	49.9	221.4		2.0	
1031.2	509.9	420.3	50.8	50.2	16.9			
9628.8	5710.6	2775.6	593.5	549.1	305.0	9.6	3.0	
1443.8	856.3	252.4	109.2	225.9	143.0			
7603.2	4526.4	2334.8	449.2	292.8	156.1	8.9	3.0	
581.8	327.9	188.4	35.1	30.4	5.9	0.7		
2877.2	1767.5	720.2	170.2	219.3	561.7	5.9	5.7	
2626.1	1663.1	683.8	156.6	122.6	273.2	5.9	5.7	
251.1	104.4	36.4	13.6	96.7	288.5			
4463.6	2351.7	1447.8	208.1	456.0	450.6			
4463.6	2351.7	1447.8	208.1	456.0	450.6			
19506.3	11049.6	6022.5	1100.9	1333.3	1724.1	15.5	10.7	

14－11 限额以上餐饮企业财务状况(4)

单位:万元

		财务费用 Expense of finance
总　　计	**Total**	**325.5**
其中:国有及国有控股	State owned and share holding	19.9
一、按登记注册类型分组	Grouped by type registered	
内资企业	Domestic funds	305.2
国有企业	State owned	
集体企业	Collective owned	
股份合作企业	Cooperative	
联营企业	Joint	
国有联营企业	State joint	
集体联营企业	Collective joint	
国有与集体联营企业	State and collective joint	
其他联营企业	Other joint	
有限责任公司	Limited company	180.2
国有独资企业	State owned	
其他有限责任公司	Others	180.2
股份有限公司	Share holding	33.7
私营企业	Private	91.3
私营独资企业	Private funds	
私营合伙企业	Private partner	
私营有限责任公司	Private limited company	89.5
私营股份有限公司	Private share holding	1.8
其他企业	Others	
港、澳、台商投资企业	Funded from HongKong, Macao and Taiwan	4.0
合资经营企业	Joint venture with	3.7
合作经营企业	Coopertive with	
独资经营企业	Funded from	0.3
投资股份有限公司	Share holding with	
外商投资企业	Foreign funds	16.3
中外合资经营企业	Joint venture	16.3
中外合作经营企业	Cooperative	
外资企业	Solefunds	
外商投资股份有限公司	Share holding	
二、按国民经济行业分组	Grouped by sector	
正餐	Lunch	325.5
快餐	Snack	
其他餐饮业	Others	

MAIN FINANCIAL INDICATORS OF ENTERPRISES ABOVE DESIGNATED SIZD IN CATERING TRADE(Ⅳ)

unit: 10000yuan

损益及分配 Loss, profits and distrution					工资福利及增值税 Wage, welfare and added tox			
利息支出 Expenditure of interesting	营业利润 Operating profits	利润总额 Total profits	应交所得税 Payable income taxes	应付利润 Payable profits	本年应付工资总额 Paybale wage	主营应付 Wage of capital business	本年应付福利费总额 Payable welfare	主营应付 Welfare of capital business
79.0	**-716.3**	**-583.5**	**60.0**	**-88.4**	**1774.6**	**1474.0**	**271.2**	**248.9**
0.2	-175.6	-15.8	60.0	-88.4	1774.6	1474.0	271.2	148.9
79.0	-359.0	-233.4	51.4		927.0	635.5	172.9	153.3
	-159.7				85.8		12.0	
0.2	-351.7	-344.6			115.6	96.0	14.7	12.0
0.2	-351.7	-344.6			115.6	96.0	14.7	12.0
	-0.4	-0.4			187.3	187.3	3.9	3.9
78.8	152.8	111.6	51.4		538.3	352.2	142.3	137.4
	82.9	59.4	31.5		104.0			
77.0	47.2	46.5	2.9		355.9	352.2	138.4	133.5
1.8	22.7	5.7	17.0		78.4		3.9	3.9
	-346.4	-338.9	8.6	-88.4	304.5	295.4	25.0	22.3
	-154.3	-146.8	8.6	-88.4	192.4	183.3	22.3	22.3
	-192.1	-192.1			112.1	112.1	2.7	
	-10.9	-11.2			543.1	543.1	73.3	73.3
	-10.9	-11.2			543.1	543.1	73.3	73.3
79.0	-716.3	-583.5	60.0	-88.4	1774.6	1474.0	271.2	248.9

14－12 餐饮业销售情况
SALES CONDITION OF CATERING TRADE

单位:万元 unit:10000yuan

		法人企业(个) Legal pereon	产业活动单位(个) Industry legalperson	从业人数(人) Employment person	营业总收入 Revenues	商品零售额 District
总　计	**Total**	**38955**	**38986**	**101721**	**466308.0**	**466308.0**
一、限额以上	Above designated	21	52	9606	63323.0	63323.0
(一)按登记注册类型分组	Grouped by type registered					
内资企业	Domestic funds	13	32	5790	29535.1	295325.1
国有企业	State owned	1	13	3200	11996.6	11996.6
集体企业	Collective owned					
股份合作企业	Cooperative					
联营企业	Joint ownership					
国有联营企业	State joint					
集体联营企业	Collective joint					
国有与集体联营企业	State and collective joint					
其他联营企业	Others					
有限责任公司	Limited liability company	2	4	609	4788.2	4788.2
国有独资企业	State owned		1	375	2579.7	2579.7
其他有限责任公司	Others	2	3	234	2208.5	2208.5
股份有限公司	Share holding	1	4	417	2409.0	2409.0
私营企业	Private	9	11	1564	10341.3	10341.3
私营独资企业	Private funded	2	2	218	1443.8	1443.8
私营合伙企业	Private partner					
私营有限责任公司	Private limited company	6	8	1276	8315.7	8315.7
私营股份有限公司	Private share holding	1	1	70	581.8	581.8
其他企业	Others					
港、澳、台商投资企业	Funded from HongKong, Macao and Taiwan	6	10	1237	5191.6	5191.6
合资经营企业	Joint venture	5	8	872	4386.4	4386.7
合作经营企业	Cooperative					

14-12 续表 1 单位:万元 continued 1 unit:10000yuan

		法人企业(个) Legal pereon	产业活动单位(个) Industry legalperson	从业人数(人) Employment person	营业总收入 Revenues	商品零售额 District
独资经营企业	Sole funds	1	1	65	251.1	251.1
投资股份有限公司	Shareholding		1	300	554.1	554.1
外商投资企业	Foreign funds	2	10	2579	28596.3	28596.3
中外合资经营企业	Joint venture	2	7	2182	14347.9	14347.9
中外合作经营企业	Cooperative		2	277	8110.7	8110.7
外资企业	Sole funds					
外商投资股份有限公司	Share holding funds		1	120	6137.7	6137.7
(二)按国民经济行业分组	Grouped by sector					
正餐	Lunch	21	50	9366	51882.4	51882.4
快餐	Snack		2	240	11440.6	11440.6
其他	Other					
二、限额以下	Below designated size and indvidual	38934	38934	92115	402985.0	402985.0

14-13 限额以上连锁(公司)商品销售情况
TOTAL SALES OF CHAIN STORE ABOVE DESIGNATED SIZE

单位:万元 unit:10000yuan

	连锁总店数(个) Main store	连锁门店数(个) Branch	直销店 Directly sale store	加盟店 Store allianced	营业面积(平方米) Area of business	从业人数(人) Employment	销售总额(营业总收入) Total sales	零售额 District
总 计 Total	**8**	**108**	**84**	**24**	**91090**	**3210**	**88507**	**71877.8**
一、零售业 Retail	7	106	82	24	88690	3140	87925.9	71296.0
其中:国有及国有控股 State owned and share holding	1	10	10		900	215	1364.8	261.5
其中:外商及港澳台投资 Foreign funds								
按零售业态分 Grouped by type of retail								
百货商店 General shop								
超级市场 Supmarket	4	22	21	1	74000	1880	72204.4	56885.8
专业店 Special store	3	84	61	23	14690	1260	15721.5	14410.2
专卖店 Special store								
其他 Others								
二、餐饮业 Catering	1	2	2		2400	70	581.8	581.8
其中:外商及港澳台投资 Foreign funds								
按行业分 Grouped by sector								
正餐 Lunch	1	2	2		2400	70	581.8	581.8
快餐 Snack								
其他餐饮业 Other								

统计资料

STATISTICS

对外经济贸易和旅游业

FOREIGN TRADE AND TOURISM

第十五篇　对外经济贸易和旅游业

2001年长春市全年实现进出口总额23亿美元，比上年增长33.5%。其中，进口13.2亿美元，增长40.6%；出口9.8亿美元，增长25.1%。在出口中，国有企业出口7.6亿美元，比上年增长26%；外商投资企业出口2.1亿美元，增长23%；一般贸易出口8亿美元，增长17.4%。外向依存度达到19%，比上年提高2.5个百分点。招商引资成效显著，全方位对外开放格局基本形成。全年新批三资项目125个，其中，超千万美元项目20个。招商引资领域进一步拓宽，有16家世界500强企业在我市落户。全年实际利用外资5亿美元，比上年增长37.7%。其中，直接利用外资3.6亿美元，增长26.7%。五个开发区继续发挥龙头带动作用。全年共审批三资企业51个，占全市的40.8%；利用外资3.7亿美元，占全市的73.5%，比上年增长51.8%。坚持优势互补、共同发展的指导思想，加快对内开放步伐。全年利用内资100亿元，比上年增长25%。对外承包工程与劳务合作继续展开。全年新签对外承包和劳务合作合同金额24222万元，完成营业额15011万美元，年末在外劳务人员21923人。旅游业发展势头良好。春节、"五一"和"十一"三个长假期拉动作用突出，全年接待黄金周假日旅游人数达138.4万人次，比上年增长23.5%；收入4.2亿元，比上年增长77%。全年来长旅游人数达到1007万人次，其中，接待入境游客6.6万人次，比上年增长20%；接待国内旅游者1001万人次，增长22%。旅游总收入48亿元，比上年增长66%；旅游外汇收入3072万美元，增长35.8%。全市已有星级饭店34家，旅行社61家，其中国际旅行社13家，旅游定点餐馆、商店34家，接待能力不断增强。

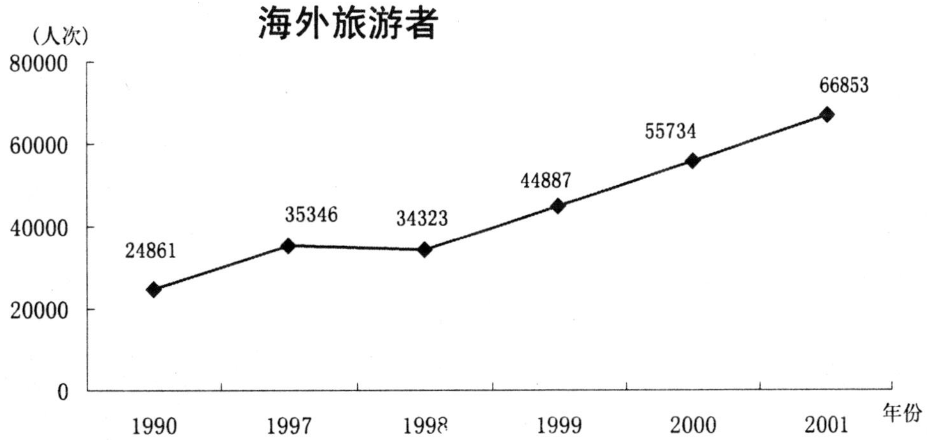

15－1 主要进口来源明细表
SOURCE OF IMPORT

国家(地区)	Country or territory	占进口总额比重(%) Proportion(%)	进口金额 (万美元) Import($10000)
1.德国	Germany	87923	66.5
2.日本	Japan	14758	11.2
3.美国	united states	6217	4.7
4.韩国	Korea	5087	3.8
5.意大利	Italy	3694	2.8
6.台湾省	Tai wan	952	0.7
7.俄罗斯	Russian	923	0.7
8.法国	Framce	904	0.7
9.瑞士	Switzerland	727	0.6
10.荷兰	Netherland	680	0.5
11.加拿大	Canada	555	0.4
12.泰国	Taiada	545	0.4
13.澳大利亚	Australia	452	0.3
14.印度尼西亚	Indonesia	359	0.3
15.英国	United Kingdom	334	0.3
16.南非	South Africa	301	0.2
17.香港	HongKong	284	0.2
18.新加坡	Singapore	155	0.1
合计	Total	**124850**	**94.5**

15－2 出口市场明细表
EXPORT MARKET

国家(地区)	Country or territory	进口金额 (万美元) Exporst($10000)	占进口总额比重 (%) Proportion(%)
1.韩国	Korea	30152	30.8
2.日本	Japan	19502	19.9
3.马来西亚	Malaysia	10678	10.9
4.朝鲜民主主义人民共和国	Korea D.P.REP	5372	5.5
5.美国	United States	3667	3.7
6.印度尼西亚	Indonesia	3565	3.6
7.伊拉克	Iraq	2606	2.7
8.匈牙利	Hungary	1883	1.9
9.德国	Germany	1699	1.7
10.香港	HongKong	1350	1.4
11.菲律宾	Philippines	1043	1.1
12.瑞士	Switzerland	993	1.0
13.俄罗斯	Russian	729	0.7
14.英国	Uaited Kingdom	640	0.7
15.荷兰	Netherland	630	0.6
16.波兰	Poland	566	0.6
17.意大利	Italy	547	0.6
18.法国	France	480	0.5
19.南非	South Africa	431	0.4
20.台湾省	Taiwan	414	0.4
21.加拿大	Canada	342	0.3
22.澳大利亚	Austalia	199	0.2
23.新加坡	Singapore	189	0.2
24.罗马尼亚	Romania	121	0.1
25.泰国	Thailand	117	0.1
合计	Total	**87915**	**89.8**

15-3 主要进口商品明细表
MAIN IMPORT GOODS

商品名称	Item	进口金额(万美元) Import($10000)	占进口总额比重(%) Proportion(%)
1. 汽车零件	Vehicles parts	56003	42.4
2. 汽车和汽车底盘	Vehicles and its chassis	5943	4.5
3. 活塞式内燃机的零件型模及金属铸造用型箱	Parts of engine	4760	3.6
4. 计量检测分析自控仪器及器具	Instrument of test	3649	2.8
5. 钢材	Steel products	3264	2.5
6. 金属加工机床	Metal－cutling machine tools	2240	1.7
7. 自动数据处理设备及其部件	High－precision machine tools	1362	1.0
8. 纺织机械	Texfile machine tools	1231	0.9
9. 医疗仪器及器械	Health care machine tools	1117	0.8
10. 橡胶或塑料加工机械	Rubber plastics machine tools	1105	0.8
11. 集成电路及微电子组件	Integrated circuit	1053	0.8
12. 原木	Wood	946	0.7
13. 电线和电缆	Wire and cable	819	0.6
14. 建筑及采矿用机械	Mining eqnipment	653	0.5
15. 机械提升搬运装卸设备及零件	Hoist and its parts	631	0.5
16. 初级形状的塑料	Plastics	483	0.4
17. 液泵及液体提升机	Pump	436	0.3
18. 通断及保护电路装置及零件	Hardware	419	0.3
19. 合成纤维长丝机织物	Chemical fiber	223	0.2
20. 成品油	Oil products	209	0.2
21. 食品加工机械	Tools of food prossing	150	0.1
合　计	Total	90416	68.4

15-4 主要出口商品明细表
MAIN IMPORT GOODS

商品名称 Item		出口金额 (万美元) Export($10000)	占出口总额比重(%) Proportion(%)
1. 玉米	Corn	47029	48.1
2. 服装及衣着附件	Garments	8085	8.3
3. 冻鸡	Poultry	5954	6.1
4. 汽车和汽车底盘	Vehicles and its chassis	3648	3.7
5. 大米	Rice	1701	1.7
6. 干豆	Soybeans	1241	1.3
7. 塑料制品	Plastics products	1085	1.1
8. 纺织纱线、织物及制品	Textile	882	0.9
9. 电线和电缆	Wire and cable	876	0.9
10. 家用或装饰用木制品	Funiture	801	0.8
11. 锯材	Timeber	752	0.8
12. 钢材	Steel	617	0.6
13. 鲜、冻牛肉	Beef	602	0.6
14. 食用油籽	Beaning oil	501	0.5
15. 大豆	Soybeans	474	0.5
16. 药材	Medicine materials	468	0.5
17. 汽车零件	Vehicles parts	452	0.5
18. 鞋类	Shoes	343	0.4
19. 蔬菜	Vegetable	244	0.2
20. 滑石		166	0.2
21. 医药品	Medicine and medical articals	164	0.2
22. 山羊绒	Woolen fabric	123	0.1
23. 玩具	Toy	114	0.1
24. 柳编结品	Weave products	106	0.1
25. 手用或机用工具	Hard ware	104	0.1
合　计	Total	76532	78.2

15－5 对外经济贸易指标
FOREIGN TRADE AND ECONOMIC COOPERATION

		单位 Unit		(一)＊	(二)＊＊
进出口总额	Total imports and export	万美元	＄10000	229986	186945
其中:进口	Imports	万美元	＄10000	132136	133566
出口	Exports	万美元	＄10000	97850	53379
在全部进出口总额中	Total import and exports of enterprises				
三资企业进出口总额	With foreign lnvestment	万美元	＄10000	111830	111768
其中:进口	in which: imports	万美元	＄10000	90776	91044
出口	Exports	万美元	＄10000	21054	20724
新批项目(企业)个数	Enterprises newly registered	个	unit	125	
投资总额	Total foreign funds	万美元	＄10000	80446	
合同利用外资额	Total foreignfunds utilized in the signed contracts	万美元	＄10000	45669	
其中:直接利用外资额	Foreign direct investments	万美元	＄10000	32745	
实际利用外资额	Total of foreign funds actually used	万美元	＄10000	50666	
其中:直接利用外资额	Foreigh direct investment	万美元	＄10000	35645	

＊数据(一)中进出口额是指在长春行政区域内工商注册、并在长春海关登记、赋予代码为“2201”的全部有外贸经营权的企业(公司)进出口总额。它是衡量我市有外贸经营权的企业(公司)经营规模和总体水平的标志。

＊＊数据(二)中进出口总额是指在全国各地工商注册,并在当地海关登记的赋予相应代码的有外贸经营权的企业(公司)进口,商品目的地为长春市、出口产品货源地产自长春市的进出口总额。它是衡量长春市进出口市场需求(包括项目)及出口生产质量、能力的标志。

＊lmport－export value by changchun foreign trade managing units refer to actul value of imports and exports carried out by corporation which have been registered by changchun customhouse and vested with right to run import, export business

＊＊lmport value of commodities by the places of their destination and export value of commodities by the place of their origin in china: The places of their consumption, unilization or the place of their final destinotion. The latter indicator refers to the value of export commodities of the places of their origin or the place of the commodities dispatched, changchun.

15-6 主要年份年旅游事业发展情况

DEVELOPMENT OF TOURISM

		1999	2000	2001
海外旅游者(人次)	International tourists(person-time)	44887	55734	66583
外国人(人次)	Foreigners(person-time)	35874	38277	45720
华侨(人次)	Overseas chinese(person-time)	114		
港澳同胞(人次)	Compatriots from Hongkongand Macao(person-time)	3892	6831	7280
台湾同胞(人次)	Compatriots from Taiwan(person-time)	5007	10626	13853
海外旅游者(人天)	International tourists(person-day)	121242	135065	193350
外国人(人天)	Foreigners(person-day)	106694	107131	153382
华侨(人天)	Overseas chinese(person-day)	242		
港澳同胞(人天)	Compatriots from Hongkong and Macao(person-day)	6981	11296	17327
台湾同胞(人天)	Compatriots from Taiwan(person-day)	7314	16638	22641
国内旅游者(万人次)	Domestic tourists(10000person-time)	674	819	1001.0
旅游外汇收入(万美元)	Earnings from internotisnal tourism($10000)	1992.7	2261.0	3072.0
旅游业总收入(亿元)	Revenue of tourism(100 millon yuan)	18	28.9	48.0

15-7 对外承包工程、劳务合作、设计咨询统计

CONTRACTED PROJECTS AND LABOR COOPERATION

		合同份数(份) Contracts	合同额(万美元) Contracted value($10000)	营业额(万美元) Value business fulfilled	派出人次(人次) Person-time	年末在国外人数(人) Persons outbound
合　计	**Total**	**204**	**24222**	**15011**	**11702**	**21923**
按项目分	Grouped by contracteel projects					
1.承包工程	Contracted projects	6	3442	1814	102	70
2.劳务合作	Services cooperation	166	14508	8842	10526	21351
3.设计咨询	Design and consultation services					
按地区分	Grouped by region					
1.亚洲	Asia	139	13043	6784	7670	16942
2.非洲	Africa	7	1803	870	62	149
3.欧洲	Europe	44	2388	1949	2684	2096
4.拉丁美洲	Latin America	10	597	130	69	169
5.北美洲	North America	2	1362	1531	1217	2567
6.大洋洲	Oceania and pacific Islands			1		

统计资料

STATISTICS

金融保险业

BANKING AND INSURANCE

第十六篇　金融保险业

2001年，全市金融机构各项存款余额1158.4亿元，比年初增加147.4亿元，增长14.6%。其中，企业存款余额为376.1亿元，比年初增加42.2亿元，增长12.7%；城乡居民储蓄存款608.1亿元，比年初增加74.4亿元，增长13.9%。金融机构贷款余额1344.8亿元，比年初增加105.4亿元，增长8.5%。金融机构现金收入3051.3亿元，比上年同期增长14.9%；现金支出3020.4亿元，比上年同期增长15.2%。现金收支相抵，货币净回笼30.9亿元，比上年同期下降10.4%。

金融机构存款余额

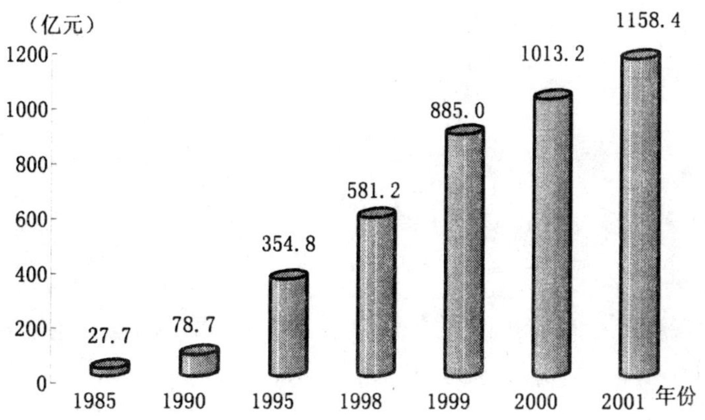

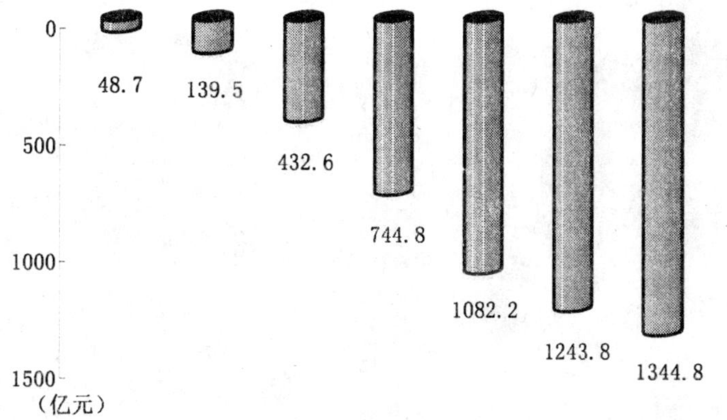

金融机构贷款余额

16－1　主要年份城乡居民储蓄存款
DEPOSITS OF URBAN AND RURAL RESIDENTS

单位:万元　　unit:10000yuan

		1990	1997	1998	1999	2000	2001
年末储蓄存款余额	Balance of deposits	579.627	3886168	4116987	4803744	5336997	6080769
一、按对象分	Grouped by object						6080769
城镇储蓄	Urban deposits	530171	3573185			4956592	5664812
农户储蓄	Rural deposits	49456	312983			380405	415957
二、按机构分	Grouped by institutions						6080769
全辖银行	Bank	498282			4458773	4657875	5067180
其他金融机构	Others	81345			344971	679122	1013589
三、按地区分	Grouped by region						6080769
市区	District	490179	3147106	3340627	3952629	4370015	5064461
榆树市	Yushu	20283	176932	172234	190337	228764	249948
农安县	Nongan	23633	209087	219448	244990	256946	264189
德惠市	Dehui	23979	207238	224712	245462	284029	286622
九台市	Jiutai	21553	145805	159966	170326	197243	215549

16－2　1990－2001年保险费收入和赔款支出
PREMIUM AND CLAIM OF INSURANCE

单位:千元　　unit:1000yuan

年　份 Year	保险费收入 Premium	赔款支出 Claim	赔付率(%) Payment rate
1990	125000	80330	64.26
1991	164200	103320	62.92
1992	226790	134070	59.12
1993	225929	130248	57.65
1994	208195	132679	63.73
1995	242880	156920	64.61
1996	243165	27898	－11.5
1997	834330	216260	25.92
1998	467423	288599	61.74
1999	840370	234360	27.9
2000	897800	284490	31.7
2001	1203345	404926	33.7

16－3 金融机构可比口径信贷收支情况

INCOME AND EXPENDITURES OF FINANCIAL

单位:万元 unit:10000 yuan

资金来源	All sources	金额 Amount	资金运用	All uses	金额 Amount
一、各项存款	Deposits	11583959	一、各项贷款	Loans	13448295
二、金融债券	Bonds	5	二、有价证券及投资	Securities and investment	257670
三、应付及暂收款	Bonds of state	753513	三、应收及预付款	Receivable and payable	1198141
四、流通中货币	Currency in circulation		四、委托投资	Trust	46437
五、各项准备	Pool	109171	五、金银占款	Purchase of gold and silver	47482
六、所有者权益	Creditors' equity	156782	六、外汇占款	Purchase of foreign exchanges	3699
七、其他	Others	2457028	七、库存现金	Cash in stock	58734
总计	**Total**	**15060458**	**总计**	**Total**	**15060458**

16－4 金融机构现金收支情况
CASH INCOME AND EXPENDITURES OF FINANCIAL INSTITUTIONS

单位:万元　　unit:10000 yuan

收入项目 Income Item	金额 Amount	支出项目 Expenditures item	金额 Amount
一、商品销售收入 Commodity sales	3084062	一、工资性支出 Wages	1704336
二、服务业收入 Service trade	1214840	二、农副产品采购支出 Expenditure for purchases products	1065933
三、税款收入 Taxes	109296	三、工矿及其他产品采购支出 Purchases of industrail and mineral products	256326
四、城乡个体经营收入 Individual business	543943	四、行政企事业管理费支出 Expenditure for government and enterprises over head	2137643
五、储蓄存款收入 Saving deposies	20062466	五、城乡个体经营支出 Expenditure for individual business	722882
六、其它金融机构收入 Other financial institutions	607161	六、储蓄存款支出 Expenditure for saving deposits	19317930
七、居民归还贷款收入 Repayment	228204	七、其它金融机构支出 Expenditure for other financial institutions	700112
八、汇兑收入 Remittances	696477	八、居民提取贷款支出 Expenditure for loans by residents	238535
九、有价证券收入 Securities	492523	九、汇兑支出 Expenditure for remittances	365394
十、其它收入 Others	3474277	十、有价证券支出 Expenditure for securities	548671
其中:兑换外币收入 Expenditure for exchange of foreign currencies	31867	十一、其它支出 Others expenditure	3146039
		其中:兑换外币支出 Expenditure for exchange of foreign currencies	25064
收入合计 Total	**30513249**	**支出合计 Total**	**30203801**
		投放(＋),回笼(－) Currency issuance(＋),withdrawn(－)	－309448

16－5 工商银行信贷收支情况
CREDIT FUNDS BALANCE SHEET OF TNDUSTRIAL COMMERCIAL BANK

单位:万元 unit:10000yuan

资金来源 All sources	金额 Amount	资金运用 All uses	金额 Amount
一、各项存款 Deposits	3959457	一、各项贷款 Loans	3511068
1.企业存款 Deposits enterprises	907725	1.短期贷款 Short term loans	2044798
2.机关团体存款 Government and organizations	275585	2.中期流动资金贷款 Medium term and long term circulating lians	375155
3.储蓄存款 Saving deposits	2634899	3.中长期贷款 Medium term and long term loans	1072268
4.农业存款 Agricultrual deposits		4.票据融资 Paper credit	3009
5.其他存款 Other deposits	141248	5.各项垫款 Delay loans	15838
二、代理财政性存款 Government agenties	211	二、有价证券及投资 lnvestment portfolio loans	72711
三、金融债券 Bonds		三、应收及预付款 Receivable and payable	168270
四、应付及暂收款 payable	－11971	四、买入返售证券 Buying hedge	－
五、卖出回购债券 Sale purchase bonds		五、存放中央银行准备金存款 Deposits to centre bank	158426
六、向中央银行借款 Liabilities to centre bank	－	六、存放中央银行特种存款 Deposits to centre bank	－
七、同业往来 Trade sale	404169	七、缴存中央银行财政性存款 Centre bank deposits	196
八、委托存款及委托投资基金(净) Funds of authorized deposit	－14431	八、同业往来 Trade sale	7077
九、代理金融机构委托贷款基金 Funds of authorized loan	－	九、代理金融机构贷款 Agencies loans	－
十、各项准备 Pool	19944	其中:代理人行专项贷款 Agencies loans	
十一、所有者权益 Creditors' equity	－59754	十、库存现金 Cash of stock	14662
其中:实收资本 Capital hold	－	十一、外汇占款 Purchast foreign exchanges	－
当年结益 Settlement	－69244		
十二、其他 Other	－365215		
资金来源总计 Total	**3932410**	**资金运用总计 Total**	**3932410**

16-6 工商银行现金收支

单位:万元

现金收入项目	Item	全市 Total	市区 District
收入合计	**Total incone**	**10840579**	**9846489**
一、商品销售收入	Commodity	1043101	974115
二、服务事业收入	Service trade	607101	477125
三、税款收入	Taxes	59034	45078
四、城乡个体经营收入	Individual business	165684	160828
五、储蓄存款收入	Saving deposits	7766476	7059283
六、其他金融机构收入	Other financial deposits	180358	180280
七、居民归还贷款收入	Repayment of loans hy residents	19525	16363
八、汇兑收入	Remittan income	429401	377897
九、有价证券收入	Securities income	75386	72804
十、其他收入	Other income	494513	482716
其中:兑换外币	Exchange of foreign currencies	275	275

CASH INCOME AND EXPENDITURES OF INDUSTRIAL COMMERIAL BANK

unit:10000 yuan

现金支出项目 Item	全 市 Total	市 区 District
一、工资性支出 Wages	957469	862875
二、农副产品采购支出 Purchase of agriculeural and sideline products	49007	35668
三、工矿及其他产品采购支出 Purchase of products	33055	11428
四、行政企事业管理费支出 Government and enterprises overhead	653376	611108
五、城乡个体经营支出 Expenditure for individual business	137024	112208
六、储蓄存款支出 Saving deposits	7762676	7078123
七、其他金融机构支出 Expenditures for other financial institntions	171212	171212
八、居民提取贷款支出 Expenditures for loans by resident	15643	13009
九、汇兑支出 Expenditure for remittances	181288	130972
十、有价证券支出 Expenditure for securities	89103	80052
十一、其他支出 Other expenditures	201060	184534
其中:兑换外币支出 Expenditure for remittances foreign currencies	709	709
支出合计 Total expenditure	10250913	9291189
投放(+),回笼(-) Currency lssurance(+)withdrawn(-)	-589666	-555300

16－7 农业银行信贷收支情况
CREDIT FUNDS BALANCE SHEET OF AGRICULTURE BANK

单位:万元 unit:10000 yuan

资 金 来 源 All sources	金 额 Amount	资 金 运 用 All uses	金 额 Amount
一、各项存款 Deposits	1303647	一、各项贷款 loans	1148710
1.企业存款 Depdosits enterprises	296969	1.短期贷款 Short term loans	893758
2.机关团体存款 Government	72930	2.中期流动资金贷款 Medium term and long term circulating loans	25280
3.储蓄存款 Saving deposits	842373	3.中长期贷款 Medium term and long term loans	215808
4.农业存款 Agricultual deposits	24532	4.票据融资 Paper credit	1688
5.其他存款 Other deposits	66843	5.各项垫款 Delay loans	12176
二、代理财政性存款 Government agenties	942	二、有价证券及投资 Investment portfolio loans	9302
三、金融债券 Bonds	－	三、应收及预付款 Receivable and payable	97552
四、应付及暂收款 Payable	28203	四、买入返售证券 Buying hedge	－
五、卖出回购债券 Sale purchase bonds	－	五、存放中央银行准备金存款 Deposite to centrebank	102547
六、向中央银行借款 Liabilities to centre bank	－	六、存放中央银行特种存款 Deposits to centre bank	－
七、同业往来 Trade sale	31001	七、缴存中央银行财政性存款 Centre bank deposits	219
八、委托存款及委托投资基金(净)Funds of authorized deposit	533	八、同业往来 Trade sale	11486
九、代理金融机构委托贷款基金 Funds of authorized deposit	－	九、代理金融机构贷款 Agencies loans	－
十、各项准备 Pool	11682	其中:代理人行专项贷款 Agencies loans	
十一、所有者权益 Creditors'equity	13607	十、库存现金 Cash of stock	6319
其中:实收资本 Capital hold	－	十一、外汇占款 Purchast foreign exchanges	252
当年结益 Settlement	－16785		
十二、其他 Other	－13228		
资金来源总计 Total	1376387	资金运用总计 Total	1376387

16－8 城乡居民储蓄存款
DEPOSITS OF URBAN AND RURAL RESIDENTS

单位:万元 unit:10000 yuan

		2001年
年末储蓄存款余额	**Total**	**6080769**
一、按对象分	Grouped by objects	6080769
活期储蓄	Demand	2026829
定期储蓄	Time	4053940
二、按机构分	Grouped by institutions	6080769
全辖银行	Bank	5067180
其他金融机构	Others	1013589
三、按地区分	Grouped by region	6080769
市区	District	5064461
榆树市	Yushu	249948
农安县	Nongan	264189
德惠市	Dehui	286622
九台市	Jiutai	215549

16－9 保险业务情况
BASIC STATIST ON INSURANCE COMPANIES

单位:万元 unit:10000 yuan

		承保 Insurance		赔款 Claim
		保额 Amount insured	保费 Premium	
总计	**Total**	**18098395**	**120335**	**40493**
其中:1.家财险	Family property insurance	530754	2204	668
2.企财险	Enterprises property insurance	9784839	11809	5961
3.运输工具险	Motorvehicle insurance	364518	22525	11791
4.货物运输险	Freight transport insurance	1220278	2978	923
5.工程责任险	Construction insurance	629605	2343	1672
6.农业险	Agriculture insurance	103753	252	434
7.航空航天险	Satellite imsurance	89176	120	
8.其他财产险	Other property insurance	4282922	3698	5072
9.健康险	Health insurance	60695	4939	2579
10.人寿险	Life insurance	636901	46950	4893
11.养老年金险	Pension insurance	201756	17657	4872
12.短期意外险	Accidente insurance	193198	4860	1627

统计资料

STATISTICS

教育、科技及文化事业

EDUCATION，SCIENCE AND CULTURE

第十七篇　教育、科技及文化事业

2001年,我市有普通高校25所,毕业生2.29万人、在校生15.58万人,分别比上年增长13.9%和20.8%。高校有国家级重点学科20个,博士、硕士学科授权一级学科516个;博士点56个,硕士点358个,博士后流动站27个。普通高校培养研究生2753人,比上年增长了30.4%,普通高等学校共培养本、专科生34808人,比上年增长了18.6%,为经济社会发展培养了大批适用专门人才。

基本普及九年义务教育历史性任务在全国率先完成。2001年全市共有小学1848所,比2000年减少32所,在校生60万人,比2000年减少5.2万人。小学学龄儿童入学率达到100%,小学辍学率为0.01%,比2000年降低了0.032个百分点。全市共有初中331所,比2000年减少11所,在校生30.7万人,比2000年增加0.3万人,增长1%。初中入学率达到99%,与2000年持平,初中学生辍学率有所上升,由2000年的2.8%上升到2.9%。学前教育遍布城乡。幼儿园在园人数为8.9万人,幼儿入园率一至二周岁、三至六周岁、六至七周岁分别为8.7%、40.3%和98.95%。

2001年,文化、艺术、广播电影电视和新闻出版业健康发展。文化事业机构239个,其中表演艺术团体10个,剧场、影剧院9个。公共图书馆11个,总藏书量505万册,其中少儿图书馆1个;专业艺术创造取得丰硕成果,全年共获得省级以上奖励58项;广播、电视人口覆盖率都达到了100%;电影市场持续滑坡,电影事业机构220个,其中电影放映点213个,比上年减少146个。

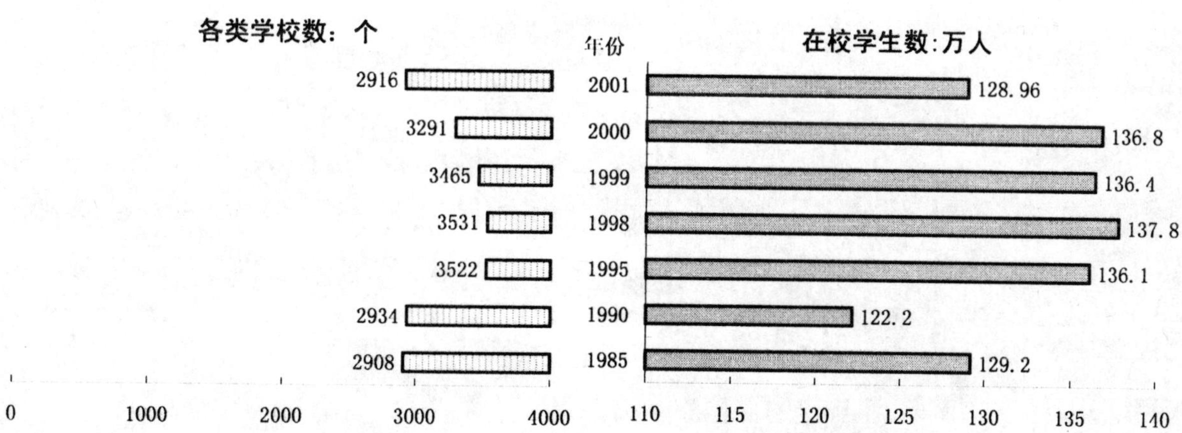

17-1 长春市各级各类学校基本情况
BASIC STATISTICS ON EDUCATION

	校数(所) Schools	在校学生数(人) Student enrollment (person)	校本部教职工数(人) Teacher and staff	
			合计 Total	#专职教师 Full time teacher
普通高等学校 Institutions of higher education	25	155815	30882	12532
普通中等专业学校 Specialized secondary schools	27	18321	2666	1544
其中:市属中专 Belong to city	23	16230	2203	1284
中师(预备校) Teacher seconday schools	6	3021	686	442
成人高校 Adult education schools	13	23892	3951	1849
成人中专 Specialized secondary schools for adults	36	12527	3311	1884
职业中学 Specialized secondary schools for staff	77	27570	2308	1483
普通中学 Regular secondary schools	403	387865	30128	22797
其中:初中 Junior secondary schools	331	306827		17934
高中 Senior secondary schools	72	81038		4863
技工学校 Technical training schools	38	8452	1706	855
小学 Primary schools	1848	600178	44104	38009
工读学校 Spare time schools	1	146	59	34
特殊教育学校 Specialized education schools	11	1695	462	314
幼儿园 Kinder gartents	504	89253	5605	3035

17-2 平均每万人口中学生数
SECONDARY STUDENT ENROLLMENT PER 10000 POPULATION

		全市 Total	市区 District	九台市 Jiutai	榆树市 Yushu	农安县 Nongan	德惠市 Dehui
大学	University	221	523				
中专	Specializde secondany schols	48	113	18	8	9	3
职业技术学校	Technical schools	39	28	73	5	86	32
高中	Senior schools	115	145	87	74	121	87
初中	Junior schools	435	414	512	320	511	495
小学	Primary schools	850	694	891	879	1051	1042

17-3 中学概况
BASIC STATISTICS ON SECONDARY SCHOOLS

		校数（所）Schools	在校学生数（人）Student enrollment (person)	教职工数（人）Teacher and staff	
				合计 Total	#专职教师 Full time teacher
长春市	Changchun	403	387865	30128	22797
市　区	District	166	166680	14345	10764
南关区	Nanguan	20	14292	1379	1099
宽城区	Kuancheng	17	15153	1292	1000
朝阳区	Chaoyang	22	20342	1732	1342
二道区	Erdao	16	17950	1460	1080
绿园区	Luyuan	20	21046	1781	1408
双阳区	Shuangyang	30	20644	1824	1258
经济开发区	Economic technical developing area	4	3968	329	287
旅游开发区	Tourism developing area	2	1022	103	87
高新开发区	High-technical developing area	1	569	40	36
省直	Directly under province	4	13001	913	693
市直	Directly under city	30	38693	3492	2474
九台市	Jiutai	44	49736	3407	2367
榆树市	Yushu	67	48167	3639	2791
农安县	Nongan	71	70330	4996	3870
德惠市	Dehui	55	52952	3741	3005

17-4 农、职业中学分县区基本情况
BASIC STATISTICS ON VOCATIONAL SCHOOLS

		校数（所）Schools	在校学生数（人）Student enrollment (person)	教职工数（人）Teacher and staff	
				合计 Total	#专职教师 Full time teacher
长春市	Changchun	77	27570	2308	1483
市　区	District	42	8472	1185	682
南关区	Nanguan	1	26	31	15
宽城区	Kuancheng	4	1532	135	121
朝阳区	Chaoyang				
二道区	Erdao	2	82	35	27
绿园区	Luyuan	1	86	5	5
双阳区	Shuangyang	14	602	94	49
经济开发区	Economic technical developing area				
旅游开发区	Tourism developing area				
省直	Directly under province				
市直	Directly under city	20	6144	885	465
九台市	Jiutai	2	6091	161	89
榆树市	Yushu	10	599	145	97
农安县	Nongan	18	9537	689	527
德惠市	Dehui	5	2871	128	88

17－5 小学概况
BASIC STATISTICS ON PRIMARY SCHOOLS

		校数（所）Schools	在校学生数（人）Student enrollment (person)	教职工数（人）Teacher and staff	
				合计 Total	#专任教师 Full time teacher
长春市	Changchun	1848	600178	44104	38009
市　区	District	435	206798	16397	14077
南关区	Nanguan	50	26385	2224	2010
宽城区	Kuancheng	54	28943	2378	2049
朝阳区	Chaoyang	54	36183	2484	2216
二道区	Erdao	55	28258	2077	1764
绿园区	Luyuan	55	32372	2414	2104
双阳区	Shuangyang	133	30500	3188	2565
经济开发区	Economic technical developing area	9	4480	375	319
旅游开发区	Tourism developing area	16	3615	327	289
高新开发区	High technical developing area	4	1577	101	87
省直	Directly under province	3	7107	370	321
市直	Directly under city	2	7378	459	353
九台市	Jiutai	318	73931	6232	5251
榆树市	Yushu	397	107609	6699	6032
农安县	Nongan	389	116950	8722	7513
德惠市	Dehui	309	94890	6054	5136

17－6 幼儿园
BASIC STATISTICS ON KINDERGARTENS

		园数（所）Kindergartens	在园幼儿数（人）Children (person)	教职工数（人）Teacher and staff	
				合计 Total	#专任教师 Full time teacher
长春市	Changchun	504	89253	5605	3035
市　区	District	285	46513	4396	2105
南关区	Nanguan	57	6704	654	345
宽城区	Kuancheng	61	5986	580	256
朝阳区	Chaoyang	43	10066	1157	533
二道区	Erdao	67	8065	365	196
绿园区	Luyuan	41	11803	1346	568
双阳区	Shuangyang	15	3375	215	165
经济开发区	Developing area				
旅游开发区	Tourism area				
省直	Directly under province				
市直	Directly under city	1	514	79	42
九台市	Jiutai	50	10406	258	186
榆树市	Yushu	42	12037	526	424
农安县	Nongan	32	10282	267	200
德惠市	Dehui	95	10015	158	120

17－7 小学学龄儿童入学率

PERCENTAGE OF SCHOOL－AGE CHILDREN ENROLLED

单位:人 unit:person

	总数 Total			1、县镇 County town			2、农村 Rural area		
	学龄儿童总数 School－age children	已入学儿童数 Children enrolled	入学率(%) Enrollment rate	学龄儿童总数 School－age children	已入学儿童数 Children enrolled	入学率(%) Enrollment rate	学龄儿童总数 School－age children	已入学儿童数 Children enrolled	入学率(%) Enrollment rate
长春市 Changchun	574099	572856	99.79	87728	87174	99.37	354986	353763	99.66
市区 District	199591	199456	99.93	13803	13756	99.66	53797	53772	99.95
南关区 Nanguan	25651	25644	99.97	1553	1553	100.00	4089	4086	99.93
宽城区 Kuancheng	28845	28845	100.00	2090	2090	100.00	7130	7130	100.00
朝阳区 Chaoyang	35784	35710	99.79	2462	2425	98.50	4092	4083	99.78
二道区 Erdao	27769	27759	99.96	1318	1309	99.32	7665	7652	99.83
绿园区 Luyuan	30720	30720	100.00	3906	3906	100.00	7951	7951	100.00
双阳区 Shuangyang	27669	27669	100.00	1728	1728	100.00	18831	18803	100.00
经济开发区 Economic technical developing area	4250	4212	99.11						
旅游开发区 Tourism developing area	3368	3364	99.88	746	745	99.87	2619	2619	100.00
高新开发区 High－technical developing area	1448	1448	100.00				1448	1448	100.00
省直 Directly under province	6820	6819	99.99						
市直 Directly under city	7267	7266	99.99						
九台市 Jiutai	73856	73596	99.65	13459	13361	99.27	60397	60235	99.73
榆树市 Yushu	102623	102078	99.47	19739	19709	99.85	82669	82369	99.64
农安县 Nongan	106397	106306	99.91	17302	17299	99.98	89335	89007	99.63
德惠市 Dehui	91632	91429	99.78	23425	23049	98.39	68788	68380	99.41

17－8 长春市特殊教育学校基本情况

BASIC STATISTICS ON DEAFMUTE SCHOOL

	总数 Total		总数 Total
一、学校数(所) School	11	四、毕业生数(人) Graduats	196
二、招生数(人) New students	243	五、教职工数(人) Teachers and staff	462
三、在校学生数(生) Students	1695	其中专任教师 Full time teachers	311

17－9 文化事业基本情况
BASIC STATISTICS ON CULTURAL INSTITUTIONS

	单位 Unit	全市 Total	市区 District	县(市) County
一、座席个数 Seats	个 sets	19111	13178	5933
1.电影院、开放礼堂俱乐部 Cinema,music hall	个 unit	10058	7538	2520
2.艺术表演场所 Theater	个 unit	9053	5640	3413
二、演(映)出场次 Performances	场 shous	32250	10352	21898
1.电影院、开放礼堂俱乐部 Cinema,music hall	场 shous	29048	8097	20951
2.艺术表演场所 Theater	场 shous	1335	554	781
其中:艺术演出 Performancing	场 shous	122	48	74
3.艺术表演团体 Art performance group	场 shous	1867	1701	166
三、观众人次 Spectators	千人次 1000person－time	9050	3077	5983
1.电影院、开放礼堂俱乐部 Cinema,music hall	千人次 1000person－time	6819	1154	5665
2.艺术表演场所 Theater	千人次 1000person－time	671	494	177
其中:艺术演出 Performancing	千人次 1000person－time	57	49	8
3.艺术表演团体 Art performance group	千人次 1000person－time	1560	1429	141
四、举办展览个数 Number of exhibition	个 unit	64	33	31
1.群众艺术馆 Mass art centres	个 unit	1	1	
2.文化馆(站) Cultural centers	个 unit	54	23	31
3.博物馆 Museums	个 unit	9	9	
五、参观人次 Visitors	千人次 1000person time	302	302	
1.文物保护管理机构 Agency of historical relics	千人次 1000person time			
2.博物馆 Museums	千人次 1000person time	302	302	
六、文物藏品 Number of collection	件 pcs	71272	66076	5202
1.文物保护管理机构 Agency of historical relics	件 pcs	542	60	482
2.博物馆 Museums	件 pcs	70736	66016	4720
七、总藏量 Number of collections	千册(件) 1000 pcs	5158	4812	346
1.群众艺术馆 Mass art centres	千册 1000 pcs	13	13	
2.文化馆(站) Cultural centers	千册 1000 pcs	20	12	8
3.公共图书馆 Public libraries	千册 1000 pcs	5125	4787	338

17－10 文化事业机构、人数
INSTITUTIONS AND PERSONNEL IN CULTURE AND ART

	机构数（个）Institutions			职工数（人）		
	总计 Total	市区 District	县（市）County	总计 Total	市区 District	县（市）County
一、电影事业 Film	239	44	195	1273	638	646
1.电影发行放映管理机构 Film renting units	8	4	4	389	155	234
2.电影制片厂 Film studios	1	1				
3.电影院、影剧院 Cinemas	11	7	4	448	223	225
4.开放礼堂、俱乐部 Music hall	7	7		120	120	
5.对内礼堂、俱乐部 Theatre	10	10		110	110	
6.电影队 Film team	202	15	187	207	20	187
二、艺术业 Art instifutions	34	21	13	2195	1702	493
1.艺术表演团体 Art performance troups	15	9	6	1486	1174	312
2.艺术表演场所 Theatre	12	9	3	636	487	149
3.艺术创作机构 Art creation institution	7	3	4	73	41	32
三、文化科技科研机构 Instifutions of S&R	4	4		70	70	
四、出版事业 Publishing						
1.报社 Newspapers						
2.出版 Books pubished						
3.画报社 Illustrated magazines						
4.杂志社 Magazines						
五、文物事业 Cultural relics	12	8	4	406	312	94
1.文物保护管理机构 Agency of historical relics	4	1	3	53	8	45
2.文物研究机构 Research historical relics agency	2	2		73	73	
3.博物馆 Museums	5	4	1	254	205	49
4.文物商店 Cultural relics agencies	1	1		26	26	
六、图书馆 Public libraries	11	7	4	607	439	168
其中:少儿公共图书馆 Public libraries	1	1		25	25	
七、群众文化 Mass culture	171	53	118	666	327	339
1.群众艺术馆 Mass art centres	3	3		153	153	
2.文化馆 Culture centres	10	6	4	367	131	236
3.文化站 Culture department and stations	158	44	114	146	43	103
其中:乡镇文化站 Township cultural stations	143	29	114	131	28	103

文化站都归乡镇政府管理,文化部门业务指导。

17－11 市区各类科学技术人员
SCIENTIFIC AND TECHNICAL PERSONNEL IN URBAN DISTRICT

		人数（人） Personnel	其中 In which	
			高级 Senior	中级 Medium
总计	**Total**	**222625**	**32911**	**79935**
一、自然科学	Natural sciences	116371	20131	43438
1.工程技术人员	Engineering	63795	10731	23835
2.农业技术人员	Agriculture	1787	351	574
3.卫生技术人员	Health care	22690	2666	8052
4.科学研究人员	Sceence and research	2909	969	1093
5.教学人员	Teachers	25191	5415	9884
二、社会科学	Social sciences	106253	12779	36497
1.科学研究人员	Science and research	3549	1106	1431
2.教学人员	Teacher	23568	4140	10434
3.财会人员	Accountants	25843	1100	6392
4.统计人员	Statisticians	3313	124	838
5.经济人员	Economists	30354	2566	8756
6.编辑、记者、播音人员	Editor, journalist and announcer	2734	1028	1042
7.翻译人员	Translator	664	86	280
8.体育教练人员	Coaches	458	122	194
9.图书、档案、资料人员	Libranian, archivist	3923	416	1984
10.工艺美术人员	Artist	478	59	160
11.文艺人员	Performer	1770	485	710
12.律师公证人员	Lawyer and notary	226	23	41
13.海关专业人员	Customs officer	20		2
14.文博人员	Artist	230	64	84
15.政工人员	Staff	8970	1440	4075
16.民用航空飞行技术人员	Pilots	154	21	74

17－12 工业企业基本情况
BASIC CONDITIONS OF INDUSTRIAL ENTERPRISES

单位:万元　　　　unit:10000yuan

	企业数（个）Enterprises	有科技活动企业数（个）Enterprises having T&S	工程技术人员（人）Personnel of S&T	年末固定资产原价（万元）Original value of fixed assets	生产经营用机器设备原价 Original value of equpment	微电子控制设备原价 Original value of electronic equipment
总　　计 Total	**557**	**81**	**28617**	**5697706.6**	**2280899.2**	**81965.8**
一、按企业规模分组: Grouped by size of enterprises						
大型企业 Large－scale enterprises	69	27	20485	4342403.2	1248462.9	51590.4
特大型企业 Supers－scale enterprises	2	1	9837	1631229.3	118554.8	8400.0
大一型企业 Large－scale＃1	11	6	4462	1477253.8	390768.9	3921.7
大二型企业 Large－scale＃2	56	20	6186	1233920.1	739139.2	39268.7
中型企业 Medium－scale enterprises	84	21	2815	736234.4	611532.6	21575.4
中一型企业 Medium－scale＃1	29	7	1206	435675.4	359549.3	17877.2
中二型企业 Medium－scale＃2	55	14	1609	300559.0	251983.3	3698.2
小型企业 Small－scale	404	33	5317	619069.0	420903.7	8800.0
二、按登记注册类型分组 Grouped by status of registration						
内资企业 Domestic funds	476	68	26489	4177308.7	1778035.6	61540.0
国有 State－owned	162	27	19043	2849779.7	870631.6	25973.6
其中:大型企业 Large scale	29	14	16062	2413176.6	524615.8	23962.4
集体 Collective－owned	133	9	1554	126674.6	83123.5	1348.1
股份合作 Cooperative enterprises	23	3	469	58996.0	37103.5	3505.7
国有联营 State joint ownership	0	0	0	0.0	0.0	0.0
其中:大型企业 Large scale	0	0	0.0	0.0	0.0	
集体联营 Collective joint ownership	0	0	0	0.0	0.0	0.00
国有集体联营 Joint state－collective ownership	3	0	10	6805.9	2674.9	100.0
其他联营 Other joint	1	0	0	68.0	68.0	0.0
国有独资公司 Sole state－funded	32	11	1874	300940.6	232566.4	10280.2
其中:大型企业 Large scale	13	5	1226	241637.5	194497.3	9759.2
其他有限责任公司 Limited company	40	5	1680	388955.3	205630.8	15604.7
股份有限公司 Share holding	31	9	1246	368829.6	278208.6	4027.7
私营独资 Sole private	20	0	122	14098.5	13192.4	0.0
私营合伙 Partnership	0	0	0	0.0	0.0	0.0
私营有限责任公司 Private limited company	27	4	443	60093.3	53101.9	700.0
私营股份有限公司 Private share holding	4	0	48	2067.2	1734.0	0.0
其他内资 Other domestic funds	0	0	0	0.0	0.0	0.0
港澳台商投资 Funded from HongKong, Moaca, Taiwan	23	3	488	169529.5	134105.3	2252.3
其中:大型企业 Large scale	1	1	98	27532.4	20000.0	0.0
与港澳台商合资经营 Jointlg owned	20	2	446	162999.8	130445.2	0.0
与港澳台商合作经营 Cooperative	1	0	7	2141.3	1292.5	1052.3
港澳台商独资 Sole funds	0	0	0	0.0	0.0	0.0
港澳台商投资股份有限公司 Share holding	2	1	35	4388.4	2367.6	1200.0
外商投资 Foreign funds	57	10	1640	1350868.4	368758.3	18173.5
其中:大型企业 Large Scale	9	2	886	1153854.3	227112.3	2445.3
中外合作经营 Cooperative	4	1	94	2508.8	1586.0	245.2
中外合资经营 Joint venture	46	7	1330	1343102.4	362573.8	16480.9
外商独资 Sole funds	6	2	208	5148.1	4492.9	1447.4
外商投资股份有限公司 Share holding	1	0	8	109.1	105.6	0.0
三、按工业行业大类分组 Grouped by sector						
煤炭采选业 Coal mining and processing	10	0	303	27317.3	16853.4	0.0
石油和天然气开采业 Petroleum and natural gas extraction	1	0	42	16491.8	14355.3	0.0
黑色金属矿采选业 Ferrous metals mining and processign	0	0	0	0.0	0.0	0.0

17－12续表1 continued 1

	企业数（个）Enterprises	有科技活动企业数（个）Enterprises having T&S	工程技术人员（人）Personnel of S&T	年末固定资产原价（万元）Original value of fixed assets	生产经营用机器设备原价 Original value of equpment	微电子控制设备原价 Original value of electronic equipment
有色金属矿采选业 Nonferrous metals mining and dressing	1	0	10	341.8	341.8	0.0
非金属矿采选业 Nonmetal Minerals minging and of dressing	3	0	0	125.0	125.0	0.0
其他矿采选业 Other mingerals mining and dressing	0	0	0	0.0	0.0	0.0
木材及竹材采运业 Logging and transport of timber and bamboo	0	0	0	0.0	0.0	0.0
食品加工业 Food processing	41	2	650	207853.6	162772.2	1833.9
食品制造业 Food manufacturing	21	0	143	104275.0	82735.5	100.0
饮料制造业 Beverage manufacturing	20	1	369	88577.7	61736.7	5435.8
烟草加工业 Tobacco processing	1	1	218	48748.3	48748.3	0.0
纺织业 Textile industry	6	0	35	48991.2	32858.4	0.0
服装及其他纤维制品制造业 Garments and other fiber products	16	0	134	16924.8	10217.9	0.0
皮革、毛皮、羽绒及其制品业 Leather, furs, down and related products	2	0	0	364.3	333.0	0.0
木材加工及竹、藤、棕、草制品业 Timber, bamboo, cane, palm and straw products	14	0	192	54385.4	39243.3	2694.8
家具制造业 Furniture manufacturing	3	0	12	3365.5	2267.8	0.0
造纸及纸制品业 Paper making and paper products	5	0	11	4237.0	3372.6	0.0
印刷业、记录媒介的复制 Printing and record medium reproduction	15	0	214	22436.5	19503.5	2100.2
文教体育用品制造业 Cultural, educational and sports goods	0	0	0	0.0	0.0	0.0
石油加工及炼焦业 Petroleum processing and coking	4	1	252	13456.2	13223.7	0.0
化学原料及化学制品制造业 Raw chemical material and chemical products	25	1	345	62411.6	46785.4	0.0
医药制造业 Medical and pharmacutical products	41	9	1918	103929.9	71922.2	2732.7
化学纤维制造业 Chemical fiber	0	0	0	0.0.	0.0	0.0
橡胶制品业 Rubber products	6	3	169	20542.8	15222.7	0.0
塑料制品业 Plastic products	16	0	87	30167.8	25014.0	9500.2
非金属矿物制品业 Nonmetal mineral products	41	2	829	242798.8	119406.3	5616.9
黑色金属冶炼及压延加工业 Smelting and pressing of ferrous metals	10	1	245	34516.3	21749.3	0.0
有色金属冶炼及压延加工业 Smelting and pressing of non ferrous metals	5	0	28	4268.3	2091.5	0.0
金属制品业 Metal products	20	1	234	21776.4	14917.5	477.4
普通机械制造业 Ordinary machinery	42	12	1450	125683.0	71573.5	2537.9
砖用设备制造业 Special purpose equipment	18	5	392	50831.4	39538.5	390.2
交通运输设备制造业 Transport equipment	96	21	14913	3215217	556036.4	29310.3
武器弹药制造业 Weapon and ammunition	0	0	0	0.0	0.0	0.0
电气机械及器材制造业 Electric equipmert and machinery	18	6	419	60454.0	41548.5	2214.5
电子及通信设备制造业 Electronic and telecommunication equipment	15	5	1153	48194.3	30253.0	1942.0
仪器仪表及文化办公用机械制造业 instruments, meters, culturae and office	10	6	986	78838.0	60733.6	2273.6
其他制造业 Other manufacturing	3	0	4	1070.3	1070.3	0.0
电力、蒸汽、热水的生产和供应业 Production and supply of electric power, steam and hotwater	17	3	2086	540953.0	455811.2	8266.2
煤气生产和供应业 Production and supply of gas	4	1	304	163969.2	113264.3	0.0
自来水的生产和供应业 Production and supply of tap waterP	6	0	470	234193.0	85272.6	4539.2
四、按隶属关系分组 Grouped by and ministration						
中央属 Centra	24	17	15785	2268491.6	526509.7	24353.4
省(直辖市)属 Province	37	4	952	214997.9	168933.1	1790.0
地区属 Prefectures	183	35	7154	1513421.9	964214.8	44573.4
县属 County	94	5	1292	156026.4	106413.3	1560.3
其他属 Others	108	14	2391	1399512.5	411311.7	7447.4

17－13 工业企业科技活动人员情况

BASIC STATISTICS ON PERSONNEL FOR SCIENTIFIC AND TECHNOLOGICAL ACTIVITIES

	科技活动人员合计(人) Personnel	# 1. 全时人员 Full time	2. 非全时人员 Non－full time	# 1. 高中级技术职称人员 Scientiscs and engineer	2. 无高中级技术职称的大学本科及以上学历人员 Regular college course	#研究与试验发展人员 Personnel for R&D
总计 Total	15274	13380	1894	8216	3437	4608
一、按企业规模分组: Grouped by size of enterprises						
大型企业 Large－scale enterprises	12740	11262	1478	6676	2942	4460
特大型企业 Supers－scale	9837	9837	0	5394	2469	3518
大一型企业 Large－scale＃1	1332	830	502	649	242	649
大二型企业 Large－scale＃2	1571	595	976	633	231	293
中型企业 Medium－scale enterprises	1602	1383	219	1088	267	58
中一型企业 Medium－scale＃1	728	658	70	618	39	41
中二型企业 Medium－scale＃2	874	725	149	470	228	17
小型企业 Small－scale	932	735	197	452	228	90
二、按登记注册类型分组 Grouped by status of registration						
内资企业 Domestic funds	14843	13190	1653	8105	3364	4542
国有 State－owned	11614	10900	714	6305	2750	4374
其中:大型企业 Large scale	11340	10673	667	6182	2715	4351
集体 Collective－owned	745	651	94	441	247	51
股份合作 Cooperative enterprises	201	29	172	30	21	0
国有联营 State Joint ownership	0	0	0	0.0	0.0	0.0
其中:大型企业 Large scale	0	0	0.0	0.0	0.0	
集体联营 Collective joint ownership	0	0	0	0.0	0.0	0.00
国有集体联营 Joint state－collective ownership	0	0	0	0	0	0
其他联营 Other joint	0	0	0	0	0	0
国有独资公司 Sole state－funded	946	638	308	381	203	82
其中:大型企业 Large scale	676	449	227	281	176	82
其他有限责任公司 Limited comany	227	138	89	135	27	8
股份有限公司 Share holding	995	684	271	647	68	27
私营独资 Sole private	0	0	0	0	0	0
私营合伙 Parthership	0	0	0	0	0	0
私营有限责任公司 Private limited company	155	150	5	76	48	0.0
私营股份有限公司 Private share holding	0	0	0	0	0	0
其他内资 Other domestic funds	0	0	0	0	0	0
港澳台商投资 Funded from HongKong, Moaca, Taiwan	132	16	116	64	14	16
其中:大型企业 Large scale	98	0	98	46	0	0
与港澳台商合资经营 Jointlg owned	116	0	116	54	8	0
与港澳台商合作经营 Cooperative	0	0	0	0	0	0
港澳台商独资 Sole funds	0	0	0	0	0	0
港澳台商投资股份有限公司 Share holding	16	16	0	10	6	16
外商投资 Foreign funds	299	174	125	137	59	50
其中:大型企业 Large Scale	101	50	51	26	23	5
中外合作经营 Cooperative	12	1	11	12	0	0
中外合资经营 Joint venture	255	152	103	107	45	45
外商独资 Sole funds	32	21	11	18	14	5
外商投资股份有限公司 Share holding	0	0	0	0	0	0
三、按工业行业大类分组 Grouped by sector						
煤炭采选业 Cool mining and processing	0	0	0	0	0	0

17－13 续表 1　　continued 1

	科技活动人员合计(人) Personnel	# 1. 全时人员 Full time	2. 非全时人员 Non－full time	# 1. 高中级技术职称人员 Scientiscs and engineer	2. 无高中级技术职称的大学本科及以上学历人员 Regular college course	# 研究与试验发展人员 Personnel for R&D
石油和天然气开采业　Petroleum and natural gas extraction	0	0	0	0	0	0
黑色金属矿采选业　Ferrous metals mining and processign	0	0	0	0	0	0
有色金属矿采选业　Non－ferrous metals mining and dressing	0	0	0	0	0	0
非金属矿采选业　Nonmetal minerals mining and dressing	0	0	0	0	0	0
其他矿采选业　Other minerals mining and dressing	0	0	0	0	0	0
木材及竹材采运业　Logging and transport of timber and bamboo	0	0	0	0	0	0
食品加工业　Food processing	108	108	0	47	25	0
食品制造业　Food manufacturing	0	0	0	0	0	0
饮料制造业　Beverage manufacturing	98	0	98	46	0	0
烟草加工业　Tobacco processing	20	20	0	10	9	6
纺织业　Textile industry	0	0	0	0	0	0
服装及其他纤维制品制造业　Garments and other fiber products	0	0	0	0	0	0
皮革、毛皮、羽绒及其制品业　Leather, furs, down and related products	0	0	0	0	0	0
木材加工及竹、藤、棕、草制品业　Timber, bamboo, cane, palm and straw products	0	0	0	0	0	0
家具制造业　Furniture manufacturing	0	0	0	0	0	0
造纸及纸制品业　Paper making and paper products	0	0	0	0	0	0
印刷业、记录媒介的复制　Printing and record medium reproduction	0	0	0	0	0	0
文教体育用品制造业　Cultural, educational and sports goods	0	0	0	0	0	0
石油加工及炼焦业　Petroleum processing and coking	14	14	0	4	10	0
化学原料及化学制品制造业　Raw chemical material and chemical products	42	42	0	9	6	0
医药制造业　Medical and pharmacutical products	343	272	71	231	62	293
化学纤维制造业　Chemical fiber	0	0	0	0	0	0
橡胶制品业　Rubber products	80	25	55	27	15	0
塑料制品业　Plastic products	0	0	0	0	0	0
非金属矿物制品业　Nonmetal mineral products	76	76	0	38	38	0
黑色金属冶炼及压延加工业　Smelting and pressing of ferrous metals	10	10	0	10	0	0
有色金属冶炼及压延加工业　Smelting and pressing of non ferrous metals	0	0	0	0	0	0
金属制品业　Metal products	5	5	0	1	1	0
普通机械制造业　Ordinary machinery	504	266	238	194	88	0
专用设备制造业　Special purpose equipment	223	193	30	100	35	0
交通运输设备制造业　Transport equipment	11662	10719	943	6065	2779	4168
武器弹药制造业　Weapon and ammunition	0.0	0	0	0	0	0
电气机械及器材制造业　Electric equipmert and machinery	174	109	65	79	43	0
电子及通信设备制造业　Electronic and telecommunication equipment	868	689	179	594	238	8
仪器仪表及文化办公用机械制造业　Instruments, meters, culturae and office	449	303	146	194	64	69
其他制造业　Other manufacturing	0	0	0	0	0	0
电力、蒸汽、热水的生产和供应业　Production and supply of electric power, steam and hotwater	590	526	64	559	24	64
煤气生产和供应业　Production and supply of gas	8	3	5	8	0	0
自来水的生产和供应业　Production and supply of tap water	0	0	0	0	0	0
四、按隶属关系分组　Groped by and ministration						
中央属　Centra	11393	10693	700	6211	2718	4398
省(直辖市)属　Province	67	37	30	22	20	0
地区属　Prefectures	1830	1155	675	769	325	119
县属　County	662	615	47	406	198	0
其他属　Others	1045	753	292	690	103	46

17－14 工业企业科技活动经费筹集情况

BASIC STATISTICS ON S&T FUNDS IN INDUSTRIAL ENTERPRISES

	科技活动经费筹集总额（万元）Total (10000 yuan)	企业资金 Enterprises funds	金融机构贷款 Loan	来自政府部门资金 Goverment appropriation	来自事业单位的资金 Institutions	来自国外的资金 Foreign funds	其他资金 Others
总计 Total	**65819.0**	**60927.4**	**2260.0**	**1442.0**	**200.0**	**200.0**	**789.6**
一、按企业规模分组： Grouped by size of enterprises							
大型企业 Large－scale enterprises	50679.2	49152.2	0.0	1212.0	0.0	200.0	115.0
特大型企业 Supers－scales	33107.4	32964.4	0.0	143.0	0.0	0.0	0.0
大一型企业 Large－scale＃1	8996.0	8616.0	0.0	290.0	0.0	0.0	90.0
大二型企业 Large－scale＃2	8575.8	7571.8	0.0	779.0	0.0	200.0	25.0
中型企业 Medium－scale enterrprises	8760.2	7095.2	1320.0	145.0	200.0	0.0	0.0
中一型企业 Medium－scare＃1	4985.6	4735.6	0.0	50.0	200.0	0.0	0.0
中二型企业 Medium－scare＃2	3774.6	2359.6	1320.0	95.0	0.0	0.0	0.0
小型企业 Small－scale	6379.6	4680.0	940.0	85.0	0.0	0.0	674.6
二、按登记注册类型分组 Grouped by status of registration							
内资企业 Domestic funds	60156.7	56240.1	1440.0	1387.0	200.0	200.0	689.6
国有 State－owned	43586.0	42918.0	0.0	553.0	0.0	0.0	115.0
其中：大型企业 Large scale	42047.1	41469.1	0.0	463.0	0.0	0.0	115.0
集体 Collective－owned	1799.3	1537.7	200.0	0.0	0.0		61.6
股份合作 Cooperative enterprises	2060.0	2007.0	40.0	0.0	0.0	0.0	13.0
国有联营 State joint ownership	0.0	0.0	0.0	0.0	0.0	0.0	0.0
其中：大型企业 Large scale	0.0	0.0	0.0	0.0	0.0	0.0	0.0
集体联营 Collective joint ownership	0.0	0.0	0.0	0.0	0.0	0.0	0.0
国有与集体联营 Joint state－collective ownership	0.0	0.0	0.0	0.0	0.0	0.0	0.0
其他联营 Other joint	0.0	0.0	0.0	0.0	0.0	0.0	0.0
国有独资公司 Sole state funded	3142.5	2133.5	0.0	809.0	0.0	200.0	0.0
其中：大型企业 Large scalie	2400.2	1451.2	0.0	749.0	0.0	200.0	0.0
其他有限责任公司 Limited company	1938.7	1913.7	0.0	25.0	0.0	0.0	0.0
股份有限公司 Share holding	6223.0	4823.0	1200.0	0.0	200.0	0.0	0.0
私营独资 Sole private	0.0	0.0	0.0	0.0	0.0	0.0	0.0
私营合伙 Partnership	0.0	0.0	0.0	0.0	0.0	0.0	0.0
私营有限责任公司 Private limited company	1407.2	907.2	0.0	0.0	0.0	0.0	500.0
私营股份有限公司 Private share holding	0.0	0.0	0.0	0.0	0.0	0.0	0.0
其他内资 Other domestic funds	0.0	0.0	0.0	0.0	0.0	0.0	0.0
港澳台商投资 Funded from HongKong, MoaCa, Taiwan	3152.8	2317.8	820.0	15.0	0.0	0.0	0.0
其中：大型企业 Large scale	1948.0	1948.0	0.0	0.0	0.0	0.0	0.0
与港澳台商合资经营 Jointlg owned	3133.0	2298.0	820.0	15.0	0.0	0.0	0.0
与港澳台商合作经营 Cooperative	0.0	0.0	0.0	0.0	0.0	0.0	0.0
港澳台商独资 Sole funds	0.0	0.0	0.0	0.0	0.0	0.0	0.0
港澳台商投资股份有限公司 Share holding	19.8	19.8	0.0	0.0	0.0	0.0	0.0
外商投资 Foreign funds	2509.5	2369.5	0.0	40.0	0.0	0.0	100.0
其中：大型企业 Large scale	295.0	295.0	0.0	0.0	0.0	0.0	0.0
中外合作经营 Cooperative	18.0	18.0	0.0	0.0	0.0	0.0	0.0
中外合资经营 Joint venture	2256.5	2116.5	0.0	40.0	0.0	0.0	100.0
外商独资 Sole funds	235.0	235.0	0.0	0.0	0.0	0.0	0.0
外商投资投股有限公司 share holding	0.0	0.0	0.0	0.0	0.0	0.0	0.0
三、按工业行业大类分组 Grouped by sector							
煤炭采选业 Coal mining and processing	0.0	0.0	0.0	0.0	0.0	0.0	0.0

17－14 续表 1 continued 1

	科技活动经费筹集总额（万元）Total (10000 yuan)	企业资金 Enterprises funds	金融机构贷款 Loan	来自政府部门资金 Goverment appropriation	来自事业单位的资金 Institutions	来自国外的资金 Foreign funds	其他资金 Others
石油和天然气开采业 Petroleum and natural gas extraction	0.0	0.0	0.0	0.0	0.0	0.0	0.0
黑色金属矿采选业 Ferrous metals mining and processign	0.0	0.0	0.0	0.0	0.0	0.0	0.0
有色金属矿采选业 Non－ferrous metals mining and dressing	0.0	0.0	0.0	0.0	0.0	0.0	0.0
非金属矿采选业 Nonmetal Minerals mining and ressing	0.0	0.0	0.0	0.0	0.0	0.0	0.0
其他矿采选业 Other minerals mining and dressing	0.0	0.0	0.0	0.0	0.0	0.0	0.0
木材及竹材采运业 Logging and transport of timber and bamboo	0.0	0.0	0.0	0.0	0.0	0.0	0.0
食品加工业 Food processing	1085.0	560.0	0.0	25.0	0.0	0.0	500.0
食品制造业 Food manufacturing	0.0	0.0	0.0	0.0	0.0	0.0	0.0
饮料制造业 Beverage manufacturing	1948.0	1948.0	0.0	0.0	0.0	0.0	
烟草加工业 Tobacco processing	95.5	95.5	0.0	0.0	0.0	0.0	0.0
纺织业 Textile industry	0.0	0.0	0.0	0.0	0.0	0.0	0.0
服装及其他纤维制品制造业 Garments and other fiber products	0.0	0.0	0.0	0.0	0.0	0.0	0.0
皮革、毛皮、羽绒及其制品业 Leather, furs, down and related products	0.0	0.0	0.0	0.0	0.0	0.0	0.0
木材加工及竹、藤、棕、草制品业 Timber, bamboo, cane, palm and straw products	0.0	0.0	0.0	0.0	0.0	0.0	0.0
家具制造业 Furniture manufacturing	0.0	0.0	0.0	0.0	0.0	0.0	0.0
造纸及纸制品业 Paper making and paper products	0.0	0.0	0.0	0.0	0.0	0.0	0.0
印刷业、记录媒介的复制 Printing and record medium reproduction	0.0	0.0	0.0	0.0	0.0	0.0	0.0
文教体育用品制造业 Cultural, educational and sports goods	0.0	0.0	0.0	0.0	0.0	0.0	0.0
石油加工及炼焦业 Petroleum processing and coking	300.0	200.0	0.0	0.0	0.0	0.0	100.0
化学原料及化学制品制造业 Raw chemical material and chemical products	120.0	40.0	0.0	80.0	0.0	0.0	0.0
医药制造业 Medical and pharmacutical products	2645.2	2175.2	300.0	170.0	0.0	0.0	0.0
化学纤维制造业 Chemical fiber	0.0	0.0	0.0	0.0	0.0	0.0	0.0
橡胶制品业 Rubber products	57.0	57.0	0.0	0.0	0.0	0.0	0.0
塑料制品业 Plastic products	0.0	0.0	0.0	0.0	0.0	0.0	0.0
非金属矿物制品业 Nonmetal mineral products	161.9	161.9	0.0	0.0	0.0	0.0	0.0
黑色金属冶炼及压延加工业 Smelting and pressing of ferrous metals	306.5	306.5	0.0	0.0	0.0	0.0	0.0
有色金属冶炼及压延加工业 Smelting and pressing of non ferrous metals	0.0	0.0	0.0	0.0	0.0	0.0	0.0
金属制品业 Metal products	67.6	67.6	0.0	0.0	0.0	0.0	0.0
普通机械制造业 Ordinary machinery	1429.9	1284.9	0.0	30.0	0.0	0.0	115.0
专用设备制造业 Special purpose equipment	372.5	362.5	0.0	10.0	0.0	0.0	0.0
交通运输设备制造业 Transport equipment	47408.4	45585.8	820.0	778.0	0.0	200.0	24.6
电气机械及器材制造业 Electric equipmert and machinery	1616.3	636.3	940.0	40.0	0.0	0.0	0.0
电子及通信设备制造业 Electronic and telecommunication equipment	1467.3	1108.3	200.0	159.0	0.0	0.0	0.0
仪器仪表及文化办公用机械制造业 instruments, meters, culturae and office	1876.4	1476.4	0.0	150.0	200.0	0.0	50.0
其他制造业 Other manufacturing	0.0	0.0	0.0	0.0	0.0	0.0	0.0
电力、蒸汽、热水的生产和供应业 Production and supply of electric power, steam and hotwater	4661.5	4661.5	0.0	0.0	0.0	0.0	0.0
煤气生产和供应业 Production and supply of gas	200.0	200.0	0.0	0.0	0.0	0.0	0.0
自来水的生产和供应业 Production and supply of tap water	0.0	0.0	0.0	0.0	0.0	0.0	0.0
四、按隶属关系分组 Grouped by and minstration							
中央属 Centra	44227.4	43749.4	0.0	363.0	0.0	0.0	115.0
省（直辖市）属 Province	326.6	226.2	0.0	0.0	0.0	0.0	100.0
地区属 Prefectures	9620.1	7346.0	820.0	1054.0	200.0	200.0	0.0
县属 County	2482.1	1042.0	1440.0	0.0	0.0	0.0	0.0
其他属 Others	5913.6	5877.0	0.0	25.0	0.0	0.0	11.6

17－15 工业企业新产品工程准备和产出情况
BASIC STATISTICS ON NEW PRODUCTS

单位:万元

	新产品工程准备和试生产费用支出 New products expenditure	为生产新产品和应用新工艺发生的培训费支出 Training expendifure
总　　计 Total	**39501.8**	**20158.5**
一、按企业规模分组: Grouped by size of enterprises		
大型企业 Large－scale enterprises	37299.5	20063.0
特大型企业 Supers－scale	34000.0	20000.0
大一型企业 Large－scale#1	1958.7	32.0
大二型企业 Large－scale#2	1340.8	31.0
中型企业 Medium－scale enterprises	915.0	71.6
中一型企业 Medium－scale#1	648.6	60.5
中二型企业 Medium－scale#2	266.4	11.1
小型企业 Small－scale	1287.3	23.9
二、按登记注册类型分组 Grouped by status of registration		
内资企业 Domestic funds	39188.8	20124.5
国有 State－Owned	36577.0	20050.5
其中:大型企业 Large scale	36067.7	20038.0
集体 Collective－owned	323.6	7.1
股份合作 Cooperative enterprises	1108.0	0.0
国有联营 State joint ownership	0.0	0.0
其中:大型企业 Joint state－collective ownership	0.0	0.0
集体联营 Collective joint ownership	0.0	0.0
国有集体联营 Joint state－collective ownership	0.0	0.0
其他联营 Ohter joint	0.0	0.0
国有独资公司 Sole state－funded	427.2	37.5
其中:大型企业 Large scalie	30.0	5.0
其他有限责任公司 Limited company	75.2	0.0
股份有限公司 Share holding	105.0	23.0
私营独资 Sole private	0.0	0.0
私营合伙 Parthership	0.0	0.0
私营有限责任公司 private limited company	572.8	6.4
私营股份有限公司 Private share holding	0.0	0.0
其他内资 Other domestic funds	0.0	0.0
港澳台商投资 Funded from HongKong, Moaca, Taiwan	253.0	20.0
其中:大型企业 Large scale	25.0	20.0
与港澳台商合资经营 Jointlg owned	253.0	20.0
与港澳台商合作经营 Cooperative	0.0	0.0
港澳台商独资 Sole funds	0.0	0.0
港澳台商投资股份有限公司 Share holding	0.0	0.0
外商投资 Foreign funds	60.0	14.0
其中:大型企业 Large scale	0.0	0.0
中外合作经营 Cooperative	0.0	0.0
中外合资经营 Joint venture	50.0	10.0
外商独资 Sole funds	10.0	4.0
外商投资股份有限公司 Share holding	0.0	0.0
三、按工业行业大类分组 Grouped by sector		
煤炭采选业 Coal mining and processing	0.0	0.0

Unit:10000yuan

新产品试销费用 Test expenditure	新产品产值 Output value	新产品销售收入 Sales revenue		新产品销售利润 Profits
			出口 Export	
320.5	1907277.1	1802710.0	39457.9	155557.3
59.0	1869961.5	1769462.2	38939.8	150247.8
0.0	1747565.0	1620640.0	0.0	135549.0
50.1	68169.4	97611.2	38461.8	9993.9
8.9	54227.1	51211.0	478.0	4704.9
82.5	19489.1	16249.3	130.2	2950.4
21.0	11776.3	9644.8	0.0	2131.0
61.5	7712.8	6604.5	130.2	819.4
179.0	17826.5	16998.5	387.9	2359.1
310.5	1899679.9	1795492.3	39425.9	154617.8
159.7	1813862.0	1704183.5	38591.2	147382.7
54.0	1805725.6	1698242.1	38461.0	146151.1
69.4	4843.0	5260.6	387.9	414.0
0.0	18706.8	17385.8	446.0	288.2
0.0	0.0	0.0	0.0	0.0
0.0	0.0	0.0	0.0	0.0
0.0	0.0	0.0	0.0	0.0
0.0	0.0	0.0	0.0	0.0
0.0	0.0	0.0	0.0	0.0
41.4	52272.1	59178.4	0.8	5193.6
5.0	45968.9	54296.0	0.8	3919.5
0.0	240.0	240.0	0.0	16.5
20.0	3020.0	2508.0	0.0	832.4
0.0	0.0	0.0	0.0	0.0
0.0	0.0	0.0	0.0	0.0
20.0	6736.0	6736.0	0.0	490.4
0.0	0.0	0.0	0.0	0.0
0.0	0.0	0.0	0.0	0.0
0.0	1227.1	1195.5	32.0	163.0
0.0	1165.6	1152.5	32.0	161.0
0.0	1227.1	1195.5	32.0	163.0
0.0	0.0	0.0	0.0	0.0
0.0	0.0	0.0	0.0	0.0
0.0	0.0	0.0	0.0	0.0
10.0	6370.1	6022.2	0.0	776.5
0.0	53.4	44.6	0.0	-0.4
0.0	0.0	0.0	0.0	0.0
0.0	6370.1	6022.2	0.0	776.5
10.0	0.0	0.0	0.0	0.0
0.0	0.0	0.0	0.0	0.0
0.0	0.0	0.0	0.0	0.0

17－15 续表 1

	新产品工程准备和试生产费用支出 New products expenditure	为生产新产品和应用新工艺发生的培训费支出 Traininy expendture
石油和天然气开采业 Petroleum and natural gas extraction	0.0	0.0
黑色金属矿采选业 Ferrous metals mining and processign	0.0	0.0
有色金属矿采选业 Non－ferrous metals mining and dressing	0.0	0.0
非金属矿采选业 Nonmetal minerals mining and dressing	0.0	0.0
其他矿采选业 Other minerals mining and dressing	0.0	0.0
木材及竹材采运业 Logging and transport of timber and bamboo	0.0	0.0
食品加工业 Food manufacturing	80.0	2.0
食品制造业 Food manufacturing	0.0	0.0
饮料制造业 Beverage manufacturing	25.0	20.0
烟草加工业 Tobacco processing	0.0	0.0
纺织业 Textile industry	0.0	0.0
服装及其他纤维制品制造业 Garments and other fiber products	0.0	0.0
皮革、毛皮、羽绒及其制品业 Leather, furs, down and related products	0.0	0.0
木材加工及竹、藤、棕、草制品业 Timber, bamboo, cane, palm and straw products	0.0	0.0
家具制造业 Furniture manufacturing	0.0	0.0
造纸及纸制品业 Paper making and paper products	0.0	0.0
印刷业、记录媒介的复制 Printing and record medium reproduction	0.0	0.0
文教体育用品制造业 Cultural, educational and sports goods	0.0	0.0
石油加工及炼焦业 Petroleum processing and coking	0.0	0.0
化学原料及化学制品制造业 Raw chemical material and chemical products	0.0	0.0
医药制造业 Medical and pharmacutical products	1442.1	31.0
化学纤维制造业 Chemical fiber	0.0	0.0
橡胶制品业 Rubber products	0.0	0.0
塑料制品业 Plastic products	0.0	0.0
非金属矿物制品业 Nonmetal mineral products	33.0	5.0
黑色金属冶炼及压延加工业 Smelting and pressing of ferrous metals	5.0	0.5
有色金属冶炼及压延加工业 Smelting and pressing of non ferrous metals	0.0	0.0
金属制品业 Metal products	0.0	0.0
普通机械制造业 Ordinary machinery	845.5	11.0
专用设备制造业 Special purpose equipment	16.6	2.5
交通运输设备制造业 Transport equipment	36444.6	20023.4
武器弹药制造业 Weapon and ammunition	0.0	0.0
电气机械及器材制造业 Electric equipmert and machinery	80.0	5.0
电子及通信设备制造业 Electronic and telecommunication equipment	56.4	1.1
仪器仪表及文化办公用机械制造业 instruments, meters, culturae and office	473.6	57.0
其他制造业 Other manufacturing	0.0	0.0
电力、蒸汽、热水的生产和供应业 Production and supply of electric power, steam and hotwater	0.0	0.0
煤气生产和供应业 Production and supply of gas	0.0	0.0
自来水的生产和供应业 Production and supply of tap water	0.0	0.0
四、按隶属关系分组 Grouped by and inistration		
中央属 Centra	35963.7	20034.0
省(直辖市)属 Province	0.0	0.0
地区属 Prefectures	2324.5	75.0
县属 County	61.4	4.1
其他属 Others	1046.0	23.4

continued 1

新产品试销费用 Test expenditure	新产品产值 Output value	新产品销售收入 Sales revenue	出口 Export	新产品销售利润 Profits
0.0	0.0	0.0	0.0	0.0
0.0	0.0	0.0	0.0	0.0
0.0	0.0	0.0	0.0	0.0
0.0	0.0	0.0	0.0	0.0
0.0	0.0	0.0	0.0	0.0
0.0	0.0	0.0	0.0	0.0
20.0	6000.0	6000.0	0.0	380.0
0.0	463.0	688.0	0.0	289.8
0.0	1165.6	1152.5	32.0	161.0
0.0	1215.2	644.6	0.0	237.6
0.0	0.0	0.0	0.0	0.0
0.0	0.0	0.0	0.0	0.0
0.0	0.0	0.0	0.0	0.0
0.0	0.0	0.0	0.0	0.0
0.0	0.0	0.0	0.0	0.0
0.0	0.0	0.0	0.0	0.0
0.0	0.0	0.0	0.0	0.0
0.0	0.0	0.0	0.0	0.0
0.0	0.0	0.0	0.0	0.0
0.0	0.0	0.0	0.0	0.0
76.6	2679.2	1073.0	100.0	46.4
0.0	0.0	0.0	0.0	0.0
0.0	1627.6	2413.5	0.0	166.9
0.0	0.0	0.0	0.0	0.0
8.0	1905.0	1905.0	0.0	340.8
1.0	504.0	500.0	0.0	45.0
0.0	0.0	0.0	0.0	0.0
0.0	0.0	0.0	0.0	0.0
62.6	5365.5	5040.8	130.2	399.3
36.4	1122.0	282.8	0.0	67.9
79.4	1873004.9	1771841.4	38807.8	149485.9
0.0	0.0	0.0	0.0	0.0
1.5	4674.8	4013.7	0.0	1270.8
0.0	390.0	376.9	0.0	138.4
35.0	7160.3	6777.8	387.9	2527.5
0.0	0.0	0.0	0.0	0.0
0.0	0.0	0.0	0.0	0.0
0.0	0.0	0.0	0.0	0.0
0.0	0.0	0.0	0.0	0.0
51.6	1806159.6	1698088.9	38461.0	146052.5
0.0	0.0	0.0	0.0	0.0
169.5	77329.0	81052.4	577.0	6330.3
0.0	3092.1	2792.0	0.0	1065.9
79.4	11632.0	11260.0	0.0	1144.7

17－16 工业企业科技活动经费支出情况

EXPENDITURE FOR S&T FUNDS IN INDUSTRIAL ENTERPRISES

单位:万元 unit:10000 yuan

	科技活动经费支出总额 Total	内部支出合计 Domesties expeniture	劳务费 Services	原材料费 Rew materials	非基建项目购买和自制设备支出 Equipment expenditure	其他 Others
总计 Total	61528.6	53803.8	24260.4	13129.3	8176.0	8238.1
一、按企业规模分组: Grouped by size of enterprises						
大型企业 Large－Scale enterprises	47554.6	40962.8	20982.9	10147.3	3871.1	5961.5
特大型企业 Supers－scale	32375.5	26516.9	17752.9	6936.7	1520.0	307.3
大一型企业 Large－scale#1	8996.0	8847.3	1966.5	1877.6	489.4	4513.8
大二型企业 Large－scale#2	6183.1	5598.6	1263.5	1333.0	1861.7	1140.4
中型企业 Medium－scale enterprises	7904.5	7300.5	1936.5	1600.8	2324.1	1439.1
中一型企业 Medium－scale#1	4935.6	4935.6	1336.1	848.0	1780.9	970.6
中二型企业 Medium－scale#2	2968.9	2364.9	600.4	752.8	543.2	468.5
小型企业 Small－scale	6069.5	5540.5	1341.0	1381.2	1980.8	837.5
二、按登记注册类型分组 Grouped by status of registration						
内资企业 Domestic funds	57975.0	50372.2	23539.5	12757.9	7147.6	6927.2
国有 State－owned	42451.1	36525.3	20015.1	9660.0	2193.9	4656.3
其中:大型企业 Large－scale enterprises	41138.2	35222.4	19711.8	9110.0	2073.4	4327.1
集体 Collective－owned	1896.7	1892.7	582.1	830.1	100.1	380.4
股份合作 Cooperative enterprises	1170.7	1170.7	83.4	28.8	973.3	85.2
国有联营 State joint ownership	0.0	0.0	0.0	0.0	0.0	0.0
其中:大型企业 Large scale	0.0	0.0	0.0	0.0	0.0	0.0
集体联营 Collective joint ownership	0.0	0.0	0.0	0.0	0.0	0.0
国有集体联营 Joint state－collective ownership	0.0	0.0	0.0	0.0	0.0	0.0
其他联营 Other joint	0.0	0.0	0.0	0.0	0.0	0.0
国有独资公司 Sole state－funded	3040.0	2688.0	792.8	589.8	229.8	1075.6
其中:大型企业 Large scale	2297.7	1945.7	588.6	392.0	195.6	769.5
其他有限责任公司 Limited company	1938.7	1464.7	242.9	415.3	553.8	252.7
股份有限公司 Share holding	6110.6	5263.6	1576.2	732.7	2577.7	377.0
私营独资 Sole private	0.0	0.0	0.0	0.0	0.0	0.0
私营合伙 Partnership	0.0	0.0	0.0	0.0	0.0	0.0
私营有限责任公司 Private limited company	1367.2	1367.2	247.0	501.2	519.0	100.0
私营股份有限公司 Private share holding	0.0	0.0	0.0	0.0	0.0	0.0
其他内资 Other domestic funds	0.0	0.0	0.0	0.0	0.0	0.0
港澳台商投资 Funded from HongKong, Moaca, Taiwan	1243.5	1231.5	272.9	21.8	480.2	456.6
其中:大型企业 Large scale	728.0	720.0	245.0	10.0	52.0	413.0
与港澳台商合资经营 Jointlg owned	1223.7	1211.7	262.7	21.8	480.2	447.0
与港澳台商合作经营 Cooperative	0.0	0.0	0.0	0.0	0.0	0.0
港澳台商独资 Sole funds	0.0	0.0	0.0	0.0	0.0	0.0
港澳台商投资股份有限公司 Share holding	19.8	19.8	10.2	0.0	0.0	9.6
外商投资 Foreign funds	2310.1	2200.1	448.0	349.6	548.2	854.3
其中:大型企业 Large scale	295.0	265.0	40.0	85.0	50.0	90.0
中外合作经营 Cooperative	24.6	24.6	15.6	2.0	7.0	0.0
中外合资经营 Joint venture	2050.5	2020.5	372.4	332.6	481.2	834.3
外商独资 Sole funds	235.0	155.0	60.0	15.0	60.0	20.0
外商投资股份有限公司 Share holding	0.0	0.0	0.0	0.0	0.0	0.0
三、按工业行业大类分组 Grouped by sector						
煤炭采选业 Coal mining and processing	0.0	0.0	0.0	0.0	0.0	0.0

17－16 续表 1　　continued 1

	科技活动经费支出总额 Domestics expeniture	内部支出合计 Total	劳务费 Services	原材料费 Rew materials	非基建项目购买和自制设备支出 Equipment expendifure	其他 Ohters
石油和天然气开采业 Petroleum and natural gas extraction	0.0	0.0	0.0	0.0	0.0	0.0
黑色金属矿采选业 Ferrous metals mining and processign	0.0	0.0	0.0	0.0	0.0	0.0
有色金属矿采选业 Non－ferrous metals mining and dressing	0.0	0.0	0.0	0.0	0.0	0.0
非金属矿采选业 Nonmetal Minerals minging and of dressing	0.0	0.0	0.0	0.0	0.0	0.0
其他矿采选业 Other mingerals mining and dressing	0.0	0.0	0.0	0.0	0.0	0.0
木材及竹材采运业 Logging and tvansport of timber and bamboo	0.0	0.0	0.0	0.0	0.0	0.0
食品加工业 Food processing	1085.0	677.0	125.0	450.0	0.0	102.0
食品制造业 Food manufacturing	0.0	0.0	0.0	0.0	0.0	0.0
饮料制造业 Beverage manufacturing	728.0	720.0	245.0	10.0	52.0	413.0
烟草加工业 Tobacco processing	95.5	95.5	40.0	55.5	0.0	0.0
纺织业 Textile industry	0.0	0.0	0.0	0.0	0.0	0.0
服装及其他纤维制品制造业 Garments and other fiber products	0.0	0.0	0.0	0.0	0.0	0.0
皮革、毛皮、羽绒及其制品业 Leather, furs, down and related products	0.0	0.0	0.0	0.0	0.0	0.0
木材加工及竹、藤、棕、草制品业 Timber, bamboo, cane, palm and straw products	0.0	0.0	0.0	0.0	0.0	0.0
家具制造业 Furniture manufacturing	0.0	0.0	0.0	0.0	0.0	0.0
造纸及纸制品业 Paper making and paper products	0.0	0.0	0.0	0.0	0.0	0.0
印刷业、记录媒介的复制 Printing and record medium reproduction	0.0	0.0	0.0	0.0	0.0	0.0
文教体育用品制造业 Cultural, educational and sports goods	0.0	0.0	0.0	0.0	0.0	0.0
石油加工及炼焦业 Petroleum processing and coking	94.0	94.0	25.0	40.0	29.0	0.0
化学原料及化学制品制造业 Raw chemical material and chemical products	120.0	120.0	9.0	12.0	90 .0	9.0
医药制造业 Medical and pharmaceutical products	2629.4	1925.4	408.3	412.1	446.4	658.6
化学纤维制造业 Chemical fiber	0.0	0.0	0.0	0.0	0.0	0.0
橡胶制品业 Rubber products	63.6	63.6	54.6	2.0	7.0	0.0
塑料制品业 Plastic products	0.0	0.0	0.0	0.0	0.0	0.0
非金属矿物制品业 Nonmetal mineral products	161.9	161.9	29.0	34.0	32.0	66.9
黑色金属冶炼及压延加工业 Smelting and pressing of ferrous metals	306.5	306.5	9.0	292.5	4.0	1.0
有色金属冶炼及压延加工业 Smelting and pressing of non ferrous metals	0.0	0.0	0.0	0.0	0.0	0.0
金属制品业 Metal products	67.6	67.6	9.5	0.0	58.1	0.0
普通机械制造业 Ordinary machinery	1429.9	1384.9	524.9	427.3	94.4	338.3
专用设备制造业 Special purpose equipment	372.5	372.5	155.4	81.1	7.0	129.0
交通运输设备制造业 Transport equipment	44725.5	38310.9	19966.5	9246.3	3646.5	5451.6
武器弹药制造业 Weapon and ammunition	0.0	0.0	0.0	0.0	0.0	0.0
电气机械及器材制造业 Electric equipmert and machinery	1557.8	1525.8	260.2	290.0	853.3	122.3
电子及通信设备制造业 Electronic and telecommunication equipment	1576.9	1576.9	667.5	788.2	7.6	113.6
仪器仪表及文化办公用机械制造业 instruments, meters, culturae and office	1830.0	1794.5	477.6	305.9	607.2	403.8
其他制造业 Other manufacturing	0.0	0.0	0.0	0.0	0.0	0.0
电力、蒸汽、热水的生产和供应业 Production and supply of electric power, steam and hotwater	4661.5	4589.8	1248.9	672.4	2239.5	429.0
煤气生产和供应业 Production and supply of gas	23.0	17.0	5.0	10.0	2.0	0.0
自来水的生产和供应业 Production and supply of tap water	0.0	0.0	0.0	0.0	0.0	0.0
四、按隶属关系分组 Grouped by and ministration						
中央属 Centra	43495.5	37521.2	20074.5	9565.1	2952.1	4929.5
省(直辖市)属 Province	120.2	120.2	45.5	42.6	29.0	3.1
地区属 Prefectures	7466.3	6958.8	1597.3	1633.6	2046.1	1681.8
县属 County	2533.2	1918.2	415.0	544.9	847.0	111.3
其他属 Others	5873.6	5253.6	1699.4	543.2	2242.8	768.2

17-16 续表 2 continued2

	内部支出中研究与试验发展经费支出 Experiment	基础研究支出 Basic reseach	应用研究支出 Apply reseach	试验发展支出 Test	内部支出中新产品开发经费支出 New products developing
总　计	**18409.5**	**0.0**	**5187.0**	**13222.5**	**30405.5**
一、按企业规模分组: Grouped bysize of enterprises					
大型企业 Large-scale enterprises	16380.8	0.0	5187.0	11193.8	21761.7
特大型企业 Supers-scale	8397.6	0.0	3950.1	4447.5	14259.8
大一型企业 Large-scale#1	6988.3	0.0	1236.9	5751.4	4411.9
大二型企业 Large-scale#2	994.9	0.0	0.0	994.9	3090.0
中型企业 Medium-scale enterprises	1025.3	0.0	0.0	1025.3	4904.4
中一型企业 Medium-scale#1	658.5	0.0	0.0	658.5	3750.5
中二型企业 Medium-scale#2	366.8	0.0	0.0	366.8	1153.9
小型企业 Small-scale	1003.4	0.0	0.0	1003.4	3739.4
二、按登记注册类型分组 Grouped by status of registration					
内资企业 Domestic funds	17059.7	0.0	5187.0	11872.7	28990.3
国有 State-owned	14841.2	0.0	4136.0	10705.2	19968.6
其中:大型企业 Large scale	14378.9	0.0	4136.0	10242.9	19412.0
集体 Collective-owned	188.6	0.0	0.0	188.6	740.6
股份合作 Cooperative enterprises	0.0	0.0	0.0	0.0	1162.6
国有联营 State joint ownership	0.0	0.0	0.0	0.0	0.0
其中:大型企业 Large scale	0.0	0.0	0.0	0.0	0.0
集体联营 Collective joint ownership	0.0	0.0	0.0	0.0	0.0
国有与集体联营 Joint state-collective ownership	0.0	0.0	0.0	0.0	0.0
其他联营 Other joint	0.0	0.0	0.0	0.0	0.0
国有独资公司 Sole state-funded	1071.2	0.0	1051.0	20.2	937.2
其中:大型企业 Large scale	1071.2	0.0	1051.0	20.2	305.9
其他有限责任公司 Limited company	595.7	0.0	0.0	595.7	274.0
股份有限公司 Share holding	363.0	0.0	0.0	363.0	4552.1
私营独资 Sole private	0.0	0.0	0.0	0.0	0.0
私营合伙 Partnership	0.0	0.0	0.0	0.0	0.0
私营有限责任公司 Private limited company	0.0	0.0	0.0	0.0	1355.2
私营股份有限公司 Private share holding	0.0	0.0	0.0	0.0	0.0
其他内资 Other domestic funds	0.0	0.0	0.0	0.0	0.0
港澳台商投资 Funded from HongKong, Moaca, Taiwan	19.8	0.0	0.0	19.8	661.7
其中:大型企业 Large scale	0.0	0.0	0.0	0.0	200.0
与港澳台商合资经营 Jointlg owned	0.0	0.0	0.0	0.0	661.7
与港澳台商合作经营 Cooperative	0.0	0.0	0.0	0.0	0.0
港澳台商独资 Sole funds	0.0	0.0	0.0	0.0	0.0
港澳台商投资股份有限公司 Share holding	19.8	0.0	0.0	19.8	0.0
外商投资 Foreign funds	1330.0	0.0	0.0	1330.0	753.5
其中:大型企业 Large scale	35.0	0.0	0.0	35.0	160.0
中外合作经营 Cooperative	0.0	0.0	0.0	0.0	18.0
中外合资经营 Joint venture	1295.0	0.0	0.0	1295.0	655.5
外商独资 Sole funds	35.0	0.0	0.0	35.0	80.0
外商投资股份有限公司 Share holding	0.0	0.0	0.0	0.0	0.0
三、按工业行业大类分组 Grouped by sector					
煤炭采选业 Coal mining and processing	0.0	0.0	0.0	0.0	0.0

17－16 续表 3

continued3

	内部支出中研究与试验发展经费支出 Experiment	基础研究支出 Basic reseach	应用研究支出 Apply reseach	试验发展支出 Test	内部支出中新产品开发经费支出 New products developing
石油和天然气开采业 Petroleum and natural gas extraction	0.0	0.0	0.0	0.0	0.0
黑色金属冶炼及压延加工业 Smelting and pressing of ferrous metals	0.0	0.0	0.0	0.0	0.0
有色金属矿采选业 Non－ferrous metals mining and dressing	0.0	0.0	0.0	0.0	0.0
非金属矿采选业 Nonmetal Minerals minging and of dressing	0.0	0.0	0.0	0.0	0.0
其他矿采选业 Other mingerals mining and dressing	0.0	0.0	0.0	0.0	0.0
木材及竹材采运业 Logging and transport of timber and bamboo	0.0	0.0	0.0	0.0	0.0
食品加工业 Food processing	0.0	0.0	0.0	0.0	677.0
食品制造业 Food manufacturing	0.0	0.0	0.0	0.0	0.0
饮料制造业 Beverage manufacturing	0.0	0.0	0.0	0.0	200.0
烟草加工业 Tobacco processing	95.5	0.0	0.0	95.5	95.5
纺织业 Textile industry	0.0	0.0	0.0	0.0	0.0
服装及其他纤维制品制造业 Garments and other fiber products	0.0	0.0	0.0	0.0	0.0
皮革、毛皮、羽绒及其制品业 Leather, furs, down and related products	0.0	0.0	0.0	0.0	0.0
木材加工及竹、藤、棕、草制品业 Timber, bamboo, cane, palm and straw products	0.0	0.0	0.0	0.0	0.0
家具制造业 Furniture manufacturing	0.0	0.0	0.0	0.0	0.0
造纸及纸制品业 Paper making and paper products	0.0	0.0	0.0	0.0	0.0
印刷业、记录媒介的复制 Printing and record medium reproduction	0.0	0.0	0.0	0.0	0.0
文教体育用品制造业 Cultural, educational and sports goods	0.0	0.0	0.0	0.0	0.0
石油加工及炼焦业 Petroleum processing and coking	0.0	200.0	0.0	0.0	94.0
化学原料及化学制品制造业 Raw chemical material and chemical products	0.0	0.0	0.0	0.0	120.0
医药制造业 Medical and pharmaceutical products	1770.2	0.0	0.0	1770.2	622.3
化学纤维制造业 Chemical fiber	0.0	0.0	0.0	0.0	0.0
橡胶制品业 Rubber products	0.0	0.0	0.0	0.0	53.0
塑料制品业 Plastic products	0.0	0.0	0.0	0.0	0.0
非金属矿物制品业 Nonmetal mineral products	0.0	0.0	0.0	0.0	128.9
黑色金属冶炼及压延加工业 Smelting and pressing of ferrous metals	0.0	0.0	0.0	0.0	4.0
有色金属冶炼及压延加工业 Smelting and pressing of non ferrous metals	0.0	0.0	0.0	0.0	0.0
金属制品业 Metal products	0.0	0.0	0.0	0.0	0.0
普通机械制造业 Ordinary machinery	0.0	0.0	0.0	0.0	748.5
专用设备制造业 Special purpose equipment	0.0	0.0	0.0	0.0	296.3
交通运输设备制造业 Transport equipment	15495.4	0.0	5001.1	10494.3	21446.7
电气机械及器材制造业 Electric equipmert and machinery	0.0	0.0	0.0	0.0	0.0
武器弹药制造业 Weapon and ammunition	0.0	0.0	0.0	0.0	1054.2
电子及通信设备制造业 Electronic and telecommunication equipment	28.0	0.0	0.0	28.0	733.7
仪器仪表及文化办公用机械制造业 instruments, meters, culturae and office	203.8	0.0	0.0	203.8	874.8
其他制造业 Other manufacturing	0.0	0.0	0.0	0.0	0.0
电力、蒸汽、热水的生产和供应业 Production and supply of electric power, steam and hotwater	816.6	0.0	185.9	630.7	3256.6
煤气生产和供应业 Production and supply of gas	0.0	0.0	0.0	0.0	0.0
自来水的生产和供应业 Production and supply of tap water	0.0	0.0	0.0	0.0	0.0
四、按隶属关系分组 Grouped by and ministration					
中央属 Centra	16190.4	0.0	4136.0	12054.4	19546.5
省(直辖市)属 Province	0.0	0.0	0.0	0.0	103.8
地区属 Prefectures	1487.7	0.0	1051.0	436.7	4189.5
县属 County	0.0	0.0	0.0	0.0	781.4
其他属 Others	547.8	0.0	0.0	547.8	4402.7

17－16 续表4

	外部支出合计 Total	对国内独立研究院所支出 To institution
总　　计 Total	**7724.8**	**744.5**
一、按企业规模分组： Grouped bysize of enterprises		
大型企业 Large－scale enterprises	6591.8	121.5
特大型企业 Supers－scale	5858.6	0.0
大一型企业 Large－scale＃1	148.7	14.0
大二型企业 Large－scale＃2	584.5	107.5
中型企业 Medium－scale enterprises	604.0	604.0
中一型企业 Medium－scale＃1	0.0	0.0
中二型企业 Medium－scale＃2	604.0	604.0
小型企业 Small－scale	529.0	19.0
二、按登记注册类型分组 Grouped by status of registration		
内资企业 Domestic funds	7602.8	732.5
国有 State－owned	5925.8	21.5
其中：大型企业 Large scale	5915.8	18.5
集体 Collective－owned	4.0	1.0
股份合作 Cooperative enterprises	0.0	0.0
国有联营 State joint ownership	0.0	0.0
其中：大型企业 Large scale	0.0	0.0
集体联营 Collective joint ownership	0.0	0.0
国有集体联营 Joint state－collective ownership	0.0	0.0
其他联营 Other joint	0.0	0.0
国有独资公司 Sole state－funded	352.0	0.0
其中：大型企业 Large scale	352.0	0.0
其他有限责任公司 Limited company	474.0	15.0
股份有限公司 Share holding	847.0	695.0
私营独资 Sole private	0.0	0.0
私营合伙	0.0	0.0
私营有限责任公司 Private limited company	0.0	0.0
私营股份有限公司 Private share holding	0.0	0.0
其他内资 Other domestic funds	0.0	0.0
港澳台商投资 Funded from HongKong, Moaca, Taiwan	12.0	12.0
其中：大型企业 Large scale	8.0	8.0
与港澳台商合资经营 Jointlg owned	12.0	12.0
与港澳台商合作经营 Cooperative	0.0	0.0
港澳台商独资 Sole funds	0.0	0.0
港澳台商投资股份有限公司 Share holding	0.0	0.0
外商投资 Foreign funds	110.0	0.0
其中：大型企业 Large scale	30.0	0.0
中外合作经营 Cooperative	0.0	0.0
中外合资经营 Joint venture	30.0	0.0
外商独资 Sole funds	80.0	0.0
外商投资股投份有限公司	0.0	0.0
三、按工业行业大类分组 Grouped by sector		
煤炭采选业 Coal mining and processing	0.0	0.0

continued4

对国内高等学校支出 High-education	对国内其他企业 Other enterprises	对国外机构 To foreign country	用于科研的基建经费支出 Construction	土建工程支出 Constraction
455.7	**314.0**	**6210.6**	**13358.3**	**10540.6**
32.7	227.0	6210.6	12684.9	10091.1
0.0	0.0	5858.6	0.0	0.0
32.7	20.0	82.0	10423.8	8100.0
0.0	207.0	270.0	2261.1	1991.1
0.0	0.0	0.0	14.0	7.0
0.0	0.0	0.0	14.0	7.0
0.0	0.0	0.0	0.0	0.0
423.0	87.0	0.0	659.4	442.5
455.7	204.0	6210.6	11949.8	9462.6
14.7	31.0	5858.6	10458.9	8103.1
12.7	26.0	5858.6	10454.9	8101.1
1.0	2.0	0.0	0.0	0.0
0.0	0.0	0.0	990.0	990.0
0.0	0.0	0.0	0.0	0.0
0.0	0.0	0.0	0.0	0.0
0.0	0.0	0.0	0.0	0.0
0.0	0.0	0.0	0.0	0.0
0.0	0.0	0.0	0.0	0.0
20.0	0.0	332.0	20.0	0.0
20.0	0.0	332.0	20.0	0.0
408.0	51.0	0.0	408.0	301.6
12.0	120.0	20.0	72.9	67.9
0.0	0.0	0.0	0.0	0.0
0.0	0.0	0.0	0.0	0.0
0.0	0.0	0.0	0.0	0.0
0.0	0.0	0.0	0.0	0.0
0.0	0.0	0.0	0.0	0.0
0.0	0.0	0.0	1220.0	1000.0
0.0	0.0	0.0	1220.0	1000.0
0.0	0.0	0.0	1220.0	1000.0
0.0	0.0	0.0	0.0	0.0
0.0	0.0	0.0	0.0	0.0
0.0	0.0	0.0	0.0	0.0
0.0	110.0	0.0	188.5	78.0
0.0	30.0	0.0	0.0	0.0
0.0	0.0	0.0	0.0	0.0
0.0	30.0	0.0	188.5	78.0
0.0	80.0	0.0	0.0	0.0
0.0	0.0	0.0	0.0	0.0
0.0	0.0	0.0	0.0	0.0

17-16 续表 5

	外部支出合计 Total	对国内独立研究院所支出 To institution
石油和天然气开采业 Petroleum and natural gas extraction	0.0	0.0
黑色金属矿采选业 Nonferrous metals mining and dressing	0.0	0.0
有色金属矿采选业 Nonferrous metals mining and dressing	0.0	0.0
非金属矿采选业 Nonmetal Minerals minging and of dressing	0.0	0.0
其他矿采选业 Other mingerals mining and dressing	0.0	0.0
木材及竹材采运业 Logging and transport of timber and bamboo	0.0	0.0
食品加工业 Food processing	408.0	0.0
食品制造业 Food manufacturing	0.0	0.0
饮料制造业 Beverage manufacturing	8.0	8.0
烟草加工业 Tobacco processing	0.0	0.0
纺织业 Textile industry	0.0	0.0
服装及其他纤维制品制造业 Garments and other fiber products	0.0	0.0
皮革、毛皮、羽绒及其制品业 Leather, furs, down and related products	0.0	0.0
木材加工及竹、藤、棕、草制品业 Timber, bamboo, cane, palm and straw products	0.0	0.0
家具制造业 Furniture manufacturing	0.0	0.0
造纸及纸制品业 Paper making and paper products	0.0	0.0
印刷业、记录媒介的复制 Printing and record medium reproduction	0.0	0.0
文教体育用品制造业 Cultural, educational and sports goods	0.0	0.0
石油加工及炼焦业 Petroleum processing and coking	0.0	0.0
化学原料及化学制品制造业 Raw chemical material and chemical products	0.0	0.0
医药制造业 Medical and pharmacutical products	704.0	681.0
化学纤维制造业 Chemical fiber	0.0	0.0
橡胶制品业 Rubber products	0.0	0.0
塑料制品业 Plastic products	0.0	0.0
非金属矿物制品业 Nonmetal mineral products	0.0	0.0
黑色金属冶炼及压延加工业 Smelting and pressing of ferrous metals	0.0	0.0
有色金属冶炼及压延加工业 Smelting and pressing of non ferrous metals	0.0	0.0
金属制品业 Metal products	0.0	0.0
普通机械制造业 Ordinary machinery	45.0	3.0
专用设备制造业 Special purpose equipment	0.0	0.0
交通运输设备制造业 Transport equipment	6414.6	4.0
武器弹药制造业 Weapon and ammunition	0.0	0.0
电气机械及器材制造业 Electric equipmert and machinery	32.0	18.0
电子及通信设备制造业 Electronic and telecommunication equipment	0.0	0.0
仪器仪表及文化办公用机械制造业 instruments, meters, culturae and office	35.5	15.5
其他制造业 Other manufacturing	0.0	0.0
电力、蒸汽、热水的生产和供应业 Production and supply of electric power, steam and hotwater	71.7	15.0
煤气生产和供应业 Production and supply of gas	6.0	0.0
自来水的生产和供应业 Production and supply of tap water	0.0	0.0
四、按隶属关系分组 Grouped by and ministration		
中央属 Centra	5974.3	32.0
省(直辖市)属 Province	0.0	0.0
地区属 Prefectures	507.5	89.5
县属 County	615.0	615.0
其他属 Others	620.0	0.0

continued5

对国内高等学校支出 High－education	对国内其他企业支出 Other enterprises	对国外机构支出 To foreign country	用于科研的基建经费支出 Construction	土建工程支出 Construction
0.0	0.0	0.0	0.0	0.0
0.0	0.0	0.0	0.0	0.0
0.0	0.0	0.0	0.0	0.0
0.0	0.0	0.0	0.0	0.0
0.0	0.0	0.0	0.0	0.0
0.0	0.0	0.0	0.0	0.0
408.0	0.0	0.0	408.0	301.6
0.0	0.0	0.0	0.0	0.0
0.0	0.0	0.0	1220.0	1000.0
0.0	0.0	0.0	0.0	0.0
0.0	0.0	0.0	0.0	0.0
0.0	0.0	0.0	0.0	0.0
0.0	0.0	0.0	0.0	0.0
0.0	0.0	0.0	0.0	0.0
0.0	0.0	0.0	0.0	0.0
0.0	0.0	0.0	0.0	0.0
0.0	0.0	0.0	0.0	0.0
0.0	0.0	0.0	0.0	0.0
0.0	0.0	0.0	0.0	0.0
0.0	0.0	0.0	0.0	0.0
1.0	2.0	20.0	8699.3	6278.0
0.0	0.0	0.0	0.0	0.0
0.0	0.0	0.0	0.0	0.0
0.0	0.0	0.0	0.0	0.0
0.0	0.0	0.0	20.0	0.0
0.0	0.0	0.0	4.0	2.0
0.0	0.0	0.0	0.0	0.0
0.0	0.0	0.0	0.0	0.0
12.0	30.0	0.0	1.1	1.1
0.0	0.0	0.0	0.0	0.0
20.0	200.0	6190.6	2890.0	2890.0
0.0	0.0	0.0	0.0	0.0
2.0	12.0	0.0	62.9	62.9
0.0	0.0	0.0	0.0	0.0
0.0	20.0	0.0	53.0	5.0
0.0	0.0	0.0	0.0	0.0
12.7	44.0	0.0	0.0	0.0
0.0	6.0	0.0	0.0	0.0
0.0	0.0	0.0	0.0	0.0
14.7	69.0	5858.6	10612.3	8178.0
0.0	0.0	0.0	0.0	0.0
21.0	45.0	352.0	1055.1	998.1
0.0	0.0	0.0	62.9	62.9
420.0	200.0	0.0	408.0	301.6

17－17 工业企业科技项目和专利情况

	全部科技项目数(项) Poojucts	新产品开发项目数 New products
总　　计	**997**	**503**
一、按企业规模分组： Grouped bysize of enterprises		
大型企业 Large－Soale enterprises	737	280
特大型企业 Supers－scale	459	151
大一型企业 Large－scale＃1	188	66
大二型企业 Large－scale＃2	90	63
中型企业 Medium－scale enterprises	87	79
中一型企业 Medium－scale＃1	22	18
中二型企业 Medium－scale＃2	65	61
小型企业 Small－scale	173	144
二、按登记注册类型分组 Grouped by status of registration		
内资企业 Domestic funds	969	485
国有 State－owned	750	302
其中:大型企业 Large scale	683	247
集体 Collective－owned	67	61
股份合作 Cooperative enterprises	16	16
国有联营 State joint ownership	0	0
其中:大型企业 Large scale	0	0
集体联营 Collective joint ownership	0	0
国有与集体联营 Joint state－collective ownership	0	0
其他联营 Other joint	0	0
国有独资公司 Sole state－funded	52	40
其中:大型企业 Large scale	27	19
其他有限责任公司 Limited company	17	7
股份有限公司 Share holding	34	26
私营独资 Sole private	0	0
私营合伙 Partnership	0	0
私营有限责任公司 Private limited company	33	33
私营股份有限公司 Private share holding	0	0
其他内资 Other domestic funds	0	0
港澳台商投资 Funded from HongKong, Moaca, Taiwan	11	6
其中:大型企业 Large scale	5	2
与港澳台商合资经营 Jointlg owned	9	6
与港澳台商合作经营 Cooperative	0	0
港澳台商独资 Sole funds	0	0
港澳台商投资股份有限公司 Share holding	2	0
外商投资 Foreign funds	17	12
其中:大型企业 Large scale	4	2
中外合作经营 Cooperative	1	1
中外合资经营 Joint venture	11	8
外商独资 Sole funds	5	3
外商投资股份有限公司 Share holding	0	0
三、按工业行业大类分组 Grouped by sector		
煤炭采选业 Coal mining and processing	0	0

PATENT OF INDUSTRIAL ENTERPRISES

研究与试验发展项目 P&D	全部科技项目参加人员合计(人) Personnel	高中级技术职称人员 Scientists engineers	无高中级技术职称的大学本科及以上学历人员 Regnlar college course	全部科技项目经费内部支出合计(万元) Domeric expenditure	研究与试验发展项目支出 R&D expenditure	专利申请数(件) Applications	发明专利数 Inventions	拥有发明专利数(件) Patent granted
419	8856	3690	1644	39042.0	14158.3	92	6	45
395	6886	2544	1186	27318.5	12129.6	40	0	16
232	5049	1689	901	14890.1	4718.8	24	0	0
153	1001	539	169	7117.4	6415.9	4	0	11
10	836	316	116	5311.0	994.9	12	0	5
11	1260	755	247	6516.2	1025.3	13	1	2
7	480	306	24	4345.6	658.5	9	1	0
4	780	449	223	2170.6	366.8	4	0	2
13	710	391	211	5207.3	1003.4	39	5	27
412	8575	3523	1589	35617.0	12808.5	47	2	31
388	6099	2391	1053	22539.3	10590.0	31	0	13
381	5905	2290	1027	21627.1	10127.7	29	0	11
6	736	441	247	1612.3	188.6	1	1	14
0	134	30	21	1162.6	0.0	0	0	1
0	0	0	0	0.0	0.0	0	0	0
0	0	0	0	0.0	0.0	0	0	0
0	0	0	0	0.0	0.0	0	0	0
0	0	0	0	0.0	0.0	0	0	0
0	0	0	0	0.0	0.0	0	0	0
9	593	156	147	2538.2	1071.2	4	0	1
9	456	90	124	1945.7	1071.2	2	0	1
1	133	94	17	1385.8	595.7	0	0	1
8	745	346	63	5023.6	363.0	11	1	1
0	0	0	0	0.0	0.0	0	0	0
0	0	0	0	0.0	0.0	0	0	0
0	135	65	41	1355.2	0.0	0	0	0
0	0	0	0	0.0	0.0	0	0	0
0	0	0	0	0.0	0.0	0	0	0
2	124	56	14	1231.5	19.8	6	0	6
0	92	38	0	720.0	0.0	4	0	4
0	108	46	8	1211.7	0.0	4	0	4
0	0	0	0	0.0	0.0	0	0	0
0	0	0	0	0.0	0.0	0	0	0
2	16	10	6	19.8	19.8	2	0	2
5	157	111	41	2193.5	1330.0	39	4	8
2	31	18	13	265.0	35.0	5	0	0
0	12	12	0	18.0	0.0	0	0	0
3	124	87	32	2020.5	1295.0	5	0	4
2	21	12	9	155.0	35.0	34	4	4
0	0	0	0	0.0	0.0	0	0	0
0	0	0	0	0.0	0.0	0	0	0

17－17 续表 1

	全部科技项目数(项) Poojucts	新产品开发项目数 New products
石油和天然气开采业 Petroleum and natural gas extraction	0	0
有色金属矿采选业 Nonferrous metals mining and dressing	0	0
黑色金属矿采选业 Nonferrous metals mining and dressing	0	0
非金属矿采选业 Nonmetal Minerals minging and of dressing	0	0
其他矿采选业 Other mingerals mining and dressing	0	0
木材及竹材采运业 Logging and transport of timber and bamboo	0	0
食品加工业 Food processing	30	30
食品制造业 Food manufacturing	0	0
饮料制造业 Beverage manufacturing	5	2
烟草加工业 Tobacco processing	3	3
纺织业 Textile industry	0	0
服装及其他纤维制品制造业 Garments and other fiber products	0	0
皮革、毛皮、羽绒及其制品业 Leather, furs, down and related products	0	0
木材加工及竹、藤、棕、草制品业 Timber, bamboo, cane, palm and straw products	0	0
家具制造业 Furniture manufacturing	0	0
造纸及纸制品业 Paper making and paper products	0	0
印刷业、记录媒介的复制 Printing and record medium reproduction	0	0
文教体育用品制造业 Cultural, educational and sports goods	0	0
石油加工及炼焦业 Petroleum processing and coking	1	1
化学原料及化学制品制造业 Raw chemical material and chemical products	1	1
医药制造业 Medical and pharmacutical products	42	36
化学纤维制造业 Chemical fiber	0	0
橡胶制品业 Rubber products	8	8
塑料制品业 Plastic products	0	0
非金属矿物制品业 Nonmetal mineral products	4	4
黑色金属冶炼及压延加工业 Smelting and pressing of ferrous metals	1	1
有色金属冶炼及压延加工业 Smelting and pressing of non ferrous metals	0	0
金属制品业 Metal products	1	0
普通机械制造业 Ordinary machinery	43	25
专用设备制造业 Special purpose equipment	29	17
交通运输设备制造业 Transport equipment	693	270
武器弹药制造业 Weapon and ammunition	0	0
电气机械及器材制造业 Electric equipmert and machinery	32	31
电子及通信设备制造业 Electronic and telecommunication equipment	32	27
仪器仪表及文化办公用机械制造业 instruments, meters, culturae and office	50	43
其他制造业 Other manufacturing	0	0
电力、蒸汽、热水的生产和供应业 Production and supply of electric power, steam and hotwater	21	4
煤气生产和供应业 Production and supply of gas	1	0
自来水的生产和供应业 Production and supply of tap water	0	0
四、按隶属关系分组 Grouped by and ministration		
中央属 Centra	683	247
省(直辖市)属 Province	16	6
地区属 Prefectures	152	120
县属 County	13	10
其他属 Others	78	72

continued1

研究与试验发展项目 R&D	全部科技项目参加人员合计(人) Personel	高中级技术职称人员 Scientists engineers	无高中级技术职称的大学本科及以上学历人员 Regnlar college course	全部科技项目经费内部支出合计(万元) Domeric expeniture	研究与试验发展项目支出 R&D expenditure	专利申请数(件) Applicaion	发明专利数 Inventions	拥有发明专利数(件) Patent granted
0	0	0	0	0.0	0.0	0	0	0
0	0	0	0	0.0	0.0	0	0	0
0	0	0	0	0.0	0.0	0	0	0
0	0	0	0	0.0	0.0	0	0	0
0	0	0	0	0.0	0.0	0	0	0
0	0	0	0	0.0	0.0	0	0	0
0	108	47	25	677.0	0.0	0	0	0
0	0	0	0	0.0	0	0	0	0
0	92	38	0	720.0	0.0	4	0	4
3	6	5	1	95.5	95.5	0	0	0
0	0	0	0	0.0	0.0	0	0	0
0	0	0	0	0.0	0.0	0	0	0
0	0	0	0	0.0	0.0	0	0	0
0	0	0	0	0.0	0.0	0	0	0
0	0	0	0	0.0	0.0	0	0	0
0	0	0	0	0.0	0.0	0	0	0
0	0	0	0	0.0	0.0	0	0	0
0	0	0	0	0.0	0.0	0	0	0
0	14	4	10	94.0	0.0	0	0	0
0	42	9	6	120.0	0.0	0	0	0
36	281	214	57	1880.2	1770.2	13	1	11
0	0	0	0	0.0	0.0	0	0	0
0	54	23	11	53.0	0.0	0	0	0
0	0	0	0	0.0	0.0	0	0	
0	16	6	10	148.9	0.0	0	0	0
0	10	10	0	6.5	0.0	0	0	0
0	0	0	0	0.0	0.0	0	0	0
0	5	1	1	67.6	0.0	0	0	0
0	318	152	60	1012.9	0.0	5	0	1
0	99	62	28	235.6	0.0	2	0	1
361	6261	2191	1120	25259.5	11244.2	65	4	12
0	0	0	0	0.0	0.0	0	0	0
0	135	70	31	1468.7	0.0	0	0	1
4	649	400	197	1404.9	28.0	2	0	0
6	313	142	63	1190.9	203.8	1	1	15
0	0	0	0	0.0	0.0	0	0	0
9	445	308	24	4589.8	816.6	0	0	0
0	8	8	0	17.0	0.0	0	0	0
0	0	0	0	0.0	0.0	0	0	0
391	5904	2316	1030	23903.4	11939.2	29	0	11
0	32	11	16	104.0	0.0	0	0	0
19	1145	421	230	6090.9	1487.7	20	1	7
0	662	406	198	1800.5	0.0	2	0	2
4	845	426	97	5241.6	547.8	36	4	7

17－18 工业企业技术改造、技术获取及减免税情况
BASIC STATISTICS ON INNOVATION TECHNOLOGY DEVELOPING AND TAX－FREE

单位:万元 unit:10000 yuan

	技术改造经费支出 Innovation	技术引进经费支出 Technology introduce	引进技术资料及关键设备的支出 Equipment	消化吸收经费支出 Training	购买国内技术经费支出 Technology developing	享受各级政府对技术开发的减免税 Tax－free
总　计	**38425.6**	**9565.7**	**7962.2**	**128.0**	**1735.8**	**647.5**
一、按企业规模分组: Grouped bysize of enterprises						
大型企业 Large－scale enterprises	16495.0	6201.1	6024.7	8.0	1735.8	617.5
特大型企业 Supers－scale	1549.2	0.0	0.0	0.0	0.0	0.0
大一型企业 Large－scale＃1	7857.0	5118.7	5118.7	0.0	1551.8	617.5
大二型企业 Large－scale＃2	7088.8	1082.4	906.0	8.0	184.0	0.0
中型企业 Medium－scale enterprises	13792.0	472.5	472.5	4.0	0.0	0.0
中一型企业 Medium－scale＃1	12104.7	192.0	192.0	4.0	0.0	0.0
中二型企业 Medium－scale＃2	1687.3	280.5	280.5	0.0	0.0	0.0
小型企业 Small－scale	8138.6	2892.1	1465.0	116.0	0.0	30.0
二、按登记注册类型分组 Grouped by status of registration						
内资企业 Domestic funds	30239.3	7761.1	7494.7	120.0	1735.8	647.5
国有 State－owned	23533.3	5124.7	5124.7	4.0	1551.8	617.5
其中:大型企业 Large scale	11688.4	5118.7	5118.7	0.0	1551.8	617.5
集体 Collective－owned	962.7	62.0	62.0	108.0	0.0	30.0
股份合作 Cooperative enterprises	1179.2	906.0	906.0	0.0	104.0	0.0
国有联营 State joint ownership	0.0	0.0	0.0	0.0	0.0	0.0
其中:大型企业 Large scale	0.0	0.0	0.0	0.0	0.0	0.0
集体联营 Collective joint ownership	0.0	0.0	0.0	0.0	0.0	0.0
国有与集体联营 Joint state－collective ownership	0.0	0.0	0.0	0.0	0.0	0.0
其他联营 Other joint	0.0	0.0	0.0	0.0	0.0	0.0
国有独资公司 Sole state－funded	457.1	156.4	0.0	0.0	0.0	0.0
其中:大型企业 Large scale	156.4	156.4	0.0	0.0	0.0	0.0
其他有限责任公司 Limited company	3557.0	39.0	39.0	0.0	0.0	0.0
股份有限公司 Share holding	550.0	920.0	810.0	8.0	80.0	0.0
私营独资 Sole private	0.0	0.0	0.0	0.0	0.0	0.0
私营合伙 Partnership	0.0	0.0	0.0	0.0	0.0	0.0
私营有限责任公司 Private limited company	0.0	553.0	553.0	0.0	0.0	0.0
私营股份有限公司 Private share holding	0.0	0.0	0.0	0.0	0.0	0.0
其他内资 Other domestic funds	0.0	0.0	0.0	0.0	0.0	0.0
港澳台商投资 Funded from HongKong, Moaca, Taiwan	1182.4	280.5	280.5	8.0	0.0	0.0
其中:大型企业 Large scale	200.0	0.0	0.0	8.0	0.0	0.0
与港澳台商合资经营 Jointlg owned	1182.4	280.5	280.5	8.0	0.0	0.0
与港澳台商合作经营 Cooperative	0.0	0.0	0.0	0.0	0.0	0.0
港澳台商独资 Sole funds	0.0	0.0	0.0	0.0	0.0	0.0
港澳台商投资股份有限公司 Share holding	0.0	0.0	0.0	0.0	0.0	0.0
外商投资 Foreign funds	7003.9	1524.1	187.0	0.0	0.0	0.0
其中:大型企业 Large scale	0.0	0.0	0.0	0.0	0.0	0.0
中外合作经营 Cooperative	0.0	0.0	0.0	0.0	0.0	0.0
中外合资经营 Joint venture	7003.9	1524.1	187.0	0.0	0.0	0.0
外商独资 Sole funds	0.0	0.0	0.0	0.0	0.0	0.0
外商投资股份有限公司 Share holding	0.0	0.0	0.0	0.0	0.0	0.0
三、按工业行业大类分组 Grouped by sector						
煤炭采选业 Coal mining and processing	0.0	0.0	0.0	0.0	0.0	0.0

17－18 续表1　单位:万元　　continued1 unit:10000yuan

	技术改造经费支出 Innovation	技术引进经费支出 Technology introduce	引进技术资料及关键设备的支出 Eequipment	消化吸收经费支出 Training	购买国内技术经费支出 Technology developing	享受各级政府对技术开发的减免税 Tax－free
石油和天然气开采业 Petroleum and natural gas extraction	0.0	0.0	0.0	0.0	0.0	0.0
黑色金属矿采选业 Ferrous metals mining and processign	0.0	0.0	0.0	0.0	0.0	0.0
有色金属矿采选业 Nonferrous metals mining and dressing	0.0	0.0	0.0	0.0	0.0	0.0
非金属矿采选业 Nonmetal Minerals minging and of dressing	0.0	0.0	0.0	0.0	0.0	0.0
其他矿采选业 Other mingerals mining and dressing	0.0	0.0	0.0	0.0	0.0	0.0
木材及竹材采运业 Logging and transport of timber and bamboo	0.0	0.0	0.0	0.0	0.0	0.0
食品加工业 Food processing	0.0	0.0	0.0	0.0	0.0	0.0
食品制造业 Food manufacturing	0.0	0.0	0.0	0.0	0.0	0.0
饮料制造业 Beverage manufacturing	200.0	0.0	0.0	8.0	0.0	0.0
烟草加工业 Tobacco processing	11629.0	0.0	0.0	0.0	0.0	0.0
纺织业 Textile industry	0.0	0.0	0.0	0.0	0.0	0.0
服装及其他纤维制品制造业 Garments and other fiber products	0.0	0.0	0.0	0.0	0.0	0.0
皮革、毛皮、羽绒及其制品业 Leather,furs,down and related products	0.0	0.0	0.0	0.0	0.0	0.0
木材加工及竹、藤、棕、草制品业 Timber,bamboo,cane,palm and straw products	0.0	0.0	0.0	0.0	0.0	0.0
家具制造业 Furniture manufacturing	0.0	0.0	0.0	0.0	0.0	0.0
造纸及纸制品业 Paper making and paper products	0.0	0.0	0.0	0.0	0.0	0.0
印刷业、记录媒介的复制 Printing and record medium reproduction	783.3	0.0	0.0	0.0	0.0	0.0
文教体育用品制造业 Cultural,educational and sports goods	0.0	0.0	0.0	0.0	0.0	0.0
石油加工及炼焦业 Petroleum processing and coking	0.0	0.0	0.0	0.0	0.0	0.0
化学原料及化学制品制造业 Raw chemical material and chemical products	0.0	0.0	0.0	0.0	0.0	0.0
医药制造业 Medical and pharmacutical products	2479.9	62.0	42.0	0.0	80.0	0.0
化学纤维制造业 Chemical fiber	0.0	0.0	0.0	0.0	0.0	0.0
橡胶制品业 Rubber products	0.0	0.0	0.0	0.0	0.0	0.0
塑料制品业 Plastic products	160.0	187.0	187.0	0.0	0.0	0.0
非金属矿物制品业 Nonmetal mineral products	18.9	0.0	0.0	0.0	0.0	0.0
黑色金属冶炼及压延加工业 Smelting and pressing of ferrous metals	10.0	5.0	5.0	4.0	0.0	0.0
有色金属冶炼及压延加工业 Smelting and pressing of non ferrous metals	0.0	0.0	0.0	0.0	0.0	0.0
金属制品业 Metal products	0.0	0.0	0.0	0.0	0.0	0.0
普通机械制造业 Ordinary machinery	262.8	15.4	15.4	0.0	0.0	0.0
专用设备制造业 Special purpose equipment	10.0	39.0	39.0	0.0	0.0	0.0
交通运输设备制造业 Transport equipment	15740.0	8356.3	6862.8	108.0	1655.8	617.5
武器弹药制造业 Weapon and ammunition	0.0	0.0	0.0	0.0	0.0	0.0
电气机械及器材制造业 Electric equipmert and machinery	1.0	901.0	811.0	8.0	0.0	0.0
电子及通信设备制造业 Electronic and telecommunication equipment	0.0	0.0	0.0	0.0	0.0	0.0
仪器仪表及文化办公用机械制造业 instruments, meters, culturae and office	1339.7	0.0	0.0	0.0	0.0	30.0
其他制造业 Other manufacturing	0.0	0.0	0.0	0.0	0.0	0.0
电力、蒸汽、热水的生产和供应业 Production and supply of electric power, steam and hotwater	4311.0	0.0	0.0	0.0	0.0	0.0
煤气生产和供应业 Production and supply of gas	0.0	0.0	0.0	0.0	0.0	0.0
自来水的生产和供应业 Production and supply of tap water	1480.0	0.0	0.0	0.0	0.0	0.0
四、按隶属关系分组 Grouped by and ministration						
中央属 Centra	24798.1	5119.7	5119.7	0.0	1551.8	617.5
省(直辖市)属 Province	783.3	0.0	0.0	0.0	0.0	0.0
地区属 Prefectures	10682.2	2973.0	1459.5	4.0	184.0	0.0
县属 County	500.0	900.0	810.0	8.0	0.0	0.0
其他属 Others	700.0	553.0	553.0	0.0	0.0	0.0

统计资料

STATISTICS

体育、卫生及其他事业

SPORTS，PUBLIC HEALTH AND OTHERS

第十八篇　体育、卫生及其他事业

卫生事业不断发展，医疗卫生体制改革取得突破性进展。2001 年末，全市拥有各类卫生机构 660 个，比上年增加 12 个；各类卫生机构拥有床位 2.4 万张，比上年增长 4.8%；卫生技术人员为 3.6 万人，比上年增长 1%。每千人拥有医生 2.2 人。

体育市场化、产业化步伐加快。成功地举办了世界杯短道速滑赛、亚洲汽车拉力锦标赛等高水平的国际赛事 3 项次，市级比赛 23 项次。

群众体育成果显著，竞技体育再创佳绩。长春籍运动员共参加国际、国家、省内以上赛事 99 项次，获得世界冠军 9 个、全国冠军 105 个，有 4 人 6 次超 3 项亚洲纪录，特别在九运会上，我市输送的运动员，获得金牌 9 枚，占全省金牌总数的 75%，被授予“参加九运会突出贡献奖”。

卫生事业基本情况　卫生机构数

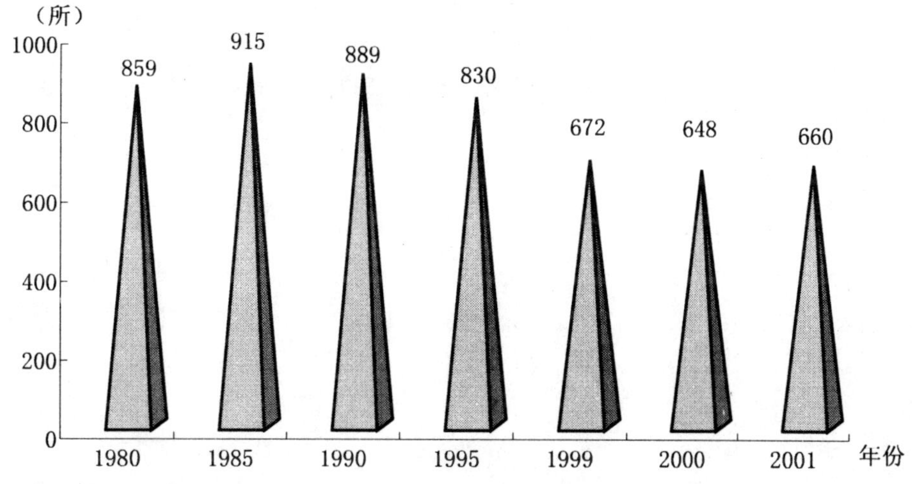

18－1　公共体育场
STADIUMS AND GYMNASIUMS

		实际数(个) Number			实际数(个) Number
体育场	Stadium	4	室外游泳池	Out door swimming pools	11
体育馆	Gymnasiums	5	灯光球场	Seating	11
室内游泳馆(池)	Swimming pool	28	运动场	Stadiums	30

18－2　《国家体育锻炼标准》达标人数
PERSONS WHO HAVE COME UP TO THE STATE PHSICAL TRAINING STANDARDS

单位:人　　unit: person

		总　计 Total	及格级 Pass	良好级 Good	优秀级 Excellent
总　计	**Total**	**830855**	**425575**	**283699**	**121581**
普通高校	Higher education	53039	38998	11875	2166
中专中技	Specialzed secondary schools	49098	30026	14603	4469
初　中	Secondary schools	260848	133199	86028	41621
小　学	Primary schools	467870	223352	171193	73325

18－3　卫生机构床位、人员数
BEDS AND PERSONNEL IN HEALTH INSTITUTION

	机构数（个） Institutions	床位数（张） Beds	人员数(人) Personnel 总计 Total	# 卫生技术员 Medical technical personnel 合计 Total	中医师 Doctors of chinese medicine	西医师 Doctors of wester medicine	中西结合医师 Doctors	护师 Senior nurses
总　计　Total	**660**	**24045**	**46971**	**35753**	**2008**	**11649**	**154**	**9095**
#市　City	456	19075	34234	25565	1445	8477	151	7155
县　County	204	4970	25565	10188	563	3712	3	1940
一、医院　Hospitals	149	21972	32558	25028	1249	8278	106	7688
二、卫生院　Hopitals	142	1609	4818	3995	222	1100	1	622
三、疗养院　Sanatoriums	1	120	84	8		4	2	
四、门诊部　Clinics	307	74	1317	1287	98	373	21	205
五、专科防治所、站　Specialzed prevention and treatment station	9	18	296	223	12	71	1	27
六、卫生防疫机构　Sanitation and antiepidemic agencies	18		2365	1857	14	1003		105
七、妇幼保健机构　Maternity and child care centers	8	68	562	465	9	218		76
八、药品检验机构　Medicines and chemical reagent test labs	8		205	156	2	7		1
九、医学科学研究机构　Research institutes of medical science	3	184	514	334	110	26	1	74
十、高等医学教育机构　Medicine uiniversity	4		1114	242	35	115		17
十一、中等医药卫生学校　Secondary health care schools	8		332	180	17	86		20
十二、其他卫生事业机构　Other institutions	3		1585	757		39	7	48
十三、个体开业人员　Individual doctors			1221	1221	240	329	15	212

18－4　卫生机构主治医师以上人员
MEDICAL TECHNICAL PERSONNEL

		主　任 Professors	副主任 Asso. prof.	主　治 Lecturers
合　计	**Total**	**556**	**2406**	**8937**
中医师	Doctors of chinese medicine	64	229	700
西医师	Doctors of wester medicine	437	1763	3802
中西医结合高级医师	Doctors	12	13	27
护　师	Senior nurses	10	163	2764
中药师	Pharmceists of chinese medicine	5	38	244
西药师	Pharmcersts of wester medicine	17	83	592
技　师	Technican	11	117	808

18－5　农村村级卫生组织情况
BASIC STATISTICS ON RURAL TOWNSHIP HOSPITALS

		单　位 Unit	全　市 Total	市　区 District	县(市) County
一、村数	Villages	个　person	1678	293	1385
#实行合作医疗或医疗保险的村数	Villages for health care in surance	个　person	619	90	529
无医药点的村数	Villages which has not got medical station	个　person	44	5	39
二、村设置的医疗点数	Villages which has got medical station	个　person	1882	330	1552
村或群众集体办	Cooperation medical service	个　person	629	115	514
乡村医生或卫生员联合办	Joint rural doctors and nurese	个　person	159	30	129
乡卫生院设点	Station of rural township hospital	个　person	69	46	23
个体办	Individual runing medical units	个　person	952	134	818
其他	Others	个　person	73	5	68
三、乡村医生和卫生员人数	Rural doctors and nurese	人　person	6665	655	6010
乡村医生	Rural doctors	人　person	5153	567	4586
卫生员	Health workers	人　person	1512	88	1424
四、农村接生员人数	Rural micuife	人　person	715	42	673

18－6 计划生育情况
BASIC STATISTICS ON BIRTH CONTROL

	育龄妇女人数（人）Women birth aged (person)	其中：已婚 Married	女性初婚人数（人）First married (person)	晚婚（人）Marry at mature age (person)	晚婚率（%）Rate of marry at mature age (%)	晚育（人）Later birth (person)	晚育率（%）Later birth rate (%)	计划内出生（人）Birth control (person)	计划生育率（%）Birth control rate (%)	领证数（人）Certificate of birth contral (person)
总计 Total	**1918674**	**1561863**	**31114**	**14064**	**45.20**	**22240**	**44.89**	**47427**	**95.73**	**638284**
南关区 Nanguan	138347	107738	2047	1646	80.41	2298	78.06	2933	99.63	77388
宽城区 Kuancheng	132156	104899	1213	820	67.60	1950	76.86	2527	99.61	69710
朝阳区 ChaoYang	194203	139482	1855	1426	76.87	3719	82.44	4503	99.82	103550
二道区 Erdao	102968	88248	1158	737	63.64	1400	63.12	2187	98.60	53563
绿园区 LuYuan	184156	147440	2234	1623	72.65	3001	75.67	3955	99.72	90942
双阳区 Shuangyang	94420	79087	1755	565	32.19	705	26.11	2477	91.74	20538
开发区 Developing area	23842	19225	523	335	64.05	371	59.46	624	100	6264
净旅区 Tourism area	16089	13334	374	243	64.97	244	59.51	410	100	5755
榆树市 Yushu	312635	270031	5407	1779	32.90	2248	26.21	8269	96.40	73909
农安县 Nongan	275819	222878	5414	1591	29.39	1602	22.66	6657	94.17	42776
德惠市 Dehui	216124	179419	4193	1495	35.65	1853	30.33	5671	92.83	37416
九台市 Jiutai	217004	182363	4835	1722	35.62	2730	35.64	6999	91.37	53785
高新 High－technical area	10911	7719	106	82	77.36	119	55.35	215	100	2688

18-7 节育情况
BASIC CONDITION OF BRITH CONTROL

	避孕人数(人) Person of control aception (person)	避孕率(%) Control aception rate (%)	手术例数(个) Number of operating
总　计　Total	**1423452**	**91.14**	**48451**
南关区　Nanguan	97011	90.04	2342
宽城区　Kuancheng	94875	90.44	2093
朝阳区　Chaoyang	122082	87.53	2170
二道区　Erdao	79347	89.91	2108
绿园区　Luyuan	128504	87.16	2697
双阳区　Shuangyang	71837	90.83	3680
开发区 Developing area	17151	89.21	598
净旅区　Tourism area	12437	93.27	582
榆树市　Yushu	248640	92.08	9579
农安县　Nongan	209730	94.10	8230
德惠市　Dehui	170235	94.88	6508
九台市　Jiutai	164561	90.24	7652
高新　High-technical area	7042	91.23	212

18-8 火灾基本情况
BASIC STATISTICS ON FIRES

		全　市 Total			全　市 Total
次数	Case	6006	违章操作	Violate safety system	76
死人	Death	24	吸烟	Smoking	916
伤人	Injuries	22	用火不镇	Accidents	1810
直接损失(元)	Losses	18111096	玩火	Play with fire	190
火灾原因	Cause		自燃	Spontaneous combustion	29
放火	Set of fire	81	其它	Other	441
电器	Electric equipment	1078	雷击	Thurder	8
			不明	Not clear	613

18-9 交通事故情况
BASIC STATISTICS ON TRAFFIC ACCIDENTS

		次　数 Cases	死　亡 Death	伤　人 Injuries	直接折款(元) Losses
合　计	Total	14307	706	6306	21724800
城市	Urban area	11971	381	4425	14058683
农村	Ruralarea	2336	325	1881	7666117

18-10 治安案件情况
BASIC STATISTICS ON PUBLIC ORDER

		实　际 Number			实　际 Number
发生(起)	Case	39634	治安处罚(人)	Treated(person tire)	31654
#城区	City	25057	警告	Warn	2781
县	County		罚款	Penalty	18985
查处(起)	Investigated and treated	28651	拘留	Detain	9888